Das Kochbuch der Bäuerin
Die gute alpenländische Küche
Über 1000 Rezepte

VERLAG ANTON PUSTET

Das Kochbuch der Bäuerin

Die gute alpenländische Küche
Über 1000 Rezepte

Neu überarbeitet von Nastasja Pircher

VERLAG ANTON PUSTET

Impressum

Bibliografische Information der Deutschen Nationalbibliothek
Die Deutsche Nationalbibliothek verzeichnet diese Publikation in der Deutschen Nationalbibliografie; detaillierte bibliografische Daten sind im Internet über http://dnb.d-nb.de abrufbar.

11., neu bearbeitete Auflage 2015
55. bis 58. Tausend

5020 Salzburg, Bergstraße 12

Grafik, Satz und Produktion: Tanja Kühnel
Lektorat: Dorothea Forster

ISBN 978-3-7025-0810-4

www.pustet.at

Inhaltsverzeichnis

Suppen

Gemüse

Fleischspeisen

Die Zubereitung von Fischen

Die Verwendung von Pilzen

Beilagen zu Fleisch- und Gemüsegerichten

Haupt- und Mehlspeisen

Verschiedene andere Hauptspeisen

Torten

Süßspeisen

Liköre und Getränke

Das Haltbarmachen von Lebensmitteln

Das Essigbereiten

Heimische Gewürzkräuter

Krankenkost

Anhang

Vorwort zur neuen Auflage

In meiner langjährigen Tätigkeit als Ernährungswissenschaftlerin im Schulbereich habe ich schon sehr viel mit Kochbüchern gearbeitet. Das vorliegende kann ich getrost als eines der interessantesten und nützlichsten, die mir bisher zur Kenntnis gekommen sind, bezeichnen. Die Garantie des Gelingens ist durch die Bodenständigkeit der Rezepte viel eher gegeben als in so manchem exklusiven Kochbuch der heutigen Zeit.

Bei der Überarbeitung des Buches habe ich vor allem darauf Bedacht genommen, das „Gesicht" dieses Bestsellers unter den Kochbüchern zu wahren und seinem ursprünglichen Charakter gemäß einfach zu bleiben.

Das Kochbuch soll ein guter Alltagshelfer sein, egal ob einfache, schmackhafte Hausmannskost beschrieben wird, beliebte Rezepte für Mehl- und Süßspeisen wie zu Großmutters Zeiten Auferstehung feiern oder das Haltbarmachen verschiedener Lebensmittel auf unterschiedlichste, teils überlieferte, teils moderne Art und Weise wiedergegeben wird.

Ich schätze dieses Kochbuch vor allem auch deshalb, weil es mir so manchen „Küchentrick" verrät, der in modernen Kochbüchern normalerweise keine Erwähnung mehr findet.

Alle beschriebenen und verwendeten Lebensmittel bekommen Sie auf dem Markt, im Supermarkt oder haben Sie in Ihrem eigenen Garten. Die Rezepte und Kochanleitungen sind erprobt und leicht verständlich abgefasst.

Holen wir Familie und Freunde wieder an einen Tisch – kochen und essen wir zusammen!

Ich wünsche Ihnen viel Freude und gutes Gelingen beim Nachkochen, Schmökern und Genießen.

Dipl.-Päd. Nastasja Pircher

Vorwort des Verlags

Es gibt Bücher, die über Jahrzehnte nichts von ihrer Aktualität und Beliebtheit einbüßen. Das Kochbuch der Bäuerin, ein Klassiker in unserem Verlagsprogramm, zählt unzweifelhaft zu dieser Gruppe von Titeln mit hohem Gebrauchs- und Wiedererkennungswert. Mehr als 55 000 verkaufte Exemplare belegen eindrucksvoll, dass die schnörkellos-sachliche, umfangreiche Rezeptsammlung als besonders praxistauglich gilt und eine Verbreitung erreicht hat, die weit über die Landesgrenzen hinausreicht.

Wir haben im Verlag viel Zeit und Mühe darauf verwendet, unser beliebtes Standardwerk völlig neu zu bearbeiten, um es uneingeschränkt fit zu halten für den täglichen Einsatz in der Küche. Dabei galt es, die Gratwanderung zu meistern zwischen dem wünschenswerten Beibehalten all dessen, was die Vorzüge dieses Buches seit Jahrzehnten ausmacht, und der erforderlichen Rücksichtnahme auf veränderte Lebensbedingungen und Ernährungsgewohnheiten. Auf Verzichtbares wurde verzichtet, die Benutzerfreundlichkeit durch ein verbessertes Layout und eine leichter lesbare Schrift erhöht.

Unverändert bleibt die Fülle an Speisen, die sich aus einer überschaubaren Menge an (überwiegend leicht zu beschaffenden) Zutaten bereiten lässt und die in 1082 Rezepten ihren Niederschlag findet. Dem knappen Urteil eines begeisterten Rezensenten fühlen wir uns heute wie damals verpflichtet: „Was man in der Mehrzahl der Kochbuchliteratur vergeblich sucht, das findet man gewiss im Kochbuch der Bäuerin!"

Die zunehmende Internationalisierung ließ es geboten scheinen, regional unterschiedliche Begrifflichkeiten für unsere Leserinnen und Leser nördlich des Alpenraums im Anhang zu „übersetzen", um eine leichte Auffindbarkeit der Gerichte zu gewährleisten. Ein alphabetisches Stichwörterverzeichnis erleichtert die Suche nach einem bestimmten Rezept.

Bei aller Sorgfalt in der Bearbeitung bleibt uns bewusst, dass wir vor Irrtümern nicht gefeit sind, dass nicht alle Mengenangaben jedem Geschmack entsprechen können und die eine oder andere Zusatzinformation aus Platzgründen unterbleiben musste. Wie bei jedem unserer Verlagswerke freuen wir uns über Ihre Rückmeldungen, über Lob und Kritik, Anregungen und Verbesserungsvorschläge. Wenn Sie uns diese unter buch@spv-verlage.at zukommen lassen, sichern Sie sich nicht nur Ihre Teilnahme an der regelmäßigen Verlosung wertvoller Sachbuch-Preise, sondern können auch dazu beitragen, dass eine weitere Auflage des Kochbuchs der Bäuerin noch ein wenig perfekter ausfällt.

Gerald Klonner
Verlagsleiter

Einleitung

Über richtige Ernährung wird so viel gesprochen und geschrieben – manchmal auch Widersprüchliches –, dass es schwer geworden ist, sich zu orientieren. Darum einige Hinweise, die bei der Zusammenstellung der täglichen Kost zu beachten sind.

Vielen Menschen haben Maschinen die tägliche schwere körperliche Arbeit abgenommen. Dies trifft zum Teil auch auf die Landbevölkerung zu. Dazu kommt noch die durch die Motorisierung bedingte Bewegungsarmut. Die Ernährung ist beim Erwachsenen hauptsächlich Ersatz für verbrauchte Energie. Schwere Arbeit und viel körperliche Betätigung bewirken einen hohen Energieverbrauch. Bei geringer körperlicher Belastung ist deshalb weniger Nahrung erforderlich. Daher ist Mäßigkeit beim Essen die beste und billigste Methode, Übergewicht mit all seinen unangenehmen Folgen zu vermeiden. Bei der Zusammenstellung unserer Kost darf aber nicht der Kalorienwert allein maßgeblich sein. Ernährungsfachleute weisen immer wieder darauf hin, dass „die gemischte Hausmannskost“ bei reichlicher Verwendung von Obst, Gemüse und Vollkornprodukten, Milch und Milchprodukten unserer Gesundheit am zuträglichsten ist. Jede einseitige Ernährungsweise – gleichgültig, in welcher Richtung – kann den Gesundheitszustand nachteilig beeinflussen. In der Hast unserer Tage sollen die Mahlzeiten Ruhepunkte darstellen. Das tägliche Essen kann einfach sein. Aber es soll sorgfältig zusammengestellt und zubereitet, appetitlich angerichtet sein und in gemütlicher Umgebung eingenommen werden. Wenigstens ein Mal am Tag sollte die ganze Familie beisammen sein. Eine gelöste Atmosphäre steigert Bekömmlichkeit und Wohlbefinden.

Hinweise zur Benützung des Kochbuchs

Alle Rezepte sind für 10 Personen abgefasst. Wird für weniger oder mehr Personen gekocht, müssen die Mengen entsprechend abgeändert werden.
Zutaten, die als Klammerausdruck am Ende des Rezeptes angeführt sind, sind optional.

Als durchschnittliche Lebensmittelmenge pro Person und Mahlzeit gelten:

Fleisch	10–15 dag*
Fisch	20 dag
Kartoffeln	20–25 dag
Gemüse	20–25 dag
Obst	20–25 dag
Mehl	5–10 dag (ob Beilage oder Hauptspeise)
Teigwaren	5–8 dag (ob Beilage oder Hauptspeise)
Reis	5–8 dag (ob Beilage oder Hauptspeise)
Flüssigkeit für Suppe, Kaffee oder Tee	¼ l

Um sich bei kleinen Mengen das Abwiegen zu ersparen, rechnet man nach Löffelmaßen.

1 gestrichener Esslöffel Mehl	1 dag
1 gestrichener Esslöffel Reis	1 dag
1 gestrichener Esslöffel Grieß	1½ dag
1 gestrichener Esslöffel Zucker	1½ dag
1 gestrichener Esslöffel Haferflocken	1½ dag
1 gestrichener Esslöffel Fett	1½ dag
1 gestrichener Esslöffel Marmelade	2 dag
1 gestrichener Esslöffel Honig	2½ dag
10 Esslöffel Wasser	⅛ l
4–5 mittelgroße Kartoffeln	½ kg
4–5 mittelgroße Äpfel	½ kg

*) 1 dag (Dekagramm) entspricht 10 Gramm.

Grundsätze für die Zubereitung der täglichen Mahlzeiten

1. Obst und Gemüse so viel als möglich roh essen, am besten zu Beginn der Mahlzeit.

2. Speisen nie länger kochen als unbedingt notwendig, sonst entsteht eine Wertverminderung durch Nährstoff- und Geschmacksverlust. Salz nur sehr sparsam verwenden!

3. Fette nicht zu heiß werden lassen. Hohes und langes Erhitzen macht die Fette gesundheitsschädlich. Besonders empfindlich sind kalt gepresste Öle und Butter. Rapsöl, Maiskeimöl und Butterschmalz eignen sich dazu, höher erhitzt zu werden. Ausbackfett nicht öfter als zwei Mal verwenden.

4. Wird Kohlgemüse z.B. für Suppen verwendet, sollte es immer vorher blanchiert werden, um einen zu starken Eigengeschmack zu verhindern.

5. Viele Gerichte lassen sich aufwerten durch:
   - Verwendung von Vollkornmehl (Weizenvollmehl, Hirsemehl, Buchweizenmehl etc.), am besten frisch gemahlen
   - Zugabe von Joghurt, Obers oder Sauerrahm
   - Beigabe von Honig bei Süßspeisen (Honig nicht mitkochen)
   - Reichliche Verwendung von frischen Kräutern
     Die Kräuter erst kurz vor dem Verbrauch zerkleinern und beigeben. Sie verlieren sonst wertvolle Inhaltsstoffe und Geschmack

Die im Kochbuch angegebenen Rezepte sind veränderbar und können den jeweiligen gesundheitlichen Bedürfnissen und dem persönlichen Geschmack angepasst werden.

Suppen

Klare Suppen

Rindsuppe (hell) Nr. 1

Zutaten: Rindfleisch, Knochen, Wurzelwerk (Petersilie, Karotten, Sellerie, Zwiebel oder Lauch), Salz, Gewürzkörner (Lorbeerblatt, Piment, Pfefferkörner, Muskatblüte)

Rindfleisch, Knochen, geputztes, in große Stücke geschnittenes Wurzelwerk, Zwiebel und Petersiliengrün werden in kaltem Wasser zugesetzt und langsam zum Kochen gebracht. Legt man Wert auf saftiges Fleisch, darf dieses erst ins kochende Wasser gegeben werden. Nach 1–2-stündiger Kochzeit wird das Fleisch herausgenommen und die Suppe abgeseiht. Es ist darauf zu achten, dass die Suppe nie zu stark kocht, da sie sonst trüb wird.

Rindsuppe (dunkel) Nr. 2

Zutaten: Rindfleisch, Knochen, Wurzelwerk (Petersilie, Karotten, Sellerie, Zwiebel oder Lauch), Salz, Gewürzkörner (Lorbeerblatt, Piment, Pfefferkörner, Muskatblüte)

Knochen, grob geschnittenes Wurzelwerk und Zwiebel lässt man in heißem Fett anrösten, gießt mit Wasser auf, gibt Zwiebelschalen und die übrigen Zutaten hinzu und behandelt die Suppe weiter wie oben. Anstelle von Rindfleisch können auch alle anderen Fleischarten verwendet werden.

Falsche Rindsuppe Nr. 3

Zutaten: Wurzelwerk, Zwiebel, Salz, Gewürzkörner (Lorbeerblatt, Piment, Pfefferkörner, Muskatblüte), 1–2 dag Fett, ungefähr 3 Liter Wasser

Das Fett lässt man heiß werden, röstet darin das grob geschnittene Wurzelwerk sowie die Zwiebel goldgelb an, gießt mit kaltem Wasser auf, salzt und bringt das Ganze langsam zum Kochen. Die fertige Suppe wird abgeseiht und genauso verwendet wie echte Fleischsuppe.

Klare Gemüsesuppe Nr. 4

Zutaten: 3–5 dag Fett, 1½ kg verschiedene Gemüse (Karotten, Lauch, Bohnen, Erbsen, Kohlrabi, Karfiol, Kohl), 10 dag Teigwaren, Salz

Das gewaschene, geschnittene Gemüse wird mit wenig Fett und etwas Flüssigkeit gedünstet und mit klarer Suppe aufgegossen. Man kann zusätzlich als Einlage Teigwaren verwenden.

Suppen mit Einlagen

Zwiebelsuppe Nr. 5

Zutaten: 10 dag Butter oder Margarine, 1 kg Zwiebeln, Salz, Pfeffer, (Cognac), 10 kleinere Weißbrotscheiben, 10 dag Butter, 15 dag geriebener Käse

Die nudelig geschnittenen Zwiebeln werden in Fett goldgelb angeröstet, mit klarer Suppe aufgegossen und 15 bis 20 Minuten kochen gelassen. Die Weißbrotscheiben werden mit etwas Butter bestrichen, mit geriebenem Käse bestreut, zum Überbacken ins heiße Rohr gestellt und beim Anrichten in die Suppe gegeben.

Grießsuppe (eingestreut) Nr. 6

Zutaten: 10 dag Grieß, ungefähr 2 ½ Liter Fleisch- oder Gemüsesuppe

In die kochende Suppe wird der Grieß eingestreut und einige Minuten gekocht.

Grießsuppe (geröstet) Nr. 7

Zutaten: 3–5 dag Fett, 10–15 dag Grieß, Salz, (1 Ei), Wasser oder Suppe

Man lässt Fett heiß werden, röstet darin den Grieß goldgelb an, gießt mit Wasser oder Suppe auf, salzt und lässt gut verkochen. Man kann zur Verbesserung ein versprudeltes Ei in die Suppe geben.

Grießsuppe (mit Wurzelwerk) Nr. 8

Zutaten: 3–5 dag Fett, 10 dag Grieß, Wurzelwerk, (1 Ei)

Zubereitung wie geröstete Grießsuppe (**Nr. 7**), nur wird fein geschnittenes Wurzelwerk mit dem Grieß angeröstet. Man kann ein versprudeltes Ei hineingeben.

Haferflockensuppe (geröstet) Nr. 9

Zutaten: 3–5 dag Fett, 10–15 dag Haferflocken, Salz, Wurzelwerk, (1 Ei), Wasser oder Suppe

Man lässt Fett heiß werden, röstet darin die Haferflocken goldgelb an, gießt mit Wasser oder Suppe auf, salzt und lässt gut verkochen.

Haferschleimsuppe Nr. 10

Zutaten: 10–15 dag Haferflocken, Salz, ungefähr 2 ½–3 Liter Wasser, (1 Dotter)

Die Haferflocken werden in kaltem Wasser zugestellt, sehr weich gekocht und durchpassiert. Die Suppe kann mit einem Dotter verbessert werden.

Reissuppe (eingestreut) Nr. 11

Zutaten: 10–15 dag Reis, Suppe

Der gewaschene Reis wird in kochende Suppe eingestreut und weich gekocht. Man kann den Reis auch dünsten und dann zur fertigen Suppe geben.

Reisschleimsuppe Nr. 12

Zutaten: 15 dag Reis, Salz, Muskatnuss, Zitronenschalen, (1 Dotter)

Der Reis wird in kaltem Wasser mit Salz, Muskatnuss und Zitronenschalen zugestellt, sehr weich gekocht und durchpassiert. Die Suppe kann mit einem Dotter verbessert werden.

Reissuppe (mit Einmach) Nr. 13

Zutaten: 3–5 dag Fett, 10 dag Mehl, 10 dag Reis, Salz, Pfeffer, Petersiliengrün, Muskatnuss, Zitronenschalen, kaltes Wasser oder Suppe

Die Butter lässt man heiß werden, röstet das Mehl darin goldgelb an, gibt fein gehacktes Petersiliengrün dazu, gießt mit kaltem Wasser oder Suppe auf, salzt, pfeffert und lässt die Suppe mit dem Reis gut verkochen. Man würzt mit Muskatnuss und Zitronenschalen.

Rollgerstlsuppe Nr. 14

Zutaten: 15 dag Rollgerstl, Wasser oder Suppe, 1–2 Speckschwarten

Rollgerste wird am Tage vorher eingeweicht und mit ein oder zwei Speckschwarten in Wasser oder Suppe weich gekocht.

Rollgerstlsuppe (geröstet) Nr. 15

Zutaten: 3–5 dag Fett, 15 dag Rollgerstl, Wasser oder Suppe, (1 versprudeltes Ei)

Man lässt Fett heiß werden, röstet darin die Rollgerste goldgelb an, gießt mit Wasser oder Suppe auf, salzt und lässt gut verkochen.

Gebundene Suppen

Man unterscheidet Einmach und Einbrenn. Erstere wird aus Butter und Mehl hergestellt, und zwar hell geröstet; Petersilie kann beigefügt werden, jedoch niemals Zwiebel. Gießt man mit Milch statt Wasser auf, so heißt dies Bechamel. Einbrenn wird aus Fett und Mehl gemacht, und zwar dunkel geröstet und allenfalls mit Zwiebel gewürzt.

Einmachsuppe — Nr. 16

Zutaten: 5–10 dag Butter, 15–20 dag Mehl, Salz, Pfeffer, Petersiliengrün, 2 ½–3 Liter Wasser oder Suppe

Die Butter lässt man heiß werden, röstet das Mehl darin goldgelb an, gibt fein gehacktes Petersiliengrün dazu, gießt mit kaltem Wasser oder Suppe auf, salzt, pfeffert und lässt die Suppe gut verkochen. Als Einlage kann man gebähte Semmelstangerl nehmen.

Einbrennsuppe — Nr. 17

Zutaten: 5–10 dag Fett, 20 dag Mehl, Salz, Kümmel, Zwiebel, Wasser oder Suppe

In sehr heißem Fett wird Mehl braun angeröstet, dann wird fein gehackte Zwiebel dazugegeben, mit kaltem Wasser oder Suppe aufgegossen und verkochen gelassen. Man würzt mit Salz und Kümmel und kann als Einlage gebähte oder geröstete Schwarzbrotwürfel oder gebackene Erbsen nehmen.

Kalbsknochensuppe — Nr. 18

Zutaten: 5–10 dag Butter, 15–20 dag Mehl, Salz, Pfeffer, Petersiliengrün, 2 ½–3 Liter Kalbsknochensud, Muskat

Die Butter lässt man heiß werden, röstet das Mehl darin goldgelb an, gibt fein gehacktes Petersiliengrün dazu, gießt mit Kalbsknochensud auf, salzt, pfeffert und lässt die Suppe gut verkochen. Zum Schluss kann man noch mit Muskat abschmecken. Als Einlage zum Beispiel gebähte Semmelstangerl nehmen.

Käsesuppe — Nr. 19

Zutaten: 5–10 dag Fett, 10–15 dag Mehl, 8–10 dag Käse, 10 dag Makkaroni oder Hörnchen, Salz, Schnittlauch, Suppe

Aus Fett und Mehl wird eine Einmach hergestellt, mit Suppe aufgegossen und gut verkochen gelassen. Man lässt Makkaroni darin weich kochen und gibt zuletzt geriebenen Käse und Schnittlauch in die Suppe.

Hühnereinmachsuppe Nr. 20

Zutaten: Kopf, Hals, Flügel, Füße, Magen, Herz, Leber, 6–8 dag Fett, 10–12 dag Mehl, Salz, Pfeffer, Wurzelwerk, Petersiliengrün

Die Innereien sowie Kopf, Hals, Flügel und Füße (Letztere gebrüht und abgezogen) werden mit Wurzelwerk in kaltem Wasser zugesetzt und weich gekocht. Aus Butter und Mehl bereitet man eine Einmach, gibt Petersiliengrün dazu, gießt mit dem Sud auf und lässt das Ganze gut verkochen. Das Fleisch und die Innereien schneidet man kleinwürfelig und gibt sie in die gut verkochte Einmachsuppe. Die Leber kann man, statt sie zu kochen, rösten und in die Suppe geben.

Gemüsesuppe, I. Art Nr. 21

Zutaten: 5–10 dag Fett, 10–15 dag Mehl, Zwiebel, Petersiliengrün, 1–1½ kg verschiedenes Gemüse (Karotten, Petersilie, Sellerie, Pastinaken, Lauch, grüne Erbsen, grüne Bohnen, Kraut, Kohl, Kohlrabi, Karfiol), Tomaten, 2–3 große Kartoffeln, Salz, Kräuter

Das gewaschene, geputzte, nudelig geschnittene Gemüse wird in kochendes Wasser gegeben und weich gedünstet. Inzwischen stellt man aus Fett, Mehl, Zwiebel und Petersiliengrün eine Einbrenn her, gießt erst mit kaltem Wasser, dann mit Gemüsesud auf, würzt mit Salz und lässt das Gemüse mit der gut verkochten Einbrenn noch einmal aufkochen.

Gemüsesuppe, II. Art Nr. 22

Zutaten: 5–10 dag Fett, 10–15 dag Mehl, Zwiebel, Petersiliengrün, 1–1½ kg verschiedenes Gemüse (Karotten, Petersilie, Sellerie, Pastinaken, Lauch, grüne Erbsen, grüne Bohnen, Kraut, Kohl, Kohlrabi, Karfiol), Tomaten, 2–3 große Kartoffeln, Salz, Kräuter

Das gewaschene, geputzte, nudelig geschnittene Gemüse wird in heißem Fett gedünstet, mit Mehl gestaubt und aufgegossen. Ist das Gemüse halb weich, so gibt man würfelig geschnittene Kartoffeln dazu und hält das Ganze bis zum Weichwerden derselben am Kochen. Man würzt mit Salz und frischen Kräutern.

Gemüsesuppe, III. Art (passiert) Nr. 23

Wird genauso hergestellt wie Gemüsesuppe I oder II (Rezept **Nr. 21, 22**), nur wird das Gemüse, ehe es zur Einbrenn gegeben wird, passiert. Diese Art der Herstellung ist besonders bei holzigem Gemüse zu empfehlen.

Krautsuppe Nr. 24

Zutaten: Man nimmt statt Gemüse nur Kraut, Zubereitung wie Gemüsesuppe I oder II (Rezept **Nr. 21, 22**).

Kohlsuppe Nr. 25

Zutaten: Man nimmt statt Gemüse nur Kohl, Zubereitung wie Gemüsesuppe I oder II (Rezept **Nr. 21, 22**).

Kohlrabisuppe Nr. 26

Zutaten: Man nimmt statt Gemüse nur Kohlrabi, Zubereitung wie Gemüsesuppe I oder II (Rezept **Nr. 21, 22**).

Karfiolsuppe Nr. 27

Zutaten: Man nimmt statt Gemüse nur Karfiol, Zubereitung wie Gemüsesuppe I oder II (Rezept **Nr. 21, 22**).

Grüne Bohnensuppe Nr. 28

Zutaten: Man nimmt statt Gemüse nur Bohnen, Zubereitung wie Gemüsesuppe I oder II (Rezept **Nr. 21, 22**).

Grüne Erbsensuppe Nr. 29

Zutaten: Man nimmt statt Gemüse nur Erbsen, Zubereitung wie Gemüsesuppe I oder II (Rezept **Nr. 21, 22**).

Spinatsuppe Nr. 30

Zutaten: 1 kg Spinat, 5–10 dag Fett, 10–15 dag Mehl, Knoblauch, etwas Milch/ Obers, Wasser oder Gemüsesuppe

Spinat blanchieren und grob schneiden, Einmach herstellen, Spinat zugeben, mit Wasser oder Gemüsesuppe aufgießen, würzen. Die Suppe pürieren und eventuell mit Milch oder Obers verfeinern. Als Einlage eignen sich Butternockerl. Anstelle von Spinat können im Frühjahr die Spitzen der Brennnesseln verwendet werden.

Kochsalatsuppe Nr. 31

Zutaten: 1 kg Kochsalat, 5–10 dag Fett, 10 dag Mehl, Knoblauch, etwas Milch/Obers

Zubereitung wie Spinatsuppe (Rezept **Nr. 30**).

Schwarzwurzelsuppe Nr. 32

Zutaten: 5–10 dag Fett, 10–15 dag Mehl, Zwiebel, Petersiliengrün, 1–1½ kg Schwarzwurzeln, 2–3 große Kartoffeln, Salz, Kräuter, Rahm

Vorbereiten der Schwarzwurzeln siehe Rezept **Nr. 132**. Zubereitung wie Gemüsesuppe I (Rezept **Nr. 21**). Zuletzt kann die Suppe mit Rahm verbessert werden.

Frühlingskräutersuppe **Nr. 33**

Zutaten: 5–10 dag Fett, 10–15 dag Mehl, Salz, Pfeffer, (Rahm), Frühlingskräuter (Spinat, Brennnesseln, Sauerampfer, Brunnenkresse, Spitzwegerich, Veilchen-, Gänseblumenblätter, Schafgarbe, Gundelrebe, Löwenzahn), Gemüsesuppe

Die gewaschenen Kräuter werden fein gehackt und in eine gut verkochte Einmach gegeben. Nur im frühesten Frühjahr sind die Kräuter zu verwenden.
Man gießt mit Gemüsesuppe auf und kann die Suppe mit Rahm verbessern.

Tomatensuppe **Nr. 34**

Zutaten: 5–10 dag Fett, 10–15 dag Mehl, Salz, Pfeffer, etwas Zucker, ¾ kg Tomaten oder 15 dag Tomatenmark, (etwas gedünsteter Reis oder 4–5 Kartoffeln), Suppe

Man macht aus Fett und Mehl eine Einmach, gibt gewaschene, in Viertel geschnittene, reife oder überreife Tomaten bzw. Tomatenmark dazu, gießt mit Suppe auf, würzt mit Salz und etwas Zucker und lässt alles gut verkochen. Man passiert die Suppe und gibt gedünsteten Reis hinein oder lässt rohe Kartoffelwürfel darin weich kochen.

Lauchsuppe **Nr. 35**

Zutaten: 5–10 dag Fett, Salz, 1 kg Lauch, ½ kg Kartoffeln, (Obers)

Lauch feinnudelig schneiden, in Fett andünsten, salzen, gewürfelte Kartoffeln zugeben und mit Wasser aufgießen, alles weich kochen. Die Suppe kann mit Obers verfeinert werden.

Karottensuppe **Nr. 36**

Zutaten: 1 ½ kg Karotten, 5–10 dag Fett, Salz, Petersiliengrün, etwas Milch/Obers, (Zucker)

Klein geschnittene Karotten werden in heißem Fett, in dem man eventuell etwas Zucker anlaufen hat lassen, gedünstet, aufgegossen und gut verkocht. Man würzt mit Salz und Petersiliengrün und verbessert die Suppe mit etwas Milch oder Obers.

Spargelsuppe **Nr. 37**

Zutaten: ½ kg Spargel, 5–10 dag Butter, 10 dag Mehl, Salz, Pfeffer, Petersiliengrün

Geputzter, geschnittener Spargel wird gekocht. Aus Butter und Mehl macht man eine Einmach, die man mit dem Spargelwasser aufgießt. Man würzt, gibt die Spargelstücke hinein und lässt nochmals aufkochen.

Kartoffelsuppe ohne Einbrenn **Nr. 38**

Zutaten: 1 ½–2 kg Kartoffeln, Wurzelwerk, Salz, etwas Fett, Majoran, Suppe

Wurzelwerk wird in heißem Fett angeröstet, mit Wasser oder Suppe aufgegossen und gesalzen. Dann gibt man kleinwürfelig geschnittene, rohe Kartoffeln hinein und kocht sie weich. Zum Schluss wird mit Majoran abgeschmeckt.

Kartoffelsuppe mit Einbrenn **Nr. 39**

Zutaten: 5 dag Fett, 10 dag Mehl, Zwiebel, Salz, Pfeffer oder Paprika, Majoran, Lorbeerblatt, 1–1 ½ kg Kartoffeln, Essig, (Sauerrahm)

Die Kartoffeln werden kleinwürfelig geschnitten, aus Fett, Mehl und Zwiebel wird eine Einbrenn hergestellt, die man aufgießt; darin werden die Kartoffeln weich gekocht. Würzen und zur Verbesserung etwas Sauerrahm in die Suppe geben.

Kartoffelbreisuppe **Nr. 40**

Zutaten: 5 dag Fett, 10 dag Mehl, 1 kg Kartoffeln, ¼ Liter Milch, 20–25 dag Geselchtes, Salz, Pfeffer

Die Kartoffeln werden geschält, geviertelt, in Salzwasser gekocht und passiert. Aus Fett und Mehl wird eine lichte Einmach hergestellt, die mit Kartoffelwasser, Milch und Selchsuppe aufgegossen wird. Dann kommen der Kartoffelbrei und die Gewürze hinzu. Zuletzt gibt man gekochtes, würfelig geschnittenes Selchfleisch dazu.

Erbsensuppe **Nr. 41**

Zutaten: 25–30 dag Erbsen, 5 dag Fett, Zwiebel, Petersilie, 10 dag Mehl, Salz, Pfeffer

Die Erbsen werden gewaschen, über Nacht eingeweicht, mit dem Einweichwasser zugestellt und ohne Salz weich gekocht. (*Rascher werden Hülsenfrüchte weich, wenn man dem Kochwasser etwas Speisesoda/Natron zusetzt.*) Man macht eine Einbrenn mit Zwiebel und Petersilie, gießt mit dem Erbsensud auf und gibt die passierten Erbsen, Salz und Pfeffer dazu.

Bohnensuppe **Nr. 42**

Zutaten: 25–30 dag Bohnen, 5 dag Fett, Zwiebel, Petersilie, 10 dag Mehl, Salz, Pfeffer

Die Zubereitung ist gleich wie bei der Erbsensuppe (Rezept **Nr. 41**).

Linsensuppe Nr. 43

Zubereitung wie Erbsensuppe (Rezept **Nr. 41**). Es können auch Linsen aus der Dose verwendet werden.

Milzsuppe Nr. 44

Zutaten: 25 dag Milz, 5 dag Fett, 8–10 dag Mehl, Salz, Zwiebel, Wasser oder Suppe, Petersiliengrün, Majoran, Pfeffer, (Wurzelwerk, Weißbrot)

In heißem Fett lässt man die Zwiebel goldgelb anrösten und Petersiliengrün aufschäumen, gibt fein geschabte, passierte Milz dazu und röstet sie so lange, bis sie grau ist. Dann wird gestaubt, nochmals angeröstet, mit Wasser oder Suppe aufgegossen, gewürzt und gut verkocht. Als Einlage gibt man gebähte Semmelstangerl dazu. Die Suppe wird ausgiebiger und besser, wenn man geschnittenes Wurzelwerk und Weißbrot mitröstet. Hernach passieren.

Lebersuppe Nr. 45

Zubereitung wie Milzsuppe (siehe Rezept **Nr. 44**).

Hirnsuppe Nr. 46

Zutaten: 12 Hirne, 5 dag Fett, 10 dag Mehl, Salz, Pfeffer, Petersiliengrün

Aus Fett, Mehl und Petersiliengrün wird eine Einmach hergestellt, die man mit Wasser oder Suppe aufgießt. Das Hirn wird abgehäutet (dies geht am besten, wenn man es in heißes Wasser legt), fein gehackt und in die gut verkochte Einmachsuppe gegeben.

Gulaschsuppe Nr. 47

Zutaten: 5 dag Fett, 2 Zwiebeln, 4–6 dag Mehl, ½ kg Fleisch (nach Geschmack), 5–6 Kartoffeln, Kümmel, Paprika, Salz, Majoran, (Sauerrahm)

In heißem Fett werden die klein geschnittenen Zwiebeln goldgelb angeröstet, Paprika und das kleinwürfelig geschnittene Fleisch wird dazugegeben. Wenn das Fleisch halb weich ist, kommen die würfelig geschnittenen Kartoffeln dazu. Man staubt mit Mehl, lässt anrösten, gießt auf, würzt und lässt verkochen. Die Suppe kann mit Sauerrahm verbessert werden.

Kalbskopfsuppe Nr. 48

Zutaten: ½ Kalbskopf, Wurzelwerk, 3–6 dag Butter, 10 dag Mehl, Petersiliengrün, Salz, Pfeffer, (3–4 Semmeln)

Der Kalbskopf wird mit Wurzelwerk weich gekocht und das Fleisch von den Knochen gelöst. Aus Butter und Mehl macht man eine lichte Einmach, gießt mit dem Kalbskopfsud auf, gibt Gewürze und das würfelig geschnittene Fleisch dazu und lässt alles verkochen. Als Einlage kann man würfelig oder nudelig geschnittenes, geröstetes Brot dazugeben.

Fischbeuschelsuppe Nr. 49

Zutaten: Fischbeuschel, und zwar Fischköpfe, Milch und Rogen, sonstige verwertbare Fischteile wie Flossen und Schwanz, 5 dag Fett, 10 dag Mehl, Zwiebel, Petersiliengrün, Essig, Salz, Pfeffer

Das Fischbeuschel wird in Salzwasser mit Essig weich gekocht. Man macht eine dunkle Einbrenn mit Zwiebel, gießt mit dem Sud vom Fischbeuschel auf und würzt mit Salz und Pfeffer. Das Fischbeuschel wird von den Gräten befreit, in die Suppe gegeben und mit Petersiliengrün bestreut.

Buttermilchsuppe Nr. 50

Zutaten: 2 Liter Buttermilch, ½ Liter Wasser, 8 dag Mehl, Salz, Kümmel, (Sauerrahm)

Wasser wird mit Kümmel und Salz aufgekocht, Milch und Mehl werden versprudelt, ins Wasser gegeben und verkochen gelassen. Die Suppe kann man mit Sauerrahm verbessern. Als Einlage gibt man gebähte Schwarzbrotwürfel.

Saure Milchsuppe Nr. 51

Zutaten: 2 Liter Sauermilch, ½ Liter Wasser, 8 dag Mehl, Salz, Kümmel, (Sauerrahm)

Zubereitung siehe Buttermilchsuppe, nur statt Buttermilch Sauermilch nehmen (Rezept **Nr. 50**).

Rahmsuppe Nr. 52

Zutaten: ½ Liter Sauerrahm, 2 Liter Wasser, Salz, Kümmel, 4–5 dag Mehl

Wasser wird mit Kümmel und Salz aufgekocht, Rahm und Mehl werden versprudelt, ins Wasser gegeben und verkochen gelassen. Als Einlage gibt man gebähte Schwarzbrotwürfel.

Schottsuppe Nr. 53

Zutaten: ½ kg Schotten, 2 Liter Wasser, Salz, Kümmel, 4–5 dag Mehl (Sauerrahm)

Wasser wird mit Kümmel und Salz aufgekocht, Schotten und Mehl werden versprudelt, ins Wasser gegeben und verkochen gelassen. Als Einlage gibt man gebähte Schwarzbrotwürfel. Die Suppe kann man mit Sauerrahm verbessern.

Brotsuppe Nr. 54

Zutaten: 4–6 dag Fett, ½ kg Schwarzbrot, Salz, Petersiliengrün,
(5 dag Mehl, ¼ Liter Milch oder 1 Ei)

Das kleinwürfelig geschnittene Brot wird in heißem Fett mit Petersiliengrün angeröstet, aufgegossen, gut verkocht und passiert oder zersprudelt. Zuletzt kann man einen dünnflüssigen Teig aus Milch und Mehl in die Suppe geben oder man verbessert die Suppe mit einem versprudelten Ei.

Panadelsuppe Nr. 55

Zutaten: 30–40 dag Weißbrot oder Semmeln, etwas Butter,
1–2 Eier, Salz, Petersiliengrün, Muskatnuss

Weißbrot oder Semmeln schneidet man in größere Stücke, kocht sie in Wasser weich und versprudelt sie. Zuletzt kommen versprudelte Eier, Butter, fein gehacktes Petersiliengrün, Salz und Muskatnuss in die Suppe.

Farferlsuppe Nr. 56

Zutaten: 2 ½ Liter Wasser, 25 dag Mehl, 1 Ei, 15 dag Zwiebel, 5 dag Fett, Salz

Man vermengt Mehl und Ei gut, bröselt mit den Händen ab und lässt dies ½ Stunde stehen. In das kochende, gesalzene Wasser streut man das Gemenge, verkocht es gut und gibt die in Fett geröstete Zwiebel dazu.

Rollgerstlsuppe (mit Einmach) Nr. 57

Zutaten: 3–5 dag Fett, 10 dag Mehl, 10 dag Rollgerstl, Salz, Wasser oder Suppe

Aus Fett und Mehl bereitet man eine Einmach, gießt mit Wasser oder Suppe auf und gibt das weich gekochte Rollgerstl und wenn nötig etwas Salz dazu. Man kann das Rollgerstl auch passieren.

Schwammerlsuppe Nr. 58

Zutaten: ¾ kg Schwammerl, 6 dag Butter, 8 dag Mehl, Salz, Pfeffer, Zwiebel,
3 Liter Suppe oder Wasser, ⅛–¼ Liter Sauerrahm, Sauermilch oder Buttermilch

Würfelig geschnittene Zwiebel wird glasig angedünstet, die geputzten, blättrig geschnittenen Pilze werden in Butter mit Salz und Pfeffer weich gedünstet, gestaubt, geröstet, aufgegossen und aufgekocht. Zum Schluss fügt man den Sauerrahm bei.

Suppeneinlagen

Nudel- oder Fleckerlsuppe Nr. 59

Zutaten: 25 dag Mehl, 1 Ei, Salz, kaltes Wasser

Nudelteig: Alle Zutaten zu einem festen, geschmeidigen Teig verarbeiten, zugedeckt ruhen lassen. Dünn ausrollen und zu sehr feinen Nudeln oder 1 cm großen Fleckerln schneiden. Diese werden in kochende Rindsuppe eingekocht.
Nudeln oder Fleckerln, die als Suppeneinlage verwendet werden, dürfen beim Schneiden nicht bemehlt werden, da die Suppe sonst trüb wird.

Reibgerstlsuppe Nr. 60

Zutaten: 25 dag Mehl, 1 Ei, kaltes Wasser

Die Zutaten werden rasch zu einem sehr festen, groben Teig verarbeitet, den man auf dem Reibeisen reibt. Das Reibgerstl lässt man etwas übertrocknen und streut es in die kochende Suppe ein.

Schlickkrapferl Nr. 61

Zutaten: 20 dag Mehl, 1 Ei, lauwarmes Wasser,
15–20 dag Fleischreste, Salz, Pfeffer, Zwiebel, Petersiliengrün, Fett, 1 Ei

Die Fleischreste werden faschiert, in Fett und Zwiebeln angeröstet und mit den Gewürzen und dem Ei vermengt.
Aus Mehl, kaltem Wasser und Ei stellt man einen weicheren Nudelteig her, rollt ihn zu einem schmalen Rechteck aus, legt auf die eine Hälfte des Rechteckes in 5–6-cm-Abständen kleine Fleischhäufchen, schlägt die zweite Hälfte darüber, drückt sie an den Rändern fest und sticht runde oder halbrunde Krapferl aus. Diese werden in die kochende Suppe eingelegt und gegart.

Fleischstrudel (gekocht) Nr. 62

Zutaten: 25 dag Mehl, 1 Ei, Salz, 1 Esslöffel Öl oder zerlassenes Fett, lauwarmes Wasser
Fülle: 30–40 dag Fleischreste, Fett, Salz, Pfeffer, Zwiebel, Petersiliengrün, 1 Ei

Strudelteig: Aus den Zutaten einen geschmeidigen Teig herstellen, so lange kneten, bis er Blasen wirft. Den Teig zugedeckt an einem warmen Ort rasten lassen.
Fülle: Die Fleischreste werden faschiert, in Fett und Zwiebeln angeröstet und gewürzt.
Der ausgezogene Strudelteig wird mit Fülle bestreut (man kann ihn vorher mit Ei bestreichen), eingerollt, mit einem bemehlten Kochlöffel in 5 cm lange Stücke abgedrückt, die man in Suppe 10 Minuten kochen lässt.

Fleischstrudel (gebacken) **Nr. 63**

Zutaten: 25 dag Mehl, 1 Ei, Salz, 1 Esslöffel Öl oder zerlassenes Fett, lauwarmes Wasser
Fülle: 30–40 dag Fleischreste, Fett, Salz, Pfeffer, Zwiebel, Petersiliengrün

Zubereitung wie Rezept **Nr. 62**. Der eingerollte Strudel wird auf einem befetteten Blech im Rohr goldgelb gebacken, in Stücke geschnitten und zur Rindsuppe gegeben.

Lungenstrudel **Nr. 64**

Zutaten: 25 dag Mehl, 1 Ei, Salz, 1 Esslöffel Öl oder zerlassenes Fett, lauwarmes Wasser
Fülle: 30–40 dag Lunge, Fett, Salz, Pfeffer, Zwiebel, Petersiliengrün

Strudelteig: Aus den Zutaten einen geschmeidigen Teig herstellen und so lange kneten, bis er Blasen wirft. Den Teig zugedeckt an einem warmen Ort rasten lassen.
Fülle: Die Lunge wird faschiert, in Fett und Zwiebeln angeröstet und gewürzt. Der ausgezogene Strudelteig wird mit Fülle bestreut. Der eingerollte Strudel wird auf einem befetteten Blech im Rohr goldgelb gebacken, in Stücke geschnitten und zur Rindsuppe gegeben.

Eintropfsuppe **Nr. 65**

Zutaten: 1–2 Eier, 12 dag Mehl, Salz, lauwarmes Wasser

Mehl wird mit Ei, Salz und etwas Wasser zu einem dünnen Teig versprudelt, den man durch ein Sieb in die kochende Suppe laufen lässt oder mit einem Schnabelhäferl eintropft.

Frittaten **Nr. 66**

Zutaten: 15 dag Mehl, 1–2 Eier, Salz, ¼–½ Liter Milch, Fett zum Backen

Alle Zutaten zu einem glatten, dünnflüssigen Teig verrühren und kurz rasten lassen. In einer befetteten Pfanne werden Palatschinken gebacken, die man erkaltet nudelig schneidet und kurz vor dem Anrichten in die Suppe gibt.

Gebackene Erbsen **Nr. 67**

Zutaten: 1–2 Eier, 12 dag Mehl, Milch, Salz, Fett zum Backen

Man bereitet einen dicken Tropfteig, den man durch ein umgekehrtes, großlöchriges Reibeisen in heißes Fett tropfen lässt und leicht gelb bäckt. Gebackene Erbsen dürfen erst kurz vor dem Anrichten in die Suppe gegeben werden.

Butternockerl Nr. 68

Zutaten: 10 dag Butter, 2 Eier, 2 Esslöffel Milch, Salz, 16 dag Mehl, Spinat, Käse

Die Butter wird flaumig gerührt, dann kommen Dotter, Milch, Salz und zuletzt Mehl und Schnee hinzu. Aus dem Teig werden mit einem Löffel Nockerl geformt, in die kochende Suppe eingelegt und 10 Minuten kochen gelassen. Man kann unter den Teig auch gehackte Kräuter oder gehackten Spinat beziehungsweise geriebenen Käse mischen.

Grießnockerl, I. Art Nr. 69

Zutaten: 2 Eier, 2 Eischwer Fett, 4 Eischwer Grieß, Salz, 2 Esslöffel Wasser

Fett wird flaumig gerührt, dann gibt man Eier, Salz, Grieß und Wasser hinzu und lässt den Teig 20 Minuten ziehen. Es werden mit einem Löffel Nockerl in die kochende Suppe gelegt, die man 5 Minuten kochen und weitere 20 Minuten am Herdrand ziehen lässt. Alternativ dazu kann man die Grießnockerl auch in Salzwasser weich kochen und anschließend in der Suppe servieren.

Grießnockerl, II. Art (gekocht) Nr. 70

Zutaten: ¼ Liter Milch, 5 dag Butter, 10 dag Grieß, Salz, 2 Eier

Milch, Butter und Salz werden zum Kochen gebracht und der Grieß leicht eingerührt. Wenn die Masse überkühlt ist, werden die Eier dazugegeben und die Nockerl in die kochende Suppe oder in Salzwasser eingelegt.

Speckgrießknödel Nr. 71

Zutaten: 6 dag Speck, ½ Liter Milch, ¼ Liter Grieß, 1–2 Eier, Salz

Der Speck wird kleinwürfelig geschnitten, in einer Rein ausgelassen, mit Milch aufgegossen und zum Kochen gebracht. Dann wird der Grieß eingekocht und das Ganze auskühlen gelassen. In die erkaltete Masse rührt man die Eier, formt kleine Knödel und kocht sie in Suppe ein.

Leber- oder Milzknödel Nr. 72

Zutaten: 10 Semmeln, 2–3 dag Fett, 40 dag Leber oder Milz, 1–2 Eier, Milch, 10–12 dag Mehl, Salz, Pfeffer, Majoran, Zwiebel, Petersiliengrün, Knoblauch

Die Semmeln werden kleinwürfelig geschnitten und mit in Fett gerösteter Zwiebel, Petersiliengrün und Knoblauch vermengt. Fein geschabte Leber oder Milz, Milch, Ei, Salz versprudelt man, gießt es über die Semmeln und lässt das Ganze einige Zeit stehen. Die Masse wird mit Mehl gefestigt, dann werden Knödel geformt, die man etwa 25 Minuten in Salzwasser oder Suppe kocht.

Feine Leberknödel Nr. 73

Zutaten: 6 dag Fett, 25 dag Leber, 2–3 Eier, 5–6 in Milch eingeweichte Semmeln, Zwiebel, Petersiliengrün, Majoran, etwas Mehl und Brösel

In abgetriebenes Fett gibt man die geschabte Leber, eingeweichte, ausgedrückte, passierte Semmeln, geröstete Zwiebel, Petersiliengrün, Salz, Pfeffer, Majoran, etwas Mehl und Brösel. Man formt Knödel, die man 10 Minuten in der Suppe kocht. Man kann die Leberknödel auch in Fett backen. Dazu wird der Teig etwas fester gemacht.

Leberreis Nr. 74

Zutaten: 3 Semmeln, 15 dag Leber, 1 Ei, 3 dag Fett, Salz, Pfeffer, Majoran, Zwiebel, Petersiliengrün, (etwas Brösel)

Geschabte Leber und eingeweichte, ausgedrückte Semmeln werden passiert, mit in Fett angerösteter Zwiebel und den übrigen Zutaten vermengt, eventuell mit Bröseln gefestigt. Die Masse wird durch ein umgedrehtes grobes Reibeisen in die kochende Suppe gedrückt.

Lebernockerl Nr. 75

Zutaten: 3 Semmeln, 15 dag Leber, 2 Eier, 2–3 dag Fett, Zwiebel, Petersiliengrün, Salz, Pfeffer, Majoran, (etwas Brösel)

Der Teig für die Lebernockerl wird gleich wie Leberreis (Rezept **Nr. 74**), zubereitet. Aus dem Teig werden mit einem Löffel Nockerl geformt, die 10 Minuten in Rindsuppe kochen müssen.

Leber- oder Milzschöberl Nr. 76

Zutaten: 5 dag Butter, 2 Semmeln, 1–2 Eier, 15 dag Leber oder Milz, Zwiebel, Petersiliengrün, Salz, Pfeffer, Majoran, Brösel

Butter wird flaumig gerührt, mit den Dottern, der fein geschabten Leber oder Milz, den eingeweichten, passierten Semmeln, der in Fett gerösteten Zwiebel, den übrigen Gewürzen und dem Schnee vermengt. Die Masse wird in eine befettete, bemehlte Form gegeben, im Rohr gebacken und in kleine Würfel geschnitten.

Leber- und Milzgerstl Nr. 77

Wird wie gewöhnliches Reibgerstl (Rezept **Nr. 60**) hergestellt, nur wird anstatt des Wassers fein geschabte Leber oder Milz verwendet.

Milzschnitten Nr. 78

Zutaten: 15 dag Milz, 4–5 Semmeln, 1 Ei, etwas Butter, Salz, Pfeffer, Majoran

Butter wird flaumig gerührt. Das Ei, die fein geschabte Milz und die Gewürze kommen dazu. Die Masse streicht man ½–1 Zentimeter hoch auf dünne Semmel- oder Weißbrotschnitten und stellt sie auf einem Blech ins heiße Rohr oder man bäckt die Schnitten in heißem Fett. (Die bestrichene Seite nach unten einlegen.)

Hirnschnitten Nr. 79

Die Zubereitung ist wie bei Milzschnitten, nur wird anstatt Milz Hirn verwendet (Rezept **Nr. 78**).

Biskuitschöberl Nr. 80

Zutaten: 4 Eier, 8 dag Mehl, Salz

Die Eiklar werden zu sehr steifem Schnee geschlagen, Dotter, Mehl und Salz leicht eingerührt. Die Masse wird in einer befetteten, bemehlten Form gebacken und zu viereckigen Schöberln geschnitten.

Käseschöberl Nr. 81

werden wie Biskuitschöberl (Rezept **Nr. 80**) hergestellt. In die fertige Masse werden zusätzlich 5–8 dag geriebener Käse eingerührt.

Fleischschöberl Nr. 82

werden wie Leberschöberl (Rezept **Nr. 76**) hergestellt, nur verwendet man statt Leber Fleisch.

Hirnschöberl Nr. 83

werden wie Leberschöberl (Rezept **Nr. 76**) hergestellt, nur verwendet man statt Leber abgehäutetes, gehacktes Hirn.

Mehlschöberl Nr. 84

Zutaten: 5 dag Butter, 2 Eier, 10 dag Mehl, 2 Messerspitzen Backpulver, Salz, etwas Milch

In die abgetriebene Butter gibt man Dotter, Salz, einen Teil des Mehls und Milch. Das übrige Mehl wird mit Backpulver gemischt und mit dem Schnee beigemengt. Man bäckt die Masse in einer viereckigen Form oder Rein und schneidet noch warm viereckige Stücke.

Gemüse

Eine richtig zusammengestellte Nahrung sollte gemischt sein, das heißt, sie sollte aus Milch, Getreideprodukten, Fleisch, Eiern, Kartoffeln, Gemüse und Obst bestehen. Gemüse enthält die für die Gesunderhaltung des Körpers so wichtigen Rohfasern, Vitamine und Mineralsalze. Um diese im Gemüse beim Zubereiten weitgehend zu erhalten, muss Verschiedenes beachtet werden:

- Regionales, saisonales und Gemüse aus biologischem Anbau verwenden.
- Gemüse so frisch wie möglich verwenden.
- Gemüse rasch und sauber waschen und nie im Wasser liegen lassen. Erst kurz vor der Zubereitung zerkleinern.
- Gemüse rasch bei großer Hitze kochen und immer in kochendes Wasser geben.
- Gemüsesud nie wegschütten, sondern zum Aufgießen von Einbrenn verwenden, da er die Vitamine und Salze des Gemüses enthält; ausgenommen Kohl, Kraut, Kohlrüben und Karfiol, da diese Gemüse stark blähen.
- Kochwasser von Fisolen abgießen, da es Stoffe enthält, die für den Körper nicht verträglich sind.
- Immer nur so viel Gemüse kochen, wie zu einer Mahlzeit gebraucht wird, denn aufgewärmtes Gemüse hat fast alle Vitamine verloren.

Salate

- Durch die Zubereitung von verschiedenen Salaten wird die tägliche Kost gesund, bekömmlich und abwechslungsreich.
- Beim Herrichten der Salate sind Most-, Wein oder Apfelessig empfehlenswert.
- Kalt gepresstem Öl sollten Sie den Vorzug geben, da es noch viele wertvolle Inhaltsstoffe besitzt und im Geschmack hervorragend zum Salat passt.
- Sie können Öl auch durch Rahm oder Buttermilch ersetzen.
- Die Beigabe von Küchenkräutern wie Schnittlauch, Petersilie, Selleriegrün, Dill, Sauerampfer, Bohnenkraut, Estragon, Borretsch, Zwiebel, Lauch, Basilikum etc. erfolgt in fein gehacktem Zustand kurz vor dem Auftragen.

Gekochte Salate

Alle gekochten Salate sollen nach dem Marinieren einige Zeit stehen.

Kartoffelsalat **Nr. 85**

Zutaten: 2 kg Kartoffeln, Salz, Essig, Öl, Pfeffer oder Paprika, Zwiebel, grüne Kräuter

Gekochte, geschälte, gut ausgekühlte Kartoffeln (speckige Kartoffeln sind dazu besser geeignet als mehlige) werden blättrig geschnitten, mit Salz, fein gehackter Zwiebel, Essig, Öl und etwas Wasser oder Suppe vermengt und einige Zeit stehen gelassen. Der Salat wird beim Anrichten mit grünen Kräutern (Kerbel, Borretsch, Schnittlauch oder Petersiliengrün), Pfeffer oder Paprika bestreut. Man kann den Kartoffelsalat auch mit Mayonnaise vermengen.

Bunter Kartoffelsalat **Nr. 86**

Zutaten: 1 ½ kg Kartoffeln, 4 Eier, hart gekocht, ½ kg Tomaten,
3 Essiggurkerl, 1 Becher Joghurt, ¼ l Sauerrahm, Senf, Salz, Pfeffer, Essig

Die gekochten Kartoffeln, Eier, Tomaten und Gurkerl in 1 cm große Würfel schneiden. Aus den restlichen Zutaten eine Salatsoße zubereiten, alles zusammenmischen, nochmals abschmecken und gut durchziehen lassen.

Wurstsalat **Nr. 87**

Zutaten: 1 kg Extrawurst, Zwiebel, ½ kg Käse, Paprika, Essig, Öl,
Salz, Pfeffer, Schnittlauch

Alle Zutaten feinnudelig schneiden und marinieren. Mit Schnittlauch bestreut servieren. Dieser Salat eignet sich auch hervorragend zur Resteverwertung.

Fleischsalat **Nr. 88**

Zutaten: Gekochtes Rindfleisch oder andere Fleischreste, Zwiebel,
Salz, Öl, Essig, Schnittlauch, Pfeffer, (Mayonnaise)

Die Fleischreste werden in feine Scheiben geschnitten, mit Salz, Essig, Öl und fein geschnittener Zwiebel angerichtet und mit Schnittlauch bestreut. Man kann die Fleischreste auch mit einer gut gewürzten Mayonnaise vermengen.

Heringssalat **Nr. 89**

Zutaten: 2 kg Kartoffeln, 3–4 Salzheringe, 2–3 Äpfel, Essig, Öl, Zwiebel, Essiggurkerl

Die Salzheringe aus der Lake nehmen, sehr fein schneiden und mit geriebenen Äpfeln unter den Kartoffelsalat (Rezept **Nr. 85**) mengen.

Bohnensalat (trockene Früchte) **Nr. 90**

Zutaten: 50–60 dag Bohnen, Salz, Zwiebel, Essig, Öl

Die gewaschenen Bohnen werden über Nacht eingeweicht, in kaltem, ungesalzenem Wasser mit etwas Natron zugestellt und weich gekocht (siehe Kochen von Hülsenfrüchten **Seite 46**). Man kann die Bohnen noch warm mit Salz, fein gehackter Zwiebel, Essig und Öl anrichten.

Linsen- und Erbsensalat **Nr. 91**

Zutaten: 50–60 dag Linsen/Erbsen, Salz, Zwiebel, Essig, Öl
Zubereitung wie Bohnensalat (Rezept **Nr. 90**).

Rohnensalat **Nr. 92**

Zutaten: 2 kg Rohnen (Rote Rüben), Salz, Zucker, Kümmel oder Anis, Essig, Kren

Von den weich gekochten Rohnen wird die Haut abgezogen, dann schneidet man sie blättrig, vermengt sie mit Salz, etwas Zucker, Kümmel oder Anis und Essig. Um den Salat würziger zu machen, gibt man noch geriebenen Kren dazu. Der Salat wird beschwert und, wenn möglich, erst am nächsten Tag verwendet. Will man Rohnen für längere Zeit haltbar machen, so legt man sie in Essig ein.

Selleriesalat **Nr. 93**

Zutaten: 2 kg Sellerie, Salz, Zucker, Essig, Öl, etwas Suppe, Kartoffeln, (Mayonnaise)

Sellerie schälen, feinblättrig schneiden und kurz in kochendem Salzwasser blanchieren. Mit Salz, Zucker, Essig, Öl anrichten. Selleriesalat kann auch mit gekochten, blättrig geschnittenen Kartoffeln vermengt werden. Der Salat kann auch mit Mayonnaise mariniert werden.

Karottensalat **Nr. 94**

Zutaten: 2 kg Karotten, Salz, Zucker, Essig, Öl, etwas Suppe
Zubereitung wie Selleriesalat (Rezept **Nr. 93**).

Fisolensalat **Nr. 95**

Zutaten: 2 kg grüne Bohnen (Fisolen), Salz, Essig, Öl, Zwiebel

Geputzte grüne Bohnen werden in Salzwasser weich gekocht und mit Salz, fein gehackter Zwiebel, Essig und Öl angerichtet.

Karfiolsalat Nr. 96

Zutaten: 2 große Rosen Karfiol, Milch, Salz, Essig, Öl

Den Karfiol teilt man in nicht zu kleine Röschen, kocht diese in Salzwasser weich und vermengt sie mit Salz, Essig und Öl. Gibt man dem Kochwasser etwas Milch hinzu, behält der Karfiol seine weiße Farbe.

Kohlsprossensalat Nr. 97

Zutaten: 2 kg Kohlsprossen, Salz, Essig, Öl, (Mayonnaise)

Die Kohlsprossen halbieren oder vierteln und in Salzwasser bissfest kochen. Marinieren und ziehen lassen. Der Salat kann auch mit Mayonnaise verfeinert werden.

Warmer Krautsalat Nr. 98

Zutaten: 2–3 kg Kraut, Speck, eventuell Fett und Zwiebel, Salz, Kümmel, Essig

Man schneidet das Kraut feinnudelig, überbrüht es mit kochendem Wasser, lässt es einige Zeit stehen und seiht es ab. Mit kleinwürfelig geschnittenem, ausgelassenem Speck oder in Fett gerösteter Zwiebel sowie Kümmel, Salz und Essig anrichten.

Rohsalate

Ein Teil der täglichen Nahrung, etwa 10 Prozent, sollte roh gegessen werden, am besten am Beginn der Mahlzeit. Rohe Gemüse sind von großem gesundheitlichem Wert, weil sie noch alle Vitamine und Mineralstoffe enthalten, die beim Kochen zum Teil verloren gehen. Außerdem haben rohe Gemüse eine besonders anregende Wirkung auf Magen und Darm. Sie regulieren den gesamten Stoffwechsel des Körpers. Rohe Gemüse sind am bekömmlichsten in Form von Salaten. Wir sollten solche besonders in der obstarmen Zeit häufig auf den Tisch bringen. Bei der Zubereitung von Rohsalaten ist zu beachten:

- Das Gemüse so frisch wie möglich verwenden.
- Das Gemüse peinlichst sauber waschen.
- Das Gemüse erst kurz vor dem Verbrauch zerkleinern und marinieren.

Sauerkrautsalat, I. Art Nr. 99

Zutaten: 1–1 ½ kg mildes Sauerkraut, Essig, Öl, Salz, Zwiebel, 2 säuerliche Äpfel, 2 Essiggurkerl

Zwiebel, Äpfel und Gurkerl kleinwürfelig schneiden, mit dem Sauerkraut und den übrigen Zutaten vermischen.

Sauerkrautsalat, II. Art **Nr. 100**

Zutaten: 1–1 ½ kg mildes Sauerkraut, Salz, Essig, Sauerrahm, geriebener Kren

Zubereitung wie bei Sauerkrautsalat I (Rezept **Nr. 99**).

Häuptelsalat **Nr. 101**

Zutaten: 4 Häuptel Salat, Salz, Essig, Öl, Kräuter nach Geschmack (Schnittlauch, Kerbel oder Petersiliengrün, Zucker)

Die Salatblätter werden rasch und gründlich gewaschen, geteilt, gut abtropfen gelassen und knapp vor der Verwendung mit Salz, Essig, Öl und Kräutern gemischt. Man kann eine Prise Zucker zum Salat geben.

Endiviensalat **Nr. 102**

Zutaten: 4 Häuptel Endiviensalat, Salz, Essig, Öl, Kräuter nach Geschmack (Schnittlauch, Kerbel oder Petersiliengrün)

Die Blätter werden nudelig geschnitten und wie Häuptelsalat (Rezept **Nr. 101**) angerichtet.

Spinatsalat **Nr. 103**

Zutaten: 2 kg junger Spinat, Salz, Essig, Öl, Kräuter nach Geschmack (Schnittlauch, Kerbel oder Petersiliengrün)
Zubereitung wie Häuptelsalat (Rezept **Nr. 101**).

Vogerlsalat **Nr. 104**

Zutaten: 2 kg Vogerlsalat, Öl, Essig, Salz, Pfeffer

Der Salat wird geputzt, rasch gewaschen, mit Salz, Pfeffer, Essig und Öl angerichtet. Man kann Vogerlsalat auch unter Kartoffelsalat (Rezept **Nr. 85**) mischen. Beide Salate werden für sich abgemacht und erst kurz vor der Verwendung gemischt.

Zichoriensalat **Nr. 105**

Zutaten: 3 Häuptel Zichoriensalat, Öl, Essig, Salz, Pfeffer
Zubereitung wie Vogerlsalat (Rezept **Nr. 104**).

Kressesalat **Nr. 106**

Zutaten: 2 kg Kresse, Öl, Essig, Salz, Pfeffer.
Zubereitung wie Vogerlsalat (Rezept **Nr. 104**).

Kerbelsalat Nr. 107

Zutaten: 1 kg Kerbel, Öl, Essig, Salz, Pfeffer
Zubereitung wie Vogerlsalat (Rezept **Nr. 104**).

Borretschsalat Nr. 108

Zutaten: 1 kg junger Borretsch, Öl, Essig, Salz, Pfeffer
Zubereitung wie Vogerlsalat (nur junge Blätter verwenden, Rezept **Nr. 104**).

Krautsalat Nr. 109

Zutaten: 2–3 kg Kraut, Salz, Kümmel, Essig, Öl, Knoblauch

Das feinnudelig geschnittene Kraut vermischt man mit etwas Salz und beschwert es. Der Salat wird mit Essig, Öl, Kümmel und Knoblauch angerichtet.

Blaukrautsalat Nr. 110

Zutaten: 2 kg Blaukraut, Salz, Essig und Öl, Zwiebel, Kümmel

Das sehr feinnudelig geschnittene, gesalzene Kraut wird beschwert und mit Essig, Öl und den übrigen Zutaten vermengt.

Gurkensalat Nr. 111

Zutaten: 3–4 kg Gurken, Salz, Essig, Öl, Dill, Estragon, Borretsch, Sauerrahm

Die geschälten Gurken werden gehobelt und mit Salz, Essig, Öl und fein geschnittenen Kräutern sowie Sauerrahm angerichtet.

Kohlrabisalat Nr. 112

Zutaten: 2–2 ½ kg Kohlrabi, Salz, Essig, Öl, (Sauerrahm)

Junge Kohlrabi schälen, fein oder grob reiben und mit den übrigen Zutaten vermengen.

Tomatensalat Nr. 113

Zutaten: 2 kg Tomaten, Salz, Petersiliengrün oder Basilikum,
Essig und Öl, Zwiebel, Prise Zucker, (Senf)

Feste Tomaten schneidet man blättrig und richtet sie mit Salz, fein gehackter Petersilie, Essig, Öl und einer Prise Zucker an. Man kann zur Verbesserung auch einen Löffel Senf dazugeben oder mit Basilikum würzen.

Rettichsalat Nr. 114

Zutaten: 1–2 kg Rettich, Salz, Essig, Öl, Sauerrahm

Der Rettich wird geschält, grob oder fein gerieben und mit Salz, Essig, Öl und Rahm angerichtet.

Pusztasalat Nr. 115

Zutaten: 1 ½ kg Tomaten, 3–5 Stück grüne Paprika, Zwiebel, Salz, Öl, Essig, (etwas Zucker und Senf)

Tomaten, Paprika und Zwiebel blättrig schneiden, mit der Marinade vermengen und abschmecken.

Rübensalat Nr. 116

Zutaten: 1–2 kg Weiße Rüben, Wasserrüben oder Stoppelrüben, Salz, Essig, Öl, Sauerrahm

Die Rüben werden geschält, grob oder fein gerieben und mit Salz, Essig, Öl und Sauerrahm angerichtet.

Rohnensalat Nr. 117

Zutaten: 1 ½ kg Rohnen, ½ kg Äpfel, Salz, Essig, Öl, Sauerrahm

Die gewaschenen Rohnen werden abgeschabt, mit den Äpfeln grob oder fein gerieben und mit den übrigen Zutaten vermengt.

Karottensalat Nr. 118

Zutaten: 1½ kg Karotten, ½ kg Äpfel, Salz, Essig, Öl

Die gewaschenen Karotten werden abgeschabt, mit den Äpfeln grob oder fein gerieben und mit den übrigen Zutaten vermengt.

Karotten-Apfelsalat Nr. 119

Zutaten: 1–1 ½ kg Karotten, 1 kg Äpfel, Salz, Zucker, etwas Essig, Milch, Buttermilch oder Sauerrahm

Die geputzten Karotten werden auf dem Reibeisen gerieben, die Äpfel samt der Schale fein geschnitten, mit den Karotten vermengt und mit Salz, Zucker, einem Spritzer Essig, Milch oder Buttermilch angerichtet. Kann als Vor- oder Nachspeise gereicht werden.

Sellerie-Apfel-Salat **Nr. 120**

Zutaten: 1–1½ kg Sellerie (anstelle von Sellerie können auch Pastinaken verwendet werden), 1 kg Äpfel, Salz, Zucker, etwas Essig, Milch, Buttermilch oder Sauerrahm

Der geschälte Sellerie wird grob gerieben, die Äpfel samt der Schale ebenso. Aus Salz, Zucker, einem Spritzer Essig, Milch, Buttermilch oder Sauerrahm eine Marinade bereiten und alles vermischen.

Gedünstetes Gemüse

Gedünstetes Gemüse ist gekochtem vorzuziehen, denn beim Dünsten wird das Gemüse weniger ausgelaugt, dadurch bleibt es schmackhafter und der Nährstoffverlust ist geringer. Zum Dünsten verwendet man am besten eine möglichst große, flache Rein. Man lässt Fett heiß werden und darin (je nach Gemüseart) Zwiebel anlaufen. Dann kommen das gewaschene, geputzte, zerkleinerte Gemüse sowie Salz und die übrigen Geschmackszutaten dazu.

Das Gemüse wird rasch bei großer Hitze erst im eigenen Saft, dann unter öfterem Aufgießen mit wenig Wasser oder Suppe bissfest gedünstet. Zuletzt staubt man, lässt das Mehl anrösten, gießt mit so viel Wasser oder Suppe auf, dass die Soße sämig wird und lässt das Ganze nochmals gut verkochen. Dann soll das Gemüse sofort zu Tisch gebracht werden. Das Mehl kann auch weggelassen werden.

Gedünstetes Sauerkraut **Nr. 121**

Zutaten: 1 ½ kg Sauerkraut, 5–10 dag Speck, 1 rohe Kartoffel

Speck und Zwiebel kleinwürfelig schneiden und anrösten. Sauerkraut darin dünsten, zuletzt mit der roh geriebenen Kartoffel binden.

Gedünstetes Kraut **Nr. 122**

Zutaten: 2 ½ kg Kraut, 5–8 dag Fett, Salz, Zwiebel, Kümmel, 4–6 dag Mehl, etwas Zucker und Essig, (Wein)

In heißem Fett werden Zwiebel und Zucker gebräunt, dann kommen das nudelig geschnittene Kraut, Salz, Kümmel und ein Spritzer Essig dazu. Das Gemüse wird weich gedünstet, gestaubt, aufgegossen und gut verkocht. Eine kleine Beigabe von Wein macht das Kraut sehr schmackhaft.

Gedünstetes Blaukraut **Nr. 123**

Zutaten: 2–2 ½ kg Blaukraut, 5–8 dag Fett, Zwiebel, Salz, Essig, 1–2 Äpfel, 4–6 dag Mehl, etwas Zucker, (Rotwein)

Zubereitung wie bei gedünstetem Weißkraut (Rezept **Nr. 122**), nur werden zum Dünsten fein geschnittene, saure Äpfel dazugegeben. Etwas Wein verbessert das Kraut sehr.

Gedünstete Kohlrabi **Nr. 124**

Zutaten: 2 kg Kohlrabi, 5–8 dag Fett, 4–6 dag Mehl, Salz, Pfeffer, etwas Zucker

Kohlrabi werden würfelig, nudelig oder blättrig und die Herzblätter nudelig geschnitten. In heißem Fett lässt man Zucker bräunen, gibt das Gemüse, Salz und Pfeffer dazu und dünstet es unter öfterem Aufgießen weich. Man staubt, gießt auf und lässt verkochen.

Gedünstete Karotten **Nr. 125**

Zutaten: 1 ½–2 kg Karotten, 5–8 dag Fett, 4–6 dag Mehl, Salz, Zucker, Petersiliengrün

Zubereitung wie gedünsteter Kohlrabi (Rezept **Nr. 124**, aber ohne Pfeffer).

Gedünstete Erbsen **Nr. 126**

Zutaten: 1 ½ kg ausgelöste grüne Erbsen/Tiefkühl-Erbsen, 5–8 dag Fett, 4–6 dag Mehl, Salz

Zubereitung wie gedünstete Kohlrabi (Rezept **Nr. 124**). Ältere Erbsen werden statt des Dünstens gekocht.

Gedünsteter Lauch **Nr. 127**

Zutaten: 2 kg Lauch, 5–8 dag Fett, 4–6 dag Mehl, Salz, (Sauerrahm)

Der Lauch wird der Länge nach halbiert, gründlich gewaschen, grobnudelig geschnitten, in heißes Fett gegeben, weich gedünstet, gestaubt, aufgegossen und verkocht. Lauchgemüse kann man mit Sauerrahm verbessern.

Gedünsteter Kürbis **Nr. 128**

Zutaten: 1 ½–2 kg Kürbis, 5–8 dag Fett, 4–6 dag Mehl, Zwiebel, Salz, Paprika, Sauerrahm, etwas Essig

Kürbis schälen, nudelig schneiden, fein geschnittene Zwiebel in Fett anrösten, Kürbis, Salz, Essig und Paprika dazugeben, weich dünsten, stauben, aufgießen und mit Sauerrahm verbessern.

Eingebranntes Gemüse

Das Gemüse wird gewaschen, geputzt und zerkleinert, in so viel kochendes Wasser gegeben, dass es gerade bedeckt ist, und rasch weich gekocht. Inzwischen stellt man aus Fett, Mehl und Petersiliengrün eine helle Einmach oder dunkle Einbrenn (je nach Gemüseart) her, gießt mit dem Gemüsesud auf (wichtig, da Nährstoffe im Wasser sind), lässt alles gut verkochen, gibt das weich gekochte Gemüse sowie die übrigen Geschmackszutaten dazu und lässt nochmals verkochen.

Eingebrannte Kohlrabi (Winterkohlrabi) **Nr. 129**

Zutaten: 2 kg Kohlrabi, 4–6 dag Fett, 6–8 dag Mehl, Petersilie, Salz, Pfeffer

Die Kohlrabi werden geputzt, würfelig geschnitten, bissfest gedünstet und mit einer Einmach verfeinert.

Eingebrannter Kohl **Nr. 130**

Zutaten: 1 ½–2 kg Kohl, 4–6 dag Fett, 6–8 dag Mehl, Salz, Pfeffer, (Knoblauch)

Den Kohl schneidet man nudelig, dünstet ihn und verfeinert ihn mit einer Einbrenn.

Karfiol **Nr. 131**

Zutaten: 3–4 Karfiolrosen, 4–6 dag Fett, 8–10 dag Mehl, Salz

Der Karfiol wird in Röschen geteilt, die man kurze Zeit in Salzwasser (sie erhalten dadurch eine schöne, weiße Farbe) und dann in siedendes Wasser zum Weichkochen gibt. Den Strunk kocht man ebenfalls mit und passiert ihn, wenn er weich ist. Aus Fett und Mehl wird eine helle Einmach hergestellt, der Karfiol zugegeben und abgeschmeckt.

Schwarzwurzeln **Nr. 132**

Zutaten: 1 ½–2 kg Schwarzwurzeln, 4–6 dag Fett, 8–10 dag Mehl,
Essigwasser, Salz, Zitronensaft, (etwas Milch oder Sauerrahm)

Die gewaschenen Schwarzwurzeln werden abgeschabt und in Essig- oder Milchwasser gelegt, damit sie nicht braun werden. Dann schneidet man sie sie in 3–4 cm lange Stücke und kocht sie in Salzwasser weich. Aus Fett und Mehl wird eine helle Einmach zubereitet, weiters werden die Schwarzwurzeln zur Einmach gegeben und abgeschmeckt. Zur Verbesserung kann man Milch oder Sauerrahm dazugeben.

Sellerie Nr. 133

Zutaten: 1 ½–2 kg Sellerie, 4–6 dag Fett, 6–8 dag Mehl, Salz, Pfeffer, Petersiliengrün, Zitronensaft, (Sauerrahm)

Die gewaschenen Sellerieknollen putzt man, schneidet sie würfelig und kocht sie in Salzwasser weich. Nach Zubereitung einer hellen Einmach wird das Selleriegemüse zugegeben und abgeschmeckt.

Kohlsprossen Nr. 134

Zutaten: 2 kg Kohlsprossen, Salz, Pfeffer, etwas Sauerrahm

Die geputzten Kohlsprossen werden in Salzwasser gekocht. Eine Einmach wird hergestellt und die Kohlsprossen kommen dazu. Abschmecken und mit Sauerrahm verfeinern.

Sauerkraut Nr. 135

Zutaten: 1–1 ½ kg Sauerkraut, 4–6 dag Fett, 6–8 dag Mehl, Salz, Kümmel, Zwiebel, Speckschwarte

Das Sauerkraut wird mit Kümmel und einer Speckschwarte in Wasser weich gekocht und wie eingebranntes Gemüse fertiggestellt.

Saure Rüben (Rübenkraut) Nr. 136

Zutaten: 1–1 ½ kg saure Rüben, 4–6 dag Fett, 6–8 dag Mehl, Salz, Kümmel, Zwiebel
Zubereitung wie Sauerkraut (Rezept **Nr. 135**).

Grüne Bohnen Nr. 137

Zutaten: 2 kg grüne Bohnen, 4–6 dag Fett, 6–8 dag Mehl, Pfeffer, Petersiliengrün, Zwiebel, Essig, Bohnenkraut, (Sauerrahm oder Sauermilch)

Die Bohnen waschen, putzen und in Stücke schneiden. Bohnen in Salzwasser blanchieren. Man macht eine Einbrenn mit Zwiebel, gibt die blanchierten Bohnen dazu, würzt und dünstet sie bissfest. Zum Schluss fügt man Essig und nach Möglichkeit Sauerrahm oder Sauermilch bei.

Rettich Nr. 138

Zutaten: 1 ½–2 kg Rettich, 4–6 dag Fett, 6–8 dag Mehl, Salz, Petersiliengrün

Den geschälten Rettich schneidet man würfelig und kocht ihn in Salzwasser weich. Danach stellt man eine helle Einmach her. Bei sehr scharfen Rettichen wird das Kochwasser nicht zum Aufgießen verwendet. Den Rettich zur Einmach geben und abschmeckt.

Spinat Nr. 139

Zutaten: 2 kg Spinat, 4–6 dag Fett, 10–12 dag Mehl, Salz, Pfeffer, Knoblauch, Milch, (Sauerrahm)

Man gibt den gewaschenen Spinat in wenig kochendes Salzwasser (jungen Spinat kann man auch in einer Rein auf dem Herd ohne Wasser zusammenfallen lassen), kocht ihn ohne Deckel kurz, hackt ihn fein oder passiert ihn und gibt ihn in eine gut verkochte Einmach. Man fügt mit Salz zerdrückten Knoblauch bei und verbessert das Gemüse mit Milch oder Sauerrahm.

Grün- oder Krauskohl Nr. 140

Zutaten: 2 kg Krauskohl, 4–6 dag Fett, 10–12 dag Mehl, Salz, Pfeffer, Knoblauch, Milch (Sauerrahm)
Zubereitung wie Spinat (Rezept **Nr. 139**).

Brennnesselgemüse Nr. 141

Zutaten: 2 kg Brennnesseln (die Brennnesseln sind nur in sehr jungem Zustand zur Spinatherstellung geeignet), 4–6 dag Fett, 10–12 dag Mehl, Salz, Pfeffer, Knoblauch, Milch, (Sauerrahm)
Zubereitung wie Spinat, (Rezept **Nr. 139**).

Kochsalat Nr. 142

Zutaten: 2 kg Kochsalat, 4–6 dag Fett, 10–12 dag Mehl, Salz, Pfeffer, Knoblauch, Milch, (Sauerrahm)
Zubereitung wie Spinat (Rezept **Nr. 139**), nur wird Kochsalat grob gehackt.

Abgeschmalztes Gemüse

Das gut gereinigte Gemüse wird in Salzwasser weich gekocht, abgeseiht, mit Semmelbröseln bestreut und mit brauner Butter übergossen. Die Semmelbrösel kann man auch weglassen. Diese Zubereitungsart kann für folgende Gemüse verwendet werden: Karfiol, Kohl, Kraut, Spinat, Gurken, Kürbisse, Schwarzwurzeln, Spargel, grüne Bohnen, Erbsen, Lauch, kleine Karotten, Kochsalat, junge Rote Rüben, junge Maiskolben, Kohlsprossen.

Mischgemüse Nr. 143

Verschiedene Gemüse können zusammen zu einem Gericht verkocht werden, z. B.: grüne Erbsen und Karotten (gedünstet), Kohlrabi und grüne Erbsen (gedünstet), Karfiol und Karotten (eingebrannt), Kochsalat und grüne Erbsen (eingebrannt).

Soßen

Tomatensoße **Nr. 144**

Zutaten: 2 kg Tomaten, 4–6 dag Fett, 8–10 dag Mehl, Salz, Zucker, Petersiliengrün

In der Einmach lässt man gewaschene, zerteilte Tomaten rösten, gießt auf, würzt mit Salz und Zucker und lässt gut verkochen. Knapp vor dem Anrichten wird die Soße passiert.

Gurkensoße **Nr. 145**

Zutaten: 2 kg Gurken, 4–6 dag Fett, 8–10 dag Mehl, Salz, Pfeffer, Zwiebel, Dillkraut oder Paprika, Sauerrahm, (Zwiebel)

Herstellung wie Tomatensoße (Rezept **Nr. 144**), aber nicht passieren.

Dillsoße **Nr. 146**

Zutaten: 4–6 dag Fett, 8–10 dag Mehl, Salz, Essig, Dillkraut, (Sauerrahm)

Aus Fett und Mehl bereitet man eine Einmach, die man mit Wasser oder Suppe aufgießt und gut verkochen lässt. Gewürzt wird mit Salz, etwas Essig und viel fein gehacktem Dillkraut. Mit Sauerrahm kann man die Soße verbessern.

Kerbelsoße **Nr. 147**

Zutaten: 4–6 dag Fett, 8–10 dag Mehl, Salz, Essig, Kerbel, (Sauerrahm)

Zubereitung wie Dillsoße (Rezept **Nr. 146**).

Schnittlauchsoße (warm) **Nr. 148**

Zutaten: 4–6 dag Fett, 8–10 dag Mehl, Salz, Essig Schnittlauch (Sauerrahm)

Zubereitung wie Dillsoße (Rezept **Nr. 146**).

Sardellensoße **Nr. 149**

Zutaten: 4–6 dag Fett, 8–10 dag Mehl, Salz, fein gewiegte Sardellen, Zitronensaft, (Sauerrahm)

Zubereitung Zubereitung wie Dillsoße (Rezept **Nr. 146**).

Senfsoße Nr. 150

Zutaten: 4–6 dag Fett, 8–10 dag Mehl, Salz, 4 Teelöffel Senf, 1–2 Dotter, Zitronensaft, Wasser oder Suppe, (Sauerrahm)

Aus Fett und Mehl bereitet man eine Einmach, die man mit Wasser oder Suppe aufgießt und gut verkochen lässt. Gewürzt wird mit Salz, etwas Essig, in die fertige Soße gibt man Senf und 1–2 Eidotter (danach darf die Soße nicht mehr kochen). Mit Zitronensaft abschmecken. Mit Sauerrahm kann man die Soße verbessern.

Falsche Mayonnaise, I. Art Nr. 151

Zutaten: 3 dag Butter oder Öl, 3–5 dag Mehl, Milch, Salz, Pfeffer, Senf, Petersiliengrün, Essig, Zitronensaft, (Zwiebel)

Aus Butter oder Öl und Mehl stellt man eine lichte Einmach her, die man mit Milch aufgießt und gut verkochen lässt. Erkaltet mit den angegebenen Gewürzen abschmecken. Falsche Mayonnaise kann genauso wie echte verwendet werden, und zwar allein, als Zutat oder zum Übergießen von Salaten.

Falsche Mayonnaise, II. Art Nr. 152

Zutaten: 3 dag Kartoffelstärke oder Maizena, ¼ l Wasser, 1–2 Dotter, ⅛ l Öl, Salz, Zucker, Pfeffer, Senf, Essig, Zwiebel

Kartoffelstärke oder Maizena mit kaltem Wasser versprudeln und unter ständigem Rühren aufkochen lassen. Nach dem Auskühlen gut durchschlagen, alle übrigen Zutaten einmischen und so lange schlagen, bis die Mayonnaise glatt ist.

Zwiebelsoße Nr. 153

Zutaten: ¾ kg Zwiebeln, 6–8 dag Fett, 8–10 dag Mehl, 6 dag Zucker, Salz, Zitronensaft oder Essig

In heißem Fett lässt man Zucker und Zwiebeln goldgelb werden, gibt das Mehl hinzu, bräunt alles, gießt mit Suppe oder Wasser auf, salzt und lässt gut verkochen. Zuletzt wird die Soße passiert und mit etwas Essig abgeschmeckt.

Marmeladesoße, I. Art Nr. 154

Zutaten: 6–8 dag Fett, 10–15 dag Mehl, 25–40 dag Marmelade (Heidelbeeren, Preiselbeeren, Ribisel, Erdbeeren etc.), (Zucker)

Aus Fett und Mehl wird eine helle Einmach hergestellt, die man aufgießt und gut verkochen lässt. Die Marmelade rührt man mit etwas Wasser glatt, gibt sie in die verkochte Einmach, lässt das Ganze nochmals aufkochen und süßt eventuell mit Zucker nach.

Marmeladesoße, II. Art Nr. 155

Zutaten: 25–40 dag Marmelade, 2 ½ Liter Wasser, 8–10 dag Stärkemehl oder Puddingpulver

Wasser wird mit Marmelade aufgekocht, das Stärkemehl mit kaltem Wasser angerührt, in die Soße gegeben und ein paar Mal aufgekocht.

Echte Mayonnaise Nr. 156

Zutaten: 4 Dotter, ¼ l Öl, Salz, Pfeffer, Senf, Zitronensaft, (Joghurt oder Topfen)

Die Dotter werden mit Senf, Zitronensaft, Salz und Pfeffer verrührt, dann tropfenweise unter fortwährendem Rühren Öl dazugegeben, bis die Mayonnaise eindickt.

Tatarensoße Nr. 157

In die fertige Mayonnaise (Rezept **Nr. 156**) werden fein gehackte Zwiebeln, Kapern, Essiggurkerl, Sardellen und Petersiliengrün gemischt.

Schwedische Soße Nr. 158

In die Mayonnaise (Rezept **Nr. 156**) werden Sauerrahm, geriebener Kren, geriebene Äpfel und etwas Zitronensaft gemischt.

Schnittlauchsoße (kalt) Nr. 159

Zutaten: 4 Dotter, ¼ l Öl, Salz, Pfeffer, Senf, Essig, Zitrone, 3–4 hart gekochte Dotter, Schnittlauch, (2 Semmeln)

Aus obigen Zutaten wird eine gut gewürzte Mayonnaise hergestellt, die man mit hart gekochten, passierten Dottern und reichlich fein gehacktem Schnittlauch vermengt. Zur Streckung kann man entrindete, eingeweichte, passierte Semmeln oder Topfen dazugeben.

Semmelkren Nr. 160

Zutaten: 30 dag Weißbrot, ½ l Suppe oder Milch, etwas Butter oder Sauerrahm, Kren und Salz

Blättrig geschnittenes Weißbrot wird in Suppe oder Milch aufgekocht, versprudelt, mit Salz, etwas Butter oder Sauerrahm und geriebenem Kren verrührt.

Apfelkren Nr. 161

Zutaten: 1 kg Äpfel, ⅛ l Essig, Zucker, Salz, Kren nach Geschmack

Die Äpfel werden geschält, gerieben und mit Essig, Zucker, Salz und Kren vermischt.

Gebackenes / Gebratenes Gemüse

Junges Gemüse überkocht man rasch, lässt es gut abtropfen und paniert es dann in Mehl, Ei und Bröseln oder taucht es in einen Tropfteig (siehe Rezept **Nr. 559**). Im Fett gebacken ist es sehr ausgiebig und kann als Hauptspeise verwendet werden.

Gebackener Karfiol — Nr. 162

Karfiolrosen werden rasch überkocht, zerteilt, paniert oder in Tropfteig (Rezept **Nr. 559**), am besten Wein- oder Mostteig, getaucht und in heißem Fett gebacken.

Gebackener Sellerie — Nr. 163

½ cm dicke Selleriescheiben lässt man in Wasser halbweich kochen oder vordünsten, dann abtropfen, paniert sie entweder oder taucht sie in Tropfteig (Rezept **Nr. 559**) und bäckt sie in Fett.

Gebratene Tomaten — Nr. 164

Man lässt Fett oder Öl heiß werden und legt reife, halbierte Tomaten mit der Schnittfläche nach oben darauf. Nach zehn Minuten Bratzeit ist die Speise fertig.

Hülsenfrüchte

Hülsenfrüchte sind reich an Eiweiß und Kohlehydraten. Wegen ihres großen Zellulosegehalts sind sie jedoch schwer verdaulich. Um Hülsenfrüchte weich zu bekommen, werden sie gewaschen und zwölf bis 24 Stunden in lauwarmem Wasser eingeweicht. Durch Beifügung von Speisesoda (Natron) erreicht man ein rascheres Garkochen. Man stellt sie im Einweichwasser kalt ohne Salz zu und kocht sie weich. Gesalzen wird erst, wenn die Hülsenfrüchte fast weich sind.

Eingebrannte Erbsen — Nr. 165

Zutaten: ½ kg Erbsen, 4–6 dag Fett, 5–8 dag Mehl, Salz, Zwiebel

Aus Fett, Mehl und Zwiebel stellt man eine Einbrenn her, gießt auf, lässt verkochen und gibt die weich gekochten Erbsen dazu.

Eingebrannte Bohnen — Nr. 166

Zutaten: ½ kg Bohnen, 4–6 dag Fett, 5–8 dag Mehl, Salz, Pfeffer, Zwiebel, Lorbeer, Essig, Bohnenkraut

Zubereitung wie eingebrannte Erbsen (Rezept **Nr. 165**). Man würzt mit Salz, Pfeffer, Lorbeer, etwas Essig und Bohnenkraut.

Erbsenpüree **Nr. 167**

Zutaten: ½ kg Erbsen, 4–6 dag Fett, 5–8 dag Mehl, Salz, Zwiebel, (geröstete Zwiebeln)

Weich gekochte Erbsen werden passiert zu einer dicken Einbrenn gegeben, gewürzt und nochmals aufgekocht. Das Ganze soll ein dicker Brei sein. Man kann in Fett geröstete Zwiebeln darüberstreuen.

Eingebrannte Linsen **Nr. 168**

Zutaten: ½ kg Linsen, 4–6 dag Fett, 8–10 dag Mehl, Salz, Zwiebel, Essig, Wurzelwerk, Lorbeerblatt, Gewürzkörner

Linsen kocht man mit den angegebenen Gewürzen weich. Aus Fett, Mehl und Zwiebel macht man eine Einbrenn, gießt auf, lässt verkochen und gibt die weich gekochten Linsen dazu.

Bohnengulasch **Nr. 169**

Zutaten: 40 dag Bohnen, 2–3 Kartoffeln, 10 dag Speck, Zwiebel, Salz, Paprika, Essig, 2–3 Tomaten oder Tomatenmark, etwas Mehl zum Stauben, Wurst, Sauerrahm

Kleinwürfelig geschnittenen Speck und Zwiebel goldgelb rösten, die würfelig geschnittenen Kartoffeln, Salz und Paprika und einen Spritzer Essig dazugeben. Das Ganze so lang dünsten, bis die Kartoffeln fast weich sind. Dann gibt man die weich gekochten Bohnen dazu, staubt, gießt auf und lässt alles gut verkochen. Zur Verbesserung kann man blättrig geschnittene Wurst und Sauerrahm ins Gulasch geben.

Erbsengulasch **Nr. 170**

Zutaten: 40 dag Erbsen, 2–3 Kartoffeln, 10 dag Speck, Zwiebel, Salz, Paprika, 2–3 Tomaten oder Tomatenmark, etwas Mehl zum Stauben, Wurst, Sauerrahm

Zubereitung wie Bohnengulasch (Rezept **Nr. 169**).

Serbische Bohnensuppe **Nr. 171**

Zutaten: 25 dag Bohnen, 1 Kartoffel, 5–10 dag Speck, Zwiebel, Paprika, 2 Tomaten oder Tomatenmark, Salz, Knoblauch, Sauerrahm

Zubereitung wie Bohnengulasch (Rezept **Nr. 169**), nur wird mit mehr Flüssigkeit aufgegossen und die Suppe schärfer gewürzt.

Fleischspeisen

Die Fleischteile des Schweines und ihre Verwendung

I. Qualität zum Braten und für Schnitzel

- **Lungenbraten oder Jungfernbraten (1):** Zum Braten natur, im Netz, in Rahmsoße – sehr gute Schnitzel.
- **Schlegel (2)** zerfällt, vom Knochen gelöst, in drei Teile, und zwar heißen dieselben: Nuss, Fricandeau und Kaiserteil. Schlegel ist bestes Schnitzelfleisch. Geselcht ist es der Schinken.
- **Karree (3)** gibt, im Ganzen gebraten, den besten Schweinebraten. Karree, in Stücke geschnitten, sind die Koteletts; gegen den Kopf zu befinden sich die langen und nach rückwärts zu die kurzen und besseren Koteletts.

II. Qualität eignet sich ebenfalls zum Braten, ist aber nicht so gut wie Qualität I

- Die **Schulter (4)** eignet sich auch zum Braten und für Schnitzel. Die Schulter, ausgelöst, gerollt, gebunden, gesurt und geselcht, ergibt den Rollschinken.
- **Schlussbraten (5)** eignet sich auch hauptsächlich zum Braten.
- **Schopfbraten (6)** wird zum Braten verwendet.
- **Brust (7):** Vom Jungschweinernen lässt sich die Brust füllen und braten. Brust geselcht, gibt sehr guten, von Fett durchzogenen Speck.
- **Bauchfleisch (8)** kann man kochen, zu Gulasch verwenden und geselcht gibt Bauchfleisch so wie Brust einen sehr guten durchzogenen Speck.

III. Qualität zum Kochen, für Gulasch, für Sülze

- **Kopffleisch (9)** wird zu Krenfleisch gekocht und für Sülze verwendet.
- **Stelzen (10)** Gebratene Schweinsstelzen sind, genauso zubereitet wie Schweinebraten, sehr gut.

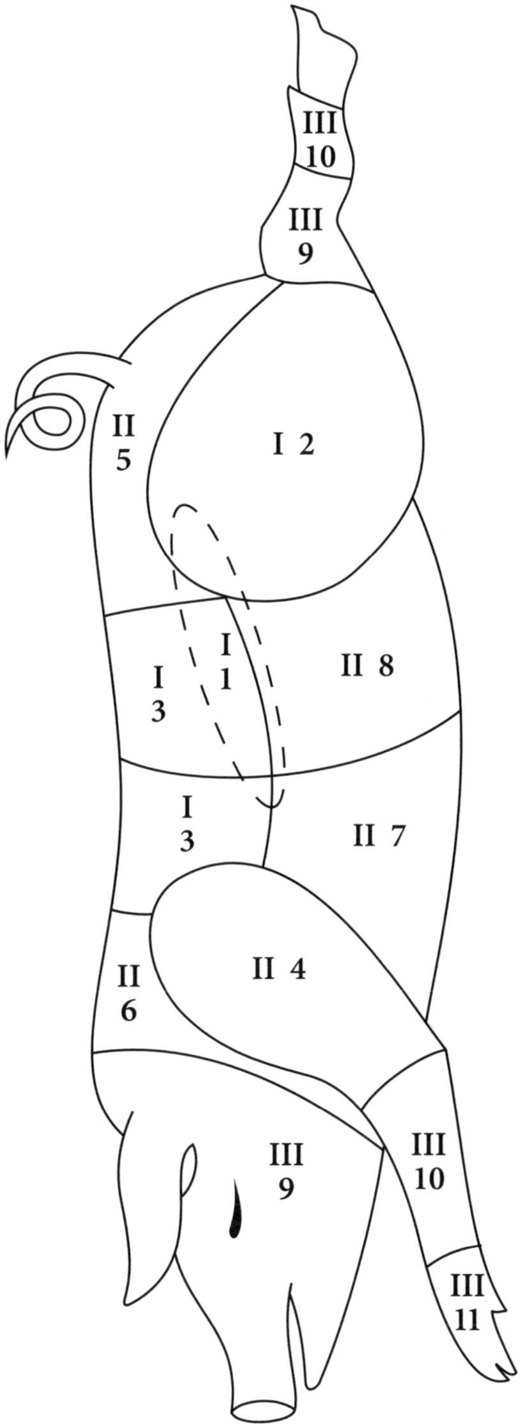
III
10
III
9
II
5
I 2
I
1
I
3
II 8
I
3
II 7
II
6
II 4
III
10
III
9
III
11

Rezepte mit Innereien vom Schwein

Beuschel Nr. 172

Zutaten: 1 kg Lunge, 4 dag Fett, 10 dag Mehl, Wurzelwerk, Salz, Essig, Pfefferkörner, Lorbeerblatt, Majoran, Zitronenschale, Zwiebel, (Herz, Magen)

Die Lunge wird mit Essig, Wurzelwerk, Zwiebel, Salz, Pfefferkörnern und Lorbeerblatt weich gekocht. Ist sie erkaltet, schneidet man die Lunge nudelig, macht eine dunkle Einbrenn mit Zwiebel, die man mit dem Sud aufgießt. Die Lunge hineingeben, mit Salz, Pfeffer, Zitronenschale, Majoran und Essig würzen. Das Herz kann der Lunge beigefügt werden. Zum Strecken des Beuschels kann auch der Schweinsmagen verwendet werden. Es wird dazu die innere Haut abgezogen, der Magen wird gekocht und nudelig geschnitten. Ebenso können Kuttelflecke vom Rind beigemengt werden.

Lunge gebacken Nr. 173

Zutaten: ¾ kg Lunge, Salz, Pfeffer, 10 dag Mehl, 2–3 Eier, 20 dag Brösel, Fett zum Backen

Die Lunge wird in Scheiben geschnitten, gesalzen und gepfeffert, in Mehl, Ei und Bröseln paniert und wie Wiener Schnitzel in heißem Fett gebacken.

Herz gespickt Nr. 174

Zutaten: 1 Schweinsherz, 5 dag Speck, Salz, Knoblauch, etwas gelbe Rübe, Petersilie und Sellerie, (Mehl, Fett)

Das Herz wird gesalzen, mit Knoblauch eingerieben, gespickt und mit Wurzelwerk gebraten. Man kann eine Natursoße machen oder stauben, anrösten lassen und aufgießen.

Geröstete oder saure Leber Nr. 175

Zutaten: 1 kg Leber, ½ kg Zwiebeln, 5 dag Fett, 6 dag Mehl, Salz, Pfeffer, Essig, Sauerrahm, Sauermilch oder Buttermilch

In heißem Fett werden ringelig geschnittene Zwiebeln goldgelb angeröstet. Blättrig geschnittene Leber wird dazugegeben und rasch geröstet. Man staubt mit Mehl, lässt dasselbe anrösten, gießt auf, lässt verkochen, würzt erst knapp vor dem Auftragen mit Salz, Pfeffer und Essig. Gibt man die Gewürze, namentlich Salz, zu früh zur Leber, so wird diese hart. Zur Verbesserung der Soße fügt man zum Schluss etwas Sauerrahm, Sauermilch oder Buttermilch bei.

Panierte Leber Nr. 176

Zutaten: 1 kg Leber, 15 dag Mehl, 2–3 Eier, 20 dag Brösel, Fett zum Backen

Die Schweinsleber wird in fingerdicke Stücke geschnitten, in Mehl, Ei und Brösel getaucht, in heißem Fett gebacken. Leber wird beim Salzen hart, daher ist es ratsam, das Ei der Panier zu salzen.

Lebergulasch Nr. 177

Zutaten: 1 kg Leber, ¾ kg Zwiebeln, 6 dag Fett, 8 dag Mehl, Paprika, Knoblauch, Majoran, Salz, Sauerrahm, Sauermilch oder Buttermilch

In heißem Fett lässt man fein geschnittene Zwiebeln goldgelb anrösten, gibt Paprika und die kleinwürfelig geschnittene Leber (nicht salzen!) dazu, lässt kurz dünsten, staubt, lässt anrösten, gießt auf, verkocht und würzt sie knapp vor Gebrauch mit Salz und den angegebenen Gewürzen. Sauerrahm, Sauermilch oder Buttermilch wird zum Schluss beigefügt.

Tiroler Schweinsleber Nr. 178

Zutaten: 1 kg Leber, 5 dag Fett, 3 dag Mehl, 6 dag Zwiebel, Salz, Pfeffer, Majoran, Essig, Sauerrahm

Leber wird in ½ cm dicke Stücke geschnitten, in Mehl getaucht und rasch abgebraten. In demselben Fett wird feinringelig geschnittene Zwiebel goldgelb angeröstet, gestaubt, geröstet und aufgegossen. In die Soße gibt man die Leber, Gewürze, Salz und Sauerrahm und lässt nochmals aufkochen.

Leberknödel (Milzknödel) Nr. 179

Wie bei Hauptspeisen (Rezept **Nr. 602**), und bei Suppeneinlagen (Rezept **Nr. 72 und 73**).

Lebernockerl Nr. 180

Wie bei Suppeneinlagen (Rezept **Nr. 75**).

Leberschöberl (Milzschöberl) Nr. 181

Wie bei Suppeneinlagen (Rezept **Nr. 76**).

Lebersuppe Nr. 182

Wie bei Suppen (Rezept **Nr. 44, 45**).

Geröstete Nierndln **Nr. 183**

Werden wie geröstete Leber (Rezept **Nr. 175**) zubereitet.

Bei Schweinsnierndln soll stets vor Verwendung die Harnröhre entfernt werden. Man macht dazu beiderseits der Harnröhre einen Schnitt, worauf sie sich leicht entfernen lässt. Nierndln verlieren dadurch den unangenehmen Geschmack.

Nierndln mit Hirn **Nr. 184**

Zutaten: 2 Schweinsnierndln, 1 Hirn, 3 dag Fett, 1 Zwiebel, Pfeffer, Salz, (1 Ei)

In heißem Fett lässt man eine klein geschnittene Zwiebel anlaufen, gibt die blättrig geschnittenen Nierndln hinein und lässt sie 10 Minuten rösten. Hirn wird, um sich besser häuten zu lassen, mit siedendem Wasser überbrüht, klein geschnitten, dazugegeben und ebenfalls geröstet. Zur Verbesserung der Speise kann man noch ein Ei dazugeben und bis zum Hartwerden desselben rühren. Man würzt mit Salz und Pfeffer.

Hirn mit Ei **Nr. 185**

Zutaten: 1 Schweinshirn, 2 Eier, 2 dag Fett, 1 Zwiebel, Pfeffer, Salz

In heißem Fett wird die Zwiebel angeröstet. Das Hirn lässt sich durch das Legen in heißes Wasser leicht enthäuten, wird grob gehackt und ebenfalls einige Minuten angeröstet. Man schlägt Eier darüber, salzt und pfeffert und lässt alles bis zum Hartwerden der Eier rösten.

Gebackenes Hirn **Nr. 186**

Zutaten: 1 Schweinshirn, Mehl, 1 Ei, Brösel, Fett zum Backen

Zum Enthäuten wird das Hirn einige Minuten in heißes Wasser gelegt. Man schneidet es in fingerdicke Stücke, salzt diese, taucht sie in Mehl, verquirltes Ei und Brösel und bäckt sie in heißem Fett.

Blutgröstl **Nr. 187**

Zutaten: 1 ½ Liter Blut, 5 dag Fett, 2 Zwiebeln, Salz, 1 kg Kartoffeln, Majoran, Pfeffer

In heißem Fett lässt man die Zwiebeln goldgelb anlaufen und gibt das Blut hinein. Sobald es gestockt ist, zerkleinert man es und schneidet gekochte, blättrig geschnittene Kartoffeln hinein. Man salzt, würzt und stellt die Speise ins Rohr.

Rezepte mit Schweinefleisch

Schweinsbraten **Nr. 188**

Zutaten: 1 ½ kg Schweinefleisch (Karree, Schlussbraten, Schulter oder Schlegel), Salz, Kümmel, Knoblauch, ein wenig Fett

Das gesalzene Fleisch wird mit Kümmel bestreut und mit Knoblauch eingerieben. In einer Pfanne lässt man wenig Fett heiß werden, gibt das Fleisch hinein und brät es auf allen Seiten an. Dann erst erfolgt das Aufgießen. Man brät das Fleisch mit der Schwarte nach unten und schröpft es beim Umdrehen, das heißt, dass die Schwarte in kleine Vierecke geschnitten wird. Ist das Fleisch braun und weich, so kann man die Bratensoße durch Stauben mit etwas Mehl verlängern. Eine sogenannte Butterkugel – wozu Butter und Mehl mitsammen abgebröselt wird –, in die Soße gegeben, verbessert sie sehr; ist die Soße sehr fett, so wird sie vor dem Hineingeben der Butterkugel entfettet.

Netzbraten **Nr. 189**

Zutaten: 1 ½ kg Schweinslungenbraten (sogenannter Jungfernbraten), 2 dag Fett, 3 dag Speck, 1 Schweinsnetz, Salz, Knoblauch, Zitronenschale, Lorbeerblatt

Der Schweinslungenbraten wird mit Salz, etwas Knoblauch, Zitronenschale und Lorbeerblatt eingerieben, in das Schweinsnetz gewickelt und 1–2 Tage in den Kühlschrank gelegt. Würfelig geschnittenen Speck anlaufen lassen, den Braten hineingeben, unter Aufgießen weich braten lassen und eine Soße zubereiten, indem man mit Mehl staubt, anrösten lässt und aufgießt.

Schweinsschnitzel (natur) **Nr. 190**

Zutaten: 1 ½ kg Fleisch vom Schlegel oder von der Schulter, 4 dag Fett, etwas Mehl, Salz und Pfeffer, Wasser oder Suppe

Das Fleisch wird in fingerdicke Stücke geschnitten, geklopft, gesalzen, gepfeffert, auf beiden Seiten in Mehl getaucht und in heißem Fett beiderseits rasch abgebraten. Die Schnitzel werden warm gestellt und eine Natursoße gemacht, indem man mit Wasser oder Suppe aufgießt. Die Soße wird durch eine Butterkugel wie beim Schweinsbraten sehr verbessert.

Wiener Schnitzel vom Schwein **Nr. 191**

Zutaten: 1 ½ kg Fleisch vom Schlegel oder von der Schulter, Salz und Pfeffer, 2–4 Eier, 10 dag Mehl, 20 dag Brösel, Fett zum Backen, (Obers)

Das Schnitzelfleisch wird in Stücke geschnitten, geklopft, gesalzen, gepfeffert und paniert. Dazu legt man die Schnitzel in Mehl, dann in verklopftes Ei und Brösel. Soll die Panier besonders luftig werden, gibt man unter das Ei noch etwas Obers. In heißem Fett herausgebacken, serviert man Salat, Kompott oder Gemüse dazu.

Pariser Schnitzel Nr. 192

Zutaten: 1 ½ kg Fleisch vom Schlegel oder von der Schulter, Salz, Pfeffer, 10 dag Mehl, 2–4 Eier, Fett zum Backen

Schnitzelfleisch wird in Stücke geschnitten, geklopft, gesalzen, gepfeffert und in Mehl und verquirltes Ei getaucht. In heißem Fett goldgelb herausbacken.

Paprikaschnitzel Nr. 193

Zutaten: 1 ½ kg Fleisch vom Schlegel oder von der Schulter, Salz, 4 dag Fett, 3 dag Speck, 8 dag Zwiebel, Paprika, etwas Mehl, ¼ Liter Sauerrahm, Suppe oder Wasser

Das Schnitzelfleisch wird in Stücke geschnitten, geklopft, gesalzen, in Mehl getaucht und beiderseits braun gebraten. Speck wird kleinwürfelig geschnitten, mit in Scheiben geschnittener Zwiebel gelb geröstet, Paprika dazugegeben, mit Suppe oder Wasser aufgegossen und die Schnitzel zum Dünsten hineingelegt. Zum Schluss gibt man Sauerrahm zur Verbesserung der Soße hinein.

Gebratene Schweinsrippchen oder -koteletts Nr. 194

Zutaten: 1 ½ kg Karree, 5 dag Fett, 10 dag Mehl, Salz, Pfeffer, Butter, Wasser oder Suppe

Das Karree wird zwischen den Rippen in Stücke geschnitten, teilweise vom Knochen befreit, geklopft, gesalzen, gepfeffert, beiderseits in Mehl getaucht und auf beiden Seiten braun gebraten. Das Bratenfett wird abgegossen, zur Verbesserung der Soße gibt man ein Stück Butter hinein und gießt mit Suppe oder Wasser auf. Man kann den Saft auch stauben.

Gebackene Schweinsrippchen oder -koteletts Nr. 195

Zutaten: 1 ½ kg Karree, Salz, Pfeffer, 12 dag Mehl, 2–4 Eier, 20 dag Brösel, Fett zum Backen

Das Karree wird zwischen den Rippen in Stücke geschnitten, gesalzen, gepfeffert, mit Mehl, Eiern und Bröseln paniert und in Fett gebacken.

Schweinsrippchen oder -koteletts auf Pariser Art Nr. 196

Zutaten: 1½ kg Karree, Salz, Pfeffer, 12 dag Mehl, 2–4 Eier, Fett zum Backen

Das Karree wird in Stücke geschnitten, gesalzen, gepfeffert, in Mehl und Ei getaucht und in Fett gebacken.

Schweinsrippchen oder -koteletts in Paprikasoße **Nr. 197**

Zutaten: 1 ½ kg Karree, Salz, 2 große Zwiebeln, Paprika,
2 dag Fett, 8 dag Mehl, etwas Sauerrahm oder Buttermilch

Das in Stücke geschnittene Karree wird geklopft, gesalzen, beiderseits in Mehl getaucht und rasch abgebraten. In heißem Fett lässt man fein geschnittene Zwiebeln anlaufen, gibt Paprika dazu, staubt, lässt anrösten, gießt auf und dünstet darin die angebratenen Koteletts. Zum Schluss wird der Soße Sauerrahm oder Buttermilch beigefügt.

Schweinefleisch gekocht **Nr. 198**

Zutaten: 1 ½ kg Schweinefleisch, Salz, Wurzelwerk, Zwiebel

Schweinefleisch, am besten vom Bauchfleisch, wird mit Wurzelwerk, Salz und Zwiebel genauso zubereitet wie gekochtes Rindfleisch (Rezept **Nr. 219**).

Krenfleisch **Nr. 199**

Zutaten: 1 ½ kg Schweinefleisch, Wurzelwerk, Essig, Salz, Pfefferkörner, Kren

Schweinefleisch wird mit Wurzelwerk, Essig, Salz und Pfefferkörnern gekocht. Aufgeschnitten und angerichtet, wird das Fleisch mit geriebenem Kren bestreut.

Schweinsgulasch **Nr. 200**

Zutaten: 1 ¼ kg Schweinefleisch, 3 dag Fett, ½ kg Zwiebeln, Paprika,
Salz, Kümmel, 1 Esslöffel Essig, Mehl, (Sauerrahm)

In heißem Fett werden die fein geschnittene Zwiebeln goldgelb angeröstet. Man gibt Paprika, das würfelig geschnittene, gesalzene Fleisch, Kümmel und etwas Essig hinein und lässt es unter öfterem Aufgießen weich dünsten. Ist das Fett klar, so staubt man, lässt das Mehl anrösten, gießt auf und lässt verkochen. Zur Verbesserung der Soße kann man zum Schluss etwas Sauerrahm beifügen.

Zwiebelfleisch **Nr. 201**

Zutaten: ¾ kg Schweinefleisch, ¾ kg Zwiebeln, 4 dag Fett, Salz,
etwa 10 dag Mehl

In heißem Fett lässt man die ringelig geschnittenen Zwiebeln goldgelb anrösten und gibt das würfelig geschnittene, gesalzene Fleisch hinein. Man gießt auf, lässt bis zum Weichwerden dünsten, staubt beim Klarwerden des Fettes, lässt das Mehl anrösten, gießt auf und lässt verkochen.

Krautfleisch

Nr. 202

Zutaten: 1 kg Schweinernes (Kopf-, Hals- oder Bauchfleisch), 1 kg Sauerkraut, 3 dag Fett, ¼ kg Zwiebeln, Salz, Paprika, Wasser oder Suppe, (ein Esslöffel Mehl)

In heißem Fett lässt man kleinwürfelig geschnittene Zwiebeln anlaufen, gibt beim Braunwerden Paprika, würfelig geschnittenes, gesalzenes Fleisch dazu und lässt es halb weich dünsten. Dann wird das Sauerkraut beigegeben, mit Suppe oder Wasser aufgegossen und alles weich gedünstet. Vor dem Aufgießen kann man mit Mehl stauben.

Szegediner Gulasch

Nr. 203

Zutaten: 1 kg Schweinernes (Kopf-, Hals- oder Bauchfleisch), 1 kg Sauerkraut, 3 dag Fett, ¼ kg Zwiebeln, Salz, Pfeffer, Paprika, 10 dag Mehl, etwas Sauerrahm oder Buttermilch

Es wird ebenso wie Krautfleisch (Rezept **Nr. 202**) bereitet. Zum Schluss wird es gestaubt, aufgegossen, verkochen gelassen und etwas Sauerrahm oder Buttermilch beigemengt. Zum Eindicken kann auch eine roh geriebene Kartoffel dazugegeben werden.

Schweinseintopf

Nr. 204

Zutaten: ½ kg Schweinernes (Kopf-, Hals- oder Bauchfleisch), 3 dag Fett, 2 Zwiebeln, Salz, 2 Karotten, 1 kleiner Kohl- oder Krautkopf, 2 Petersilienwurzeln, 2 Kohlrabi, 1 kg Kartoffeln

In heißem Fett lässt man klein geschnittene Zwiebeln anlaufen, gibt das würfelig geschnittene, gesalzene Fleisch dazu und lässt es halb weich dünsten. Hierauf fügt man das geputzte, würfelig geschnittene Gemüse und die blättrig geschnittenen Kartoffeln bei, gießt auf und lässt alles auf niedriger Flamme weich dünsten.

Gebratene Schweinsstelzen

Nr. 205

Zutaten: 1 ½ kg Schweinsstelzen, 2 dag Fett, Salz

Schweinsstelzen werden gesalzen und in Fett im Rohr langsam gebraten, bis sich das Fleisch vom Knochen löst.

Gefüllte Schweinsbrust

Nr. 206

Zutaten: 2 kg Bruststück vom Jungschwein, 3 dag Fett
Fülle: 5 Semmeln, ¼ Liter Milch oder Wasser zum Einweichen, 4 dag Butter, 2 Eier, etwas Brösel oder Mehl, Salz, Pfeffer, Petersilie

Die Schweinsbrust wird untergriffen, das heißt, zwischen dem Rippenstück und dem Fleisch wird eine sackartige Tasche gemacht, die mit folgender Masse gefüllt und zugenäht wird:
Fülle: In einen Butterabtrieb gibt man Eier und die in Milch erweichten, ausgedrückten, passierten Semmeln, Salz, Pfeffer, Petersiliengrün und, wenn nötig, etwas Brösel oder Mehl. Das Fleisch wird rundherum scharf angebraten und anschließend im Rohr bei mittlerer Hitze gebraten.

Katzengeschrei **Nr. 207**

Zutaten: Fleischreste, etwas Leber, Nierndln, Milz, evtl. Hirn, 4 dag Fett, 2 große Zwiebeln, 3–6 dag Mehl, Suppe, (etwas Sauerrahm oder Buttermilch)

In Fett lässt man die Zwiebeln anrösten, gibt das würfelig geschnittene Fleisch hinein und lässt es dünsten. Leber, Nierndln und Milz werden klein geschnitten und dazugegeben. Man staubt, lässt anrösten, gießt mit Suppe auf, salzt und säuert. Etwas Sauerrahm oder Buttermilch kann zum Schluss der Soße beigegeben werden.

Sulz **Nr. 208**

Zutaten: Kopffleisch, Füße, Schwarten, Wurzelwerk, Pfefferkörner, Salz, Essig, Zwiebel, Suppe, (Essiggurkerl, gekochte Karotten, hart gekochte Eier)

Alle genannten Zutaten werden mit wenig Wasser und Essig gekocht, von den Knochen befreit und nudelig geschnitten. Die abgeseihte Suppe und die Gewürze werden dazugegeben. In eine mit kaltem Wasser ausgeschwemmte Glas- oder Porzellanschüssel gibt man das Fleisch und die Flüssigkeit und stellt die Sulz an einen kühlen Ort. Ist sie erkaltet und fest, kann man sie herausstürzen, indem man die Schüssel in heißes Wasser hält oder mit einem heißen Tuch umhüllt. Nach einigen Minuten zergeht die Sulz am Rand der Schüssel und lässt sich mit Vorsicht stürzen. Nur in einer mit kaltem Wasser ausgespülten Schüssel löst sich die Sulz glatt. Sulz soll, um nicht trüb zu werden, stets langsam kochen. Zur Verschönerung und Verbesserung von Sulzen kann man hart gekochte Eier, Essiggurkerl und gekochte gelbe Rüben beimengen.

Aspik **Nr. 209**

Zutaten: Kopffleisch, Füße, Schwarten, Wurzelwerk, Pfefferkörner, Salz, Essig, Zwiebel, Essiggurkerl, gekochte Karotten, hart gekochte Eier, Eischnee zum Klären

Die Zubereitung von Aspik erfolgt ebenso wie diejenige einer Sulz. Um durchsichtiges Aspik zu bekommen, klärt man die Flüssigkeit folgenderweise: In die abgeseihte, siedende Flüssigkeit gibt man festen Schnee von Eiklar und lässt sie unter fortwährendem Schlagen einige Minuten aufkochen. Noch warm seiht man die Flüssigkeit durch ein Tuch.
Die weitere Behandlung und Verzierung erfolgt wie bei der Sulz (Rezept **Nr. 208**).

Die Fleischteile des Rindes und ihre Verwendung

Gerade bei den Fleischstücken des Rindes ist die Bezeichnung in den einzelnen Gegenden sehr verschieden; hier seien die wichtigsten Fleischteile hervorgehoben und ihre Verwendung besprochen.

I. Qualität: zum Braten, für Rindsschnitzel, Rostbraten

- **Lungenbraten (1)**: Bestes Fleischstück vom Rind, kann natur oder wie Wild (gebeizt und in Rahmsoße) hergerichtet werden. Lungenbraten in Stücke geschnitten und diese englisch gebraten (das heißt, so rasch abgebraten, dass das Fleisch innen noch rot, aber nicht mehr roh ist), ergibt das sehr beliebte Beefsteak.

- **Beiried (2):** Dient zur Herstellung von Rinderbraten natur oder in Rahmsoße. Von den Knochen gelöst und im Ganzen englisch gebraten, ist es das Roastbeef. Beiried in Stücke geschnitten sind die Rostbraten, die auf mannigfaltige Art zubereitet werden können. Rostbraten englisch gebraten, ist das Rumpsteak.

II. Qualität ist Kochfleisch oder Fleisch zum Dünsten

Schlegel außer dem Zapfen, und zwar:

- 1. Tafelstück
- 2. Tafelspitz
- 3. weißes Scherzel
- 4. schwarzes Scherzel
- 5. Schulter
- 6. Kruspelspitz
- 7. Pallisade
- 8. Brust
- 9. dünnes Kügerl
- 10. mittleres Kügerl
- 11. dickes Kügerl
- 12. Hüferschwanzel
- 13. Hüferscherzel
- 14. Rieddeckel
- 15. Meisel
- 16. Schlepp zur Herstellung der Ochsenschleppsuppe

III. Qualität: Fleisch für Gulasch

- 1. Kamm
- 2. vorderes Pratzel
- 3. hinteres Pratzel
- 4. Riedhüfel
- 5. Bauchfleisch

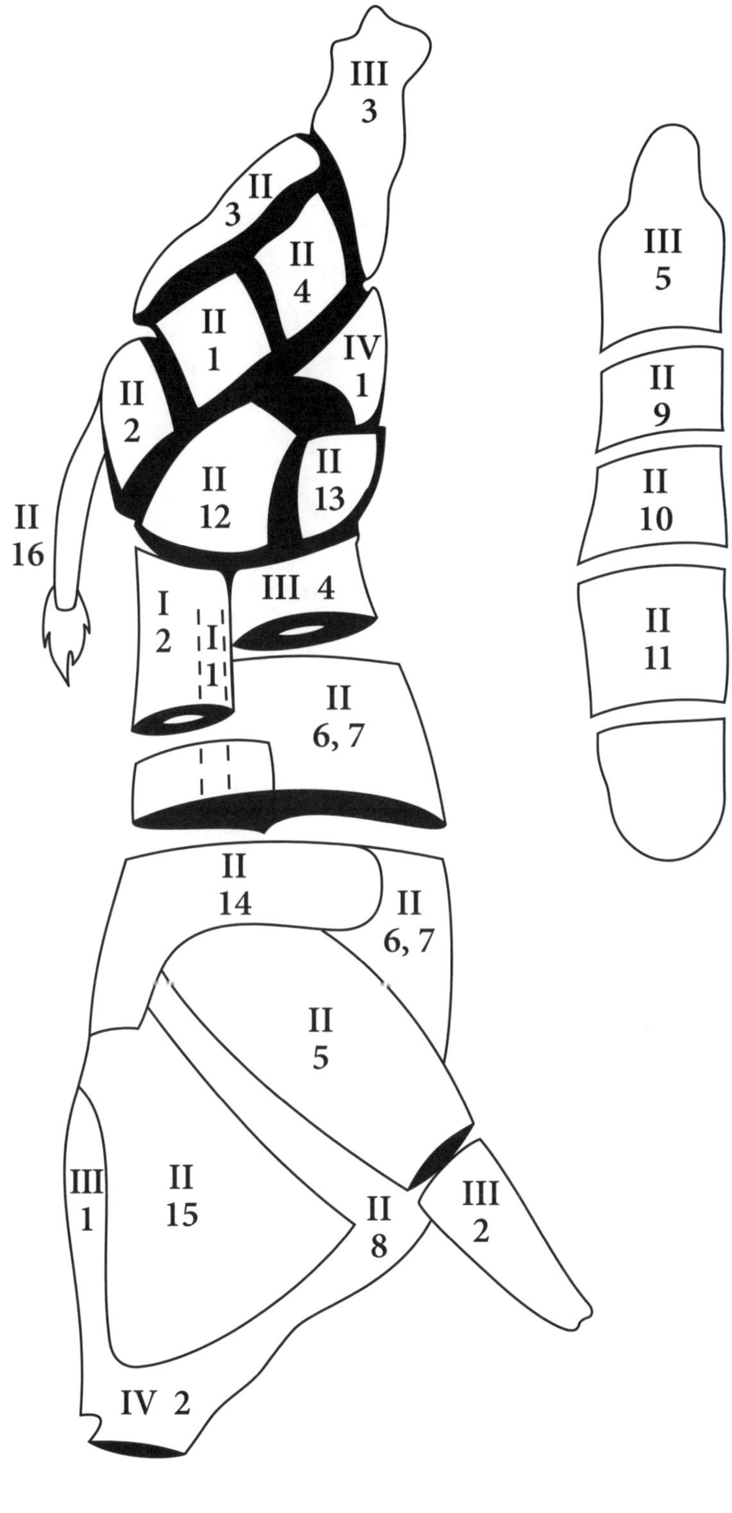
III 3
II 3
II 4
II 1
IV 1
II 2
II 12
II 13
II 16
I 2
I 1
III 4
II 6, 7
II 14
II 6, 7
II 5
III 1
II 15
II 8
III 2
IV 2
III 5
II 9
II 10
II 11

Rezepte mit Innereien vom Rind

Beuschel Nr. 210

Zutaten: 1 kg Lunge, 4 dag Fett, 10 dag Mehl, Wurzelwerk, Salz, Essig, Pfefferkörner, Lorbeerblatt, Majoran, Zitronenschale, Zwiebel, (Herz)

Die Lunge wird mit Essig, Wurzelwerk, Zwiebel, Salz, Pfefferkörnern und Lorbeerblatt weich gekocht. Erkaltet schneidet man sie nudelig, macht eine dunkle Einbrenn mit Zwiebel, die man mit dem Sud aufgießt. Die Lunge wird hineingegeben, mit Salz, Pfeffer, Zitronenschale, Majoran und Essig gewürzt. Das Herz kann der Lunge beigefügt werden.

Lunge gebacken Nr. 211

Zutaten: ¾ kg Lunge, Salz, Pfeffer, 10 dag Mehl, 2–3 Eier, 20 dag Brösel, Fett zum Backen

Die Lunge wird in Scheiben geschnitten, gesalzen und gepfeffert, in Mehl, Ei und Bröseln paniert und in heißem Fett gebacken.

Lungenstrudel Nr. 212

Siehe Suppeneinlagen, Rezept **Nr. 64.**

Rinderherz gespickt Nr. 213

Zutaten: 1 Rinderherz, 5 dag Speck, Salz, Knoblauch, etwas gelbe Rübe, Petersilie und Sellerie, (Mehl)

Das Herz wird gesalzen, mit Knoblauch eingerieben, gespickt und mit Wurzelwerk gebraten. Man kann eine Natursoße machen oder stauben, anrösten lassen und aufgießen.

Rindsleber eignet sich weniger zur Herstellung von gerösteter Leber, dagegen aber sehr sehr gut für Suppeneinlagen wie

Leberknödel (Rezept **Nr. 72, 73**)
Lebernockerl (Rezept **Nr. 75**)
Leberschöberl (Rezept **Nr. 76**)
Lebersuppe (Rezept **Nr. 24**)

Geröstete Nierndln Nr. 214

Wird wie geröstete Schweinsnierndln (Rezept **Nr. 183**) zubereitet.

Rindszunge wird frisch oder als Pökelzunge verwendet. Gekocht zieht man die Haut ab, schneidet die Zunge in Scheiben und serviert sie mit Kren, Erbsen- oder Kartoffelbrei.

Gebackenes Euter Nr. 215

Zutaten: 1 kg Euter, 1–3 Eier, 10 dag Mehl, 25 dag Brösel, ¼ kg Fett, Salz

Das Euter wird in Salzwasser weich gekocht, erkaltet in Stücke geschnitten, gesalzen, in Mehl, Ei und Bröseln paniert und in heißem Fett wie Schnitzel gebacken.

Kutteln Nr. 216

Der Netzmagen und der Pansen werden einige Stunden ausgewässert und im Salzwasser weich gekocht, was ungefähr 3 Stunden dauert. Erkaltet werden sie in große Stücke geschnitten und wie gebackenes Euter (Rezept **Nr. 215**) behandelt oder fein nudelig geschnitten und zum Beuschel (Rezept **Nr. 210**) gegeben.

Ochsenmaulsalat Nr. 217

Das geputzte Ochsenmaul wird in Salzwasser weich gekocht, ausgekühlt, feinblättrig geschnitten und wie Salat mit Salz, Essig, Öl, Pfeffer und etwas Zwiebeln angemacht.

Rindfleischsalat Nr. 218

Rindfleischreste oder gekochtes Rindfleisch werden nudelig geschnitten, mit Salz, Essig, Öl und Zwiebeln wie Salat zubereitet.

Rezepte mit Rindfleisch

Rindfleisch gekocht Nr. 219

Zutaten: 1 ½ kg Rindfleisch, Knochen, 4 dag Leber, Wurzelwerk (gelbe Rübe, Sellerie, Petersilie), Zwiebel, Salz, Pfefferkörner, Piment, Muskatblüte, Lorbeerblatt

Knochen, ein kleines Stück Leber, Gewürze und Wurzelwerk werden stets, um möglichst auszulaugen, im kalten Wasser zugestellt. Will man eine recht gute Suppe haben, so gibt man das Fleisch auch in das kalte Wasser, legt man aber mehr Wert auf nährstoffreiches Fleisch, so gibt man es in das siedende Wasser.
Bei lichter Suppeneinlage macht man durch Rösten der Knochen und des Wurzelwerks eine dunkle, bei dunklen Einlagen eine helle Suppe, wobei alle Zutaten ungeröstet in das kalte Wasser gegeben werden.
Nach 2- bis 2 ½-stündigem Kochen ist das Fleisch weich, was man beim Anstechen durch leichtes Herausziehen einer Gabel feststellen kann. Das Fleisch wird quer zur Faser zerschnitten, beim Anrichten gesalzen und mit Suppe übergossen. Als Beilage zum Rindfleisch gibt man gerne Kartoffeln und Gemüse (wie Spinat, Kohlrabi, Kohl, Semmelkren).

Rindsbraten natur Nr. 220

Zutaten: 1 ½ kg Rindfleisch der Qualität I, 5 dag Fett, Salz, Pfeffer, Speck, Wasser oder Suppe, (Sauerrahm)

Rindfleisch wird enthäutet, längs der Faser gespickt, gewürzt und in heißem Fett auf allen Seiten rasch angebraten. Unter ständigem Begießen des Bratens mit Suppe oder Wasser brät man ihn im Rohr weich, was 2 bis 3 Stunden Zeit beansprucht. Zur Verbesserung der Soße kann man dem Braten auch etwas Sauerrahm beifügen, ansonsten gibt man ihn mit dem Natursaft zu Tisch.

Rindsbraten in Rahmsoße Nr. 221

Zutaten: 1 ½ kg Rindfleisch ohne Knochen von der Qualität I, evtl. auch Qualität II, 5 dag Fett, 8 dag Speck, Wurzelwerk wie Petersilie, Karotten, Sellerie, Lauch, Pastinaken, 1 Zwiebel, Majoran, Pfeffer- und Neugewürzkörner, Tomatenmark, Lorbeerblatt, etwas Mehl, ⅛ Liter Sauerrahm, Salz, Pfeffer

Das enthäutete, gesalzene, gepfefferte Fleisch wird gespickt und mit dem oben angegebenen Wurzelwerk, das man anrösten ließ, Gewürzen und Zwiebel unter ständigem Aufgießen ungefähr drei Stunden lang (im Druckkochtopf die halbe Kochzeit) gebraten. Ist das Fleisch weich, so wird es herausgenommen, die Soße wird gestaubt, das Mehl angeröstet, aufgegossen, aufgekocht und passiert. Zum Schluss fügt man den Rahm bei und gießt die Soße über das quer zur Faser aufgeschnittene Fleisch. Statt des Anröstens kann man das Mehl auch mit Sauerrahm verrühren, muss die Soße jedoch nach der Beigabe des Rahms unbedingt nochmals aufkochen lassen.

Rindsbraten auf Wildart Nr. 222

Zutaten: 1 ½ kg Rindfleisch der Qualität I, 8 dag Speck, Wurzelwerk, Salz, Beize (siehe **Seite 232**), etwas Mehl, ⅛ Liter Sauerrahm

Der Rindsbraten wird gebeizt und dann mit dem Wurzelwerk gebraten. Die weitere Behandlung und Herstellung der Soße erfolgt wie bei Rindsbraten in Rahmsoße (Rezept **Nr. 221**).

Lungenbraten natur Nr. 223

Wird wie Rindsbraten in Rahmsoße oder wie Rindsbraten auf Wildart hergestellt (Rezepte **Nr. 221, 222**).

Lungenbraten in Rahmsoße Nr. 224

Wird wie Rindsbraten in Rahmsoße oder wie Rindsbraten auf Wildart hergestellt (Rezepte **Nr. 221, 222**).

Beefsteaks (englisch gebratene Lungenbratenschnitten) Nr. 225

Zutaten: 1 ½ kg Lungenbraten, etwas Mehl, 5 dag Fett oder Öl, Salz, Pfeffer
3 dag Butter zur Verbesserung der Soße

Der sehr gut abgelegene Lungenbraten wird enthäutet, in 3 cm dicke Scheiben geschnitten, diese mit Fett (besser Öl) bestrichen und aufeinandergelegt. Kurz vor dem Braten werden die Stücke gesalzen, in Mehl getaucht und in heißem Fett beiderseits braun angebraten. Beim Umdrehen verwende man keine Gabel, sondern eine Backschaufel, da beim Anstechen sonst Saft aus dem Fleisch treten würde. Möchte man eine Soße zum Fleisch, lässt man Butter im Bratenrückstand aufschäumen. Knapp vor dem Auftragen gibt man sie über die Schnitzel. Ein längeres Liegen der Beefsteaks im Saft würde ein Hartwerden derselben hervorrufen. Die Schnitten müssen innen noch rot, dürfen jedoch nicht roh sein.

Roastbeef (englisch gebratenes Beiried) Nr. 226

Zutaten: 1 ½ kg Beiried, Salz, 5 dag Fett, 3 dag Butter

Das von den Knochen befreite Beiried wird gesalzen und in heißem Fett bei starker Hitze unter ständigem Begießen mit dem eigenen Saft, ohne dass man es ansticht oder zudeckt, ungefähr 30 Minuten lang gebraten. Dann wird das Fleisch herausgegeben (es darf nicht im Saft liegen bleiben!) und die Soße wird durch Beigabe von Butter verbessert. Das Fleisch wird in ganz dünne Scheiben geschnitten, die innen noch rosig, aber nicht mehr roh sein dürfen. Kurz vor dem Auftragen wird die Soße über das Fleisch gegossen.

Rumpsteaks (englisch gebratene Beiriedschnitten) **Nr. 227**

Zutaten: 1 ½ kg Beiried, Salz, Pfeffer, Butterschmalz, Butter, (Knoblauch, Rosmarin)

Gut abgelegenes Beiried wird von Knochen und Haut befreit und in 1 ½ cm dicke Stücke geschnitten. Fleisch mit Salz und Pfeffer würzen und in heißem Butterschmalz rasch von beiden Seiten anbraten. Im Rohr bei mittlerer Hitze nachziehen lassen.
Möchte man die Soße verfeinern, kann man beim Anbraten des Fleisches eine halbierte Knoblauchknolle und ein paar Rosmarinzweige mitbraten, diese werden anschließend entfernt. Im Bratenrückstand kann man Butter aufschäumen und daraus eine Soße ziehen.

Rahmrostbraten **Nr. 228**

Zutaten: 1 ½ kg Rostbraten, Salz, Pfeffer, Mehl zum Eindrehen des Fleisches, 6 dag Fett zum Anbraten, 10 dag Zwiebel, ¼ Liter Sauerrahm, Wasser oder Suppe

Die Rostbraten werden, um ein Zusammenziehen zu verhindern, am Rand eingeschnitten, geklopft, gesalzen, gepfeffert, ins Mehl getaucht und beiderseits in Fett braun gebraten. Im Bratenrückstand röstet man die ringelig geschnittene Zwiebel und dünstet Rostbraten und Zwiebel unter Aufgießen mit Suppe oder Wasser auf kleiner Flamme. Wenn das Fleisch weich ist, wird der Sauerrahm beigefügt.

Rostbraten natur **Nr. 229**

Zutaten: 1 ½ kg Rostbraten, Salz, Pfeffer, Mehl zum Eindrehen des Fleisches, 4 dag Fett zum Anbraten

Das Fleisch wird wie bei Naturschnitzel (Rezept **Nr. 190**) zubereitet.

Rostbraten gebacken **Nr. 230**

Zutaten: 1 ½ kg Rostbraten, Salz, Pfeffer, 8 dag Mehl, 1–2 Eier, 12 dag Brösel, 10–15 dag Fett

Die Fleischscheiben werden paniert und in heißem Butterschmalz ausgebacken. Damit sie nicht hart bleiben, müssen sie sehr fest geklopft werden.

Zwiebelrostbraten **Nr. 231**

Zutaten: 1 ½ kg Rostbraten, Salz, Pfeffer, 8 dag Fett, Mehl zum Eindrehen der Rostbraten, 30 dag Zwiebel, Essig

Die Fleischscheiben werden am Rand eingeschnitten, geklopft, gesalzen, gepfeffert, in Mehl getaucht, rasch abgebraten und mit der ringelig geschnittenen, dunkel gerösteten Zwiebel weich gedünstet. Einen Teil der Zwiebel röstet man gesalzen (dadurch wird sie knusprig) schön hellgelb und streut sie über den fertigen Rostbraten.

Gefüllter Rostbraten Nr. 232

Zutaten: 1 ½ kg Rostbraten, ¼ kg Wurzelwerk (Petersilie, Karotten, Sellerie), Zwiebel, 5 dag Fett, (einige Esslöffel Rahm)
Fülle: 10 dag Reis, 10 dag gekochtes Selchfleisch oder andere Fleischreste, Zwiebel, Salz, Pfeffer

Die geklopften, gesalzenen, gepfefferten Fleischscheiben werden mit Fülle bestrichen, zusammengerollt, gebunden oder mit einem Zahnstocher zusammengesteckt. Blättrig geschnittenes Wurzelwerk und Zwiebeln werden in Fett angeröstet und die Rostbraten unter ständigem Aufgießen damit gedünstet. Ist das Fleisch weich, nimmt man es heraus, staubt das Wurzelwerk, röstet es an, gießt auf, lässt aufkochen, passiert die Soße und lässt die Rostbraten unter Rahmbeigabe nochmals aufkochen.
Fülle: Der gedünstete Reis wird mit gehacktem Selchfleisch oder Fleischresten vermengt und mit Salz, Pfeffer und gerösteter Zwiebel gewürzt.

Pickelsteiner Rostbraten Nr. 233

Zutaten: 1 ½ kg Rostbraten, 50 dag Wurzelwerk wie Petersilie, Karotten, Sellerie, Pastinaken, Lauch, Zwiebel, ½ kg Kartoffeln, Lorbeerblatt, Majoran, Knoblauch, Mehl zum Eindrehen, 5 dag Fett, Salz, Pfeffer

Die Fleischscheiben werden geklopft, gesalzen, gepfeffert, an den Rändern eingeschnitten, in Mehl getaucht und in heißem Fett angebraten. Das geputzte, grob geschnittene Wurzelwerk, Zwiebel und die würfelig geschnittenen Kartoffeln werden unter die Rostbraten gegeben und alles unter Aufgießen weich gedünstet.

Rindsgulasch Nr. 234

Rindfleisch der III. oder allenfalls IV. Qualität verwenden.
Zutaten: 1 kg Rindfleisch, Salz, 8 dag Fett, ½ kg Zwiebel, Paprika, Essig, ungefähr 3 dag Mehl zum Stauben, Kümmel (befeuchten und hacken), Majoran, Knoblauch, Suppe oder Wasser

Ringelig geschnittene Zwiebel lässt man in Fett goldgelb anlaufen, gibt Paprika, Essig, das würfelig geschnittene, gesalzene Fleisch und die oben angegebenen Gewürze dazu. Unter wiederholtem Aufgießen mit Suppe oder Wasser lässt man das Fleisch weich dünsten. Von viel Zwiebel erhält man die gute Soße, es ist daher ungünstig, weniger zu verwenden.
Ist das Fleisch weich und das Fett klar, das heißt, wenn das Wasser verdunstet ist, wird mit Mehl gestaubt, geröstet, aufgegossen und aufgekocht. Zur schöneren Färbung der Soße kann man etwas Paprika in sehr heißem Fett kurz anrösten, mit Wasser aufgießen, aufkochen und auf das Fleisch gießen.

Zwiebelfleisch Nr. 235

wird wie Zwiebelfleisch vom Schweinefleisch (Rezept **Nr. 201**) hergestellt.

Majoranfleisch Nr. 236

Zutaten: 1 kg Rindfleisch der III. oder IV. Qualität, Salz, Essig, Majoran, Knoblauch, 8 dag Fett, 35 dag Zwiebeln, Mehl zum Stauben, ⅛ Liter Sauerrahm, Wasser oder Suppe

Ringelig geschnittene Zwiebel lässt man in Fett goldgelb anlaufen, gibt Majoran, Essig und das würfelig geschnittene, gesalzene Fleisch dazu. Unter wiederholtem Aufgießen mit Suppe oder Wasser lässt man das Fleisch weich dünsten. Von viel Zwiebel erhält man die gute Soße, es ist daher nicht zu empfehlen, weniger zu verwenden.
Ist das Fleisch weich und das Fett klar, das heißt, wenn das Wasser verdunstet ist, wird mit Mehl gestaubt, geröstet, aufgegossen und aufgekocht. Die Soße wird mit Knoblauch und Sauerrahm verbessert.

Ungarisches Gulasch Nr. 237

In das fertige Rindsgulasch (Rezept **Nr. 234**) gibt man eine halbe Stunde vor dem Anrichten würfelig geschnittene Kartoffeln und lässt das Gulasch bis zum Weichwerden der Kartoffeln dünsten.

Faschierter Braten Nr. 238

Zutaten: 80 dag Faschiertes gemischt, 4 Semmeln, Milch zum Einweichen, 1 Ei, 4 dag Speck, Salz, Pfeffer, Majoran, Zwiebel, Petersiliengrün, etwas Mehl und Brösel, 6 dag Fett zum Braten, ⅛ Liter Sauerrahm, (Schweinsnetz)

Das Faschierte mit den in Milch eingeweichten, gut ausgedrückten Semmeln mischen und mit in Fett gerösteter Zwiebel und Petersilie, würfelig geschnittenem Speck, Salz, Pfeffer, Majoran, etwas Mehl, Bröseln und Sauerrahm vermengen. Die Masse wird gut geknetet, ein Wecken geformt, den man im Rohr unter Aufgießen brät. Allenfalls kann man das Fleisch in ein Schweinsnetz eindrehen. Man kann zum faschierten Braten eine Natursoße servieren oder dieselbe stauben, anrösten, aufgießen, verkochen lassen und Rahm beifügen. Zum faschierten Braten kann man auch Koch-, Braten- und Selchfleischreste jeglicher Art verwenden.

Faschierte Laibchen Nr. 239

Zutaten: 80 dag Faschiertes gemischt, 4 Semmeln, Milch zum Einweichen, 1 Ei, 4 dag Speck, Salz, Pfeffer, Majoran, Zwiebel, Petersiliengrün, etwas Mehl und Brösel, 6 dag Fett zum Braten, (⅛ Liter Sauerrahm)

Das Faschierte mit den in Milch eingeweichten, gut ausgedrückten Semmeln mischen und mit in Fett gerösteter Zwiebel und Petersilie, würfelig geschnittenem Speck, Salz, Pfeffer, Majoran, etwas Mehl, Bröseln und Rahm vermengen. Die Masse wird gut geknetet. Man formt Laibchen und brät sie in heißem Fett heraus. Faschierte Laibchen können auch im Rohr gebacken werden.

Faschierte Nockerl (Cevapcici) Nr. 240

Zutaten: 1 kg Faschiertes, 1 Ei, Salz, Zwiebel, Majoran, Petersiliengrün, Pfeffer, Knoblauch, Brösel, Fett zum Braten

Alle Zutaten werden durchmengt, es werden Nockerl geformt, in Bröseln gedreht und auf zwei Seiten braun gebraten.

Beefsteak nach Tatarenart Nr. 241

Zutaten: 1 kg Rinderfilet, je ein Teelöffel Salz, Pfeffer, Paprika, Senf, fein gehackte Zwiebel, Tomatenmark, Schnittlauch, Kapern und fein gehackte Essiggurkerl, Eidotter

Rohes Rindfleisch fein hacken oder faschieren, mit den restlichen Zutaten vermischen und abschmecken. Aus dieser Masse formt man ein Laibchen, welches man in der Mitte eindrückt und mit einem rohen Eidotter belegt. Auf einem Teller das Fleisch mit Kapern und Essiggurkerl garnieren.

Die Fleischteile des Kalbes und ihre Verwendung

I. Qualität für Schnitzel und zum Braten

- **Schlegel (1):** Dieser besteht aus drei Teilen: Nuss (allerbestes Schnitzelfleisch), Fricandeau und Kaiserteil. Schlegel ist bestes Schnitzelfleisch, wird aber auch für feinen Kalbsbraten verwendet.
- **Karree (2):** Sehr feiner Kalbsbraten. Schneidet man das Karree in Stücke, erhält man Koteletts.
- **Nierenbraten (3)** wird samt der Niere gebraten.
- **Schlussbraten (4)** wird zum Braten verwendet.

II. Qualität auch für Schnitzel und zum Braten, jedoch nicht so gut wie Qualität I

- **Schulter (5):** Ausgelöst und zusammengerollt erhält man Rollschulter. Diese kann man braten. Schulterscheiben werden als Schnitzel verwendet.
- **Stelzen (6)** können gebraten oder gebacken werden.
- **Brust (7)** wird für gefüllte Kalbsbrust verwendet.

III. Qualität für Gulasch und Eingemachtes

- **Bauchfleisch (8)**
- **Halsfleisch (9)**
- **Kopffleisch (10)** dient zur Herstellung von Kalbskopfsuppe und Kalbskopfschnitzeln.

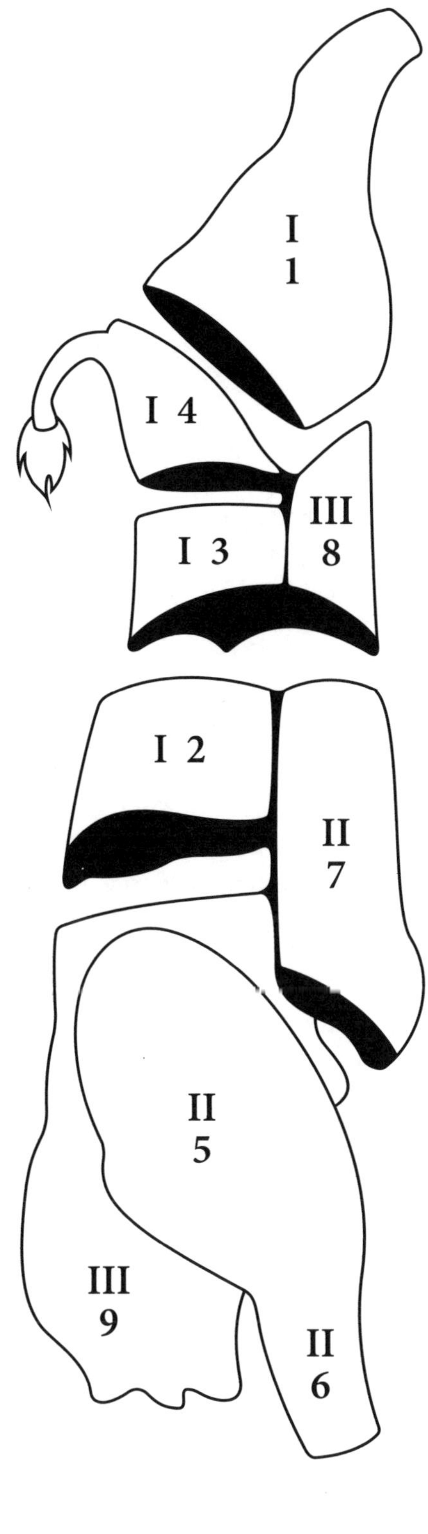
I 1
I 4
III 8
I 3
I 2
II 7
II 5
III 9
II 6

Rezepte mit Innereien vom Kalb

Kalbsbeuschel **Nr. 242**

Zutaten: 1 kg Lunge, 4 dag Fett, 10 dag Mehl, Wurzelwerk, Salz, Essig, Pfefferkörner, Lorbeerblatt, Majoran, Zitronenschale, Zwiebel, (Herz)

Die Lunge wird mit Essig, Wurzelwerk, Zwiebel, Salz, Pfefferkörnern und Lorbeerblatt weich gekocht. Erkaltet schneidet man die Lunge nudelig, macht eine dunkle Einbrenn mit Zwiebel, die man mit dem Sud aufgießt. Die Lunge wird hineingegeben, mit Salz, Pfeffer, Zitronenschale, Majoran und Essig gewürzt. Das Herz kann der Lunge beigefügt werden.

Kalbsherz gespickt **Nr. 243**

Zutaten: 1 Kalbsherz, 5 dag Speck, Salz, Knoblauch, etwas gelbe Rübe, Petersilie und Sellerie, (etwas Mehl)

Das Herz wird gesalzen, mit Knoblauch eingerieben, gespickt und mit Wurzelwerk gebraten. Man kann eine Natursoße machen oder stauben, anrösten lassen und aufgießen.

Geröstete Kalbsleber **Nr. 244**

Zutaten: 1 kg Leber, ½ kg Zwiebeln, 5 dag Fett, 6 dag Mehl, Salz, Pfeffer, Essig, Sauerrahm

In heißem Fett werden ringelig geschnittene Zwiebeln goldgelb angeröstet. Blättrig geschnittene Leber wird dazugegeben und rasch geröstet. Man staubt mit Mehl, lässt dasselbe anrösten, gießt auf, lässt verkochen, würzt erst knapp vor dem Auftragen mit Salz, Pfeffer und Essig. Gibt man die Gewürze, namentlich Salz, zu früh zur Leber, so wird diese hart. Zur Verbesserung der Soße gibt man zum Schluss etwas Rahm dazu.

Panierte Kalbsleber **Nr. 245**

Zutaten: 1 kg Leber, 15 dag Mehl, 2–3 Eier, 20 dag Brösel, Fett zum Backen

Die Leber wird in fingerdicke Stücke geschnitten, in Mehl, Ei und Brösel getaucht, in heißem Fett gebacken. Leber wird durch Salz hart, daher ist es ratsam, das Ei der Panier zu salzen, das nicht direkt mit der Leber in Berührung kommt.

Tiroler Kalbsleber Nr. 246

Zutaten: 1 kg Leber, 5 dag Fett, 3 dag Mehl, 6 dag Zwiebeln, Salz, Pfeffer, Majoran, Essig, (Sauerrahm)

Die Leber wird in ½ cm dicke Stücke geschnitten, in Mehl getaucht und rasch abgebraten. In demselben Fett wird feinringelig geschnittene Zwiebel goldgelb angeröstet, gestaubt, geröstet und aufgegossen. In die Soße gibt man die Leber, Gewürze, Salz und Rahm und lässt nochmals aufkochen.

Kalbsnieren werden nicht gesondert verwendet, sondern beim Nierenbraten belassen.
Kalbsmilz und **Hirn** werden wie vom Schwein, siehe **Seite 52** zubereitet.
Kalbsbries, eine Drüse am Hals des Kalbes, die auf das Wachstum Einfluss hat, wird wie Hirn zum Braten, Backen, Dünsten oder für Suppe verwendet.
Kalbsgekröse: sind Magen, Netz und die kleinen Gedärme vom Kalb (sehr fettreich).

Kalbsbries Nr. 247

Zutaten: 60 dag Bries, Saft ½ Zitrone, Salz, Pfeffer, 50 dag Mehl, 2 Eier, 15 dag Semmelbrösel, etwas Fett

Das Bries häuten und in Scheiben schneiden, salzen und pfeffern, mit Zitronensaft beträufeln. Bries in Mehl wenden, durch das verquirlte Ei ziehen und in die Brösel tauchen. Fett in einer Pfanne heiß machen und das Bries von allen Seiten goldgelb herausbacken.

Eingemachtes Kalbsgekröse Nr. 248

Zutaten: 1 kg Kalbsgekröse, 5 dag Fett, 8 dag Mehl, Zwiebel, Petersiliengrün, Salz, Pfeffer, Essig, (Sauerrahm)

Das gut gereinigte Kalbsgekröse wird in Salzwasser gekocht, nudelig geschnitten und in eine Einmach mit Zwiebel gegeben, die man mit dem Sud aufgegossen hat. Obgenannte Gewürze werden der Soße beigemengt. Meist wird Gekröse nicht allein verwendet, sondern dem Beuschel beigemengt.

Rezepte mit Kalbfleisch

Kalbsbraten Nr. 249

Zutaten: 1 ¾ kg Kalbfleisch (Nieren-, Schlussbraten, Karree, Schlegel oder Schulter), Salz, 3 dag Fett, 3 dag Butter zur Verbesserung der Soße, Wasser oder Suppe

Das Fleisch wird knapp vor Gebrauch gesalzen, wenn nötig, mit Spagat gebunden und in heißem Fett zuerst auf allen Seiten angebraten. Unter öfterem Begießen lässt man es 1 bis 1 ½ Stunden lang im Rohr braten. Hierauf macht man aus Wasser oder Suppe eine Natursoße und gibt dem Saft etwas Butter bei.

Kalbsbraten in Rahmsoße Nr. 250

Dazu eignet sich am besten Fricandeau.
Zutaten: 1 ½ kg Kalbsschlegel ohne Knochen, 3 dag Speck, 3 dag Fett, Salz 2 dag Mehl, 2 dag Butter, ⅛–¼ Liter Sauerrahm

Das Kalbfleisch wird enthäutet, gespickt, gesalzen und unter fleißigem Begießen 1 bis 1 ½ Stunden im Rohr gebraten. Wenn es weich ist, nimmt man es heraus, staubt die Soße, lässt anrösten, gießt auf, lässt aufkochen und fügt zur Verbesserung Butter und Rahm bei.

Kalbsstelzen gebraten Nr. 251

Zutaten: 2 kg Kalbsstelzen, Salz, 5 dag Fett, 3 dag Butter zur Verbesserung der Soße

Die Kalbsstelzen werden gesalzen und im heißen Fett rundherum angebraten. Im Rohr werden die Stelzen unter öfterem Begießen 1 ½ bis 2 Stunden gebraten. Der Saft wird mit Butter aufgekocht.

Gefüllte Kalbsbrust Nr. 252

Zutaten: 2 kg Kalbsbrust, 3 dag Fett
Fülle: 5 Semmeln, ¼ l Milch oder Wasser zum Einweichen, 4 dag Butter, 2 Eier, etwas Brösel oder Mehl, Salz, Pfeffer, Petersilie

Die Kalbsbrust wird untergriffen, das heißt, zwischen dem Rippenstück und dem Fleisch wird eine sackartige Tasche gemacht, die mit folgender Masse gefüllt und zugenäht wird: **Fülle:** In einen Butterabtrieb gibt man Eier und die in Milch erweichten, ausgedrückten, passierten Semmeln, Salz, Pfeffer, Petersiliengrün und, wenn nötig, etwas Brösel oder Mehl. Das Fleisch wird rundherum scharf angebraten und anschließend im Rohr bei mittlerer Hitze fertig gegart.

Kalbsschnitzel natur

Nr. 253

Zutaten: 1 ½ kg Fleisch vom Schlegel oder von der Schulter, 4 dag Fett, etwas Mehl, Salz und Pfeffer, Wasser oder Suppe

Das Fleisch wird in fingerdicke Stücke geschnitten, geklopft, gesalzen, gepfeffert, auf beiden Seiten in Mehl getaucht und in heißem Fett beiderseits rasch abgebraten. Die Schnitzel werden warm gestellt und eine Natursoße gemacht, indem man mit Wasser oder Suppe aufgießt. Auch hier wird die Soße durch Herstellen einer Butterkugel sehr verbessert.

Wiener Schnitzel

Nr. 254

Zutaten: 1 ½ kg Fleisch vom Schlegel oder von der Schulter, Salz und Pfeffer, 2–4 Eier, 10 dag Mehl, 20 dag Brösel, Fett zum Backen, (Obers)

Schnitzelfleisch wird in Stücke geschnitten, geklopft, gesalzen, gepfeffert und paniert. Dazu legt man die Schnitzel in Mehl, dann in versprudeltes Ei und Brösel. Soll die Panier besonders luftig werden, gibt man unter das Ei noch etwas Obers. In heißem Fett werden die Schnitzel goldgelb herausgebacken.

Pariser Schnitzel

Nr. 255

Zutaten: 1 ½ kg Fleisch vom Schlegel oder von der Schulter, Salz, Pfeffer, 10 dag Mehl, 2–4 Eier, Fett zum Backen

Schnitzelfleisch wird in Stücke geschnitten, geklopft, gesalzen, gepfeffert und in Mehl und verquirltes Ei getaucht. In heißem Fett die Schnitzel goldgelb herausbacken.

Paprikaschnitzel

Nr. 256

Zutaten: 1 ½ kg Fleisch vom Schlegel oder von der Schulter, Salz, 4 dag Fett, 3 dag Speck, 8 dag Zwiebel, Paprika, etwas Mehl, ¼ Liter Sauerrahm, Wasser oder Suppe

Das Schnitzelfleisch wird in Stücke geschnitten, geklopft, gesalzen, in Mehl getaucht und beiderseits braun gebraten. Speck wird kleinwürfelig geschnitten, mit in Scheiben geschnittener Zwiebel gelb geröstet, Paprika dazugegeben, mit Suppe oder Wasser aufgegossen und die Schnitzel zum Dünsten hineingelegt. Zum Schluss gibt man Sauerrahm hinzu.

Kalbskoteletts natur

Nr. 257

Zutaten: 1 ½ kg Karree, 5 dag Fett, 10 dag Mehl, Salz, Pfeffer, Butter, Wasser oder Suppe, (Mehl zum Stauben)

Das Karree wird zwischen den Rippen in Stücke geschnitten, teilweise vom Knochen befreit, geklopft, gesalzen, gepfeffert, in Mehl getaucht und braun gebraten. Das Bratenfett wird abgegossen, man gibt Stück Butter hinein und gießt auf.

Kalbskoteletts paniert Nr. 258

Zutaten: 1 ½ kg Karree, Salz, Pfeffer, 12 dag Mehl, 2–4 Eier, 20 dag Brösel, Fett zum Backen

Das Karree wird zwischen den Rippen in Stücke geschnitten, gesalzen, gepfeffert, mit Mehl, Eiern und Bröseln paniert und in Fett goldgelb gebacken.

Kalbskoteletts auf Pariser Art Nr. 259

Zutaten: 1 ½ kg Karree, Salz, Pfeffer, 12 dag Mehl, 2–4 Eier, Fett zum Backen

Das Karree wird in Stücke geschnitten, gesalzen, gepfeffert, in Mehl und Ei getaucht und in Fett gebacken.

Rahmschnitzel Nr. 260

werden wie Naturschnitzel (Rezept **Nr. 253**) zubereitet, nur fügt man zum Schluss der Soße Rahm bei.

Kalbsstelzen gebacken Nr. 261

Kalbsstelzen werden in Salzwasser weich gekocht, abgelöst, in Stücke geschnitten, in Mehl, Ei und Bröseln paniert und im Fett gebacken.

Kalbsgulasch Nr. 262

Zutaten: 1 kg Kalbfleisch III. Qualität oder auch Schulter, Salz, Paprika, 4 dag Fett, Speck, 2 Zwiebeln, etwas Mehl, ⅛ Liter Sauerrahm

Fein geschnittene Zwiebeln lässt man in Fett anlaufen, gibt Paprika, das würfelig geschnittene, gesalzene Fleisch und den Speck dazu und lässt das Gulasch auf kleiner Flamme zugedeckt dünsten. Ist das Fleisch weich und das Fett klar, so staubt man, lässt anrösten, gießt auf, lässt verkochen und fügt den Sauerrahm bei.

Eingemachtes Kalbfleisch Nr. 263

Zutaten: 1 kg Kalbfleisch III. Qualität oder Schulter, Salz, 5 dag Fett, 6 dag Mehl, Wurzelwerk (Karotten, Petersilie, Sellerie), Karfiolröschen, Zitronensaft, Sauerrahm

Das in Würfel geschnittene, gesalzene Fleisch wird in Fett gedünstet, bis es weich wird. Hierauf staubt man es, lässt anrösten, gießt auf und verkocht.
Eingemachtes Kalbfleisch kann man auch herstellen, indem man das Fleisch in wenig Wasser kocht, klein schneidet und in eine mit dem Fleischsud aufgegossene Einmach gibt.

Wurzelwerk und blanchierte Karfiolröschen kann man gleich mitkochen. Durch Beigabe von Rahm und Zitronensaft verbessert man die Soße.

Reisfleisch Nr. 264

Zutaten: ¾ kg Kalbfleisch, 3 dag Fett, 1 Zwiebel, Paprika, 30 dag Reis, Salz, Tomatenmark (Erbsen oder gedünstete Pilze)

Die fein geschnittene Zwiebel wird in Fett goldgelb angeröstet, Paprika und das würfelig geschnittene, gesalzene Fleisch dazugegeben und unter Aufgießen halb weich gedünstet. Hierauf gibt man den ausgesuchten, abgewischten Reis dazu, gießt mit der doppelten Menge heißem Wasser auf und lässt Fleisch und Reis weich dünsten. Man kann auch das Fleisch und den Reis getrennt dünsten lassen und anschließend zusammenmischen. Zur Verbesserung kann man schon zum Dünsten Tomatenmark, grüne Erbsen und gedünstete Pilze beifügen.

Kalbfleischhaschee Nr. 265

Zutaten: 1 kg Kalbsbratenreste, 4 Semmeln, Milch zum Einweichen der Semmeln, 2 dag Butter, Zwiebel, Petersiliengrün, Salz, Pfeffer, (2 Dotter)

In Butter werden Zwiebel und Petersilie angeröstet, Kalbsbratenreste mit den in Milch erweichten Semmeln faschiert, mit den Dottern und Gewürzen vermischt und weitergeröstet. Haschee ist ein guter Brotaufstrich oder kann warm gegessen werden.

Kalbskopfschnitzel Nr. 266

Zutaten: 1 Kalbskopf, Salz, Pfeffer, Mehl, 1–2 Eier, Brösel

Der gut geputzte Kalbskopf wird in Salzwasser weich gekocht, das Fleisch von den Knochen gelöst, in Stücke geschnitten oder zusammengepresst, gesalzen und gepfeffert, in Mehl, Ei und Bröseln paniert und gebacken.

Die Fleischteile von Ziege und Schaf und ihre Verwendung

Lammfleisch zählt zu den delikatesten aller angebotenen Fleischsorten. Aufgrund der heutigen vielfach naturnahen Haltung der Lämmer besitzt das Fleisch ein einzigartiges, zartwürziges Aroma und enthält weniger unliebsame Rückstände als so manch anderes Fleisch.

I. Qualität für Schnitzel und zum Braten

- **Schlegel**
- **Karree**
- **Nierenbraten**
- **Schlussbraten**

II. Qualität zum Braten, Dünsten und Kochen

- **Schulter**
- **Brust**
- **Schopfbraten**

III. Qualität für Gulasch und zum Kochen

- **Bauchfleisch**
- **Hals und Kopf**

Rezepte für Ziegen- und Schaffleisch

Schöpsenbraten natur **Nr. 267**

Zutaten: 1 kg Schaffleisch der Qualität I oder II, 4 dag Fett, Salz, Pfeffer, Rosmarin, (etwas Butter zur Verbesserung der Soße)

Das gesalzene Fleisch wird gewürzt und 1 ½ bis 2 Stunden im Rohr unter ständigem Aufgießen gebraten. Durch Beifügung von Butter verbessert man die Soße.

Schöpsenbraten auf Wildart **Nr. 268**

Zutaten: 1 ½ kg Schaffleisch ohne Knochen der Qualität I oder II, 5 dag Speck, 2 dag Fett, 3 dag Mehl, Wurzelwerk und Gewürze, Beize (**Seite 232**), Zwiebel, Salz, ⅛ Liter Sauerrahm

Das enthäutete Schaffleisch wird einige Tage in eine Beize gelegt, dann gespickt, gesalzen und mit Wurzelwerk und Zwiebel gebraten. Ist das Fleisch weich, staubt man das Wurzelwerk, lässt rösten, gießt auf, gibt Rahm dazu und lässt es nochmals aufkochen.

Steirisches Schöpsernes (Schöpsengulasch) **Nr. 269**

Zutaten: 1 ½ kg Schöpsernes, Salz, Essig, Wurzelwerk, Zwiebel, Neugewürz, Pfefferkörner und Lorbeerblatt, 1 kg Kartoffeln

Grobwürfelig geschnittenes Schöpsenfleisch wird mit Wurzelwerk, Zwiebel und den angegebenen Gewürzen halbweich gekocht. Die geschälten, grobwürfelig geschnittenen Kartoffeln werden zugegeben und alles zusammen weich gekocht. Schöpsengulasch wird wie Rindsgulasch (Rezept **Nr. 234**) zubereitet.

Schöpsenfleisch mit Kren **Nr. 270**

Zutaten: 1 ½ kg Fleisch der Qualität III, leichte Wildbeize (Seite **232**), Kren

Das in einer leichten Wildbeize gekochte Fleisch wird mit geriebenem Kren angerichtet.

Eingemachtes Schaffleisch **Nr. 271**

Zutaten: 1 kg Schaffleisch der III. Qualität oder Schulter, Salz, 5 dag Fett, 6 dag Mehl, Wurzelwerk (Karotten, Petersilie, Sellerie), Karfiolröschen, Zitronensaft, (Sauerrahm)

Das in Würfel geschnittene, gesalzene Fleisch wird in Fett gedünstet, bis es weich wird. Hierauf staubt man es, lässt anrösten, gießt auf und verkocht. Eingemachtes Schaffleisch kann man auch herstellen, indem man das Fleisch in wenig Wasser kocht, klein schneidet und in eine mit dem Fleischsud aufgegossene Einmach gibt. Wurzelwerk und blanchierte Karfiolröschen kann man gleich mitkochen. Durch Beigabe von Sauerrahm und Zitronensaft verbessert man die Soße.

Gedünstete Schafschnitzel Nr. 272

Zutaten: 1 kg Fleisch vom Schlegel, Salz, Pfeffer, Mehl zum Eindrehen, 6 dag Fett zum Anbraten, (⅛ Liter Sauerrahm)

Die geklopften, gesalzenen Schnitzel taucht man in Mehl und brät sie beiderseits an. Man gießt auf, lässt sie unter stetem Aufgießen weich dünsten und gibt zur Verbesserung der Soße etwas Rahm dazu. Will man mehr Saft bekommen, so staubt man die fertige Soße oder rührt Sauerrahm mit Mehl ab und gibt diesen zur Soße.

Gebackene Schafschnitzel Nr. 273

Werden wie panierte Schnitzel vom Schwein (Rezept **Nr. 191**) hergestellt.

Schafsschnitzel natur Nr. 274

Werden wie Naturschnitzel vom Schwein (Rezept **Nr. 190**) bereitet.

Gebackene Schöpsenkoteletts Nr. 275

Werden wie gebackene Schweinskoteletts (Rezept **Nr. 195**) hergestellt.

Schöpsenkoteletts natur Nr. 276

Werden wie Schweinskoteletts natur (Rezept **Nr. 194**) hergestellt.

Schöpsenkoteletts gedünstet Nr. 277

Werden wie Schweinskoteletts natur (Rezept **Nr. 194**) zubereitet und gedünstet.

Gefüllte Schafsbrust Nr. 278

Wird wie gefüllte Kalbsbrust (Rezept **Nr. 252**) hergestellt.

Gebackenes Kitzl oder Lämmernes Nr. 279

Fleisch von jungen Ziegen oder Schafen wird in Stücke geschnitten, paniert und im Fett gebacken.

Gebratenes Kitzl oder Lämmernes Nr. 280

Kitzl oder Lämmernes wird gesalzen und unter Aufgießen mit Wasser oder Suppe im Rohr gebraten. Während des Bratens soll man das Fleisch einige Male mit Butter bestreichen.

Schaffleischeintopf (Irish Stew) Nr. 281

Zutaten: 1 ½ kg Schaffleisch, 1 kg Kartoffeln, ½ kg Gemüse (Kohl, Kohlrabi, Karotten), 10 dag Fett, 1 Zwiebel, Salz, Pfeffer, Kümmel, Knoblauch, Lorbeerblatt

Fleisch, Gemüse und Kartoffeln in große Würfel schneiden, in Fett anrösten, mit Wasser oder Suppe aufgießen, würzen und zugedeckt langsam weich dünsten lassen.

Faschierter Braten wird wie beim Rindfleisch (Rezept **Nr. 238**) zubereitet.
Faschierte Laibchen werden wie beim Rindfleisch (Rezept **Nr. 239**) zubereitet.

Die **Innereien** werden so wie beim Kalb verwendet (Seite **70f**). **Schafszunge, Lunge** und das **Gekröse** werden zu **Beuschel** verarbeitet (Rezept **Nr. 242**). Die **Schafsleber** wird wie beim **Kalb** verwendet (**Seite 70f**).

Rezepte mit Kaninchenfleisch

Kaninchenfleisch hat einen sehr dezenten Geschmack und ist vor allem beliebt, weil es so schön mager und dabei zart ist. Für alle, die gerne gut und fettarm essen, ist Kaninchenfleisch ideal,denn es enthält weniger Kalorien als Hähnchen- oder Putenfleisch. Gute Qualität erkennt man an der fast weißen bis zartrosa Farbe des Fleischs.

Kaninchenbraten natur **Nr. 282**

Zutaten: Kaninchenrücken und Hinterschenkel, Salz, Pfeffer, Wasser oder Suppe, (Speckschwarten zum Spicken)

Das Fleisch wird gesalzen, gepfeffert, eventuell gespickt und unter Aufgießen mit Suppe oder Wasser gebraten.

Kaninchenbraten auf Wildart **Nr. 283**

Zutaten: wie beim Wildhasenbraten (Rezept **Nr. 285**)

Man macht eine Beize (**Seite 232**) und legt den Kaninchenbraten für einige Tage hinein. Mit allem Wurzelwerk wird dann das gespickte Fleisch weiterbehandelt wie beim Wildhasen (Rezept **Nr. 285**).

Kaninchenjunges **Nr. 284**

Zutaten: Fleisch von einem Kaninchen, Salz, Pfeffer, 4 dag Fett,
8 dag Mehl, leichte Beize (**Seite 232**), Wein, (Sauerrahm)

Kopf, Hals, Schulter, Rippenfleisch, Beuschel, Nieren, Milz werden in einer leichten Beize gekocht, abgelöst, würfelig geschnitten und in eine dunkle Einbrenn gegeben, die man mit dem Sud aufgegossen hat. Zum Schluss fügt man der Soße etwas Wein bei. Mit ein wenig Rahm kann man die Soße auch verbessern, sie muss jedoch dunkel bleiben und darf nicht durch Rahmbeimengung zu hell werden.

Die Zubereitung von Wildbret

Rücken und Schlegel verwendet man zum Braten oder für Schnitzel. Von der Schulter macht man Gulasch. Kopf, Hals, Bauchfleisch und die Innereien verwendet man als Hasen-, Reh- oder Hirschjunges.
Wild lässt man immer sehr lange abliegen, da es sonst zu zäh ist. Bei längerer Aufbewahrung beizt man es mit Trocken- oder Nassbeize (**Seite 232**). In ein Essigtuch eingeschlagen, hält es auch längere Zeit.

Hasen-, Reh-, Hirsch- und Gämsenbraten Nr. 285

Zutaten: Rücken und Schenkel, 5 dag Speck, Beize (**Seite 232**), Zwiebel, Salz, Pfeffer, ¼ Liter Sauerrahm, 5 dag Mehl, Wein, Zitronensaft, (Preiselbeeren)

Vom gut abgelegenen Fleisch werden Rücken und Schlegel gehäutet und einige Tage gebeizt. Der Braten wird mit der Spicknadel gespickt, gesalzen, gepfeffert und mit dem Wurzelwerk unter Aufgießen mit der Beize gebraten. Ist das Fleisch weich, so nimmt man den Braten heraus, staubt die Soße mit Mehl, lässt anrösten, gießt auf, lässt verkochen, passiert und mengt Wein, Zitronensaft, Rahm und eventuell Preiselbeeren bei.

Wildbraten natur Nr. 286

Zutaten: Rücken und Läufe eines Hasen oder halber Rücken und Läufe eines Rehs, Hirschen oder einer Gämse, 6 dag Speck zum Spicken, Salz, Pfeffer, 5 dag Fett, ¼ Liter Sauerrahm, Sauermilch oder Buttermilch, Wasser oder Suppe

Das gut abgelegene Fleisch wird abgehäutet, gespickt, gesalzen, gepfeffert und unter fleißigem Begießen mit Suppe oder Wasser weich gebraten. Sauerrahm, Sauermilch oder Buttermilch wird dem Natursaft beigefügt.

Reh- oder Hirschschnitzel natur Nr. 287

Zutaten: Fleisch vom Schlegel, Salz, Pfeffer, Mehl zum Eindrehen, 5 dag Fett oder Speck

Vom Reh- oder Hirschschlegel schneidet man Schnitzel, die man klopft, salzt, pfeffert, beiderseits in Mehl taucht und rasch abbrät. Es ist anzuraten, statt Fett würfelig geschnittenen Speck zu verwenden.

Reh- oder Hirschschnitzel gedünstet Nr. 288

Werden wie gedünstete Schafschnitzel (Rezept **Nr. 272**) zubereitet.

Reh- oder Hirschgulasch Nr. 289

Zutaten: 1 kg Reh- oder Hirschfleisch von Schulter, Hals oder Bauch, 3 dag Fett, 3 dag Speck, 2 Zwiebeln, Paprika, Essig, Salz, 6 dag Mehl, ¼ Liter Sauerrahm, Wasser oder Suppe

In heißem Fett lässt man Speck, dann Zwiebeln anrösten, gibt Paprika, Essig und das würfelig geschnittene, gesalzene Fleisch hinein. Unter Beigabe von Wasser oder Suppe dünstet man das Fleisch bis zum Weichwerden. Hierauf staubt man, lässt anrösten, gießt mit Suppe oder Wasser auf, lässt aufkochen und gibt den Rahm hinein.

Reh- oder Hirschragout

Nr. 290

Zutaten: 1 ½ kg Fleisch von Schulter oder Bauch, Salz, Pfeffer, 4 dag Fett, 8 dag Mehl, Rahm, Zitronensaft, Lorbeerblatt, Piment, (Butter, Brösel)

In einer leichten Beize (**Seite 232**) wird das Fleisch gekocht, kleinwürfelig geschnitten und in eine mit dem Sud aufgegossene Einmach gegeben. Man lässt verkochen und fügt oben genannte Gewürze bei. Ragout kann man in eine ausgefettete, feuerfeste Schüssel oder Rein geben, mit in Butter gerösteten Bröseln überstreuen und im Rohr überbacken.

Hasen-, Reh- oder Hirschjunges

Nr. 291

Zutaten: 1 kg Hasen-, Reh- oder Hirschjunges von 2 Tieren, nasse Beize (**Seite 232**), 4 dag Fett, 10 dag Mehl, Zwiebel, Petersiliengrün, Pfeffer- und Neugewürzkörner, Lorbeerblatt, Beizkräutl, Zitronensaft, ⅛ Liter Sauerrahm

Das Junge (Kopf, Bauch, Hals, Innereien) wird in Beize gekocht, das Fleisch von den Knochen gelöst und in eine Einbrenn gegeben, die man mit dem Sud aufgegossen hat. Man würzt mit allen oben angeführten Gewürzen und gibt zum Schluss Rahm und Zitronensaft in die Soße.

Wildhaschee

Nr. 292

Bratenreste von Hasen, Rehen oder Hirschen werden faschiert, mit fein gehackter Zwiebel, Petersiliengrün und etwas Rahm geröstet, gesalzen und gepfeffert. Wildhaschee kann als Brotaufstrich oder zu faschiertem Braten, faschierten Laibchen oder für Suppeneinlagen wie Schlickkrapferl (Rezept **Nr. 61**) verwendet werden.

Rezepte mit Geflügel und Wildgeflügel

Gebratenes Huhn

Nr. 293

Zutaten: 3 Brathühner, Salz, 8 dag Fett, (3 dag Butter zur Verbesserung der Soße)

Die küchenfertigen Hühner werden innen und außen gewürzt und im Rohr gebraten. Damit das Fleisch saftig bleibt, sollte man die Hühner öfters mit Bratensaft übergießen. Zur Verbesserung der Soße gibt man etwas Butter dazu.

Gefülltes Huhn Nr. 294

Zutaten: 3 Brathühner, Salz, 6 dag Fett (3 dag Butter zur Verbesserung der Soße)
Fülle: 6 dag Butter, 6 Semmeln, ½ Liter Milch, Salz, Pfeffer, 2–3 Eier, Petersiliengrün, (Brösel)

Die Fülle wird entweder in die Bauchhöhle der fertig hergerichteten Hühner gegeben oder man lockert die Brusthaut und füllt die Masse zwischen Knochen und Haut. Die erstere Art ist die gebräuchlichere. Die Bauchhöhle wird nach dem Füllen zugenäht und man brät anschließend die Hühner im Rohr unter mehrmaligem Übergießen mit Bratensaft.
Fülle: In die abgetriebene Butter gibt man Eier, blättrig geschnittene, in Milch erweichte, ausgedrückte Semmeln, Salz, Pfeffer, Petersiliengrün und allenfalls Brösel.

Gebackenes Huhn Nr. 295

Zutaten: 5 junge Hühner, 20 dag Mehl, 3–6 Eier, 30 dag Brösel, Fett zum Backen

Geputzte, junge Hühner werden geviertelt, gesalzen, in Mehl, Ei und Bröseln paniert und in Fett gebacken.

Paprikahuhn Nr. 296

Zutaten: 3 Brathühner, 8 dag Fett, 3 Zwiebeln, Salz, Paprika, Essig, etwas Mehl, ¼ Liter Sauerrahm, Sauermilch oder Buttermilch

In heißem Fett lässt man klein geschnittene Zwiebeln goldgelb anlaufen, gibt Paprika, Essig, die zerteilten, gesalzenen Brathühner hinein und lässt sie unter ständigem Aufgießen weich dünsten. Hierauf staubt man, lässt anrösten, gießt auf, lässt aufkochen und fügt der Soße Sauerrahm, Sauermilch oder Buttermilch bei.

Eingemachtes Huhn Nr. 297

Zutaten: 3 Brathühner, 4 dag Butter, Salz, etwas Zwiebel, Wurzelwerk, 4 dag Butter und 8 dag Mehl für die Einmach, Zitronensaft, etwas Rahm (allenfalls Karfiol und Pilze)

Die zerteilten Hühner und deren Hühnerklein werden unter ständigem Aufgießen weich gedünstet. Von Butter und Mehl macht man eine Einmach, die mit dem Sud aufgegossen wird. Das weich gedünstete Huhn, klein geschnittenes Hühnerklein, eventuell gedünstete Pilze und eine gekochte, geteilte Karfiolrose, Zitronensaft und Sauerrahm werden dazugegeben.

Enten

Gebratene Ente **Nr. 298**

Zutaten: 1 Ente, Salz, Kümmel, Majoran, Butter, 1–2 Äpfel, Wasser oder Suppe

Die vorgerichtete Ente reibt man mit Salz, Kümmel und Majoran ein und brät sie unter fleißigem Wenden und Begießen mit Suppe oder Wasser im Rohr weich. Durch Abfetten und Beigabe von etwas Butter kann man die Soße verbessern. Zur weiteren Geschmacksverbesserung gibt man zum Braten in die Bauchhöhle einen oder zwei Äpfel.

Gefüllte Ente **Nr. 299**

Zutaten: 2 Enten, Salz, 6 dag Fett, (3 dag Butter zur Verbesserung der Soße)
Fülle: 6 dag Butter, 6 Semmeln, ½ Liter Milch, Salz, Pfeffer, 2–3 Eier, Petersiliengrün

Die Fülle wird entweder in die Bauchhöhle der fertig hergerichteten Enten gegeben oder man lockert die Brusthaut und füllt die Masse zwischen Knochen und Haut. Die erstere Art ist die gebräuchlichere. Die Bauchhöhle wird nach dem Füllen zugenäht. Man brät anschließend die Enten im Rohr unter mehrmaligem Übergießen mit Bratensaft.
Fülle: In die abgetriebene Butter gibt man Eier, blättrig geschnittene, in Milch erweichte, ausgedrückte Semmeln, Salz, Pfeffer, Petersiliengrün und allenfalls Brösel.

Entenjunges (Entenklein) **Nr. 300**

Zutaten: Hals, Kopf, Flügel und Innereien von zwei Enten, Salz, Wurzelwerk, Zwiebel, 6 dag Fett und 10 dag Mehl für die Einbrenn, Entenblut, (Pilze und eine Rose Karfiol zur Geschmacksverbesserung)

Das Entenjunge wird in Stücke geschnitten und mit Wurzelwerk und Zwiebel weich gekocht. Aus Fett und Mehl macht man eine sehr dunkle Einbrenn, die man mit dem Sud aufgießt. Man salzt, gibt das Entenjunge, allenfalls gedünstete Pilze und eine gekochte Rose Karfiol dazu, lässt alles aufkochen und fügt das Blut bei.

Gänse

Gebratene Gans Nr. 301

Zutaten: 1 Gans, Salz, Kümmel, Majoran, Butter, 1–2 Äpfel, Suppe oder Wasser

Die vorgerichtete Gans reibt man mit Salz, Kümmel und Majoran ein und brät sie unter fleißigem Wenden und Begießen mit Suppe oder Wasser im Rohr weich. Durch Abfetten und Beigabe von etwas Butter kann man die Soße verbessern. Zur weiteren Geschmacksverbesserung gibt man zum Braten in die Bauchhöhle einen oder zwei Äpfel.

Gefüllte Gans Nr. 302

Zutaten: 2 Gänse, Salz, 6 dag Fett (3 dag Butter zur Verbesserung der Soße)
Fülle: 6 dag Butter, 6 Semmeln, ½ Liter Milch, Salz, Pfeffer, 2–3 Eier, Petersiliengrün, (Brösel)

Die Fülle wird entweder in die Bauchhöhle der fertig hergerichteten Gänse gegeben oder man lockert die Brusthaut und füllt die Masse zwischen Knochen und Haut. Die erstere Art ist die gebräuchlichere. Die Bauchhöhle wird nach dem Füllen zugenäht und man brät anschließend die Gänse im Rohr unter mehrmaligem Übergießen mit Bratensaft.
Fülle: In die abgetriebene Butter gibt man Eier, blättrig geschnittene, in Milch erweichte, ausgedrückte Semmeln, Salz, Pfeffer, Petersiliengrün und allenfalls Brösel.

Gansljunges Nr. 303

wird wie Entenjunges (Rezept **Nr. 300**) hergestellt.

Gebratene Gänseleber Nr. 304

Zutaten: Gänseleber, Salz, Pfeffer, Mehl, Fett zum Braten

Die Gänseleber wird durchschnitten, in Mehl getaucht und in heißem Fett beiderseits gebraten. Man gießt auf, lässt den Saft verkochen, salzt und pfeffert sie. Die Leber muss, um nicht hart zu werden, gleich gegessen werden.

Tauben

Gefüllte Tauben Nr. 305

Zutaten: 5 Tauben, Salz, 6 dag Fett, 2 dag Butter
Fülle: 5 dag Butter, 2 Eier, 5 Semmeln, Milch zum Anfeuchten, Petersiliengrün, Salz, Pfeffer, (allenfalls Semmelbrösel)

Man bereitet eine Fülle, indem man Butter abtreibt, Eier, die in Milch erweichten Semmeln, Petersiliengrün, Salz, Pfeffer und, wenn nötig, Semmelbrösel beifügt. Die Fülle gibt man entweder in die Bauchhöhle der hergerichteten, gesalzenen Tauben oder man untergreift die Brust und gibt die Fülle wie beim Huhn (Rezept **Nr. 294**) zwischen Brustbein und Haut. Die Tauben brät man hierauf in Fett unter ständigem Wenden und Aufgießen mit Wasser weich. Zur Verbesserung der Soße mengt man etwas Butter bei.

Tauben in Paprikasoße Nr. 306

Werden wie Paprikahuhn (Rezept **Nr. 296**) hergestellt.

Tauben auf Wildart Nr. 307

Zutaten: 5 Tauben, Salz, Pfeffer, Speckscheiben, Wurzelwerk, Mehl zum Stauben, Sauerrahm, Beize (Seite **232)**

Die geputzten Tauben werden einige Tage in eine Beize gelegt. Hierauf salzt und pfeffert man sie und bindet eine dünne Speckscheibe über die Brust. In einer Pfanne lässt man in Fett Wurzelwerk anrösten, legt die Tauben hinein und brät sie unter öfterem Begießen ¾ Stunden. Sind sie weich, so nimmt man sie heraus, staubt das Wurzelwerk, lässt anrösten, gießt mit Beize auf und lässt alles verkochen. Die Soße wird passiert, Rahm beigefügt, nochmals aufgekocht und die Taubenstücke dazugegeben.

Tauben, auf Rebhuhnart zubereitet Nr. 308

Werden wie Rebhuhn gebraten (Rezept **Nr. 314**) zubereitet.

Truthuhn (Pute)

Truthuhn gebraten Nr. 309

Wird wie gebratene Ente (Rezept **Nr. 298**) zubereitet.

Truthuhn in Rahmsoße Nr. 310

Wird wie gebratene Ente (Rezept **Nr. 298**) zubereitet.
Der fertigen Soße wird zur Verbesserung etwas Sauerrahm beigemengt.

Wildgeflügel

Perlhuhn gebraten Nr. 311

Wird wie gebratene Ente (Rezept **Nr. 298**) zubereitet.

Fasan gebraten Nr. 312

Zutaten: 2 Fasane, 8 dag Speck, 5 dag Fett, Salz, Pfeffer, 3 dag Butter für den Saft

Die geputzten, gespickten oder mit Speck umwickelten Fasane werden gesalzen, gpfeffert und unter Aufgießen gebraten. Zur Verbesserung der Soße fügt man Butter bei. Als Beilage gibt man Salzkartoffeln, Reis, Preiselbeeren und Blaukraut.

Fasan in Rahmsoße Nr. 313

Zutaten: 2 Fasane, 10 dag Speck, 4 dag Fett, Wurzelwerk, Zwiebel, Mehl zum Stauben, ¼ Liter Sauerrahm, Buttermilch oder Sauermilch, Salz, Suppe

Die geputzten, mit der Nadel gespickten Fasane werden gesalzen und mit Wurzelwerk und Zwiebel in Fett unter ständigem Begießen gebraten. Sind sie weich, so nimmt man sie heraus, staubt mit Mehl, lässt anrösten, gießt mit Suppe auf, passiert, gibt Sauerrahm, Buttermilch oder Sauermilch dazu und lässt nochmals aufkochen.

Rebhuhn gebraten Nr. 314

Zutaten: 5 Rebhühner, 20 dag Speck, Salz, 5 dag Fett, 3 dag Butter (allenfalls ⅛ Liter Sauerrahm, Buttermilch oder Sauermilch)

Die geputzten, gesalzenen Rebhühner werden in dünne Speckscheiben gewickelt und unter Aufgießen im Rohr ungefähr eine halbe Stunde gebraten. Man schöpft das Fett ab, gibt zur Soßenverbesserung Butter dazu und gießt auf. Man kann Sauerrahm, Buttermilch oder Sauermilch beifügen oder lässt die Soße natur.

Wachteln gebraten Nr. 315

Zutaten: 5 Wachteln, Salz, Pfeffer, 10 dag Speck, 4 dag Butter, (allenfalls ⅛ Liter Sauerrahm)

Die geputzten, gesalzenen Wachteln werden in dünne Speckscheiben gewickelt und unter Aufgießen im Rohr ungefähr eine halbe Stunde gebraten. Man schöpft das Fett ab, gibt zur Soßenverbesserung Butter dazu und gießt auf. Man kann Sauerrahm beifügen oder lässt die Soße natur.

Schnepfen gebraten Nr. 316

Zutaten: 5 Schnepfen, Salz, Pfeffer, 10 dag Speck, 4 dag Butter, (allenfalls ⅛ Liter Sauerrahm)

Wird wie Rebhuhn gebraten (Rezept **Nr. 314**) zubereitet.

Wildenten gebraten Nr. 317

Werden wie Fasane (Rezept **Nr. 312**) zubereitet.

Wildenten in Rahmsoße Nr. 318

Werden wie Fasane in Rahmsoße zubereitet (Rezept **Nr. 313**).

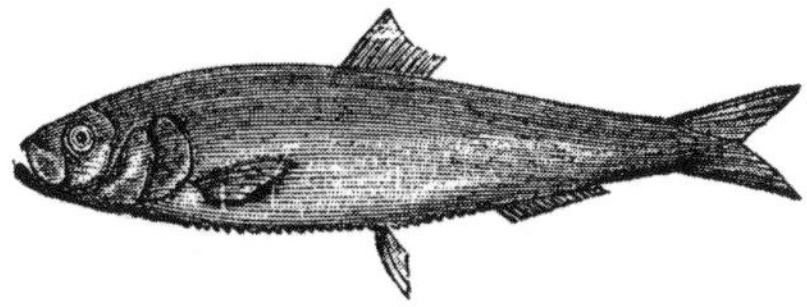

Die Zubereitung von Fischen

Sichere Merkmale zum Erkennen von *frischen* Fischen sind:
1. schön rot gefärbte Kiemen
2. klare Augen
3. Das Fleisch muss noch fest an den Gräten sitzen

Süßwasserfische

kommen in unseren Bächen, Flüssen, Seen oder Teichen vor, wie Hecht, Forelle, Lachs, Aal, Karpfen, Weißfisch.

Zubereitet werden sie:

1. **Blau gekocht** (hauptsächlich bei den Forellen üblich). Die ausgenommenen Fische werden in eine heiße, leichte Beize (**Seite 232**) gegeben und so lange ziehen gelassen (nicht kochen!), bis die Augen aus den Höhlen treten. Sind sie angerichtet, übergießt man sie mit dunkel gerösteter (brauner) Butter.
2. **Gebraten:** Die entschuppten, ausgenommenen Fische werden entweder entlang des Rückgrates geteilt oder man schneidet zweifingerbreite Schnitzel herunter. Die einzelnen Teile werden gesalzen, in Mehl getaucht und in heißem Fett oder Öl gebraten.
3. **Gebacken:** Man teilt, wie beim gebratenen Fisch, Schnitzel, die man salzt, in Mehl, Ei und Bröseln paniert und in heißem Fett bäckt. Man gibt beim Anrichten Zitronenscheiben dazu.
4. Oder man bereitet davon die verschiedensten **Fischspeisen** wie **Fischschnitzel** oder **Fischgulasch**.

Forellen, blau gekocht **Nr. 319**

Zutaten: 2 kg Forellen, ⅛ Liter Weinessig, 15 dag braune Butter, leichte Beize mit Essig, Wurzelwerk (Karotten, Petersilie, Sellerie, Lauch, Zwiebel), Pfeffer und Wacholderbeeren

Forellen werden nicht entschuppt. Um die feine Schleimhaut nicht zu beschädigen, hält man sie bei den Kiemen. Man wäscht die Bauchhöhle gut aus, salzt innen, übergießt die Forellen mit kochendem Essig, gibt sie in eine heiße, leicht gewürzte Beize (Seite **232**) und lässt sie garziehen. Mit einer Schmarrenschaufel hebt man sie vorsichtig heraus, umgibt sie mit Petersiliengrün und beträufelt sie mit brauner Butter. Auf die gleiche Art und Weise kann man auch Hecht, Karpfen oder Weißfische zubereiten.

Gebratene Forellen Nr. 320

Zutaten: 2 kg Forellen, Salz, 8 dag Butterschmalz, Mehl zum Eindrehen, Petersilie, Zitrone

Die küchenfertigen Forellen werden innen und außen gesalzen, in Mehl gewendet und in heißem Butterschmalz goldgelb herausgebacken. Man verziert gebratene Fische mit Petersiliengrün und gibt Zitronenscheiben dazu.

Gebratene Hechte Nr. 321

werden wie Forellen (Rezept **Nr. 320**) zubereitet. Kleine Fische teilt man der Länge nach, große Fische schneidet man, ohne das Rückgrat herauszunehmen, quer in zweifingerbreite Stücke, die man salzt, in Mehl taucht und in heißem Fett brät. Gebratene Karpfen und Weißfische werden auf dieselbe Art zubereitet.

Gebackene Karpfen Nr. 322

Zutaten: 2 ½ kg Karpfen, Salz, 10 dag Mehl, 2–3 Eier, 20 dag Brösel, 5 dag Fett

Kleine Karpfen werden der Länge nach geteilt, von größeren Tieren schneidet man 3 cm dicke Schnitzel und teilt nur den Schwanz der Länge nach. Die gesalzenen Fischstücke werden mit Mehl, Ei und Bröseln paniert und in heißem Fett gebacken. Gebackene Weißfische und Hechte werden ebenso zubereitet.

Fischgulasch Nr. 323

Zutaten: 1 ½ kg Fischfleisch, 4 dag Fett, 5 dag Speck, ⅛ kg Zwiebeln, Paprika, etwas Mehl, ⅛ Liter Sauerrahm

Im Fett lässt man kleinwürfelig geschnittenen Speck goldgelb anlaufen, gibt hierauf die klein geschnittenen Zwiebeln und Paprika dazu. Man staubt mit Mehl, lässt dieses anrösten, gießt auf, lässt verkochen und fügt der Soße Sauerrahm bei. Gekochter oder gebratener Fisch wird von den Gräten befreit, in größere Stücke geschnitten und in die Soße gegeben, die man mit den Fischstücken nochmals aufkochen lässt. Zu Fischgulasch kann jede Fischart verwendet werden.

Faschierte Fischschnitzel Nr. 324

Zutaten: 1 ½ kg Fisch, Salz, 1 Ei, 2 Semmeln, etwas Milch, Zwiebel, Petersilie, Brösel, Pfeffer, Fett zum Backen

Das gekochte oder gebratene Fischfleisch wird von den Gräten befreit und mit in Milch erweichten Semmeln faschiert. Man gibt zur Geschmacksverbesserung geröstete Zwiebeln und Petersilie, Salz und Pfeffer dazu, formt Laibchen, die man in Ei und Bröseln paniert und in Fett in einer Pfanne bäckt. Weißfische, deren zahlreiche Gräten sehr weich sind, kann man samt den Gräten roh faschieren und wie oben weiter zubereiten.

Seefische
(Meeresfische)

Die bekanntesten der vielen Arten sind Schellfisch, Kabeljau, Steinbutt, Hering, Angler, Seezunge und Schill. Getrockneter Kabeljau ist im Handel unter dem Namen „Stockfisch" bekannt. Zubereiten kann man Seefische auf die gleiche Art wie Süßwasserfische.

Gekochter Kabeljau oder Schellfisch — Nr. 325

Zutaten: 1 ½ kg Kabeljau oder Schellfisch, eine leichte Beize, Salz, 6 dag Butter

Man stellt mit Essig und Salz eine leichte Beize (**Seite 232**) her, kocht sie auf und lässt die Fischstücke 15 bis 20 Minuten ziehen. Sobald der Fisch gar ist, nimmt man ihn heraus und betropft ihn mit brauner Butter. Schellfisch wird auf dieselbe Weise zubereitet.

Gebratener Kabeljau oder Schellfisch — Nr. 326

Zutaten: 1 ½ kg Kabeljau oder Schellfisch, Zitronensaft, Salz, 10 dag Mehl, Fett zum Braten

Der Fisch wird enthäutet, mit Zitronensaft beträufelt, in Stücke geschnitten, gesalzen, in Mehl getaucht und in heißem Fett wie Naturschnitzel gebraten.

Gebackener Kabeljau oder Schellfisch — Nr. 327

Zutaten: 1 ½ kg Kabeljau oder Schellfisch, Zitronensaft, 10 dag Mehl, 2–5 Eier, 25 dag Brösel, Fett zum Backen

Der Fisch wird enthäutet, mit Zitronensaft beträufelt, in Stücke geschnitten, gesalzen, in Mehl, Ei und Bröseln paniert und in heißem Fett gebacken. Man serviert dazu Petersilien- oder Salzkartoffeln und Salat.

Faschierte Fischschnitzel — Nr. 328

von Seefischen werden wie bei Süßwasserfischen (Rezept **Nr. 324**) zubereitet.

Kabeljau oder Schellfisch mit Krensoße — Nr. 329

Zutaten: 1 ½ kg Kabeljau oder Schellfisch, leichte Beize, Einbrenn aus 5 dag Fett und 10 dag Mehl, Kren, Essig

Man kocht eine leichte Beize (**Seite 232**) mit allen dazugehörigen Gewürzen, gibt den in größere Stücke geschnittenen Fisch hinein, lässt ihn 15 Minuten ziehen und legt die Stücke in eine Anrichtschüssel. Aus Fett und Mehl macht man eine dunkle Einbrenn, die man mit dem Sud aufgießt und aufkochen lässt. Essig und Kren werden beifügt. Die Soße wird auf die angerichteten Fischstücke gegossen.

Grüner Hering, blau gekocht Nr. 330

Zutaten: 1 ½ kg grüne Heringe, Beize, Essig, Salz

Die ausgenommenen Heringe werden wie Forellen blau gekocht (Rezept **Nr. 319**). Meist kommen die Heringe aber schon auf die verschiedenste Art konserviert in den Handel wie Salzheringe, Bücklinge, Rollmöpse, Bratheringe oder marinierte Heringe.

Von Salzheringen kann man Folgendes herstellen:

Heringskartoffeln Nr. 331

Kartoffelsalat (Rezept **Nr. 85**) wird nicht gesalzen und ausgewässerter, kleinwürfelig geschnittener Hering daruntergemengt.

Heringsauflauf Nr. 332

Zutaten: 2 Salzheringe, 2 kg Kartoffeln, 3 hart gekochte Eier, ½ Liter Sauermilch, Buttermilch oder Sauerrahm

In eine gut ausgeschmierte, mit Bröseln bestreute Form gibt man lageweise gekochte, blättrig geschnittene Kartoffeln, entwässerte, enthäutete, kleinwürfelig geschnittene Heringe und hart gekochte, blättrig geschnittene Eier. Man schließt mit Kartoffeln ab, übergießt mit Sauerrahm, Buttermilch oder Sauermilch und bäckt im Rohr.

Eingelegte Salzheringe Nr. 333

Zutaten: Salzheringe, Zwiebel, Pfefferkörner, Wacholderbeeren, Essig

Salzheringe werden 24 Stunden ausgewässert, von Gräten und Haut befreit, halbiert und schichtenweise mit ringelig geschnittener Zwiebel, Pfefferkörnern und Wacholderbeeren in ein Glas oder Holzgefäß gegeben. Verdünnter Essig wird aufgekocht und erkaltet darübergegossen. Die Flüssigkeit muss die Fische bedecken.

Salzheringe als Bücklinge Nr. 334

Nach 24-stündigem Auswässern werden die Heringe einen Tag an der Luft getrocknet und dann schwach geselcht.

Salzheringe als Rollmops Nr. 335

Die 24 Stunden lang ausgewässerten Heringe werden mit Senf bestrichen, mit ringelig geschnittener Zwiebel und Essiggurkerln belegt, zusammengerollt, mit einem Zahnstocher zusammengeheftet und mit aufgekochtem, überkühltem Essig übergossen.

Die Verwendung von Pilzen

Pilze geben auf dem Speisezettel eine gute Abwechslung und kommen namentlich in regenreichen Jahren in unseren Wäldern in Unmengen vor. Leider haben viele wegen Unkenntnis oft Angst, dieselben zu verwenden. Bei Unsicherheit ist freilich größte Vorsicht geboten.

Als allgemeine Regel bei der Pilzzubereitung ist Folgendes zu beachten:

1. Pilze sind möglichst bald nach dem Pflücken zu verwenden.
2. Große, alte Pilze sind unbrauchbar.
3. Zubereitet sind Pilze nicht lange aufzuheben und wenn, so darf dies niemals in Metallgeschirren, sondern muss stets in Porzellangefäßen erfolgen.
4. Die gebräuchlichsten Arten der Zubereitung sind: Schwammerlsoße, Schwammerlsuppe, Salat, gebackene Pilze. (Bärentatzen werden vor Gebrauch überbrüht.)
5. Haltbar gemacht werden Pilze durch Trocknen, Einlegen in Essig und Einfrieren.

Rezepte mit Pilzen

Schwammerlsuppe — Nr. 336

Zutaten: ¾ kg Schwammerl, 6 dag Butter, 8 dag Mehl, Salz, Pfeffer, Zwiebel, 3 Liter Suppe oder Wasser, ⅛ ¼ Liter Sauerrahm, Sauermilch oder Buttermilch

Würfelig geschnittene Zwiebel wird glasig angedünstet, die geputzten, blättrig geschnittenen Pilze werden in Butter mit Salz und Pfeffer weich gedünstet, gestaubt, geröstet, aufgegossen und aufgekocht. Zum Schluss fügt man Sauerrahm, Sauermilch oder Buttermilch bei.

Schwammerlsoße — Nr. 337

Zutaten: 1 kg Schwammerl, 6 dag Butter, 6 dag Mehl, Zwiebel, Salz, Pfeffer, Petersiliengrün, ¼ Liter Sauerrahm, Sauermilch oder Buttermilch

In Butter lässt man fein gehackte Zwiebel anlaufen, gibt die geputzten, blättrig geschnittenen Schwämme nebst Petersilie dazu, salzt, pfeffert und lässt sie weich dünsten. Hierauf staubt man, lässt anrösten, gießt auf und lässt verkochen. Zum Schluss wird der Soße Sauerrahm, Sauermilch oder Buttermilch beigefügt.

Schwammerl mit Ei Nr. 338

Zutaten: ¾ kg Schwammerl, Salz, Pfeffer, 5 dag Butter, Zwiebel, Petersiliengrün, pro Kopf 1 Ei

In Butter lässt man Zwiebel anlaufen, gibt die geputzten, blättrig geschnittenen Schwammerl, Salz und Pfeffer dazu und lässt sie weich dünsten. Man schlägt ein Ei dazu und rührt so lange, bis das Ei stockt. Man kann auch Spiegeleier machen und diese beim Anrichten auf die Schwammerl geben.

Schwammerlomeletts Nr. 339

Zutaten: 30 dag Mehl, 2–3 Eier, Salz, gut ¾ Liter Milch, Fett zum Backen
Fülle: 40 dag Schwammerl, 4 dag Butter, Salz, Pfeffer, Petersiliengrün (allenfalls 2–4 Eier)

Man gibt die geputzten, geschnittenen Schwammerl in zerlassene Butter, salzt, pfeffert und lässt sie unter Aufgießen weich dünsten. Petersiliengrün wird beigefügt, allenfalls kann man einige Eier darüberschlagen, die man bis zum Hartwerden röstet. Die fertigen Omeletts werden mit dieser Fülle bestrichen und zusammengerollt. Eine passende Beilage dazu ist Salat.

Schwammerlsalat Nr. 340

Besonders gut eignen sich Reizker oder Eierschwammerl dazu.
Zutaten: ¾ kg Edel-Reizker, Salz, Pfefferkörner, Lorbeerblatt, Majoran, Beizkräutl, Bohnenkraut, Essig

Alle angeführten Gewürze werden in Wasser mit Essig und Salz gekocht. In den siedenden Sud werden die geputzten, ungeteilten Schwammerl gegeben und darin einige Minuten gekocht. Schwammerl können auch als Salat für den Winter haltbar gemacht werden.

Gebackene Pilze Nr. 341

Dazu eignet sich vor allem der Kopf des Parasolpilzes, aber auch Herrenpilze.

Die geputzten Pilze werden in 1 cm dicke Scheiben geschnitten, gesalzen, in Mehl, Ei und Bröseln paniert und in heißem Fett gebacken. Gebackene Schwämme sind Fleischersatz. Beilage: Salate jeglicher Art.

Gebratene Pilze Nr. 342

Die Pilze werden in 1 cm dicke Scheiben geschnitten, gesalzen und in der Pfanne in Butter gebraten.

Beilagen zu Fleisch- und Gemüsegerichten

Beilagen aus Kartoffeln, Mais, Reis

Salzkartoffeln Nr. 343

Zutaten: 2–3 kg Kartoffeln, Salz, Kümmel

Die Kartoffeln werden gewaschen, geschält, halbiert oder geviertelt, mit Salz und Kümmel in wenig Wasser weich gekocht, abgeseiht und angerichtet. Das Dämpfen von Salzkartoffeln ist besser als das Kochen, da bei Ersterem die Nährstoffe (hauptsächlich Stärke) in den Erdäpfeln erhalten bleiben.

Geröstete Kartoffeln Nr. 344

Zutaten: 2–3 kg Kartoffeln, Fett, Zwiebel, Salz, Kümmel

Gekochte, blättrig geschnittene Kartoffeln werden mit Zwiebel, Salz und Kümmel in Fett geröstet. Um eine stärkere Kruste zu bekommen, kann man die Rein in die Röhre stellen.

Kartoffelpüree Nr. 345

Zutaten: 2–3 kg Kartoffeln, ½–¾ Liter Milch, Salz, Muskatnuss, (etwas Butter, Zwiebel oder Brösel)

Die geschälten, geviertelten Kartoffeln werden in wenig Salzwasser weich gekocht, zerstampft, mit heißer Milch und Salz vermengt und glatt geschlagen oder mit einem Sprudler vermischt. Man kann ein Stückchen Butter dazugeben und mit Muskatnuss würzen. Das fertige Püree kann auch mit gerösteter Zwiebel oder Semmelbröseln bestreut werden.

Petersilienkartoffeln Nr. 346

Zutaten: 2–3 kg Kartoffeln, Fett, Salz, Petersiliengrün

In heißem Fett röstet man gekochte, geschälte, halbierte Kartoffeln mit fein gehacktem Petersiliengrün. Dazu eignen sich besonders Frühkartoffeln. Anstelle von Petersilie kann auch Dill, Rosmarin oder Thymian verwendet werden.

Pommes frites Nr. 347

Zutaten: 2–3 kg rohe Kartoffeln, Fett, Salz

Geschälte Kartoffeln in bleistiftdicke Schnitten schneiden, in ein trockenes Tuch einschlagen und gut abtrocknen. Fett erhitzen, die Stäbchen vorbacken (nicht zu viel auf einmal in das Fett geben, da dieses sonst zu stark abkühlt und die Kartoffeln zu viel Fett aufnehmen), auf Filterpapier oder Sieb legen. Kurz vor dem Servieren nochmals ins Fett geben, goldbraun backen lassen und salzen.

Chips Nr. 348

Geschälte rohe Kartoffeln dünnblättrig schneiden und weiterbehandeln wie Pommes frites (Rezept **Nr. 347**).

Polenta (Maisgrieß) Nr. 349

Zutaten: 1 ½ Liter Wasser, ¾ Liter Polenta, Salz, etwas Fett

In kochendes Salzwasser gibt man etwas Fett, lässt den Maisgrieß langsam einlaufen und kocht ihn unter öfterem Umrühren auf kleiner Flamme so lange (ungefähr ½ Stunde), bis er sich vom Löffel löst. Man stürzt die Masse auf ein Brett, formt einen Wecken und schneidet mit einem Faden Schnitten herunter.

Gedünsteter Reis, I. Art Nr. 350

Zutaten: ½ Liter Reis, doppelte Menge Wasser (1 Liter), 5 bis 8 dag Fett, Salz, Zwiebel und Gewürznelken

Der Reis wird mit einem reinen Tuch abgewischt (Ein Waschen des Reises ist nicht zu empfehlen, da Stärkeverluste entstehen) und in heißem Fett angeröstet. Wenn er glasig ist, wird mit der doppelten Menge kochenden Wassers aufgegossen und gesalzen. Die Gewürznelken steckt man durch die Zwiebel und gibt sie ebenfalls dazu. Den Reis lässt man eine halbe Stunde zugedeckt auf kleiner Flamme oder im Rohr weich dünsten. Bei dieser Zubereitungsart lösen sich die einzelnen Reiskörner voneinander.

Gedünsteter Reis, II. Art Nr. 351

Zutaten: ½ Liter Reis, doppelte Menge Wasser (1 Liter), 5 bis 8 dag Fett, Salz, Zwiebel und Gewürznelken

Der Reis wird mit der doppelten Wassermenge, Salz, Zwiebel, Gewürznelken und dem Fett zum Kochen gebracht, dann bei niedriger Hitze und zugedeckt weich gedünstet. Reis, auf diese Weise zubereitet, ist weicher, aber weniger schön als der auf die Art I hergestellte.

Gekochter Reis

Nr. 352

Zutaten: ½ Liter Reis, Wasser, Salz, 5 dag Butter

Der Reis wird in viel kochendes Wasser gestreut und weich gekocht, abgeseiht und mit etwas Butter vermischt.

Erbsenreis oder Risipisi

Nr. 353

Unter den fertigen Reis werden gekochte grüne Erbsen gemischt oder rohe Erbsen werden mit dem Reis gedünstet.

Hauptspeisen, die auch als Beilagen verwendet werden können

Man nimmt die Hälfte der für Hauptspeisen angegebenen Mengen

Nockerl: (Rezept **Nr. 532** oder **533**)

Semmelknödel: (Rezept **Nr. 597** oder **598**)

Grießstrudel: (Rezept **Nr. 369**)

Kartoffelknödel: (Rezept **Nr. 441–445**)

Kartoffelnudeln gekocht: (Rezept **Nr. 455**)

Kartoffelnudeln gebacken: (Rezept **Nr. 451**)

Nudeln: (Rezept **Nr. 354**)

Makkaroni: (Rezept **Nr. 650**)

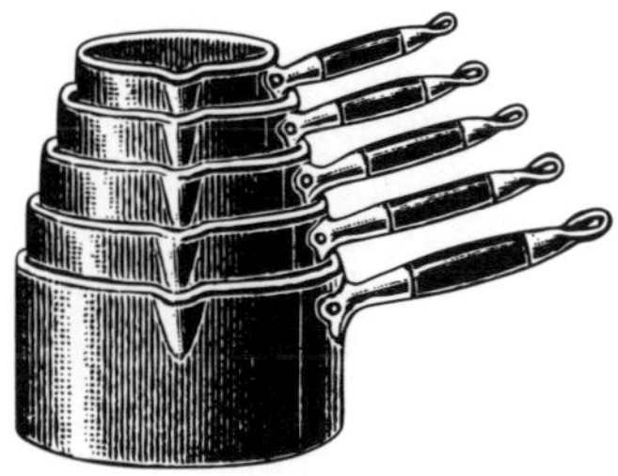

Haupt- und Mehlspeisen

Nudelteig

Grundrezept Nr. 354

Zutaten: 1 kg Mehl, 2–5 Eier, ungefähr ⅛ Liter kaltes Wasser

Das Mehl wird auf das Brett gegeben, Eier und kaltes Wasser werden versprudelt dem Mehl zugefügt und mit dem Messer darin vermengt. Das Ganze wird dann mit den Händen zu einem festen, glatten Teig so lange verknetet, bis die Schnittfläche glatt ist. Man formt gleichmäßige Laibchen, rollt diese dünn aus und lässt die Flecke an einem luftigen Ort trocknen. Es werden nach Belieben Nudeln oder Fleckerln geschnitten, diese in siedendem Salzwasser weich gekocht, abgeseiht, kalt abgeschreckt und in heißes Fett geschüttet. Nudelteig soll nicht gesalzen werden, weil er dadurch besser trocknet und haltbarer ist.

Bröselnudeln Nr. 355

Zutaten: 1 kg Mehl, 2–5 Eier, kaltes Wasser, 6–12 dag Fett,
15–20 dag Brösel (Käse)

Die gekochten Nudeln oder Fleckerln werden in heißes Fett gegeben, kurz geschwenkt und zuletzt mit Semmelbröseln vermengt. Man kann auch die Semmelbrösel in Fett abrösten und dann die Nudeln dazugeben. Man kann das Gericht noch mit geriebenem Käse verfeinern.

Grießnudeln Nr. 356

Werden wie Bröselnudeln (Rezept **Nr. 355**) zubereitet. Anstatt Bröseln wird feiner Grieß eingemengt, der noch kurze Zeit mitdünsten muss.

Käsenudeln Nr. 357

Auf die fertig zubereiteten Nudeln werden geriebener Käse sowie fein gehackter Schnittlauch gestreut.

Nuss- oder Mohnnudeln Nr. 358

Auf die in Fett gerösteten Nudeln werden Nüsse oder Mohn (gerieben) mit Zucker gestreut.

Schinkenfleckerl, I. Art Nr. 359

Zutaten: 1 kg Mehl, 2–5 Eier, kaltes Wasser, 6–12 dag Fett, 50 dag Wurst, Schinken oder Selchfleisch, Zwiebel, (Schnittlauch)

Aus Mehl, Eiern und kaltem Wasser werden Fleckerl hergestellt. In heißem Fett werden fein geschnittene Zwiebel, Wurst, Selchfleisch oder Schinken angeröstet. Dann gibt man die gekochten Fleckerl oder Nudeln dazu und lässt sie ausdünsten. Die fertigen Schinkenfleckerl kann man mit Schnittlauch bestreuen.

Schinkenfleckerl, II. Art (gebacken) Nr. 360

Zutaten: ¾ kg Mehl, 1–3 Eier, kaltes Wasser, 8–12 dag Fett, 2–3 Eier, 30 bis 40 dag Wurst, Geselchtes oder Schinken, etwas Sauerrahm, Salz, Petersiliengrün

Aus Mehl, Eiern und kaltem Wasser werden Fleckerl hergestellt, in Salzwasser gekocht, abgeseiht und abgeschreckt. Butter wird flaumig gerührt, dann kommen Dotter, fein gehackter Schinken oder Wurst, Salz, Petersiliengrün, die Fleckerl sowie der steife Schnee dazu. Die Masse wird in eine befettete, bebröselte Auflaufform gegeben. Der Sauerrahm wird gleichmäßig daraufgegossen und die Schinkenfleckerl im Rohr gebacken.

Krautfleckerl Nr. 361

Zutaten: ¾ kg Mehl, 2–3 Eier, 1 ½ kg Kraut, 6–8 dag Fett, Salz, Zucker, Zwiebel

Aus Mehl, Eiern und kaltem Wasser werden Fleckerl hergestellt, diese in Salzwasser gekocht, abgeseiht und abgeschreckt. In heißem Fett bräunt man Zucker und Zwiebel, gibt das nudelig geschnittene Kraut, Salz, einen Spritzer Essig dazu und dünstet es. In das noch nicht ganz weich gedünstete Kraut kommen die gekochten Fleckerl. Alles zusammen lässt man noch einige Zeit lang dünsten.

Milchnudeln Nr. 362

Zutaten: ¾ kg Mehl, 1–3 Eier, kaltes Wasser, Salz, 3–4 Liter Milch

Aus obgenannten Zutaten wird ein Nudelteig (Rezept **Nr. 354**) gemacht, von dem man ½ cm breite Nudeln schneidet, die man in siedende gesalzene Milch einkocht.

Kärntner Nudeln Nr. 363

Zutaten: 1 kg Mehl, 2 Eier, Wasser, 1 ½ kg Kartoffeln, ½ kg Topfen, Salz, Petersiliengrün, Minze, Fett zum Abschmalzen

Die Kartoffeln werden gekocht, gerieben, mit passiertem Topfen, Salz, Petersiliengrün und Minze vermengt. Aus Mehl, Eiern und Wasser stellt man einen weichen Nudelteig her und rollt ihn messerrückendick zu einem länglichen Rechteck aus. Von der Fülle legt man in Abständen von 5–6 cm kleine Häufchen auf den Teig, schlägt ihn darüber, drückt den Rand fest nieder, radelt Tascherl aus und kocht sie 10 Minuten in Salzwasser. Die Nudeln werden mit Butter abgeschmalzt. Man kann die Nudeln auch mit gekochten Kletzen oder Topfen füllen.

Nudelauflauf Nr. 364

Zutaten: 60 dag Mehl, 1–3 Eier und Wasser für den Teig, weiters Milch, 8 dag Fett oder 12 dag Butter, 10 dag Zucker und nochmals 3–5 Eier

Aus Mehl, Eiern und Wasser werden Nudeln hergestellt, die man dick in Milch einkocht und auskühlen lässt. Inzwischen wird Butter flaumig gerührt, dazu gibt man Dotter und Zucker. Zuletzt werden Nudeln und Schnee leicht eingemengt. Die Masse gibt man in eine gut befettete Auflaufform und bäckt sie im Rohr.

Milchstrudel Nr. 365

Zutaten: 1 kg Mehl, 1–3 Eier, Wasser, Salz, 10–15 dag Butter, Milch

Aus obgenannten Zutaten bereitet man einen festen Nudelteig, von dem man runde Flecke auswalkt. In der Rein lässt man fingergliedhoch Milch mit etwas Butter und Salz aufkochen. Die ausgewalkten Nudelteigflecke werden mit zerlassener Butter bestrichen, zusammengerollt und in siedender Milch eine halbe Stunde lang gekocht. Falls notwendig, gießt man Milch nach.

Taschenknödel Nr. 366

Zutaten: 1 kg Mehl, 1–3 Eier, Wasser, Salz, 10–15 dag Butter, Milch

Man bereitet einen Nudelteig, walkt davon Flecke aus, die man mit zergangener Butter bestreicht. Zuerst schlägt man den Teig von beiden Seiten bis zur Mitte ein, dann macht man dies auf die gleiche Weise von den beiden anderen Seiten, so dass man ein Täschchen bekommt, das man mit einem Holzstäbchen zusammensteckt. Die sogenannten Knödel lässt man in siedendem Salzwasser circa 25 Minuten kochen und legt sie entweder in Fleischsuppe ein oder man gibt Sauerkraut dazu.

Strudelteig

Grundrezept Nr. 367

Zutaten: 40 dag Mehl, 2–3 Esslöffel Öl oder zerlassenes Fett, schwach ¼ Liter lauwarmes Wasser, Salz, (Ei)

Das Mehl gibt man aufs Brett, macht eine Grube und verrührt darin lauwarmes Wasser, zerlassenes Fett, Salz und Ei. Das Ganze wird erst mit dem Messer im Mehl verteilt, dann mit den Händen zu einem weichen Teig verarbeitet, der so lange geknetet wird, bis er glatt ist, Blasen bildet und sich von Händen und Brett leicht löst. Den Teig legt man dann auf ein bemehltes Brett, bestreicht ihn mit Öl, deckt ihn mit einer lauwarmen Schüssel zu und lässt ihn eine halbe Stunde rasten. Der Strudelteig wird auf einem bemehlten Tuch etwas ausgerollt, dann mit dem Handrücken dünn ausgezogen, mit Fülle bestrichen, eingerollt und gebacken oder in Stücken in Salzwasser gekocht. Wird Strudelteig gebacken, so kann man das Ei weglassen, wird er gekocht, so verwendet man kein Fett. In die abgeschnittenen Teigränder kann man Mehl kneten und diesen Teig dann zu Nockerl, Nudeln, Gerstln und dergleichen verwenden.

Topfenstrudel Nr. 368

Zutaten:
Strudelteig: 40 dag Mehl, 2–3 Esslöffel Öl oder zerlassenes Fett, schwach ¼ Liter lauwarmes Wasser, Salz, (Ei)
Fülle: 10–15 dag Butter, 3–4 Eier, 10–20 dag Zucker, etwas Schlagobers, Vanillezucker, Zitronenschale, ¾ kg Topfen, (Rosinen, 3 alte Semmeln)

Butter wird flaumig gerührt, dann gibt man Dotter, Zucker, passierten Topfen, Obers und Eischnee und die in Milch eingeweichten, ausgedrückten Semmeln dazu. Drei Viertel des ausgezogenen Strudelteigs werden mit dieser Fülle bestrichen, dann wird der Strudel eingerollt und in einer befetteten Auflaufform gebacken. Während des Backens kann man ihn mit heißer Milch begießen.

Grießstrudel Nr. 369

Zutaten:
Strudelteig: 40 dag Mehl, 2–3 Esslöffel Öl oder zerlassenes Fett, schwach ¼ Liter lauwarmes Wasser, Salz, (Ei)
Fülle: 8–10 dag Butter, 2–3 Eier, 35 dag Grieß, (etwas Obers, 15–20 dag Topfen), Salz

Zur flaumig gerührten Butter kommen Dotter, Grieß, Salz, Obers und Topfen. Dann lässt man das Ganze einige Zeit stehen, damit der Grieß aufquillt. Zuletzt wird der Schnee beigemengt. Der ausgezogene Strudelteig wird mit Fülle bestrichen, eingerollt, mit einem

bemehlten Kochlöffelstiel werden 5 cm lange Stücke abgedrückt, diese legt man in kochendes Salzwasser und lässt sie circa 15 Minuten kochen.
Man kann den Grießstrudel als Beilage geben oder man bestreut ihn mit in Fett gerösteten Semmelbröseln und gibt ihn als Hauptspeise zu Salat, Gemüse oder Kompott.

Krautstrudel **Nr. 370**

Zutaten:
Strudelteig: 40 dag Mehl, 2–3 Esslöffel Öl oder zerlassenes Fett, schwach ¼ Liter lauwarmes Wasser, Salz, (Ei)
Fülle: 1½–2 kg Kraut, 4–6 dag Fett, Zwiebel, etwas Zucker, Salz, Kümmel

Zwiebel und Zucker bräunt man in Fett, gibt das fein geschnittene Kraut, Salz und Kümmel dazu und dünstet es weich. Die Fülle lässt man auskühlen und streicht sie auf den ausgezogenen Strudelteig, rollt den Strudel ein und bäckt ihn auf einem befetteten Blech im Rohr.

Apfelstrudel **Nr. 371**

Zutaten:
Strudelteig: 40 dag Mehl, 2–3 Esslöffel Öl oder zerlassenes Fett, schwach ¼ Liter lauwarmes Wasser, Salz, (Ei)
Fülle: 2 kg Äpfel, 20 dag Semmelbrösel, 10–15 dag Fett, Zucker, Zimt, (Rosinen)

Der ausgezogene Strudelteig wird mit in Fett gerösteten Bröseln, blättrig geschnittenen Äpfeln, Zucker und Zimt bestreut; nur ein handbreiter Streifen des Teiges bleibt zum Überschlagen frei. Dann wird er locker eingerollt, auf ein befettetes Blech gegeben und im Rohr gebacken.

Rhabarberstrudel **Nr. 372**

Zutaten und Zubereitung wie Apfelstrudel (Rezept **Nr. 371**).

Zwetschkenstrudel **Nr. 373**

Zutaten und Zubereitung wie Apfelstrudel (Rezept **Nr. 371**).

Kirschenstrudel **Nr. 374**

Zutaten und Zubereitung wie Apfelstrudel (Rezept **Nr. 371**).
(Kirschen allenfalls entkernen.)

Ribiselstrudel **Nr. 375**

Zutaten und Zubereitung wie Apfelstrudel (Rezept **Nr. 371**).

Heidelbeerstrudel Nr. 376

Zutaten und Zubereitung wie Apfelstrudel (Rezept **Nr. 371**).

Rahmstrudel Nr. 377

Zutaten:
Strudelteig: 40 dag Mehl, 2–3 Esslöffel Öl oder zerlassenes Fett, schwach ¼ Liter lauwarmes Wasser, Salz, (Ei)
Fülle: 10 dag Butter, 1–3 Dotter, 5–10 dag Zucker, Zitronenschalen, Salz, 5–7 Semmeln, ⅜–½ Liter Sauerrahm, Klar von 3 Eiern, wenn nötig, etwas Milch, (allenfalls Rosinen)

In die abgetriebene Butter werden Dotter, fein gehackte Zitronenschalen, Salz, in Milch erweichte, ausgedrückte Semmeln, Rahm und der fest geschlagene Schnee gemischt. Die Fülle wird auf den ausgezogenen Strudelteig gestrichen, allenfalls streut man Rosinen oder getrocknete Heidelbeeren darauf. Man rollt den Strudel dann zusammen, gibt ihn in eine ausgefettete Rein und begießt ihn während des Backens öfters mit heißer Milch. Aufgetragen wird er mit heißer Milch oder Kanarienmilch (Rezept **Nr. 854**).

Germteig

Grundrezept Nr. 378

Zutaten: ½ kg Mehl, 2 dag Germ, 3–4 dag Zucker, Salz, ungefähr ¼ Liter Milch, (1–2 Dotter), 5 dag Butter

Durch die Verwendung von Hefe oder Germ im Teig erfolgt eine Lockerung desselben. Als erste Arbeit bei der Herstellung eines Germteiges macht man das sogenannte „Dampfl", um sich zu überzeugen, ob der Germ, der aus Hefepilzen besteht, noch brauchbar ist. Das Dampfl oder die sogenannte Gärprobe wird in folgender Weise hergestellt:

2 dag Germ verrührt man mit 1 Kaffeelöffel Zucker, bis sie flüssig wird, und gibt hierauf 1 Esslöffel Mehl und 2 Esslöffel warme Milch dazu. Nachdem man das Dampfl glatt verrührt hat, stellt man es an einen handwarmen Ort. Nach einigen Minuten, wenn es doppelte Höhe erreicht, hat man die Gewähr, dass die Hefepilze gut sind und den Teig locker werden lassen. Zu kalt angerührte Gärprobe hebt sich sehr lange nicht, zu heiß angerührt, sterben die Hefepilze ab und machen den Germ unbrauchbar. Gibt man zu viel Zucker zum Dampfl, so wirkt dieser konservierend und das Dampfl wird ebenfalls nicht aufgehen. Mittlerweile hat man das Mehl warm gestellt, gibt das Dampfl, die zerlassene Butter und die lauwarme Milch, in die man Zucker, Salz und Eidotter verrührte, dazu und klopft den Teig gut ab, bis er sich von Löffel und Schüsselrand löst. Durch das lange Abklopfen wird

die Hefe im Teig verteilt. Man bemehlt den Teig oder bestreicht ihn mit Fett, damit er keine Kruste bekommt, bedeckt ihn mit einem Tuch, stellt ihn an einen handwarmen Ort und lässt ihn aufgehen, bis er doppelt so hoch ist. Dann kann man ihn zu den verschiedensten in der Folge angegebenen Speisen verwenden. Nach dem Formen in Laibe oder Wecken lässt man ihn ein zweites Mal aufgehen und bäckt ihn dann bei mittlerer Hitze.

Das Wichtigste bei der Germteigbereitung ist die lauwarme Temperatur des Dampfls, des Teiges und der Küche.

Die im Germ enthaltenen Hefepilze entfalten bei richtiger Temperatur ihre Tätigkeit und zersetzen den Zucker in Alkohol und Kohlensäure. Durch das Entweichen der Kohlensäure lockert sich der Teig. Zu kühl gestellt, geht er nicht auf, jedoch hierauf warm gestellt, hebt er sich nach einiger Zeit, da die Hefepilze nicht abgestorben sind.

Durch Erfrieren gehen die Hefepilze zugrunde. Statt süßer Milch kann man zur Germteigherstellung Molke, Sauermilch oder Buttermilch verwenden. Die Milchmenge ist von der Mehlbeschaffenheit abhängig und kann im Rezept nie genau angegeben werden. Als Fett eignen sich Butter, Butterschmalz und Öl am besten für den Teig. In Germteig, der schmalzgebacken werden soll, gibt man etwas Alkohol, damit er weniger Fett ansaugt. Von Eiern verwendet man am besten nur Dotter. Eiklar macht den Teig fest. Germteig kann auf die mannigfaltigste Weise verwendet werden. Bei im Rohr gebackenem Teig kann man das Ei weglassen.

Viel Zucker macht den Teig schwer. Will man, dass der Teig glänzt, so bestreicht man ihn nach dem Aufgehenlassen mit Milch, Dotter oder verquirltem Ei. Je feiner man den Teig bereitet, desto mehr Germ ist zu verwenden.

Einfacher Germteig — Nr. 379

Zutaten: 1 kg Mehl, 3 dag Germ, 5 dag Zucker, 5 dag Fett, Salz, allenfalls 2 Eidotter, ca. ½ Liter Milch

Mittelfeiner Germteig — Nr. 380

Zutaten: 1 kg Mehl, 4 dag Germ, 8 dag Zucker, Salz, 12 dag Fett, 1–3 Dotter, ca. ½ Liter Milch

Feiner Germteig — Nr. 381

Zutaten: 1 kg Mehl, 5 dag Germ, 10 dag Zucker, 15 dag Fett, 4–6 Dotter, Zitronenschalen und Vanillezucker, Salz, ca. ½ Liter Milch.

Folgende Abarten von gewöhnlichem Germteig sind gebräuchlich:

1. **Der abgetriebene Germteig**
   Zu demselben treibt man Butter ab, gibt Dotter und Zucker dazu, treibt wieder ab, gibt Mehl, das aufgegangene Dampfl, Salz und die lauwarme Milch dazu und schlägt den Teig wie gewöhnlichen Germteig ab. Dieser Teig wird namentlich für feineren Gugelhupf verwendet.

2. **Mürber Germteig**
   Zu diesem Teig werden Butter und Mehl auf dem Brett abgebröselt, Dampfl, Dotter und kalte Milch werden dazugemischt und auf dem Brett abgeknetet. Dieser Teig dient hauptsächlich zur Herstellung von Kipferln.

3. **Germteig mit Schnee**
   Aus Mehl, Dampfl, Dotter, Salz, Zucker und Milch macht man einen so dünnen Teig wie für Omeletts und mischt den fest geschlagenen Schnee von Eiklar darunter. Man stellt den Teig warm, lässt ihn kurz aufgehen und bäckt davon Germomeletts oder böhmische Dalken.

4. **Germteig auf kaltem Wege**
   Germ wird in kaltes Mehl gebröselt, dann werden Zucker, Salz, Eidotter, zerlassenes Fett und kalte Milch dazugegeben und der Teig auf dem Brett fest verarbeitet. Der Teig sollte im Kühlschrank ca. 30 Minuten gehen. Dann wird er ausgewalkt, Formen werden ausgestochen, diese bestreicht man mit Ei und bäckt sie im Rohr.

5. **Germblätterteig**
   Auf den fertigen, aufgegangenen, ziemlich festen Germteig legt man einen Butterziegel, schlägt den Teig zusammen und rollt ihn fünf Mal nacheinander aus. Auf einem Brett zugedeckt, lässt man ihn eine halbe Stunde rasten und verarbeitet ihn dann zu Kipferln, Strudel und dergleichen.

Weißbrot (für Knödel) — **Nr. 382**

Zutaten: 1 kg Mehl, 4 dag Germ, Milch oder Wasser, allenfalls 1 Ei

Man bereitet einen festen Germteig und lässt ihn aufgehen. Daraus formt man 2 bis 3 Wecken, die man auf ein befettetes Blech legt, nochmals aufgehen lässt und dann ¾ Stunden bei mäßiger Hitze bäckt. Ist das Weißbrot halb gebacken, so bestreicht man es mit heißem Wasser, wodurch es einen schönen Glanz bekommt.

Salzburger Schlägel — **Nr. 383**

Zutaten: 1 kg Mehl, Salz, 3 dag Germ, Milch oder Wasser, allenfalls 1 Ei, etwas Fett für die Rein, (Butter, Zucker, Nüsse, Rosinen)

Aus den Zutaten wird ein weicher Teig gemacht, den man fest abschlägt, aufgehen lässt, wieder abschlägt und nochmals aufgehen lässt. In einer Rein wird Fett zerlassen und die Masse hineingegeben. Dann lässt man den Teig nochmals aufgehen und bäckt ihn ¾ Stunden im Rohr. Man kann dem Teig auch mehr Eier, Butter und Zucker, außerdem Rosinen oder Nüsse beifügen und den Schlägel als Süßspeise essen.

Germgugelhupf, I. Art Nr. 384

Zutaten: ½ kg Mehl, 2 dag Germ, 2 Dotter, 10 dag Butter, 12 dag Zucker, etwas Salz, Milch, Zitronenschale, allenfalls einige Rosinen

Aus obigen Zutaten bereitet man einen Germteig, in den man Rosinen mischt. Man gibt ihn in eine befettete, bemehlte Gugelhupfform, lässt ihn aufgehen und bäckt ihn bei mittlerer Hitze.

Germgugelhupf, II. Art Nr. 385

Zutaten: 35 dag Mehl, 10 dag Butter, 10 dag Zucker, 1 ½ dag Germ, Salz, 3 Dotter, Milch, allenfalls Rosinen, Fett und Brösel für die Form

Aus obigen Zutaten macht man einen abgetriebenen Germteig, den man aufgehen lässt, in eine befettete, mit Bröseln ausgestreute Gugelhupfform gibt, wieder aufgehen lässt und bäckt.

Salzburger Bagl Nr. 386

Zutaten: ½ kg Mehl, 2 Eier, 5 dag Butter, 2 dag Germ, 3 dag Zucker, Salz, Milch

Aus obigen Zutaten wird ein nicht zu weicher Germteig gemacht, den man abschlägt und aufgehen lässt. Ein Stück des Teiges nimmt man weg, den anderen teilt man in drei Teile und flicht davon einen Zopf, den man kreisförmig in eine ausgefettete Rein legt. Aus dem restlichen Teig formt man eine lange Rolle, welche man plattdrückt oder walkt, von beiden Längsseiten bis zur Mitte in Abständen von 2 cm einschneidet und dann in Kranzform auf den Zopf in der Rein legt. Man lässt alles gut aufgehen und bäckt bei mittlerer Hitze.

Milchbrot, I. Art Nr. 387

Zutaten: ½ kg Mehl, 2 dag Germ, Salz, 5 dag Zucker, 5 dag Butter, circa ¼ Liter Milch, allenfalls 1 Dotter zum Bestreichen, Butter für das Blech, (Hagelzucker)

Aus obigen Zutaten macht man einen Germteig, den man aufgehen lässt. Hierauf kann man einen drei- oder vierteiligen Zopf flechten und legt diese hübsche Striezelform auf ein befettetes Blech. Dann lässt man den Teig nochmals aufgehen, bestreicht ihn mit Eidotter und bäckt ihn. Ein Bestreuen mit Kristall- oder Hagelzucker verschönert das Milchbrot.

Milchbrot, II. Art (feinere Art) Nr. 388

Zutaten: ½ kg Mehl, 5–10 dag Butter, 5–10 dag Zucker, 2 Dotter, 2 dag Germ, Salz, ⅛–¼ Liter Milch, 3 dag Weinbeerln, 1 Ei zum Bestreichen, Hagelzucker oder blättrig geschnittene Haselnüsse zum Bestreuen.

Zubereitung wie bei Milchbrot, I. Art, Rezept **Nr. 387.**

Buchteln Nr. 389

Zutaten: 50 dag Mehl, Salz, 3–6 dag Zucker, 5 dag Butter, 2 dag Germ, (1–2 Eier), ¼ Liter Milch, 10 dag Marmelade, 10–15 dag Butter

Aus obigen Zutaten bereitet man einen Germteig, von dem man nach dem Aufgehenlassen mit einem Löffel gleichmäßige Teigstücke aussticht, die man auf ein bemehltes Brett legt. Man zieht sie auseinander, gibt Marmelade (allenfalls verdünnen und wärmen) hinein, dreht sie zusammen, taucht sie in zerlassenes Fett, legt sie in eine befettete Rein eng nebeneinander, lässt sie aufgehen und bäckt sie.
Die Buchteln können auch mit Äpfeln, Kirschen, Marillen oder Zwetschken gefüllt werden.

Topfenbuchteln Nr. 390

Zutaten: 50 dag Mehl, Salz, 3–6 dag Zucker, 5 dag Butter, 2 dag Germ, (1–2 Eier), ¼ Liter Milch
Fülle: 5 dag Butter, 5 dag Zucker, 1 Dotter, 30 dag Topfen, einige Esslöffel Obers, allenfalls 3 dag Rosinen

Aus obigen Zutaten bereitet man einen Germteig, von dem man nach dem Aufgehenlassen mit einem Löffel gleichmäßige Teigstücke aussticht, die man auf ein bemehltes Brett legt. Man zieht sie auseinander, gibt die Topfenfülle hinein, dreht sie zusammen, taucht sie in zerlassenes Fett, legt sie in eine befettete Rein eng nebeneinander, lässt sie aufgehen und bäckt sie.

Dukatenbuchteln Nr. 391

Zutaten: 50 dag Mehl, Salz, 3–6 dag Zucker, 5 dag Butter, 2 dag Germ, (1–2 Eier), ¼ Liter Milch

Aus obigen Zutaten bereitet man einen Germteig, von dem man nach dem Aufgehenlassen mit einem Löffel gleichmäßige Teigstücke aussticht, zusammendreht und sie in zerlassenes Fett taucht. Man legt sie in eine befettete Rein eng nebeneinander, lässt sie aufgehen und bäckt sie. Dukatenwuchteln sind ungefüllt, werden viel kleiner als gewöhnliche Buchteln hergestellt und mit Vanillecreme oder Kanarienmilch (Rezept **Nr. 854**) vor dem Auftragen übergossen.

Dampfnudeln

Nr. 392

Zutaten: 50 dag Mehl, Salz, 3–6 dag Zucker, 5 dag Butter, 2 dag Germ, (1–2 Eier), ¼ Liter Milch

Man bereitet einen mittelfesten Germteig und lässt ihn gut aufgehen. Dann gibt man in eine Rein Milch und Butter und formt aus dem Teig Buchteln, die man locker in die warme Milch gibt, so dass Letztere darübersteht. Die Rein wird mit einem gut schließenden Deckel verschlossen und der Inhalt ½ Stunde gekocht, ohne dass der Deckel geöffnet wird. Dampfnudeln müssen nach der Öffnung des Deckels sofort gegessen werden.

Zwetschkenkuchen

Nr. 393

Zutaten: 40 dag Mehl, Salz, 8 dag Zucker, 8 dag Butter, 2 dag Germ, allenfalls 1–2 Eidotter, ⅛–¼ Liter Milch, Butter für das Blech, Zimt und Zucker zum Bestreuen, Zwetschken

Aus obigen Zutaten bereitet man einen mittelweichen Germteig, den man ausrollt, auf das befettete Blech legt, mit halbierten Zwetschken (Schnittfläche nach oben) belegt, aufgehen lässt und bäckt. Zur Verbesserung kann der Zwetschkenfleck noch mit Zimtzucker vor dem Backen bestreut werden.

Apfelkuchen

Nr. 394

Zutaten: 1–1 ½ kg Äpfel, Zucker und Zimt

Zubereitung wie Zwetschkenkuchen (Rezept **Nr. 393**).
Statt der Äpfel können auch Marillen, Kirschen, Pfirsiche oder Birnen verwendet werden.

Topfenkuchen

Nr. 395

Zutaten: 40 dag Mehl, Salz, 8 dag Zucker, 8 dag Butter, 2 dag Germ, allenfalls 1–2 Eidotter, ⅛–¼ Liter Milch, Butter für das Blech
Fülle: 5 dag Butter, 5 dag Zucker, 2 Dotter, 30–40 dag Topfen, einige Esslöffel Sauerrahm, 2 Klar Schnee, allenfalls 3 dag Rosinen

Aus obigen Zutaten bereitet man einen mittelweichen Germteig.
Fülle: Butter wird abgetrieben, Zucker und Dotter dazugegeben und wieder abgetrieben. Hierauf mischt man den passierten Topfen, Sauerrahm, Rosinen und den fest geschlagenen Schnee darunter. Der Germteig wird ausgerollt und die Topfenfülle daraufgestrichen. Man kann allenfalls einen Teil des Teiges zurückbehalten und über die Topfenfülle davon ein Gitter legen, indem man von dem Teig längliche Nudeln dreht.

Topfengolatschen **Nr. 396**

Zutaten: 1 kg Mehl, 3 dag Germ, 5 dag Zucker, 5 dag Fett, Salz, allenfalls 2 Eidotter, ca. ½ Liter Milch, Ei zum Bestreichen
Fülle: 5 dag Butter, 2 Dotter, 10 dag Zucker, 40 dag Topfen, 2 Eiklar, allenfalls 5 dag Rosinen, Butter für das Blech, Nüsse oder Hagelzucker zum Bestreuen

Vom aufgegangenen, 2 cm dick ausgewalkten Teig werden mit einem Krapfenausstecher runde Scheiben ausgestochen, die man etwas auszieht, so dass in der Mitte ein Loch entsteht. In dieses gibt man die Topfenfülle, legt die Golatschen auf ein befettetes Blech, lässt sie aufgehen und bäckt sie. Will man sie sehr schön haben, so bestreicht man sie mit verquirltem Ei und bestreut sie mit gehackten Nüssen oder Hagelzucker.

Streuselkuchen **Nr. 397**

Zutaten: ½ kg Mehl, 2–3 Dotter, 3 dag Germ, 5 dag Zucker, 10 dag Fett, ca. ¼ Liter Milch, Salz, Marmelade
Streusel: 10 dag Mehl, 10 dag Butter, Zucker, Zimt, (Haselnüsse)

Aus oben genannten Mengen macht man einen Germteig. Nach dem Aufgehen walkt man ihn 1 cm dick aus, gibt ihn auf ein befettetes Blech, lässt ihn nochmals aufgehen, gibt die Streusel gut verteilt darauf und bäckt ihn.
Für die Streusel bröselt man Mehl und Butter ab, gibt Zucker und Zimt dazu. Zur Verbesserung kann man auch etwas Haselnüsse beifügen. Die Butter kann man auch erwärmen und unter Rühren in das Mehl tropfen.

Wespennester, I. Art **Nr. 398**

Zutaten: ½ kg Mehl, 2 dag Germ, 6 dag Zucker, ca. ¼ Liter Milch, allenfalls 1–2 Dotter, Salz, 8 dag Fett, Butter für das Blech
Fülle: 7 dag Nüsse oder Haselnüsse, ¼ kg Kletzen oder Dörrzwetschken, allenfalls 4 dag Weinbeerln, etwas Zucker, Zimt, Butter zum Bestreichen des Teiges

Aus obigen Zutaten bereitet man einen Germteig, den man nach dem Aufgehen auswalkt, mit zerlassener Butter bestreicht, mit der Fülle (alle Zutaten klein schneiden) bestreut, zusammenrollt und in 5–6 cm lange Stücke schneidet. Diese taucht man in zerlassene Butter, legt sie mit der Schnittfläche nach oben auf ein befettetes Blech, lässt sie aufgehen und bäckt sie.

Wespennester, II. Art (feinere Art) **Nr. 399**

Zutaten: 5 dag Butter, 1–2 Dotter, 4 dag Zucker, Salz, Schale von ½ Zitrone, ca. ¼ Liter Milch, ½ kg Mehl, 2–3 dag Germ
Fülle: 7 dag Haselnüsse oder Nüsse, 8 dag Weinbeerln, 4 dag Butter zum Bestreichen, Zimt und Nelken, etwas Zucker

In die abgetriebene Butter gibt man Dotter und Zucker und treibt wieder ab. Hierauf gibt man das Mehl dazu sowie das aufgegangene Dampfl, Zitronenschalen, Salz und lauwarme Milch. Der Germteig wird nach dem Aufgehen ausgewalkt, mit zerlassener Butter bestrichen, mit der Fülle (alle Zutaten klein schneiden) bestreut, zusammenrollt und in 5–6 cm lange Stücke geschnitten. Diese taucht man in zerlassene Butter, legt sie mit der Schnittfläche nach oben auf ein befettetes Blech, lässt sie aufgehen und bäckt sie.

Schnecken **Nr. 400**

Zutaten: ¾ kg Mehl, 3 dag Germ, 8 dag Butter, 8 dag Zucker, 2 Eier, Salz

Aus obigen Zutaten bereitet man einen Germteig, den man nach dem Aufgehen auswalkt, mit zerlassener Butter bestreicht, zusammenrollt und in 5–6 cm lange Stücke schneidet. Diese taucht man in zerlassene Butter, legt sie mit der Schnittfläche nach oben auf ein befettetes Blech, lässt sie aufgehen und bäckt sie. Erkaltet kann man sie mit dünner Glasur (20 dag Zucker, 1–2 Löffel Wasser) überziehen oder bestreicht sie noch warm gleich nach Herausnehmen des Bleches mit Zuckerwasser.

Germstrudel **Nr. 401**

Zutaten: ½ kg Mehl, 2 dag Germ, 5 dag Zucker, 6 dag Butter,
allenfalls 2 Eidotter, Salz, ¼ Liter Milch
Fülle: Marmelade, Topfen, Zimt und Zucker, Kakao und Zucker,
Mohnfülle (Rezept **Nr. 403**), Nussfülle (Rezept **Nr. 402**)

Der aufgegangene Germteig wird ausgerollt, mit der Fülle bestrichen oder bestreut, zusammengerollt, auf ein befettetes Blech gegeben, aufgehen gelassen und gebacken. Besonders gut ist es, wenn man den ausgewalkten Teig mit zerlassenem Fett bestreicht und darauf erst die Fülle gibt.

Nussstrudel **Nr. 402**

Zutaten: ½ kg Mehl, 2 dag Germ, 5 dag Zucker, 6 dag Butter, allenfalls 2 Eidotter,
Salz, ¼ Liter Milch, Butter zum Bestreichen
Fülle: 30 dag Nüsse, 6 dag Zucker, ¼ Liter Milch

Der aufgegangene Germteig wird ausgerollt, mit der Fülle (in die heiße Milch rührt man geriebene Nüsse und Zucker ein) bestrichen oder bestreut, zusammengerollt, auf ein befettetes Blech gegeben, aufgehen gelassen und gebacken. Besonders gut ist es, wenn man den ausgewalkten Teig mit zerlassener Butter bestreicht und darauf erst die Fülle gibt.

Mohnstrudel

Nr. 403

Zutaten: ½ kg Mehl, 2 dag Germ, 5 dag Zucker, 6 dag Butter, allenfalls 2 Eidotter, Salz, ¼ Liter Milch, Butter zum Bestreichen
Fülle: ¼ Liter Milch, ⅜ Liter Mohn, Zitronenschalen, Zimt, 5 dag Rosinen, 6 dag Zucker, Zimt,

Der aufgegangene Germteig wird ausgerollt, mit der Fülle (in die kochende Milch rührt man den geriebenen Mohn und die anderen Zutaten ein) bestrichen oder bestreut, zusammengerollt, auf ein befettetes Blech gegeben, aufgehen gelassen und gebacken. Besonders gut ist es, wenn man den Teig vor dem Füllen mit zerlassener Butter bestreicht.

Kärntner Reindling

Nr. 404

Zutaten: ½ kg Mehl, 2 dag Germ, ca. ⅜ Liter Milch, 10 dag Butter, 10 dag Zucker, 2 Dotter, Butter und Mehl für die Form
Fülle: 10 dag Rosinen, 5 dag Zucker, 1 Teelöffel Zimt, etwas Nelken

Der aufgegangene Germteig wird ausgerollt, mit der Fülle bestrichen, zusammengerollt, in eine Gugelhupfform oder eine Rein gegeben, aufgehen gelassen und gebacken. Besonders gut ist es, wenn man den Teig vor dem Füllen mit zerlassener Butter bestreicht.

Savarin

Nr. 405

Zutaten: 30 dag Mehl, 10 dag Butter, 4 Eier, 1 ½ dag Germ, 2 dag Zucker, Salz, ¹⁄₁₆–⅛ Liter Milch, (Obers)
Überguss: ½ Liter Wasser, 20 dag Zucker, Saft von 2 Orangen und 2 Zitronen, 2 Likörgläser Rum

Germteig zubereiten, sehr gut abschlagen, in befettete Gugelhupf- oder Ringform geben, aufgehen lassen und bei gleichmäßiger Hitze backen. Aus dem Rohr auf einen Teller oder in eine Schüssel stürzen und mit folgendem Sirup übergießen: Wasser mit Zucker kochen, dann Orangen- und Zitronensaft dazugeben, nach dem Erkalten erst den Rum beifügen. Der Savarin wird mit dem Saft so lange begossen, bis er durch und durch feucht und der Saft aufgebraucht ist. Man kann auch Schlagobers dazu servieren.

Nusskipferl, I. Art

Nr. 406

Zutaten: 30 dag Mehl, 5–8 dag Butter, 4–6 dag Zucker, 1 Dotter, 2 dag Germ, Salz, ca. ¹⁄₁₆ Liter Milch, 1 Ei zum Bestreichen, Fett für das Blech
Fülle: Variante I: ¼ kg Nüsse, ¹⁄₁₀ Liter Wasser, 8 dag Zucker oder
Variante II: 30 dag Nüsse, ¼ Liter Milch, 5 dag Zucker

Aus obigen Zutaten wird ein Germteig gemacht, den man eine Stunde aufgehen lässt. Man walkt ihn aus, schneidet Vierecke, gibt die Fülle darauf und formt Kipferl, die man auf ein befettetes Blech legt. Man lässt sie gehen, bestreicht sie mit Ei und bäckt sie.
Fülle: In die heiße Milch rührt man geriebene Nüsse und Zucker ein.

Nusskipferl, II. Art (aus Germblätterteig) Nr. 407

Germteig: 21 dag Mehl, Salz, 2 Dotter, Zitronensaft und -schale, 3 dag Butter, 2 dag Germ, etwas Milch, 1 Ei zum Bestreichen, Fett für das Blech
Butterteig: 21 dag Mehl, 15 dag Butter
Fülle: 10 dag Marmelade, Nuss- oder Mohnfülle (Rezept **Nr. 402, 403**)

Mehl und Butter werden rasch zu einem Butterziegel verarbeitet, den man kühl rasten lässt. Aus den oben angegebenen Zutaten bereitet man einen Germteig, den man gut abschlägt. Der Germteig wird ausgerollt, der Butterziegel wird wie beim Blätterteig (Rezept **Nr. 578**) eingeschlagen. Nach dreimaligem Auswalken lässt man ihn kühl rasten und walkt ihn wieder drei Mal aus. Nach nochmaligem Rasten rollt man den Teig aus, radelt Quadrate, formt Kipferl, die man mit Marmelade, Nuss- oder Mohnfülle füllt, auf ein befettetes Blech legt, aufgehen lässt, mit Ei bestreicht und bei starker Hitze bäckt.

Mohnkipferl, I. Art Nr. 408

Zutaten: 30 dag Mehl, 5–8 dag Butter, 4–6 dag Zucker, 1 Dotter, 2 dag Germ, Salz, ca. 1/16 Liter Milch, 1 Ei zum Bestreichen, Fett für das Blech
Fülle: 1/8 Liter Milch, 3/8 Liter Mohn, 5 dag Zucker, Zimt, Zitronenschalen, allenfalls 2 dag Rosinen, (Semmelbrösel)

Es wird ein Germteig gemacht, den man eine Stunde aufgehen lässt. Man walkt ihn aus, schneidet Vierecke, gibt die Fülle darauf und formt Kipferl, die man auf ein befettetes Blech legt. Man lässt sie gehen, bestreicht sie mit Ei und bäckt sie.
Fülle: Milch wird mit geriebenem Mohn aufgekocht und die übrigen Zutaten beigemengt. Ist die Fülle zu fest, so gibt man Milch dazu. Ist sie zu locker, so bindet man sie mit Semmelbröseln.

Mohnkipferl, II. Art Nr. 409

Zutaten und Zubereitung: wie Nusskipferl, II. Art, Rezept Nr. **407.**
Fülle: Wie Mohnkipferl, Rezept **Nr. 408.**

Germkipferl Nr. 410

Zutaten: ½ kg Mehl, 2 dag Germ, 2 Dotter, 5 dag Zucker, 6 dag Butter, Milch, Salz, Eiklar zum Bestreichen
Fülle: 5 dag Butter, 4 dag Zucker

Man bereitet aus obigen Mengen einen ziemlich festen Germteig, den man abschlägt und aufgehen lässt. Hierauf walkt man ihn aus, radelt Drei- oder Vierecke aus, bestreicht diese mit Fett, bestreut sie mit Zucker, formt Kipferl, lässt sie aufgehen, bestreicht sie mit Eiklar und bäckt sie. Man kann die Kipferl auch mit Marmelade, Nuss- (Rezept **Nr. 406**) oder Mohnfülle (Rezept **Nr. 408**) machen.

Pressburger Nussbeugel Nr. 411

Zutaten: 8 dag Butter, 25 dag Mehl, 2 dag Zucker, 1 dag Germ, ca. 1/16 Liter Milch, Salz, 1 Dotter, Fett für das Blech, 1 Ei zum Bestreichen
Fülle: 5–8 dag Zucker, 1/10 Liter Wasser, ¼ kg Nüsse oder Haselnüsse

Man bröselt Butter und Mehl ab, gibt das Dampfl, Salz, Dotter, Zucker und kalte Milch dazu und knetet einen glatten Teig davon, den man zugedeckt eine halbe Stunde kühl rasten lässt. Hierauf walkt man ihn aus, radelt 10 cm lange und 7 cm breite Vierecke daraus, die man mit Fülle belegt, zu Kipferln formt, aufgehen lässt, mit Ei bestreicht und bäckt.

Pressburger Mohnbeugel Nr. 412

Zutaten: Wie bei Nussbeugeln (Rezept **Nr. 411**).
Fülle: Wie bei Mohnkipferln (Rezept **Nr. 408**).

Westfälische Kipferl Nr. 413

Zutaten und Zubereitung: Wie Pressburger Nußbeugel (Rezept **Nr. 411**). Statt Nussfülle verwendet man Marmelade.

Briochebäckerei Nr. 414

Zutaten: ½ kg Mehl, ⅛–¼ Liter Milch, 5 dag Zucker, Salz, 5 dag Butter, 2 Dotter, 1 Ei, 2 dag Germ, 1 Ei zum Bestreichen, 5 dag Butter und etwas Mehl zum Einarbeiten, (Hagelzucker oder Mohn)

Von diesen Zutaten bereitet man einen Germteig, den man über Nacht an einen kühlen Ort stellt. Am anderen Morgen arbeitet man noch Butter und etwas Mehl ein, dreht davon lange Stangerl, aus denen man Brezeln, Striezeln, Kipferl, Weckerl und dergleichen formt. Man gibt die Formen auf ein befettetes Blech, lässt sie aufgehen, bestreicht sie mit verquirltem Ei, bestreut sie allenfalls mit Hagelzucker oder Mohn und bäckt sie. Briochebäckerei ist ein gutes Teegebäck.

Salzstangerl Nr. 415

Zutaten: 40 dag Mehl, Salz, Kümmel, 2 Dotter, 8 dag Butter, 1 Germ, ca. 1/10 Liter Milch, Butter zum Bestreichen des Bleches; Ei zum Bestreichen der Stangerl, grobes Salz, Kümmel

Aus obigen Zutaten macht man einen Germteig, den man aufgehen lässt. Man walkt den Teig aus, schneidet Vierecke, rollt diese zu Stangerl, gibt sie auf ein befettetes Blech, lässt sie aufgehen, bestreicht sie mit Ei, bestreut sie mit grobem Salz und Kümmel und bäckt sie.

Salzbäckerei Nr. 416

Zutaten: 30 dag Mehl, 1 Dotter, 5–10 dag Butter, 1 ½ dag Germ, Salz, ca. ⅛ Liter Milch, Eiklar zum Bestreichen, grobes Salz und Kümmel zum Bestreuen

Mehl und Butter werden auf dem Brett abgebröselt, Germ in einem Esslöffel lauer Milch aufgelöst und mit dem Dotter und der restlichen Milch zum Mehl gegeben. Die Masse wird zu einem mittelfesten Teig verarbeitet, gut geknetet und 1 bis 1½ Stunden zugedeckt rasten gelassen. Dann formt man Stangerl und Brezeln, lässt sie nochmals aufgehen, bestreicht sie mit Eiklar, bestreut sie mit Salz und Kümmel und bäckt sie im Rohr.

Kümmelkrapferl Nr. 417

Zutaten: 20 dag Mehl, 5 dag Butter, Salz, 1 dag Germ, etwas Milch, Kümmel, Ei zum Bestreichen, grobes Salz und Kümmel zum Bestreuen

Aus diesen Zutaten bereitet man einen Germteig. Man lässt ihn aufgehen, formt auf ein befettetes Blech kleine Krapferl, lässt sie wieder aufgehen, bestreicht mit Ei, bestreut mit Kümmel und Salz und bäckt sie bei mittlerer Hitze.

Pizza Nr. 418

Zutaten: ½ kg Mehl, 2 dag Germ, Salz, 6 Esslöffel Öl, ca. ¼ l Milch
Belag: 30–40 dag Käse (Emmentaler), ½ kg Tomaten, 20 dag Hartwurst, 3 schöne, große Paprika, Pfeffer, Majoran, Rosmarin, Petersiliengrün, (Sardellenfilets)

Einen mittelfesten Germteig bereiten, aufgehen lassen, auf befettetem Blech dünn ausrollen, mit Öl bestreichen, mit geschnittener Wurst, Tomatenscheiben, Paprikastreifen gleichmäßig belegen, mit geriebenem Käse überstreuen, bei mittlerer Hitze 25 Minuten im Rohr backen, herausnehmen und in Stücke zerteilen. Frisch gebacken schmeckt Pizza am besten. Man kann den Teig auch mit Schinken, Fisch, Pilzen, Zwiebelringen etc. belegen.

Gebackene Mäuse Nr. 419

Zutaten: ½ kg Mehl, 2 dag Germ, Salz, 6 dag Butter, 1 Esslöffel Rum, 2 Dotter, Milch, Fett zum Backen

Aus obigen Zutaten bereitet man einen weichen Germteig, den man bis zur doppelten Höhe aufgehen lässt. Mit einem Esslöffel sticht man längliche Nockerl aus, die man in heißem Fett bäckt.

Bayerische Kücherl

Nr. 420

Zutaten: ½ kg Mehl, 2 dag Germ, Salz, 6 dag Butter, 1 Esslöffel Rum, 2 Dotter, Milch, Fett zum Backen, Marmelade zum Füllen

Den aufgegangenen Germteig walkt man auf einem bemehlten Brett 1 cm hoch aus und sticht daraus runde Krapfen, die man ¼ Stunde aufgehen lässt. In die Mitte drückt man mit dem Finger eine Vertiefung, bäckt die Kücherl beiderseits im Fett und füllt zuletzt die Grube mit Marmelade.

Bauernkrapfen

Nr. 421

Zutaten: ¾ kg Mehl, 3 dag Germ, 3–4 Dotter, 6–8 dag Fett, Salz, 2 Esslöffel Rum, ca. ⅜ Liter Milch, Fett zum Backen

Aus obigen Zutaten macht man einen weichen Germteig, den man aufgehen lässt. Mit einem Löffel oder Schöpfer sticht man Stücke heraus, von denen man mit der Hand Laibchen formt, die man auf bemehltem Tuch oder Brett aufgehen lässt. Hierauf zieht man sie gleichmäßig in der Mitte auseinander und bäckt sie beiderseits in heißem Fett hellbraun. Schön gebackene Krapfen müssen ein weißes Randerl haben.

Faschingskrapfen

Nr. 422

Zutaten: ½ kg Mehl, gut ¼ Liter Milch, 3–5 Dotter, Zitronenschalen, 4 dag Butter, 6 dag Zucker, 4 dag Germ, 1 Stamperl Rum oder Schnaps, 8 dag Marmelade, Fett zum Backen

Man macht man einen weichen Teig, den man sehr gut schlägt und 1 Stunde gehen lässt. Hierauf rollt man den Teig ½ cm dick aus und sticht mit dem größeren Krapfenausstecher runde Scheiben aus. Auf jede zweite Scheibe gibt man in die Mitte etwas erwärmte Marmelade, legt eine Scheibe mit der bemehlten Seite nach oben darauf, drückt die beiden Teile am Rand fest nieder und sticht mit einem kleineren Krapfenausstecher die eigentlichen Krapfen aus. Man legt sie auf ein bemehltes Tuch, überdeckt sie mit einem leichten, erwärmten Tuch und lässt sie nochmals aufgehen. In einer Pfanne lässt man fingergliedhoch (nicht höher, da sonst kein weißes Randerl am Krapfen entsteht) Fett nicht allzu heiß werden, legt den Faschingskrapfen verkehrt hinein, bäckt ihn auf der einen Seite zugedeckt braun, deckt das Gefäß ab und bäckt ihn auf der zweiten Seite offen hellgelb.

Weihnachtsstollen

Nr. 423

Zutaten: 50 dag Mehl, 15 dag Butter, 5 dag Zucker, 3 dag Germ, 5 Dotter, 3/16 Liter Milch, Salz, 10 dag Rosinen, 5 dag Zitronat, Butter zum Bestreichen, Vanillezucker zum Bestreuen

Einen Germteig bereiten, Rosinen und klein geschnittenes Zitronat untermischen. Aus dem Teig eine Kugel formen, die Mitte mit einem Kochlöffelstiel eindrücken und die beiden Teile zusammenklappen. Auf ein befettetes Blech geben, mit zerlassener Butter bestreichen und aufgehen lassen. Bei mittlerer Hitze 30 Minuten backen, dabei öfters mit Butter bestreichen. Den fertigen, noch warmen Stollen dick mit Vanillezucker bestreuen. Nach dem Auskühlen in eine Folie einwickeln, so bleibt der Stollen sehr lange saftig.

Wetzsteine aus Weizenmehl — Nr. 424

Zutaten: ¾ kg Mehl, 3 dag Germ, 3–4 Dotter, 6–8 dag Fett, Salz, 2 Esslöffel Rum, ca. ⅜ Liter Milch, Fett zum Backen

Man bereitet einen Germteig wie zu Bauernkrapfen (Rezept **Nr. 421**), schlägt ihn ab und lässt ihn aufgehen. Man formt daraus fingerdicke Nudeln, die man in heißem Fett bäckt.

Germkrapfen, im Rohr gebacken — Nr. 425

Zutaten: ½ kg Mehl, gut ¼ Liter Milch, 3–5 Dotter, Zitronenschalen, 4 dag Butter, 6 dag Zucker, 4 dag Germ, 1 Stamperl Rum oder Schnaps, 8 dag Marmelade, Fett zum Backen

Ein Krapfenteig wird zu runden Kugeln wie bei Bauernkrapfen gedreht. Diese lässt man aufgehen, zieht sie derart aus, dass in der Mitte ein Grüberl entsteht, füllt dieses mit Marmelade oder Topfen und legt sie auf ein befettetes Blech. Nach dem Aufgehen bäckt man die Germkrapfen bei mittlerer Hitze im Rohr.

Germstrauben — Nr. 426

Zutaten: 50 dag Mehl, 2 dag Germ, 1 Esslöffel Rum, 2–4 Eier, 3–5 dag Zucker, Salz, ca. ⅜ Liter Milch, Fett zum Backen

Man macht einen sehr weichen Germteig, den man gut abrührt. An einem warmen Ort lässt man den Teig eine halbe Stunde lang aufgehen. Der Teig muss flüssig sein; man lässt ihn durch einen Trichter in heißes Fett einlaufen, und zwar so, dass man in der Mitte anfängt und fortlaufend 5–6 Kreise bildet. Man dreht den Teig um und wenn er beiderseits braun gebacken ist, gibt man ihn mit Kompott oder Fruchtsaft zu Tisch.

Katzenköpfe — Nr. 427

Man bereitet einen mittelfeinen Germteig (Rezept **Nr. 380**), lässt ihn hierauf aufgehen, formt Krapfen daraus und legt diese in eine Pfanne, in die man fingerhoch Butter gegeben hat. Man kann die Katzenköpfe auch mit Marmelade wie Buchteln füllen. Sie werden am Herd zugedeckt beiderseits gebacken.

Böhmische Dalken, I. Art — Nr. 428

Zutaten: ¾ kg Mehl, 2 dag Germ, 2–3 Dotter, 12 dag Zucker, Salz, 2–3 Eiklar, etwas Milch, 8 dag Fett zum Backen, Marmelade zum Füllen, Zucker

Aus Mehl, Dampfl, Dottern, Salz, Zucker und Milch macht man einen ziemlich weichen Teig (wie Omelettteig), den man lange rührt. Man mischt den fest geschlagenen Schnee locker darunter und lässt den Teig an einem warmen Ort eine Stunde lang aufgehen.
In jede Vertiefung der Dalkenpfanne gibt man heißes Fett und einen Esslöffel voll Germteig und bäckt diesen auf beiden Seiten schön gelb. Die Hälfte der Krapferl bestreicht man mit Marmelade, setzt je zwei Dalken zusammen und überzuckert sie.

Böhmische Dalken, II. Art — Nr. 429

Zutaten: 40 dag Mehl, Salz, gut ½ Liter Milch, 3 dag Zucker, 2 dag Germ, 3 Dotter, 3 Eiklar, 8 dag Fett zum Backen, Marmelade zum Füllen

Zubereitung wie Dalken, I. Art (Rezept **Nr. 428**).

Germ-Omeletts — Nr. 430

Zutaten: 4 Dotter, 4 dag Zucker, Salz, 40 dag Mehl, 4 dag Germ, so viel Milch, dass ein dünner Teig entsteht, 4 Eiklar, Marmelade zum Füllen, Zucker zum Bestreuen

Den aufgegangenen Germ rührt man mit Dottern, Zucker, Salz und Milch in das Mehl. Der Teig muss so weich sein wie Omelettteig. Man mengt den fest geschlagenen Schnee leicht darunter und lässt den Teig an einem warmen Ort eine halbe Stunde aufgehen. Hierauf bäckt man Omeletts, die man mit Marmelade füllt, zusammenrollt und überzuckert.

Germknödel — Nr. 431

Zutaten: 50 dag Mehl, Salz, 3–6 dag Zucker, 5 dag Butter, 2 dag Germ, (1–2 Eier), ¼ Liter Milch, 10 dag Marmelade, 10–15 dag Butter

Aus obigen Zutaten bereitet man einen festen Germteig, lässt ihn aufgehen, sticht mithilfe eines Schöpfers Knödel aus, die man mit Marmelade oder frischen Früchten füllt. Auf einem bemehlten Brett lässt man sie zugedeckt an einem warmen Ort aufgehen. Sind sie gut aufgegangen, gibt man sie 5 Minuten zugedeckt in siedendes Salzwasser. Nach 5 Minuten werden sie umgedreht und noch etwa 10 Minuten fertig gekocht. Beim Anrichten werden sie mit brauner Butter übergossen und gezuckert.

Zwieback aus Germteig — Nr. 432

Zutaten: ½ kg Mehl, 2 dag Germ, 3 dag Zucker, Salz, Milch oder Wasser

Aus obgenannten Zutaten bereitet man einen Germteig, den man wie einen Brotteig abknetet. Man formt daraus zwei Wecken, die man auf einem befetteten, bemehlten Blech aufgehen lässt. Man bestreicht die Wecken mit Wasser und bäckt sie. Erkaltet schneidet man sie in Scheiben und bäht diese im Rohr.

Das Brotbacken

Brot kann auf mehrerlei Arten hergestellt werden. Als Lockerungsmittel kann man verwenden:

1. **Sauerteig:** Nach dem Teigkneten werden die Teigreste zusammengeschabt, zu einem Laibchen geformt und bis zum nächsten Brotbacken luftig und trocken aufbewahrt. Aus der Luft kommen in den Sauerteig die verschiedensten Kleinlebewesen, namentlich Milchsäurebakterien, die eine weitere Säuerung des Teiges hervorrufen. Die darin befindlichen Hefepilze vermehren sich ebenfalls. Vor Gebrauch wird Sauerteig in lauwarmem Wasser gelöst und durchgeseiht. Sauerteig macht das Brot sauer, weshalb man oft die Verwendung von Hefe vorzieht.
2. Es kann auch **Sauerteigextrakt** aus dem Reformhaus verwendet werden oder Sie fragen bei Ihrem Bäcker nach Sauerteig.
3. **Hefe** oder **Germ** wie bei Germteig verwenden (**Seite 103ff**).

Weißbrot oder Knödelbrot **Nr. 433**

Siehe Milchbrot, I. Art (Rezept **Nr. 387**), nur statt der Milch Wasser verwenden.

Schwarzbrot **Nr. 434**

Zutaten: 10 kg Roggenmehl, ½–¾ kg Sauerteig, Germ, 3 ½–5 Liter Wasser, 20 dag Salz, 2 dag Brotgewürz (Kümmel, Anis, Fenchel, Koriander)

Der Sauerteig wird in lauwarmem Wasser aufgelöst, in das Mehl geseiht und mit diesem etwas verrührt. Will man nicht zu saures Brot haben, so verwendet man weniger Sauerteig, dafür nimmt man Germ hinzu, den man ebenfalls in lauwarmem Wasser löst. Am nächsten Morgen gibt man zum Mehl Brotgewürze und das nötige lauwarme Wasser sowie Salz und knetet einen mittelfesten Teig. Hierauf formt man 1–2 kg schwere Laibe oder Wecken und lässt diese nochmals im Körbchen aufgehen. Die Laibe werden dann in den schon vorgeheizten Backofen eingeschossen. Nach halber Backzeit nimmt man sie heraus, bestreicht sie, um die Kruste glänzend zu machen, mit lauwarmem Wasser und schießt sie um, da die Temperatur im Backofen meist ungleich ist. In einem nicht zu kalten Raum lässt man sie auskühlen und bewahrt sie am besten luftig auf.

Schwarzbrot mit Kartoffeln **Nr. 435**

Zutaten: 10 kg Roggenmehl, 5 kg Kartoffeln, ca. 4 ½–5 Liter Wasser, ¾ kg Sauerteig oder 15–20 dag Germ, 2 dag Brotgewürz, wie Kümmel, Koriander, Fenchel oder Anis, 25 dag Salz

Die gekochten, geschälten Kartoffeln werden passiert oder faschiert und knapp vor dem Kneten unter das Brotmehl gemischt. Die weitere Behandlung des Brotes erfolgt wie bei gewöhnlichem Schwarzbrot. Mit Kartoffeln hergestelltes Brot hilft Mehl zu sparen und ist saftiger als gewöhnliches Brot. In der warmen Jahreszeit ist Brot mit Kartoffelzusatz nicht zu empfehlen, weil Kartoffeln leicht gären und das Brot dadurch nicht so gut haltbar ist.

Schwarzbrot, gemischt — Nr. 436

Zutaten: 3 kg Weizenmehl, 3 kg Roggenmehl, 2 kg Weizenschrot, 40 dag Sauerteig, 15 dag Germ, 18 dag Salz, 2 dag Brotgewürz, 3–4 Liter Wasser

Zubereitung wie Schwarzbrot (Rezept **Nr. 434**).

Kletzenbrot, I. Art — Nr. 437

Zutaten: 1 ½–2 kg Kletzen, 1 kg Zwetschken, ½ kg Rosinen, ¼ kg Nüsse, ½ kg gewöhnlicher Schwarzbrotteig, Schnaps oder Rum

Kletzen und Zwetschken werden gekocht, würfelig geschnitten, mit Weinbeerln, geschnittenen Nüssen und Schnaps oder Rum vermengt und über Nacht an einem warmen Ort stehen gelassen. Nächsten Tag knetet man den fertigen Brotteig darunter und formt Laibe, die man wie gewöhnliches Brot bäckt.

Kletzenbrot, II. Art (feinere Art, Früchtebrot) — Nr. 438

Zutaten: ½ kg Kletzen, ½ kg Zwetschken, ¼ kg Feigen, 10 dag Rosinen, 15 dag Nüsse, 10 dag Haselnüsse, 10 dag Aranzini, 1 Kaffeelöffel Zimt, Nelken, ⅛ Liter Schnaps oder 1/16 Liter Rum
Germteig aus: 25 dag Mehl, 1 dag Germ, ⅛ Liter Milch, Salz

Kletzen und Zwetschken werden gekocht und würfelig geschnitten. Nüsse und Haselnüsse schneidet man blättrig, die Aranzini kleinwürfelig, mischt alles mit Gewürzen und dem Alkohol und lässt es Nacht stehen.
Aus den oben angegebenen Mengen macht man einen Germteig. Von der Fülle formt man längliche Laibchen, die man in den ausgerollten Germteig einschlägt. Man lässt den Teig aufgehen und bäckt das Kletzenbrot je nach Größe 1–2 Stunden.

Weckerl aus Weizenvollmehl — Nr. 439

Zutaten: 60 dag Weizenvollmehl (am besten frisch gemahlen), ca. ⅜ Liter Milch, 4 dag Germ, 10 dag Fett, 1 Teelöffel Salz, Brotgewürz

Aus den Zutaten einen Germteig bereiten, eine halbe Stunde gehen lassen, gut durchkneten, wiederum eine halbe Stunde gehen lassen, nochmals gut kneten, kleine Weckerl oder Laiberl formen (ca. 20 Stück), mit Milch bestreichen, bei 200 Grad im vorgeheizten Rohr 40 Minuten backen.

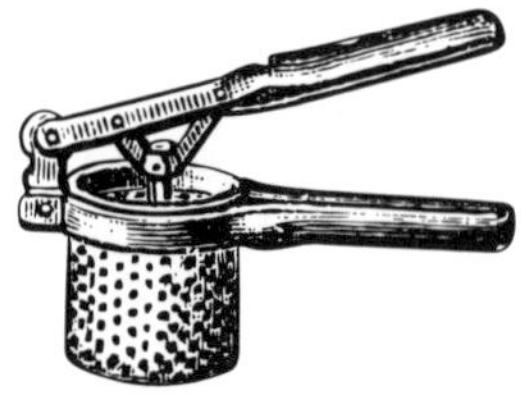

Kartoffelteig

Grundrezept **Nr. 440**

Zutaten: 1 ½ kg Kartoffeln, ½–¾ kg Mehl, Salz (*Die Mehlmenge hängt von der Güte der Kartoffeln ab; bei speckigen und alten Kartoffeln braucht man mehr Mehl als bei mehligen oder frischen*), 1–3 Eier, etwas Fett

Die Kartoffeln werden entweder gedämpft, geschält, noch heiß passiert, etwas ausgekühlt oder in erkaltetem Zustand am Reibeisen gerieben und mit den übrigen Zutaten rasch zu einem Teig vermengt, der sofort weiterverarbeitet werden muss.
Kartoffelteig kann man kochen, im Rohr oder auf dem Herd im Fett backen. Wird er gekocht, so soll dies stets ohne Deckel erfolgen, und zwar so lange, bis die Knödel oder Nudeln an die Wasseroberfläche kommen.

Kartoffelknödel, I. Art **Nr. 441**

Zutaten: 1½ kg Kartoffeln, ½–¾ kg Mehl, Salz (*Die Mehlmenge hängt von der Güte der Kartoffeln ab; bei speckigen und alten Kartoffeln braucht man mehr Mehl als bei mehligen oder frischen*), 1–3 Eier, etwas Fett (*Eier und Fett kann man auch ganz weglassen.*)

Aus dem Teig wird eine Rolle geformt und in Stücke geschnitten. Diese werden zu Knödeln geformt, die man in kochendes Salzwasser legt und so lange kochen lässt, bis sie an die Oberfläche steigen. Kartoffelknödel können als Hauptspeise zu Gemüse und Salat gegessen werden oder man gibt sie als Beilage zu Fleischspeisen.

Kartoffelknödel, II. Art **Nr. 442**

Zutaten: 1½ kg Kartoffeln, ½–¾ kg Mehl, Salz, 1–3 Eier, etwas Fett, Semmelwürfel

Aus dem Teig wird eine Rolle geformt und in Stücke geschnitten. In die Mitte drückt man in Fett geröstete Semmelwürfel, anschließend wird alles zu Knödeln geformt, die man in kochendes Salzwasser legt und so lange kochen lässt, bis sie an die Oberfläche steigen.

Kartoffelknödel, III. Art **Nr. 443**

Zutaten: 1½ kg gekochte, gut ausgekühlte Kartoffeln (am besten am Vortag gekocht), 2 Eier, Salz, 10 dag Mehl, 10 dag Grieß

Die gekochten, kalten Kartoffeln werden auf einem Reibeisen gerieben oder durch die Fleischmaschine gedreht, mit den übrigen Zutaten vermengt, zu Knödeln geformt und in Salzwasser gekocht.

Kartoffelknödel, IV. Art **Nr. 444**

Zutaten: ½ kg gekochte Kartoffeln, ½ kg rohe Kartoffeln, ½ kg Mehl, Salz, 3 Eier, Milch

Roh geriebene und gekochte, passierte Kartoffeln werden mit Mehl, Milch und Eiern zu einem Teig vermengt und mit nassen Händen zu kleineren Knödeln geformt. Die Knödel werden in wenig Mehl gewälzt und kurz vor dem Essen gekocht.

Kartoffelknödel, V. Art (gefüllt) **Nr. 445**

Zutaten: 1½ kg Kartoffeln, ½–¾ kg Mehl, Salz, 1–2 Eier, ½ kg Fleischreste, Grammeln oder Wurst, etwas Fett, Zwiebel, Petersiliengrün, Semmelbrösel

Fleischreste oder Wurst werden faschiert, mit in Fett gerösteter Zwiebel, Petersiliengrün und etwas Semmelbröseln vermengt und zu kleinen Knödeln geformt.
Aus dem Kartoffelteig wird eine Rolle gemacht, diese in Scheiben geteilt, jede Scheibe mit einem Wurstknödel gefüllt, zusammengedrückt und zu Knödeln geformt, die man in Salzwasser kocht.

Apfel-, Zwetschken-, Marillen- oder Marmeladeknödel **Nr. 446**

Zutaten: 1½ kg Kartoffeln, ½–¾ kg Mehl, Salz, 1–3 Eier, etwas Fett (Eier und Fett kann man auch ganz weglassen), Semmelbrösel, Zucker zum Wälzen

Aus dem Teig wird eine Rolle geformt und in Stücke geschnitten. In die Mitte drückt man die jeweilige Frucht oder Marmelade, anschließend werden Knödel geformt, die man in kochendes Salzwasser legt und so lange kochen lässt, bis sie an die Oberfläche steigen. Die fertig gekochten Knödel werden in mit Fett gerösteten, gezuckerten Semmelbröseln gewälzt.

Kartoffelschupfnudeln **Nr. 447**

Zutaten: 1½ kg Kartoffeln, ½–¾ kg Mehl, Salz, 1–3 Eier, allenfalls etwas Fett, ¼ kg Semmelbrösel, 4–10 dag Butter

Der Kartoffelteig wird zu einer dünnen Rolle geformt, von der man kleine Stücke abschneidet, die mit der flachen Hand zu Nudeln geformt werden. Diese gibt man nicht zugedeckt in kochendes Wasser, bis sie in die Höhe steigen, dann sind sie fertig. Sie werden abgeseiht und in mit Butter gerösteten Bröseln geschwenkt. Die Nudeln können zu Kompott oder Salat und Gemüse gegessen werden.

Marmeladetascherl Nr. 448

Zutaten: 1 ½ kg Kartoffeln, ½–¾ kg Mehl, Salz, 1–3 Eier, allenfalls etwas Fett, ¼ kg Semmelbrösel, 4–10 dag Butter, 40–50 dag Marmelade

Der Kartoffelteig wird messerrückendick ausgewalkt, dann gibt man ungefähr 6–8 cm vom Teigrand entfernt in 2–4 cm breiten Abständen kleine Marmeladehäufchen, schlägt den Teigrand darüber, drückt fest zu und radelt halbkreisförmige Tascherl aus. Diese werden kurz (3–4 Minuten) im Salzwasser gekocht, abgeseiht und in mit Butter gerösteten Semmelbröseln gewälzt.

Kartoffelstrudel Nr. 449

Zutaten: 1½ kg Kartoffeln, ½–¾ kg Mehl, 1–3 Eier, eine große Zwiebel, 5 dag Fett, 10–20 dag Semmelbrösel oder 30–40 dag Fleischreste, Grammeln oder Wurst

Der Kartoffelteig wird 1 cm dick zu einem Rechteck ausgerollt. Fein geschnittene Zwiebel und Brösel oder faschierte Wurst oder Fleisch werden in Fett angeröstet und als Fülle auf den Teig gegeben. Das Ganze wird dann zusammengerollt, in eine feuchte Serviette gewickelt, an beiden Enden abgebunden, in kochendes Salzwasser gelegt und ¼–½ Stunde gekocht. (Der Strudel darf während des Kochens nicht aus dem Wasser herausragen.) Nach dem Kochen wird die Serviette vorsichtig abgelöst und der Strudel in Scheiben geschnitten.

Kartoffelstrudel, süß Nr. 450

Zutaten: 60 dag Mehl, 50 dag gekochte, geriebene Kartoffeln, 10–20 dag Zucker, 10 dag Butter, 1 Ei, 1 Backpulver, etwas Salz, Zitronenschale oder Vanillezucker, zum Füllen Marmelade, Mohn oder Äpfel

Aus den Zutaten bereitet man einen Kartoffelteig. Man walkt ihn aus, belegt ihn mit der Fülle, rollt ihn zusammen und bäckt ihn bei guter Hitze.

Kartoffelnudeln Nr. 451

Zutaten: 1½ kg Kartoffeln, ½–¾ kg Mehl, 1–3 Eier, Salz, Fett zum Backen, eventuell ½ kg Topfen

Aus dem Kartoffelteig werden kleine, daumendicke Nudeln geformt, die in heißem Fett auf allen Seiten goldbraun gebacken werden.

Kartoffelröllchen, gebacken (Kroketten) Nr. 452

Zutaten: Kartoffelteig (Rezept **Nr. 440**), etwas Mehl, 2 Eier und 25 dag Brösel, Fett zum Backen, allenfalls geriebener Parmesan

Man bereitet einen Kartoffelteig und mengt allenfalls geriebenen Parmesan darunter. Man formt davon fingerdicke und -lange Röllchen, die man in Mehl, Ei und Bröseln paniert und in heißem Fett bäckt.

Kartoffellaibchen Nr. 453

Zutaten: 1½ kg Kartoffeln, ½–¾ kg Mehl, 1–3 Eier, Salz, Fett zum Backen, eventuell ½ kg Topfen, Fleischreste oder gekochtes, fein geschnittenes Gemüse, Semmelwürfel, Butter

Aus dem Teig formt man Laibchen, die in heißem Fett auf beiden Seiten goldbraun gebacken werden. In den Teig können fein geschnittene Fleischreste oder Gemüse und in Butter geröstete Semmelwürfel gemengt werden.

Kartoffelblätter Nr. 454

Zutaten: 1½ kg Kartoffeln, ½–¾ kg Mehl, 1–3 Eier, Salz, Fett zum Backen, (½ kg Topfen)

Aus dem Kartoffelteig formt man eine Rolle und schneidet sie in Scheiben. Diese werden zu ovalen, dünnen Blättern ausgerollt und in tiefem Fett gebacken.

Kartoffelnudeln in der Milch Nr. 455

Zutaten: 1½ kg Kartoffeln, ½–¾ kg Mehl, 1–3 Eier, Salz, Fett zum Backen, Milch oder Obers zum Übergießen, (½ kg Topfen)

Aus dem Kartoffelteig formt man Nudeln und legt dieselben in eine befettete Rein. Man bäckt sie braun, übergießt sie mit kochender Milch oder Obers und lässt sie noch einige Zeit im Rohr stehen.

Kartoffelplatten Nr. 456

Gewöhnlicher Kartoffelteig wird in die Hälfte geteilt und in zwei Platten, die der Größe der Rein entsprechen, ausgewalkt. Eine Platte soll ungefähr 1½ cm dick sein. In die Rein gibt man nur so viel Fett, dass der Teig nicht anklebt, gibt eine der ausgewalkten Platten hinein, geschälte, blättrig geschnittene Äpfel und etwas Zucker oder Marmelade oder Grammeln darauf und als Abschluss die zweite ausgewalkte Platte. Das Backen erfolgt bei mäßiger Hitze, bis sich an der Oberfläche eine goldgelbe Kruste gebildet hat. Nachher wird die Platte in Schnitten geteilt, bezuckert und noch warm gegessen.

Mürbteig

Grundrezept **Nr. 457**

Zutaten: 30 dag Mehl, 8–12 dag Zucker, 5–10 dag Butter, 1 Ei oder 1 Dotter, wenn nötig, einige Esslöffel Milch oder Wasser, (½ Päckchen Backpulver)

Mürbteig soll immer an kühlem Ort mit kühlen Händen bearbeitet werden. Mittels eines Messers schneidet man die Butter in dünnen Scheiben in das Mehl hinein, gibt hierauf die anderen Zutaten dazu und knetet den Teig rasch zusammen. An einem kühlen Ort lässt man ihn eine halbe Stunde lang vor der weiteren Verwendung rasten. Spart man Butter, dann lässt sich der Teig oft schlecht zusammenkneten. Durch Beigabe von Milch, Obers oder Wasser hilft man nach. Als Gewürze kann man in Mürbteig Zimt, Neugewürz, Nelken, Zitronensaft, Zitronenschalen, Vanillezucker sowie geriebene Haselnüsse, Nüsse oder Mandeln geben. Bei sehr fettem Mürbteig ist ein Befetten des Blechs nicht nötig. Verwendet man statt Fett Grammeln, so treibt man diese durch die Fleischmaschine oder wiegt sie fein. Das Backen erfolgt, damit die Butter nicht ausrinnt, bei mittelstarker bis starker Hitze. Aus Mürbteig werden Obstkuchen, vor allem aber Bäckereien, hergestellt.

Einfacher Mürbteig **Nr. 458**

Zutaten: 30 dag Mehl, 5–10 dag Butter, 4–6 dag Zucker, 1 Dotter, ein wenig Milch oder Wasser, ½ Päckchen Backpulver

Mittelfeiner Mürbteig **Nr. 459**

Zutaten: 30 dag Mehl, 15 dag Butter, 10 dag Zucker, 1 Dotter, verschiedene Gewürze wie Zitronenschale, Zimt, Nelken, Neugewürz, 1 Messerspitze Backpulver

Feiner Mürbteig **Nr. 460**

Zutaten: 30 dag Mehl, 20 dag Butter, 10 dag Zucker, 2 Dotter, verschiedene Gewürze wie Zitronenschale, Zimt, Nelken, Neugewürz

Mürbteig mit Backpulver **Nr. 461**

Bei Backpulververwendung wird dasselbe stets mit Mehl gut vermischt (jedenfalls sieben), hierauf schneidet man die Butter in das Mehl, bröselt den Teig ab und knetet rasch alle übrigen Zutaten hinein. Mürbteig mit Backpulver ist billiger und ausgiebiger als gewöhnlicher Mürbteig.

Abgetriebener Mürbteig Nr. 462

Dazu treibt man Butter, Dotter und Zucker ab, gibt dann das Mehl dazu und knetet auf dem Brett den Teig fertig.

Mürbteig mit Nüssen Nr. 463

Man bröselt Mehl mit Butter ab, gibt dann die geriebenen Nüsse, Haselnüsse oder Mandeln nebst den anderen Zutaten wie Dotter, Zucker, Gewürze dazu und knetet rasch einen Teig.

Mürbteig ohne Ei Nr. 464

Wird meist mit mehr Fett und ohne Ei hergestellt. Damit der Teig zusammenhält, wird Obers oder Milch beigemengt.

Topfenmürbteig Nr. 465

Zutaten: 20 dag Mehl, 20 dag Butter, 20 dag Topfen, etwas Salz,
Zucker zum Bestreuen

Zu diesem Teig werden Butter und Mehl abgebröselt, der passierte Topfen und Salz dazugegeben und rasch ein Teig geknetet. Man lässt den Teig vor Verwendung eine halbe Stunde rasten.

Kartoffelmürbteig Nr. 466

Zutaten: 20 dag Mehl, 20 dag Butter, 20 dag Kartoffeln, Salz

Man bröselt Butter und Mehl ab, salzt und knetet die gekochten, passierten, ausgekühlten Kartoffeln darunter. Dieser Teig wird in Krapferlform als Fleischbeilage gegeben oder zu Salzgebäck verarbeitet.

Mürber Apfelstrudel Nr. 467

Zutaten: 30 dag Mehl, 18 dag Butter, 5 dag Zucker, Salz, 1 Dotter,
1 Esslöffel Milch oder Most
Fülle: 1 kg Äpfel, 5 dag Zucker, allenfalls 5 dag Rosinen, Zimt,
1 Ei zum Bestreichen

Aus obigen Zutaten macht man einen mürben Teig, walkt ihn nach halbstündigem Rasten zu einem Viereck aus, belegt dieses mit blättrig geschnittenen Äpfeln, streut Zucker und Zimt darauf, schlägt die Ränder darüber, bestreicht mit Ei und bäckt bei mittelstarker Hitze. Zur Verzierung kann man den Teig auf einer Seite in fingerbreiten Abständen einradeln und die Streifen derart darüberschlagen, dass ein Streifen über den Teig gelegt und der andere zurückgebogen wird.

Mürber Topfenstrudel Nr. 468

Zutaten: 30 dag Mehl, 18 dag Butter, 5 dag Zucker, Salz, 1 Dotter, 1 Esslöffel Milch oder Most
Fülle: 5 dag Butter, 30 dag Topfen, 1 Dotter, 6–8 dag Zucker, Zitronenschalen, 2 Esslöffel Sauerrahm, allenfalls 2 dag Rosinen

Die Zubereitung des Teiges erfolgt wie beim mürben Apfelstrudel, die Fülle wird wie folgt hergestellt: Man treibt Butter ab, gibt Dotter, Zucker, passierten Topfen, Zitronenschale und Sauerrahm dazu und füllt den Teig wie bei mürbem Apfelstrudel. Die bei Apfelstrudel angegebene Verzierung eignet sich für Topfenstrudel jedoch nicht.

Gedeckter Apfelkuchen Nr. 469

Zutaten: 30 dag Mehl, 12 dag Butter, 5 dag Zucker, 1–2 Dotter, Salz, 1/16 Liter Obers, 1/4 Päckchen Backpulver
Fülle: 1/2 kg Äpfel, 5 dag Zucker, allenfalls 3 dag Rosinen, Zitronenschalen

Aus obigen Zutaten bereitet man einen Mürbteig, den man eine halbe Stunde rasten lässt und halbiert. Die Hälfte des Teiges drückt man in eine Tortenform, gibt Äpfel, die man in sehr wenig Wasser weich gedünstet hat, mit den restlichen Zutaten darauf, legt die zweite Teighälfte darüber und bäckt den Kuchen im heißen Rohr.

Topfenkuchen Nr. 470

Zutaten: 30 dag Mehl, 12 dag Butter, 5 dag Zucker, 1–2 Dotter, Salz, 1/16 Liter Obers, 1/4 Päckchen Backpulver
Fülle: 5 dag Butter, 30 dag Topfen, 1 Dotter, 6–8 dag Zucker, Zitronenschalen, 2 Esslöffel Sauerrahm, allenfalls 2 dag Rosinen

Aus obigen Zutaten bereitet man einen Mürbteig, den man eine halbe Stunde rasten lässt und halbiert. Die Hälfte des Teiges drückt man in eine Tortenform, gibt die Topfenfülle darauf, legt die zweite Teighälfte darüber und bäckt ihn im heißen Rohr.

Mohnkuchen Nr. 471

Zutaten: 30 dag Mehl, 12 dag Butter, 5 dag Zucker, 1–2 Dotter, Salz, 1/16 Liter Obers, 1/4 Päckchen Backpulver
Fülle: 3 Dotter, 10 dag Zucker, Zitronenschalen, 15 dag Mohn, Schnee von 3 Eiklar

Aus obigen Zutaten bereitet man einen Mürbteig, den man eine halbe Stunde rasten lässt und halbiert. Die Hälfte des Teiges drückt man in eine Tortenform, gibt die Mohnfülle darauf, legt die zweite Teighälfte darüber und bäckt ihn im heißen Rohr.
Für die Fülle treibt man Dotter und Zucker ab und gibt Zitronenschalen, geriebenen Mohn und den Eischnee dazu.

Ribiselschnitten Nr. 472

Zutaten: 30 dag Mehl, 20 dag Butter, 10 dag Zucker, 2 Dotter, Ribiselmarmelade oder -gelee, 5 dag gehackte Nüsse, Windmasse aus 2 Eiklar und 14 dag Zucker, Salz

Aus den Zutaten einen Mürbteig bereiten, dünn ausrollen, in 8 cm und 2 cm breite Streifen radeln. Auf die 8-cm-Streifen auf beiden Seiten 2-cm-Streifen auflegen. Die Mitte mit Ribiselmarmelade oder -gelee bestreichen, mit Windmasse verzieren, mit Nüssen bestreuen und backen.

Apfelschlankerl Nr. 473

Zutaten: 30 dag Mehl, 20 dag Butter, 5–10 dag Zucker, 1 Ei, ½ Päckchen Backpulver, Salz
Fülle: ½ kg Äpfel, 5 dag Zucker, Zimt, (Ei zum Bestreichen)

Das Mehl wird mit dem Backpulver gesiebt und mit den übrigen Zutaten zu einem weichen Teig geknetet, der mindestens eine halbe Stunde lang rasten soll.
Anschließend rollt man ihn zu einem Viereck aus, belegt dieses mit blättrig geschnittenen Äpfeln, streut Zucker und Zimt darauf, schlägt die Ränder darüber, bestreicht mit Ei und bäckt bei mittelstarker Hitze. Zur Verzierung kann man den Teig auf einer Seite in fingerbreiten Abständen einradeln und die Streifen derart darüberschlagen, dass ein Streifen über den Teig gelegt und der andere zurückgebogen wird.

Mürber Kuchen Nr. 474

Zutaten: 30 dag Mehl, 15 dag Butter, 15 dag Zucker, 1 Ei, ¼ Päckchen Backpulver, Salz, 3 Esslöffel Obers, Saft und Schale einer halben Zitrone, Ei zum Bestreichen, Hagelzucker zum Bestreuen; Ribiselmarmelade

Die Zutaten zu einem Mürbteig verarbeiten. Die Hälfte des Teiges in eine Tortenform geben, dick mit Ribiselmarmelade bestreichen, die zweite Teighälfte darüberlegen, mit Ei bepinseln, mit grobem Zucker bestreuen und bei mittlerer Hitze backen.

Gitterkuchen Nr. 475

Zutaten: 60 dag Mehl, 25 dag Butter, 2 Eier, 20 dag Zucker, 1 Päckchen Backpulver, Salz, 1 Päckchen Vanillezucker, etwas Zimt, etwa 5 Esslöffel Milch, Marmelade

Man knetet obige Zutaten auf dem Brett zu einem Teig, legt zwei Drittel desselben auf ein gefettetes Blech und bestreicht mit Marmelade. Aus dem übrigen Teig macht man ein Gitter, legt es auf die Marmelade und bäckt den Kuchen bei mittlerer Hitze goldgelb.

Grammelstrudel Nr. 476

Zutaten: 20 dag Grammeln, 40 dag Mehl, ½ Päckchen Backpulver, 12 dag Zucker, 2 Eier, Zimt, Milch nach Bedarf, Marmelade oder Äpfel

Die Grammeln treibt man durch die Fleischmaschine und wärmt sie an. Hierauf bröselt man sie mit Mehl ab und knetet unter Zugabe der genannten Zutaten und Milch einen festen Teig. Dieser wird fingerdick ausgerollt, mit beliebiger Marmelade (am besten Ribisel oder Preiselbeeren) bestrichen oder mit blättrig geschnittenen Äpfeln belegt, zusammengelegt und gebacken.

Grammelbäckerei Nr. 477

Zutaten: 30 dag Mehl, ½ Päckchen Backpulver, 30 dag Grammeln, 25 dag Zucker, Zimt, Nelken, 2 Esslöffel Rum, (Marmelade)

Die Grammeln werden fein gewiegt oder durch die Fleischmaschine getrieben, mit Mehl abgebröselt und mit den übrigen Zutaten zu einem Teig geknetet. Nach halbstündigem Rasten walkt man den Teig aus, sticht Formen aus, die man bei mittlerer Hitze bäckt. Nach dem Backen kann man je zwei Stück mit Marmelade zusammensetzen.

Marmeladetascherl Nr. 478

Zutaten: 30 dag Mehl, 20 dag Butter, 30 dag Topfen, Salz, 1 Ei, 8 dag Zucker, 8 dag Marmelade, Butter für das Blech, Vanillezucker, Eiklar zum Bestreichen

Aus diesen Zutaten bereitet man einen Topfenmürbteig, den man nach halbstündigem Rasten ½ cm dick ausrollt, Dreiecke schneidet, mit Marmelade füllt, den Rand mit Eiklar bestreicht, zusammendrückt, im Rohr bäckt und noch heiß in Vanillezucker wälzt. Man kann auch runde Krapferl daraus formen. Statt Marmelade kann man eine Topfen-, Nuss- oder Mohnfülle verwenden.

Marmeladekipferl Nr. 479

Zutaten: Wie bei Marmeladetascherln (Rezept **Nr. 478**), nur formt man nachdem man Rechtecke geschnitten hat, aus dem Teig mit Marmelade gefüllte Kipferl.

Apfelstrudel aus Topfenmürbteig Nr. 480

Zutaten: 30 dag Mehl, 20 dag Butter, 30 dag Topfen, Salz, 1 Ei, 8 dag Marmelade, Butter für das Blech, 8 dag Zucker, Vanillezucker
Fülle: 1 kg Äpfel, 6 dag Zucker, Zimt

Man bereitet einen Topfenmürbteig, den man nach halbstündigem Rasten auswalkt, mit blättrig geschnittenen Äpfeln belegt, mit Zucker und Zimt bestreut, zusammenschlägt und bei mäßiger Hitze bäckt.

Vanillekipferl, I. Art

Nr. 481

Zutaten: 20 dag Mehl, 20 dag Butter, 10 dag Zucker, Salz, 10 dag geriebene Haselnüsse, 1 dag Kakao, 6 dag mit Vanillezucker vermischter Staubzucker zum Wälzen

Aus obigen Zutaten bereitet man einen mürben Teig, aus dem man kleine Kipferl formt, die man auf befettetem Blech bäckt. Noch warm wälzt man sie in dem Vanillezucker-Staubzucker-Gemisch.

Vanillekipferl, II. Art

Nr. 482

Zutaten: 25 dag Mehl, 20 dag Butter, 2 Dotter, 10 dag geriebene Haselnüsse, Salz 8 dag Zucker, 6 dag mit Vanillezucker vermischter Staubzucker zum Wälzen, Butter für das Blech

Aus den Zutaten bereitet man einen mürben Teig, aus dem man kleine Kipferl formt, die man auf befettetem Blech bäckt. Noch warm wälzt man sie in mit Vanillezucker vermischtem Staubzucker.

Husarenkrapferl, I. Art

Nr. 483

Zutaten: 20 dag Mehl, 10 dag Butter, 8 dag Zucker, Salz, 1 Ei, 1 Eiklar zum Bestreichen, Fett für das Blech, Hagelzucker oder Haselnüsse zum Bestreuen, 5 dag Marmelade

Aus den genannten Zutaten bereitet man einen mürben Teig, aus dem man kleine Kugerl formt, in die man in der Mitte eine Vertiefung eindrückt. Man bestreicht den Rand mit Eiklar, streut geschnittene Haselnüsse oder Hagelzucker darauf und bäckt die Krapferl bei mäßiger Hitze. In das Grübchen gibt man etwas Marmelade.

Husarenkrapferl, II. Art

Nr. 484

Zutaten: 20 dag Mehl, 14 dag Butter, 10 dag Zucker, 2 Dotter, Salz, 6 dag Haselnüsse, 2 dag Hagelzucker, etwas Marmelade zum Füllen

Aus den genannten Zutaten bereitet man einen mürben Teig, aus dem man kleine Kugerl formt, in die man in der Mitte eine Vertiefung eindrückt. Man bestreicht den Rand mit Eiklar, streut geschnittene Haselnüsse und Hagelzucker darauf und bäckt die Krapferl bei mäßiger Hitze. In das Grübchen gibt man etwas Marmelade.

Mürbe Brezeln Nr. 485

Zutaten: 30 dag Mehl, 18 dag Butter, 10 dag Zucker, 1 Ei, Salz, 1 Dotter, 1 Ei zum Bestreichen, 5 dag Kristallzucker oder Hagelzucker zum Bestreuen, Fett und Mehl für das Blech

Man bereitet einen Mürbteig, aus dem man längliche Rollen dreht. Daraus formt man Brezeln. Man bestreicht sie mit verquirltem Ei, bestreut sie mit Kristallzucker und bäckt sie bei starker Hitze.

Marmorbäckerei Nr. 486

Zutaten: 30 dag Mehl, 12 dag Butter, 2 Eier, ½ Päckchen Backpulver, Salz einige Esslöffel Obers oder Milch, 12 dag Zucker, 1 Esslöffel Kakao für eine Teighälfte

Aus den genannten Zutaten bereitet man einen Mürbteig, den man halbiert. In die eine Hälfte knetet man den Kakao. Hierauf rollt man eine weiße und eine braune Platte aus, schneidet beide Platten gleich groß, legt sie aufeinander und rollt sie fest zusammen. Mit einem scharfen Messer schneidet man von der Rolle 5 mm dicke Scheiben herunter und bäckt diese auf dem Blech.

Radegunderschnitten Nr. 487

Zutaten: 30 dag Mehl, 9 dag Fett, 1 Ei, ½ Päckchen Backpulver, etwas Salz, 8 dag Zucker, etwas Milch oder Obers, 12 dag Marmelade, 60 dag Äpfel, Schnee von 3 Eiklar, ca. 10 dag Zucker

Aus obigen Zutaten bereitet man einen Mürbteig, rollt ihn ½–1 cm dick aus und bäckt ihn auf befettetem Blech. Man bestreicht ihn mit Marmelade, gibt die gedünsteten, passierten Äpfel und den gezuckerten Schnee darauf und stellt die Masse so lang in das Rohr, bis der Schnee gelb ist.

Mürbes Gebäck Nr. 488

Zutaten: 50 dag Mehl, 2 Eier, 25 dag Butter, 20 dag Zucker, etwas Salz 1 Päckchen Backpulver, Marmelade

Aus obigen Zutaten einen Mürbteig kneten, rasten lassen, ausrollen, zweierlei Formen ausstechen, backen und erkaltet mit Marmelade zusammensetzen.

Maschinenbäckerei Nr. 489

Zutaten: 1,3 kg Mehl, 50 dag Butter, 50 dag Zucker, 1 Päckchen Vanillezucker, 2 Päckchen Backpulver, Rumessenz oder 1 Esslöffel Rum, 4 Eier, etwas Salz

Aus den genannten Zutaten bereitet man einen Teig. An der Fleischmaschine befestigt man eine Teigform, treibt den Teig durch, legt ihn auf befettete Bleche und bäckt ihn bei mittlerer Hitze.

Kartoffelkekse **Nr. 490**

Zutaten: 30 dag Mehl, 20 dag Kartoffeln (gedämpft, passiert, ausgekühlt), Salz, 12 dag Zucker, 5 dag Butter, 1 Ei, allenfalls 1 Ei zum Bestreichen, Fett für das Blech

Man verarbeitet alle Zutaten zu einem glatten Teig, den man eine halbe Stunde kühl rasten lässt. Man rollt ihn messerrückendick aus, sticht Formen aus, legt sie auf ein befettetes Blech, bestreicht sie allenfalls mit Ei und bäckt sie in heißem Rohr goldgelb. Als Verzierung kann man die Bäckerei teils ganz, teils halb in heiße Marmelade tauchen und mit Kristallzucker bestreuen.

Kartoffelmehlkekse **Nr. 491**

Zutaten: ⅛ kg Butter, ¼ kg Zucker, Zitronenschale, etwas Salz
¼ kg Kartoffelmehl, etwas Backpulver, 2 Eier

Man bereitet auf dem Brett einen Mürbteig, den man auswalkt, Formen aussticht und bei mittlerer Hitze bäckt.

Falsche Mandelbrezeln **Nr. 492**

Zutaten: 11 dag Butter, 18 dag Mehl, 10 dag Zucker, etwas Salz,
2 hart gekochte und 1 roher Dotter, Butter und Mehl für das Blech

Aus obigen Zutaten macht man einen Mürbteig, formt Brezeln, die man auf befettetem Blech bäckt. Die hart gekochten Dotter werden vor dem Einkneten in den Teig passiert.

Kekse, I. Art **Nr. 493**

Zutaten: ½ kg Mehl, 2 Eier, 10 dag Butter, 15 dag Zucker, etwas Salz,
½ Päckchen Backpulver, etwas Milch

Aus obigen Zutaten wird ein Mürbteig hergestellt, den man ausrollt, Formen aussticht und bei mäßiger Hitze bäckt.

Kekse, II. Art (auch für anderes Kleingebäck geeignet) **Nr. 494**

Zutaten: 25 dag Mehl, 12 dag Butter, 7 dag Zucker, 1 Ei

Aus obigen Zutaten wird ein Mürbteig hergestellt, den man ausrollt, Formen aussticht und bei mäßiger Hitze bäckt.

Kekse, III. Art **Nr. 495**

Zutaten: 75 dag Mehl, 25 dag Zucker, 25 dag Butter, 4 Dotter, 4–6 Esslöffel Milch, 1 Päckchen Backpulver, Zitronensaft und -schalen, 1 Ei oder Eiklar zum Bestreichen, etwas Kristallzucker

Butter, Dotter und Zucker werden abgetrieben und das mit Backpulver vermischte Mehl dazugegeben. Man knetet den Teig, rollt ihn nicht zu dünn aus, sticht Formen aus, die man mit Ei bestreicht, mit Kristallzucker bestreut und bäckt.

Kartoffelstangerl **Nr. 496**

Zutaten: ⅓ gekochte, passierte und ausgekühlte Kartoffeln, ⅓ Mehl, ⅓ Butter, Salz, Ei zum Bestreichen, Kümmel zum Bestreuen

Aus den Zutaten einen leichten Teig bereiten, Stangerl formen in Breite des Backbleches, mit Ei bestreichen und Kümmel bestreuen, hellbraun backen und in drei Teile schneiden.

Käsekekse **Nr. 497**

Zutaten: 20 dag Mehl, 20 dag Reibkäse, 15 dag Butter, 4 Esslöffel Sauerrahm, Salz, 1 Prise Paprika, Ei zum Bestreichen

Mürbteig bereiten, kalt rasten lassen, den Teig ausrollen, kleine Formen ausstechen, mit Ei bestreichen und bei Mittelhitze hell backen.

Käsekekse gefüllt **Nr. 498**

Fülle: 2 dag Kartoffelmehl, ¼ Liter Milch, 4 dag Butter, 10 dag Reibkäse, 1 Dotter, Salz, Paprika, Muskat

Kartoffelmehl mit Milch und den anderen Zutaten verrühren und aufkochen lassen. Die erkaltete Masse streicht man zwischen zwei Käsekekse (Rezept **Nr. 497**).

Käseschnitten **Nr. 499**

Zutaten: ¼ kg Mehl, 10 dag Reibkäse, 10 dag Butter, 2 Eier, Salz, Paprika, 5 dag Mandeln, Ei zum Bestreichen

Einen Mürbteig bereiten, kalt rasten lassen, dünn ausrollen, auf ein befettetes Backblech legen, mit Ei bestreichen und mit blättrig geschnittenen Mandeln, Salz und Paprika bestreuen, bei mittlerer Hitze hell backen, in kleine Schnitten schneiden.

Linzer Bäckerei Nr. 500

Zutaten: 30 dag Mehl, 15 dag Butter, 10 dag Zucker, 10 dag Nüsse, 3 Dotter, etwas Salz, 1 Eiklar zum Bestreichen, allenfalls 4 dag gehackte Haselnüsse und 2 dag Kristall- oder Hagelzucker zum Bestreuen, Marmelade

Man bereitet einen mürben Teig, den man rasten lässt und auswalkt. Man sticht runde Formen aus, die man mit Eiklar bestreicht. Die Hälfte der Krapferl bestreut man mit Haselnüssen und Zucker. Nach dem Backen je zwei Scheiben mit Marmelade zusammensetzen.

Zimtkarten Nr. 501

Zutaten: 30 dag Mehl, 15 dag Butter, 15 dag Zucker, 1 Ei, 1 Dotter, etwas Salz, 1 Messerspitze Backpulver, Neugewürz, Zimt, 1 Klar zum Bestreichen, Nüsse oder Mandeln zum Belegen, 1 Eiklar zum Bestreichen

Aus den obigen Mengen bereitet man einen Mürbteig, aus dem man verschiedene Rechtecke radelt. Man bestreicht sie mit Eiklar, verziert sie allenfalls mit Nüssen, Haselnüssen oder Mandeln und bäckt sie auf befettetem, bemehltem Blech. Nach dem Backen ist die Bäckerei nicht auf einen Teller, sondern auf ein glattes Brett zu legen.

Zimtringerl Nr. 502

Zutaten: 14 dag Butter, 14 dag Mehl, 7 dag Zucker, 7 dag Nüsse, Zitronenschale, Zimt, Vanillezucker zum Wälzen, etwas Salz

Aus obigen Zutaten bereitet man einen mürben Teig, aus dem man Ringerl formt, dieselben bäckt und noch warm in Vanillezucker dreht.

Mürbe Ringerl Nr. 503

Zutaten: 30 dag Mehl, 20 dag Butter, 10 dag Zucker, Zitronenschalen, etwas Salz, 1–2 Dotter, allenfalls 2 dag fein gehackte Nüsse und 2 dag Kristall- oder Hagelzucker zum Bestreuen, 1 Ei zum Bestreichen, Butter und Mehl für das Blech

Aus obigen Zutaten bereitet man einen mürben Teig, den man auswalkt, Ringerl aussticht, mit Ei bestreicht, allenfalls mit gehackten Haselnüssen und Kristallzucker bestreut und bäckt.

Ischler Törtchen Nr. 504

Zutaten: 28 dag Mehl, 20 dag Butter, 16 dag Zucker, 14 dag geriebene Haselnüsse, Zimt, Zitronenschalen, Butter für das Blech, 5 dag Marmelade, etwas Salz

Man bereitet einen Mürbteig, walkt ihn messerrückendick aus und sticht runde Scheiben aus. Von der Hälfte dieser Scheiben sticht man mit einem Fingerhut drei Öffnungen aus. Man bäckt die Scheiben auf befettetem Blech, bestreut die durchlochten noch warm mit Zucker, bestreicht die vollen mit Marmelade und setzt die durchlochten darauf.

Tafelbäckerei Nr. 505

Zutaten: 15 dag Mehl, 12 dag Butter, 1 Dotter, etwas Wasser,
1 Esslöffel Zucker, etwas Salz
Glasur:1 Klar, 10 dag Zucker, 2 dag Haselnüsse, (Zitronensaft)

Man bereitet einen Mürbteig, walkt ihn aus, bestreicht ihn mit Glasur, bestreut ihn mit gehackten Haselnüssen und schneidet Streifen, die man bei starker Hitze bäckt.
Glasur: In den festen Schnee vom Eiklar mengt man den Zucker. Sollte die Glasur zu fest sein, dann gibt man einige Tropfen Zitronensaft dazu.

Schokoladebusserl Nr. 506

Zutaten: 14 dag Butter, 21 dag Zucker, 28 dag geriebene Haselnüsse,
etwas Salz, 21 dag Schokolade, Haselnüsse zum Verzieren

Man treibt Butter ab, gibt Zucker, geriebene Haselnüsse und geriebene Schokolade darunter. Man formt kleine Kugerl, steckt zur Verzierung allenfalls eine Haselnuss darauf und bäckt bei geringer Hitze.

Schokoladekekse Nr. 507

Zutaten: 14 dag Mehl, 10 dag Butter, 8 dag Zucker, 5 dag geriebene Schokolade,
etwas Salz, 1 Ei zum Bestreichen, Hagelzucker

Aus den Zutaten wird ein mürber Teig gemacht, dünn ausgewalkt, Formen ausgestochen, mit Ei bestrichen, mit Hagelzucker bestreut und langsam gebacken.

Schokoladekipferl Nr. 508

Zutaten: 30 dag Mehl, 12 dag Butter, 5–10 dag Zucker, Saft einer halben Zitrone,
1 ½ Rippen Schokolade, Vanillezucker, 5 dag Haselnüsse, etwas Salz,
½ Päckchen Backpulver, 3 Klar zum Bestreichen, Butter und Mehl für das Blech

Aus den angeführten Zutaten bereitet man einen Teig, aus dem man Kipferl formt. Man bestreicht sie mit Eiklar und bäckt sie auf befettetem und bemehltem Blech bei mäßiger Hitze.

Kokosnussbusserl Nr. 509

Zutaten: 10 dag Butter, ¼ kg Zucker, 2 Eier, etwas Salz, ¼ kg Kokosflocken,
15 dag Mehl

Butter, Zucker und Dotter werden abgetrieben und alle anderen Zutaten mit dem festen Schnee der zwei Eiklar daruntergemischt. Man formt kleine Busserl, die man auf dem Blech bäckt.

Biskuitteig

Grundrezept **Nr. 510**

Zutaten: 6 Dotter, 12 dag Zucker, 6 Eiklar, 12 dag Mehl, allenfalls 3 dag Butter

Biskuitteig spielt in der Krankenkost (**Seite 276ff**) wegen seiner leichten Verdaulichkeit eine große Rolle. Die Zubereitung ist, wie folgt, verschieden:

Die einfachste Art ist folgende:

1. Zucker und Dotter werden schaumig gerührt, der von Eiklar fest geschlagene Schnee und das Mehl locker daruntergemischt.

Weitere Möglichkeiten:

2. Eiklar wird zu Schnee geschlagen und die Zutaten wie Zucker, Dotter und Mehl leicht eingemischt.
3. Biskuitteig kann warm geschlagen werden. Dazu werden ganze Eier und Zucker über Dunst dickschaumig geschlagen und das Mehl wird leicht eingemischt.
4. In den fertigen Biskuitteig 1 oder 3 wird tropfenweise zerlassene, überkühlte Butter eingemischt. Der Biskuitteig wird dadurch mürber und lässt sich namentlich bei Verwendung zu Biskuitrouladen leicht zusammenrollen.

Biskuitrolle, I. Art **Nr. 511**

Zutaten: 6 Dotter, 12 dag Zucker, 6 Eiklar, 12 dag Mehl, 3 dag Butter

Dotter und Zucker sehr schaumig rühren, den fest geschlagenen Schnee und das Mehl leicht unterheben. Zuletzt die zerlassene Butter dazugeben. Die Masse auf ein mit befettetem Pergamentpapier belegtes Blech 1 cm dick aufstreichen und ca. 10 Minuten bei guter Hitze backen. Nach dem Backen auf ein feuchtes Tuch stürzen. Papier abziehen und Biskuit mit dem Tuch aufrollen und auskühlen lassen. Mit Marmelade oder Creme füllen.

Biskuitrolle, II. Art (Sparmasse) **Nr. 512**

Zutaten: 3 Dotter, 5 Esslöffel Wasser, 12 dag Zucker, 3 Eiklar, 12 dag Mehl, 1 Teelöffel Backpulver

Gleiche Art der Zubereitung wie Biskuitrolle I. Art (Rezept **Nr. 511**)

Nussrolle **Nr. 513**

Zutaten: 5 Dotter, 10 dag Zucker, 5 dag geriebene Nüsse, 5 dag Mehl, 5 Eiklar
Fülle: ¼ Liter Schlagobers, 5 dag geriebene Nüsse

Dotter und Zucker sehr schaumig rühren, den fest geschlagenen Schnee und das Mehl leicht unterheben. Zuletzt die zerlassene Butter dazugeben. Die Masse auf ein mit befettetem Pergamentpapier belegtes Blech 1 cm dick aufstreichen und etwa 10 Minuten bei guter Hitze backen. Nach dem Backen auf ein feuchtes Tuch stürzen. Papier abziehen und Biskuit mit dem Tuch aufrollen und auskühlen lassen, anschließend mit der Creme füllen.
Creme: Steifes Schlagobers wird mit geriebenen Nüssen vermengt und als Fülle eingestrichen. Man kann die Rolle auch mit Kaffeeglasur überziehen.

Schokoladerolle **Nr. 514**

Zutaten: 4 Eiklar, 6 Esslöffel Wasser, 20 dag Zucker, 4 Dotter, 10 dag Mehl, 4 dag Kakao
Fülle: ⅜ Liter Milch, 4 ½ dag Puddingpulver, 7 dag Zucker, 10–15 dag Butter

Eiklar mit kaltem Wasser zu sehr festem Schnee schlagen, Zucker und Kakao leicht einmengen, Mehl und Dotter unterheben, auf ein mit Pergamentpapier belegtes Blech 1 cm dick aufstreichen und etwa 10 Minuten bei guter Hitze backen. Nach dem Backen auf ein feuchtes Tuch stürzen. Papier abziehen und Biskuit mit dem Tuch aufrollen und auskühlen lassen, anschließend mit der Creme füllen.
Fülle: Puddingpulver, Zucker und Milch vermengen, kurz aufkochen lassen und ausgekühlt löffelweise unter die flaumige Butter einrühren.

Bischofsbrot **Nr. 515**

Zutaten: 6 Dotter, 12 dag Zucker, Zitronenschalen, 5 dag Haselnüsse, 4 dag Rosinen, 4 dag kleinwürfelig geschnittene kandierte Früchte, 6 Eiklar, 14 dag Mehl, 5 dag Butter, Mehl und Butter für die Form

Dotter und Zucker werden schaumig gerührt, mit gehackten Zitronenschalen, blättrig geschnittenen Haselnüssen, Rosinen, geschnittenen Früchten, dem fest geschlagenen Schnee und Mehl vermengt. Zerlassene, ausgekühlte Butter wird dazugetropft; man gibt die Masse in eine befettete, bemehlte Bischofsbrotform und bäckt sie bei mäßiger Hitze.

Anisbrot **Nr. 516**

Zutaten: 2 Eier, 4 Dotter, 14 dag Zucker, 14 dag Mehl, Anis, Butter und Mehl für die Form

Eier, Dotter und Zucker werden schaumig geschlagen, Anis und Mehl leicht daruntergemischt. Man füllt die Masse in eine befettete, bemehlte Bischofsbrotform und bäckt sie bei mäßiger Hitze.

Biskuit-Zwieback Nr. 517

Zutaten: 20 dag Zucker, 4 Eier, 25 dag Mehl, Butter und Mehl für die Form

Ganze Eier und Zucker werden dickschaumig geschlagen und das Mehl locker daruntergemischt. Die Masse wird in einer befetteten, bemehlten Bischofsbrotform gebacken. Erkaltet schneidet man ½ cm dicke Scheiben herunter, die man auf einem Blech im Rohr bäht. Biskuitzwieback ist das Brot in der Krankenküche.

Biskuit-Omelett Nr. 518

Zutaten: 4 Dotter, 10 dag Zucker, Vanillezucker, 4 Eiklar,
1 Esslöffel Mehl, 2 dag Butter

Dotter und Zucker werden schaumig gerührt, Schnee und Mehl leicht daruntergemischt. In einer Omelettpfanne lässt man die Butter zergehen, gibt die Masse darauf und bäckt sie bei mäßiger Hitze.

Biskotten Nr. 519

Zutaten: 5 Dotter, 8 dag Zucker, Vanillezucker, 5 Eiklar,
11 dag Mehl, Butter und Mehl für das Blech

Man rührt Dotter und Zucker schaumig, mischt den festen Schnee von Eiklar und das Mehl leicht darunter, gibt die Masse in einen Spritzsack und spritzt auf ein befettetes, bemehltes Blech Biskotten, die man bei mäßiger Hitze bäckt.

Anisbögen Nr. 520

Zutaten: 5 Eier, 20 dag Zucker, 13 dag glattes Mehl,
Anis zum Bestreuen, Butter und Mehl für das Blech

Eier und Zucker werden schaumig geschlagen und das Mehl leicht eingemischt. Auf ein mit Backpapier ausgelegtes Blech streicht man sehr dünn Scheiben von 4 bis 5 cm Durchmesser auf, die man mit Anis bestreut und bäckt. Noch warm löst man die Scheiben vom Blech und biegt sie in warmem Zustand über einen Kochlöffelstiel.

Schaumstanitzel oder Schaumtüten Nr. 521

Zutaten: 5 Eier, 20 dag Zucker, 13 dag glattes Mehl,
Butter und Mehl für das Blech

Eier und Zucker werden schaumig geschlagen und das Mehl leicht eingemischt. Man macht die Scheiben auf mit Backpapier ausgelegtem Blech etwas größer. Noch im warmen Zustand dreht man von den licht gebackenen Scheiben Tüten, die man mit Creme oder Hexenschaum (Rezept **Nr. 852**) füllt.

Hobelscharten Nr. 522

Zutaten: 5 Eier, 22 dag Zucker, 12 dag glattes Mehl

Eier und Zucker werden dickschaumig geschlagen und das Mehl leicht eingemischt. Der Teig wird auf ein mit Backpapier ausgelegtes Blech dünn aufgestrichen, gebacken und noch warm in 2 cm breite Streifen geschnitten, die man rasch über einen Kochlöffel wickelt.

Aniskrapferl Nr. 523

Zutaten: 4 Eier, 20 dag Zucker, 25 dag Mehl, Anis zum Bestreuen

Eier und Zucker schlägt man 1 Stunde lang und mischt hierauf das Mehl leicht darunter. Mit 2 Löffeln formt man kleine Krapferl, die man auf ein mit Backpapier ausgelegtes Blech gibt. Man bestreut die Krapferl mit Anis, stellt sie für mehrere Stunden an einen warmen Ort und bäckt sie.

Punschkrapferl Nr. 524

Zutaten: 15 dag Zucker, 6 Dotter, 6 Eiklar, 15 dag Mehl, 4 dag zerlassene Butter, Butter und Mehl für das Blech
Fülle: Teigabfälle vom Ausstechen der Krapferl, Rum, Punschessenz, Zitronensaft, etwas Marmelade, Preiselbeeren, weiße oder rosa Punschglasur

Dotter und Zucker werden abgetrieben, der feste Schnee von Eiklar und Mehl daruntergemischt. Die zerlassene, ausgekühlte Butter wird in den Teig getropft, dieser verrührt und 2 cm dick auf ein befettetes, bemehltes Blech gestrichen. Man bäckt den Teig und sticht noch warm runde Krapferl aus. Die Teigreste werden zerbröselt und folgende Fülle damit hergestellt:
Fülle: Teigreste werden mit einigen Tropfen Tee, Zitronensaft, Rum, Punschessenz, Preiselbeeren und Marmelade vermischt und immer zwischen zwei ausgestochene Scheiben gestrichen. Die gefüllten Krapferl werden hierauf mit rosa oder weißer Punschglasur überzogen.

Schokoladekrapferl Nr. 525

Zutaten: Schnee von 3 Eiklar, 3 Dotter, 12 dag Zucker, 10 dag geriebene Mandeln oder Haselnüsse, 8 dag geriebene Schokolade, 6 dag Semmelbrösel, (Rum oder Fruchtsaft)

Der Schnee wird mit den Dottern, Haselnüssen, der Schokolade und den mit Rum oder Fruchtsaft befeuchteten Bröseln vermischt, die Masse in kleinen Häufchen auf ein Blech gesetzt und im Rohr gebacken.

Biskuitgugelhupf Nr. 526

Zutaten: 7 Dotter, 15 dag Zucker, Zitronenschalen, 7 Eiklar, 14 dag Mehl, 2 dag Butter, Butter und Mehl für die Form

Dotter und Zucker werden schaumig gerührt, fest geschlagener Schnee von Eiklar, Mehl und zerlassene, überkühlte Butter werden daruntergemischt. Man füllt die Masse in eine befettete, bemehlte Gugelhupfform und bäckt sie bei mäßiger Hitze.

Hausfreunde Nr. 527

Zutaten: 3 Eier, 14 dag Zucker, 10 dag Mehl, 14 dag Haselnüsse, 4 dag Rosinen oder zerschnittene Kletzen, 3 dag Aranzini, Butter und Mehl für das Blech

Eier und Zucker werden dickschaumig geschlagen, dann werden Mehl, Rosinen und die blättrig geschnittenen Haselnüsse daruntergemischt. Die Masse wird 1 cm dick auf ein befettetes, bemehltes Blech gestrichen und gebacken. Noch warm schneidet man davon längliche Streifen, die man noch einige Minuten im Rohr bäht.

Salzburger Nockerl, I. Art Nr. 528

Zutaten: 5 dag Butter, 10 dag Zucker, 5 Dotter, 5 Eiklar, 2 dag Mehl, ⅛ Liter Milch, Zucker zum Bestreuen

Man treibt Butter flaumig ab, gibt Zucker und Dotter dazu, treibt wieder sehr gut ab und mischt den festen Schnee von Eiklar und Mehl locker unter den Teig. Man gibt die Masse in eine Pfanne mit sehr heißer Milch und bäckt sie nur einige Minuten in sehr heißem Rohr. Mit einem Esslöffel sticht man Nockerl aus, die man überzuckert sofort aufträgt.

Salzburger Nockerl, II. Art Nr. 529

Zutaten: 5 Eiklar, 3 Dotter, 3 dag Zucker, 3 dag Mehl, 1 Prise Salz, Vanillezucker, 3 dag Butter

In den sehr festen Eischnee die anderen Zutaten locker einmischen. In einer feuerfesten Form Butter zergehen lassen, 3 große Nockerl einlegen und etwa 12 Minuten bei mittlerer Hitze backen. Sofort auftragen.

Obstkuchen, I. Art Nr. 530

Zutaten: 3 große Eier, 3 Eischwer Zucker, 2 Eischwer Mehl, 1 Eischwer Butter, Kirschen, Marillen oder Zwetschken

Dotter und Zucker werden abgetrieben, der fest geschlagene Schnee und das Mehl leicht eingemischt. Zerlassene, überkühlte Butter wird eingerührt und die Masse in eine befettete, bemehlte Form gegeben. Man legt Kirschen oder halbierte Marillen oder Zwetschken mit der Schnittseite nach oben darauf und bäckt die Masse in mäßig heißem Rohr.

Obstkuchen, II. Art Nr. 531

Zutaten: 5 dag Butter, 3 Dotter, 10 dag Zucker, 3 Eiklar, 20 dag Mehl und etwas frisches Obst, Fett und Mehl für die Form

Butter, Dotter und Zucker werden schaumig abgetrieben, dann wird der Schnee mit dem Mehl abwechselnd leicht eingerührt. Die Masse füllt man in eine gut befettete, mit Mehl bestaubte Springform und belegt sie oben mit frischen Früchten wie Kirschen, Beeren, halben Marillen und entkernten Zwetschken. Kühl und langsam backen.

Nockerlteig

Nockerlteig, I. Art Nr. 532

Zutaten: ¾ kg Mehl, 2–4 Eier, 8–10 dag Butter, Salz, ¾–1 Liter Milch, Butter zum Schwenken

Butter wird flaumig gerührt, dann werden Eier, Salz, Milch und Mehl dazugegeben und alles zusammen zu einem weichen Teig vermengt. Von dem Teig werden mithilfe eines Nockerlbrettes oder eines Nockerlsiebes kleine Nockerl in kochendes Wasser eingeschlagen, 5–10 Minuten gekocht, abgeseiht, abgeschreckt und in heißer Butter geschwenkt.

Nockerlteig, II. Art Nr. 533

Zutaten: ¾ kg Mehl, Salz, 2–3 Eier, Milch, 15–20 dag Topfen, Butter

Die Zutaten werden zu einem weichen Teig verrührt. Von dem Teig werden mithilfe eines Nockerlbrettes oder eines Nockerlsiebes kleine Nockerl in kochendes Wasser eingeschlagen, 5–10 Minuten gekocht, abgeseiht, abgeschreckt und in heißer Butter geschwenkt.

Eiernockerl Nr. 534

Über die Nockerl (**Nr. 532** oder **Nr. 533**) werden Eier geschlagen und diese noch einige Zeit geröstet. Die Nockerl werden mit Schnittlauch bestreut zu Tisch gegeben.

Käsenockerl Nr. 535

Auf die fertigen Nockerl wird geriebener Käse gestreut. Auch auf Käsenockerl kann man Schnittlauch geben.

Wurstnockerl Nr. 536

Die Nockerl werden mit fein geschnittener Wurst in Fett geröstet.

Krautnockerl Nr. 537

Zubereitung wie Krautfleckerl (Rezept **Nr. 361**).

Apfelnockerl Nr. 538

Blättrig geschnittene Äpfel werden in etwas Butter weich gedünstet, die abgeseihten, abgeschreckten Nockerl daruntergemengt und noch eine Weile zusammen weitergedünstet.

Backpulverteig

Grundrezept Nr. 539

Zutaten: 8 dag Butter, 2 Eier, 8 dag Zucker, circa 4 Esslöffel Milch, 25 dag Mehl, ½ Päckchen Backpulver, Fett und Mehl für die Form

Dieses Rezept kann auf die verschiedenste Art abgeändert werden. Ein größerer Fett- und Butterzusatz macht den Teig mürber, mehr Eier machen ihn lockerer. In letzterem Fall kann man weniger Backpulver verwenden. Die Flüssigkeitsmenge hängt von der Mehlsorte ab und kann nie genau angegeben werden. Das Weizenmehl kann man durch Kartoffelmehl ersetzen. Als Gewürze verwendet man Zitronensaft und -schalen oder Vanillezucker, ferner kann man zur Verbesserung der Kuchen, Rosinen, blättrig geschnittene Haselnüsse, Mandeln oder Walnüsse, geschnittene Kletzen oder Zwetschken beimengen.

Backpulver beginnt zu wirken, wenn es in Feuchtigkeit kommt. Durch die Wassereinwirkung zersetzt es sich und frei werdende Gase lockern den Teig. Daraus geht hervor, dass Backpulver nie feucht lagern darf und Kuchen und Bäckereien mit Backpulver bald nach der Teigmischung gebacken werden sollen, damit es nicht seine Kraft verliert. Backpulver verwendet man hauptsächlich für Kuchen und für Mürbteig.

Um es gleichmäßig im Teig zu verteilen, muss es mit dem Mehl gesiebt werden. Bei Kuchen rührt man das Backpulver unter das halbe Mehl. Das Mehl ohne Auflockerungsmittel kommt mit Milch abwechselnd in den Abtrieb. In die zweite Hälfte siebt man das Backpulver und mischt dieses Mehl samt dem Schnee in die Teigmasse locker unter.

Beim Mürbteig siebt man das Mehl mit dem Backpulver, bröselt es dann mit Butter ab und knetet alle vorgeschriebenen Zutaten darunter. Backpulverteig wird stets bei mittlerer Hitze gebacken.

Backpulvergugelhupf, I. Art Nr. 540

Zutaten: 15–20 dag Butter, 2–4 Eier, 20 dag Zucker, ½ kg Mehl, Zitronensaft oder Vanillezucker, circa ¼ Liter Milch, 1 Päckchen Backpulver, Butter und Mehl für die Form

Butter rührt man erst allein, dann mit Dottern und Zucker flaumig. Dann kommen abwechselnd Milch und die Hälfte der Mehlmenge dazu. Der zweite Teil des Mehls wird mit dem Backpulver gemischt und zuletzt mit dem steifen Schnee der Eiklar leicht eingemengt. Der Teig wird in eine gut befettete, bebröselte oder bemehlte Gugelhupf- oder Tortenform gegeben und bei mittlerer, gleichmäßiger Hitze ¾ Stunden gebacken. Ehe man ihn nach dem Backen stürzt, lässt man ihn an einem nicht zu kühlen Ort 5 Minuten stehen.

Backpulvergugelhupf, II. Art (sehr fein) Nr. 541

Zutaten: 30 dag Butter, 4 Eier, 20 dag Zucker, etwa ¼ l Milch, ½ kg Mehl, 1 Päckchen Backpulver, 10 dag Rosinen, 4 Eiklar, Butter und Mehl für die Form

Zubereitung siehe Backpulvergugelhupf I. Art (Rezept **Nr. 540**).

Rahmgugelhupf Nr. 542

Zutaten: 4 Eier, 20 dag Zucker, 28 dag Mehl, ½ Pkg. Backpulver, ¼ Liter Obers

Eier und Zucker sehr schaumig rühren, Mehl mit Backpulver und steifem Schlagobers dazugeben. Den Gugelhupf 1 Stunde bei starker Hitze backen.

Backpulverkuchen Nr. 543

Zutaten: 10 dag Butter, 1 Ei, 4 Dotter, 4 Klar, 15 dag Zucker, ⅛ Liter Milch, 30 dag Mehl, Vanillezucker, 1 Päckchen Backpulver, Butter und Mehl für die Form, Rosinen oder Kirschen

Die Butter rührt man erst allein, dann mit Dottern und Zucker flaumig. Dann kommen abwechselnd Milch und die Hälfte der Mehlmenge dazu. Der zweite Teil des Mehles wird mit dem Backpulver gemischt und zuletzt mit dem steifen Schnee der Eiklar leicht eingemengt. Der Teig wird auf ein gut befettetes Blech gestrichen, mit Rosinen bestreut oder mit Kirschen belegt und bei mäßiger Hitze hellbraun gebacken.

Sandkuchen Nr. 544

Zutaten: 25 dag Butter, 20 dag Zucker, 4 Eier, 1 Prise Salz, 25 dag Mehl oder 13 dag Mehl und 12 dag Stärkemehl, 1 Messerspitze Backpulver

Butter und Zucker sehr flaumig rühren, dann nach und nach Eier und Salz hinzufügen. Zuletzt das mit Backpulver gemischte Mehl esslöffelweise unterrühren. Den Teig in eine befettete und bemehlte Bischofsbrotform füllen und etwa 1 Stunde backen.

Gesundheitsgugelhupf

Nr. 545

Zutaten: 14 dag Butter, 14 dag Zucker, 2 Eier, 28 dag Mehl, ⅛ Liter Milch, Zitronenschale, ¾ Päckchen Backpulver

Butter wird mit Zucker und den ganzen Eiern schaumig aufgeschlagen, dann kommen Milch und Mehl mit dem Backpulver sowie die Zitronenschale dazu. Die Masse wird in eine gut befettete Gugelhupfform gegeben und 1 Stunde bei mäßiger Hitze gebacken.

Marmorkuchen

Nr. 546

Zutaten: 25 dag Butter, 25 dag Zucker, 50 dag Mehl, 4 Eier, 1 Päckchen Vanillezucker, 1 Päckchen Backpulver, 3 Esslöffel Kakao, ⅛–¼ Liter Milch oder Kakao, Butter und Mehl für die Form

Butter rührt man erst allein, dann mit Dottern und Zucker flaumig. Dann kommen abwechselnd Milch und die Hälfte der Mehlmenge dazu. Der zweite Teil des Mehls wird mit dem Backpulver gemischt und zuletzt mit dem steifen Schnee der Eiklar leicht eingemengt. Hierauf teilt man die Masse, mischt den Kakao mit etwas Milch und rührt ihn unter die halbe Teigmenge. In eine befettete, bebröselte Torten- oder Gugelhupfform gibt man abwechselnd von der hellen und dunklen Masse und bäckt den Kuchen 1–1 ½ Stunden bei mäßiger Hitze.

Englischer Teekuchen

Nr. 547

Zutaten: 24 dag Butter, 20 dag Zucker, 6 Eier, 30 dag Mehl, ¾ Päckchen Backpulver, 10 dag Rosinen, 10 dag Nüsse, 6 dag Zitronat, 2 Esslöffel Rum, Zitronenschale

Butter und Zucker sehr flaumig abtreiben, Mehl mit Backpulver mischen und abwechselnd mit den Eiern in den Abtrieb rühren. Zuletzt Rosinen, gehackte Nüsse und gehacktes Zitronat einrühren und die Masse in eine mit Pergament ausgelegte Kastenform füllen, ca. 1 Stunde bei schwacher Unterhitze backen. Erst am nächsten Tag aufschneiden. (Kuchen bleibt eingewickelt sehr lange saftig.)

Erna-Masse

Nr. 548

Zutaten: 6 dag Butter, 2 Dotter, 20 dag Zucker, 24 dag Mehl, 3/16 Liter Milch, Schnee von 2 Eiklar, ½ Päckchen Backpulver

Die Butter rührt man erst allein, dann mit Dottern und Zucker flaumig. Dann kommen abwechselnd Milch und die Hälfte der Mehlmenge dazu. Der zweite Teil des Mehls wird mit dem Backpulver gemischt und zuletzt mit dem steifen Schnee der Eiklar leicht eingemengt. Die Masse wird auf einem befetteten, bemehlten Blech kleinfingerdick aufgestrichen, gebacken und in 10 cm breite Streifen geschnitten. Man füllt mit Marmelade, setzt 3–4 Streifen übereinander und überzieht mit Eiweißglasur (Rezept **Nr. 829**). Ist diese fest geworden, so schneidet man 2 cm breite Schnitten.

Blitzkuchen Nr. 549

Zutaten: 15 dag Butter, 3 Dotter, 12 dag Zucker, 3 Eiklar, 15 dag Mehl, etwas Backpulver, Butter und Mehl für die Form

In die flaumig gerührte Butter gibt man Dotter und Zucker und treibt wieder ab. Der feste Schnee und das mit Mehl gemischte Backpulver werden untergehoben und die Masse in einer befetteten, bemehlten Tortenform gebacken.

Backpulverzwieback Nr. 550

Zutaten: ¾ kg Mehl, 10 dag Butter, 1 Päckchen Backpulver, 2–4 Dotter, 12–16 dag Zucker, circa ¼ Liter Milch, Vanillezucker, Butter und Mehl für die Form, Zucker zum Wälzen

Aus obgenannten Zutaten bereitet man einen ziemlich festen Backpulverteig, von dem man 5–6 längliche Weckerl formt. Man bäckt diese bei mittlerer Hitze, schneidet sie erkaltet in Scheiben und bäht sie im warmen Rohr. Zur Verbesserung kann man die warmen Zwiebackscheiben nach dem Bähen in Zucker wälzen.

Anisbrot Nr. 551

Zutaten: 8 dag Butter, 12 dag Zucker, 1 Packerl Vanillezucker, 1–2 Dotter, 1 Esslöffel Rum, 28 dag Mehl, ½ Päckchen Backpulver, ⅛ Liter Milch, 1–2 Eiklar, Anis

Man treibt Butter ab, gibt Zucker und Dotter dazu, treibt wieder ab und mischt die oben angegebenen Geschmacksstoffe hinein. Das halbe Mehl wird mit Milch abwechselnd in den Teig gerührt. Die zweite Hälfte Mehl mischt man mit Backpulver und mengt sie mit dem fest geschlagenen Schnee von Eiklar unter den Abtrieb. Die Masse wird in einer länglichen Kastenform gebacken.

Apfelkuchen Nr. 552

Zutaten: 35 dag Apfelwürfel, 4 Dotter, 15–20 dag Zucker, ¼ kg Mehl, 4 Eiklar, 1 Päckchen Backpulver, Zitronenschale, 1 Esslöffel Rum oder Schnaps, 1 Päckchen Vanillezucker, Butter und Mehl für die Form

Man treibt Dotter und Zucker schaumig ab, gibt kleinwürfelig geschnittene Apfelstücke und die obgenannten Geschmacksstoffe darunter. Das mit Backpulver gemischte Mehl wird mit dem Schnee leicht untermischt und die Masse in befetteter, bemehlter Form bei mittlerer Hitze gebacken.

Einfacher Obstkuchen Nr. 553

Zutaten: 50 dag Mehl, 1 Päckchen Backpulver, 20 dag Fett, etwas Milch (circa ¼ Liter), 15 dag Zucker, Zitronenschale, 2 Eier, Obst nach Saison

Das Mehl wird mit dem Backpulver gesiebt und mit dem Fett, den Eiern, dem Zucker und der Milch zu einem weichen Teig geknetet. Man rollt ihn aus, belegt ein befettetes Backblech damit, und zwar so, dass ein fingerdicker Rand vom Teig aufgebogen wird, belegt ihn mit Obst nach Geschmack oder auch mit gemischten Früchten und bäckt ihn langsam goldgelb. (Zwetschken entkernen!)

Vierschalenkuchen, I. Art **Nr. 554**

Zutaten: 1 Schale Zucker, 1 Ei, 1 Schale Milch, 2 Schalen Mehl oder 1 Schale Mehl und 1 Schale feiner Grieß, Zitronenschale, Vanillezucker, 1 Päckchen Backpulver, Butter und Mehl für die Form

Ei, Zucker und Milch werden gut verrührt, dann gibt man die übrigen Zutaten hinzu und bäckt das Ganze in einer gut befetteten Tortenform ¾ Stunden im Rohr.

Vierschalenkuchen, II. Art **Nr. 555**

Zutaten: 1 Schale Milch, 1 Schale Zucker, 1 Schale Grieß, 1 Schale geriebene Nüsse, 1 Päckchen Backpulver

Milch, Zucker, Grieß und geriebene Nüsse werden verrührt und 2 Stunden stehen gelassen. Man mischt das Backpulver dazu und bäckt in befetteter, bemehlter Form ¾ Stunden.

Milchbrot **Nr. 556**

Zutaten: 10 dag Fett, 2–3 Eier, 20 dag Zucker, circa ½ Liter Milch, 60 dag Mehl, Zitronenschale, ½ Päckchen Backpulver

Man treibt Fett ab und gibt die ganzen Eier, Zucker, Zitronenschale, Milch und das mit Backpulver vermengte Mehl dazu. In einer befetteten, bemehlten Kastenform bäckt man die Masse bei guter Hitze.

Kakaokuchen **Nr. 557**

Zutaten: 6 dag Butter, 1 Ei, 20 dag Zucker, 4 dag Kakao, 25 dag Mehl, Vanillezucker, ¼–⅜ Liter Milch, ½ Päckchen Backpulver, Butter und Mehl für die Form, Marmelade zum Füllen

Butter wird mit dem Ei flaumig gerührt, dann kommen Kakao, Vanillezucker, Milch und das mit Backpulver gemischte Mehl dazu. Der Teig kommt in eine gut befettete, bemehlte Tortenform und wird ¾ Stunden bei mäßiger Hitze im Rohr gebacken. Erkaltet wird der Kuchen mit Marmelade gefüllt.

Grießkuchen Nr. 558

Zutaten: 10 dag Butter, 1 Ei, 20 dag Zucker, 50 dag Grieß, Saft und Schale einer halben Zitrone, Milch, 1 Päckchen Backpulver, ¾ kg Äpfel, etwas Zucker, Zimt, Butter und Mehl für die Form

Butter rührt man mit Ei und Zucker flaumig, dann gibt man Grieß, Zitronensaft und Backpulver dazu. Die geschälten Äpfel schneidet man feinblättrig. Zwei Drittel des Teiges werden in eine befettete, bemehlte Tortenform gegeben, darauf streut man die Äpfel und gibt auf diese die restliche Teigmasse. Der Kuchen muss bei guter Hitze eine Stunde backen.

Tropfteig

Grundrezept Nr. 559

Zutaten: 40 dag Mehl, 2–4 Eier, ½–¾ Liter Milch, Salz, etwas Sodawasser

Milch, Eier und Salz werden versprudelt, zum Mehl gegeben und glatt verrührt. Der Teig wird wie folgt weiterverarbeitet: Wird Tropfteig in Fett gebacken, so ist es gut, etwas Alkohol dazuzugeben (der Teig saugt dann weniger Fett). Statt mit Milch kann man den Teig mit Most, Wein oder Bier anmachen.

Palatschinken Nr. 560

Zutaten: 30 dag Mehl, 2–3 Eier, Salz, gut ¾ Liter Milch, Fett zum Backen, Marmelade, Zucker zum Bestreuen

Man bereitet einen Tropfteig. In einer Omelettpfanne lässt man Fett heiß werden, gießt einen Schöpfer voll Teig hinein und bäckt ihn auf beiden Seiten schön braun. Die Palatschinken werden mit Marmelade bestrichen, eingerollt und bezuckert.

Omeletts Nr. 561

Zutaten: 30 dag Mehl, 2–3 Eier, Salz, gut ¾ Liter Milch, Fett zum Backen, Marmelade

Eiklar wird zu Schnee geschlagen, aus den restlichen Zutaten wird ein Palatschinkenteig hergestellt. Der Teig sollte ca. 15 Minuten rasten, anschließend wird der Eischnee zur Lockerung untergehoben. In heißem Fett werden die Omeletts dann goldgelb herausgebacken und beliebig gefüllt.

Gemüseomeletts Nr. 562

Die Omeletts (Rezept **Nr. 561**) werden anstatt mit Marmelade mit verschiedenem Gemüse gefüllt, wie zum Beispiel Spinat, gedünsteten Erbsen, gedünstetem Kohl oder gedünsteten Champignons.

Fleischomeletts Nr. 563

Hier werden die Omeletts (Rezept **Nr. 561**) mit gekochtem, faschiertem Fleisch (Fleischresten) gefüllt.

Hirnomeletts Nr. 564

Werden wie Gemüseomeletts (Rezept **Nr. 561**) zubereiten und mit geröstetem Hirn, dem man allenfalls 1 Ei beifügt, gefüllt.

Schinkenomeletts Nr. 565

Hier werden Omeletts (Rezept **Nr. 561**) mit gehacktem Schinken oder Selchfleisch gefüllt. Es ist sehr gut, unter das Fleisch Eier zu mischen und die Masse auf dem Herd wie eine Eierspeise zu rühren.

Topfenomeletts Nr. 566

Zutaten zur Fülle: ½ kg Topfen, 3 Semmeln, 1 Ei, 6–8 dag Fett, 6–8 dag Zucker, Vanillezucker

Zu flaumig gerührter Butter kommen passierter Topfen, Ei, Zucker, Vanillezucker und in Milch eingeweichte, gut ausgedrückte Semmeln. Dies alles wird gut durcheinandergemengt und als Fülle in die Omeletts (Rezept **Nr. 561**) gegeben. Die Semmeln kann man auch weglassen.

Mehlschmarren Nr. 567

Zutaten: ½ kg Mehl, ¾–1 Liter Milch, 2–3 Eier, Salz, Fett zum Backen

Die Zutaten werden zu einem Tropfteig verrührt. In einer Pfanne lässt man Fett heiß werden, schüttet den Teig einige Zentimeter dick auf, bäckt ihn auf dem Herd oder im Rohr und zerreißt ihn in kleine Stücke. Man kann auch fein geschnittene Äpfel unter den Teig mengen, um die Masse fruchtiger zu gestalten.

Apfelschmarren Nr. 568

Zutaten und Zubereitung wie Mehlschmarren (Rezept **Nr. 567**), nur werden fein geschnittene Äpfel unter den Teig gemengt.

Kaiserschmarren Nr. 569

Zutaten: ½ kg Mehl, 1 Liter Milch, 5–7 Dotter, Schnee von 5–7 Klar, Salz, Fett zum Backen

Man bereitet einen Omeletteig. In einer Pfanne lässt man Fett heiß werden, leert den Teig dick auf, bäckt ihn auf dem Herd oder im Rohr und zerreißt ihn in kleine Stücke.

Heidelbeerdatscherl Nr. 570

Zutaten: ½ kg Mehl, 2–4 Eier, circa ½–¾ Liter Milch, Zucker, Salz, 1–1½ Liter Heidelbeeren, Fett zum Backen, Zucker zum Bestreuen

Mehl, Milch, Eier, Salz und Zucker werden zu einem Tropfteig verrührt. Die Heidelbeeren mengt man darunter. Aus dem Teig werden in einer Pfanne kleine, dicke Datscherl gebacken, die bezuckert serviert werden.

Gebackene Apfelspalten (Apfelradel) Nr. 571

Zutaten: 40 dag Mehl, ½–¾ Liter Milch, 2 Eier, Salz, 10–15 Stück große Äpfel, Fett zum Backen, Zimt und Zucker zum Bestreuen

Eier, Salz und Mehl werden zu einem dickflüssigen Tropfteig verrührt. Die Äpfel befreit man vom Kerngehäuse und schneidet sie in 1 cm dicke Scheiben. Diese werden in Tropfteig getaucht, in Fett goldgelb gebacken, abgetropft und mit Zimt und Zucker bestreut.

Gebackene Hollerblüten (Hollerkiacherl) Nr. 572

Zutaten: wie Apfelspalten (Rezept **Nr. 571**). Die Hollerblüten werden in Tropfteig getaucht und in Fett goldgelb gebacken.

Gebackene Brennnesselblätter Nr. 573

Werden wie gebackene Apfelspalten (Rezept **Nr. 571**) hergestellt.

Gebackene Salbeiblätter Nr. 574

Werden wie gebackene Apfelspalten (Rezept **Nr. 571**) hergestellt.

Gebackene Zwetschken oder Schlosserbuben Nr. 575

Zutaten: 40 dag Mehl, ½–¾ Liter Milch, 2 Eier, Salz, ½ kg Dörrzwetschken, Fett zum Backen, Zucker zum Bestreuen

Eier, Salz und Mehl werden zu einem dickflüssigen Tropfteig verrührt. Die Zwetschken werden über Nacht eingeweicht oder aufgekocht, in Tropfteig getaucht, in Fett goldgelb gebacken, abgetropft und bezuckert.

Zwetschken in 3 Häuten Nr. 576

Zutaten: ¾ kg gedörrte Zwetschken, Tropfteig wie Rezept **Nr. 559**, Fett zum Backen

Zwetschken, die man einige Stunden eingeweicht hat, werden immer zu zweit in Tropfteig getaucht und im Fett gebacken. Man verdünnt hierauf den Teig etwas, taucht die Zwetschken wieder hinein und bäckt sie nochmals. Diesen Vorgang wiederholt man ein drittes Mal.

Strauben Nr. 577

Zutaten: 40 dag Mehl, 2–5 Eier, Salz, ½–¾ Liter Milch, Fett zum Backen, Zucker

Man macht einen guten, nicht zu weichen Schmarrenteig und lässt ihn mit einem Schnabelhäferl oder Trichter in Spiralenform in das heiße Fett laufen. Sind die Strauben braun, so dreht man sie um, bäckt sie auf der anderen Seite und gibt sie gezuckert im Ganzen zu Tisch.

Blätter- oder Butterteig

Grundrezept Nr. 578

Zutaten: Butterziegel: 30 dag Butter, 15 dag Mehl
Strudelteig: 15 dag Mehl, Salz, ⅛ Liter Weißwein oder Essigwasser,
Saft von ½ Zitrone, (allenfalls ein Dotter)

Für den Blätterteig verwendet man stets gleich viel Butter und Mehl. Das Mehl wird geteilt, aus der Hälfte macht man folgendermaßen einen Butterziegel:
In einem möglichst kühlen Raum schneidet man gute, feste und wasserlose Butter möglichst klein in das Mehl. Mit einem Nudelwalker drückt man hierauf Butter und Mehl so lange, bis beides gleichmäßig vermischt ist. Man formt rasch einen Ziegel daraus und benützt dazu möglichst wenig die Hände, weil die Handwärme dem Teig schadet. Der Butterziegel wird hierauf kalt gestellt, am besten auf Eis gelegt.
Aus der zweiten Mehlhälfte macht man einen Strudelteig: Man gibt Mehl auf das Brett, macht ein Grübchen, gibt Salz, Zitronensaft, Essigwasser oder Weißwein und allenfalls 1 Ei oder Dotter dazu und knetet den Teig wie gewöhnlichen Strudelteig so lange, bis er ganz glatt ist und sich vom Brett löst. Die Flüssigkeit gibt man kalt dazu. Die Beigabe einer Säure wie Zitronensaft oder Essig bewirkt ein besseres Aufgehen des Teiges.
Nach halbstündigem Rasten rollt man den Strudelteig zu einem Viereck aus. Den Butterziegel legt man auf den Strudelteig, schlägt von Letzterem die Enden darüber und behandelt den Teig weiter als einheitliches Stück. Man walkt ihn aus und schlägt die vier Ränder dann so weit um, dass sie sich in der Mitte treffen. Das Mehl wird vor dem Zusammenschlagen stets mit einem Beserl vom Teig abgekehrt. Hierauf wird der Teig fest geklopft, ausgewalkt, abgekehrt und wieder vierfach zusammengeschlagen. Nochmals walkt man ihn aus und lässt den Teig eine halbe Stunde lang kühl (am besten auf Eis) rasten.

Das Breitklopfen, Walken, Abkehren und Zusammenschlagen wird nach jeweiligem Rasten an einem sehr kühlen Ort noch zwei Mal wiederholt. Hierauf wird der Teig 2 mm dick ausgerollt und kann beliebig verwendet werden. Man vermeide am Teig jede Fingerabdruckstelle, weil er dort nicht aufgehen kann.
Vor dem Backen wird Blätterteig teilweise mit Ei oder Eiklar bestrichen. Dies ist wichtig, denn die mit Ei bestrichenen Teile gehen nicht auf. Vollständig bestrichen, würde der Teig sitzen bleiben, gar nicht angeschmiert, würde er so stark aufgehen, dass er auseinanderfallen würde. Blech oder Form für Blätterteig wird nicht befettet, dagegen vor Gebrauch mit Wasser abgespült. Während die Herstellung des Blätterteigs an einem möglichst kühlen Ort gemacht werden soll, erfolgt das Backen bei starker Hitze. Das öftere Öffnen des Rohres ist zu vermeiden. Richtig aufgehenden Blätterteig hört man knistern. Am Misslingen des Blätterteigs ist meist die Butter schuld. Harte, wasserlose Butter ist daher die wichtigste Voraussetzung. Teigreste werden nie zusammengeknetet, sondern mit dem Nudelwalker zusammengedrückt.

Italienischer Blätterteig **Nr. 579**

Hat den Vorteil, dass er rascher hergestellt wird als gewöhnlicher Blätterteig, da das lange Rasten des Teiges unterbleibt.

Zutaten: 30 dag Butter, 30 dag Mehl, Salz, Essigwasser oder Wein, allenfalls Zitronensaft

Butterziegel: Ein Viertel der angegebenen Mehlmenge wird mit der ganzen Butter zu einem Butterziegel verarbeitet (siehe vorhergehendes Rezept). Da es sich um viel Butter und wenig Mehl handelt, verwendet man dazu möglichst wenig die Hände, sondern drückt Butter und Mehl mit dem Nudelwalker zusammen.
Strudelteig: Vom übrigen Mehl macht man unter Zugabe von Salz und kaltem Essig- oder Weinwasser einen weichen Strudelteig, den man gut abarbeitet. Man walkt den Strudelteig aus und schlägt den Butterziegel ein. Die weitere Behandlung ist wie beim gewöhnlichen Blätterteig, nur lässt man den Teig nicht rasten, sondern nimmt das Walken und Zusammenschlagen sechs Mal nacheinander vor.
Dieser Teig kann sogleich verwendet werden und dient zu allem wie gewöhnlicher Blätterteig. Sollte er durch das Verarbeiten zu weich werden, so legt man ihn auf Eis.

Schaumrollen **Nr. 580**

Man bereitet einen gewöhnlichen (Rezept **Nr. 578**) oder italienischen Blätterteig (Rezept **Nr. 579**), den man messerrückendick auswalkt und von dem man 2 ½ cm breite Streifen radelt. Einen Rand des Streifens bestreicht man mit Eiklar und dreht die Streifen derart über eine Schaumrollenform, dass sie zusammenkleben. Hierauf werden die Schaumrollen auf der nach oben gekehrten Seite mit Eiklar derart bestrichen, dass die Ränder frei bleiben. Man bäckt sie bei starker Hitze und löst sie noch warm von den Formen. Erkaltet werden sie mit gezuckertem Schlagobers gefüllt.

Cremeschnitten

Nr. 581

Zutaten: Gewöhnlicher (Rezept **Nr. 578**) oder italienischer Blätterteig (Rezept **Nr. 579**), 1 Eiklar zum Bestreichen
Vanillecreme: ¼ Liter Milch, 2–3 Dotter, Vanillezucker, 5–8 dag Zucker, 3 dag Reismehl, Schnee von 2 Eiklar oder Schlagobers

Der Blätterteig wird ½ cm dick ausgewalkt, in 10 cm breite Streifen geschnitten, die auf unbefettetem Blech gebacken werden. Ist der Teig ausgekühlt, füllt man einen Streifen mit folgender Creme, gibt den zweiten Streifen darauf, überzuckert und schneidet Stücke.
Creme: Milch, Dotter, Reismehl, Vanillezucker und Zucker werden über Dunst geschlagen. Ist die Creme erkaltet, mischt man den fest geschlagenen Schnee oder das Schlagobers darunter.

Blätterteig-Apfelstrudel

Nr. 582

Zutaten: Gewöhnlicher (Rezept **Nr. 578**) oder italienischer (Rezept **Nr. 579**) Blätterteig, ¾ kg Äpfel, 5 dag Zucker, Zitronenschalen, allenfalls 4 dag Rosinen, 1 Ei oder Eiklar zum Bestreichen

Die geschälten, entkernten Äpfel werden mit Zucker und Zitronenschalen in ganz wenig Wasser weich gedünstet und ausgekühlt. Den Blätterteig rollt man 2–3 mm dick aus, gibt die ausgekühlte Apfelfülle und Rosinen hinein, schlägt den Teig zusammen und bäckt ihn bei starker Hitze. Zur Verzierung kann man in eine Teigseite 2 cm breite Streifen einradeln. Einen Streifen legt man über den Teig, den zweiten schlägt man um, woraus sich eine sehr nette Verzierung ergibt.

Äpfel im Schlafrock

Nr. 583

Zutaten: Gewöhnlicher (Rezept **Nr. 578**) oder italienischer Blätterteig (Rezept **Nr. 579**), ¾ kg kleine Äpfel, allenfalls 5 dag Marmelade, 1 Ei zum Bestreichen, Gewürznelken oder Mandeln zum Zusammenstecken

Der gut messerrückendick ausgewalkte Teig wird in 10 cm große Quadrate geradelt. In die Mitte jedes Quadrates legt man einen kleinen, geschälten, entkernten, überdünsteten, ausgekühlten Apfel, den man statt des Kerngehäuses mit Marmelade füllt. Es können auch Apfelstücke verwendet werden. Die Ecken der Quadrate werden über die Äpfel geschlagen und mit einer Nelke oder einer geschälten Mandel zusammengesteckt. Man gibt die Stücke auf ein unbefettetes Blech, bestreicht den Teig mit Ei und bäckt ihn bei starker Hitze.

Rohrkrapfen

Nr. 584

Zutaten:
Butterziegel: 14 dag Butter, 14 dag Mehl
Strudelteig: 14 dag Mehl, 2 Dotter, Salz, Saft von ½ Zitrone, 1/16 Liter Weißwein, 1 Esslöffel Rum, Fett zum Backen

Aus den angegebenen Mengen bereitet man einen Blätterteig, den man nach dreimaligem Rasten 2 mm dick auswalkt und in viereckige Stücke schneidet. Mit einem Spagat bindet man die Teigstücke an die Rohrkrapfenform, bäckt sie im heißen Fett, lässt sie abtropfen und bestreut sie noch warm mit Zucker. Man trägt sie warm auf und gibt Fruchtsaft oder Kompott dazu.

Blätterteigstangerl süß **Nr. 585**

Zutaten: Gewöhnlicher (Rezept **Nr. 578**)
oder italienischer Blätterteig (Rezept **Nr. 579**)
Eiweißglasur: 2 Eiklar, 5 Esslöffel Zucker, 1 Kaffeelöffel Mehl, Zitronensaft

Der fertige Blätterteig wird gut messerrückendick ausgewalkt, mit einem in heißes Wasser getauchten Messer in 2 cm breite und 8 cm lange Streifen zerschnitten, mit Glasur bestrichen und bei starker Hitze gebacken.
Glasur: Alle Zutaten werden so lange gerührt, bis die Masse steif ist.

Butterteigkrapferl **Nr. 586**

Beilage für Fleisch, namentlich Wild mit Rahmsoße.
Zutaten: Gewöhnlicher (Rezept **Nr. 578**) oder italienischer Blätterteig (Rezept **Nr. 579**), 1 Ei zum Bestreichen

Blätterteig wird gut messerrückendick ausgewalkt und mit dem Krapfenausstecher ausgestochen, die Krapferl mit verquirltem Ei bestrichen und bei starker Hitze gebacken.

Kartoffelbutterteig **Nr. 587**

Zutaten: 20 dag Butter, 20 dag Mehl, 20 dag passierte Kartoffeln, Salz, Kümmel

Butter und Mehl werden abgebröselt, gekochte, passierte, ausgekühlte Kartoffeln und Salz daruntergeknetet. Man lässt den Teig rasten, walkt ihn messerrückendick aus, radelt Stangerl davon und sticht mit Keksformen allerlei Figuren aus, bestreicht sie mit Ei, bestreut sie mit Salz und Kümmel und bäckt sie bei starker Hitze.

Topfenbutterteig **Nr. 588**

Zutaten: 20 dag Butter, 20 dag Mehl, 20 dag Topfen,
Salz, Staubzucker zum Wälzen

Butter und Mehl werden abgebröselt und mit passiertem Topfen und Salz rasch zu einem Teig geknetet, den man mindestens eine halbe Stunde lang rasten lässt. Dieser Teig kann auch zu kleinen Bäckereien (Kipferl, Brezeln, Weckerl etc.) verwendet werden. Nach dem Backen wird das Backwerk noch heiß in Staubzucker gewälzt. Man kann auch kleine Täschchen, mit Marmelade oder Topfen gefüllt, formen.

Schmerstrudel Nr. 589

Zutaten: ½ kg Mehl, 40 dag Schmer (Filz vom Schwein),
1 Dotter, Zitronensaft, Essigwasser

Filz wird enthäutet und wie Butter verwendet. Die Herstellung erfolgt wie bei gewöhnlichem Blätterteig. Der Teig eignet sich namentlich für Apfelstrudel oder Butterteigkrapferl als Fleischbeilage.

Brandteig

Aus Brandteig macht man meist feinere Mehlspeisen. Die Bereitung desselben und vor allem das Backen erfordern Übung.

Grundrezepte

Brandteig, I. Art (einfach) Nr. 590

Zutaten: ¼ Liter Milch, 22 dag Mehl, 3 Eier, Salz, 4 dag Butter

Brandteig, II. Art (fein) Nr. 591

Zutaten: ⅛ Liter Wasser, ⅛ kg Butter, 33 dag Mehl, 4 Eier

Wasser oder Milch (Flüssigkeitsmenge genau einhalten!) und Butter lässt man aufkochen und gibt das Mehl auf einmal hinein. Auf kleiner Hitze rührt man die Masse, bis sie ganz glatt ist und einen Klumpen bildet, der sich vom Rand löst. Man lässt den Teig auskühlen, gibt nach und nach die Eier und Salz dazu. Nach jedem Ei muss der Teig ganz glatt verrührt werden, bevor man das nächste Ei dazugibt. An einem kühlen Ort lässt man den Teig rasten und kann ihn dann im Rohr oder in Fett backen. Die Hitze beim Backen des Brandteiges muss groß sein. Der häufigste Fehler ist der, dass der Teig zu früh aus dem Rohr genommen wird. Brandteig muss ganz trocken und gut durchgebacken sein, sonst fällt er beim Herausnehmen zusammen. Wird Brandteig im Fett gebacken, so gibt man in den Teig zu den Eiern etwas Alkohol, damit er nicht so viel Fett aufnimmt.

Brandteig-Hasenöhrln Nr. 592

Zutaten: ¼ Liter Wasser oder Milch, Salz, 4 dag Butter, 22 dag Mehl, 3–4 Eier

Aus obigen Zutaten oder aus den im Grundrezept (Rezept **Nr. 590**) angegebenen Mengen macht man einen Teig, den man rasten lässt. Man walkt ihn aus und radelt Dreiecke, die man im heißen Fett bäckt.

Cremekrapfen Nr. 593

Zutaten: ⅛ Liter Wasser, 5 dag Butter, 11 dag Mehl, 3 Eier, Salz, 2 dag Zucker, 1 Eiklar zum Eintauchen des Löffels, Butter und Mehl für das Blech
Creme: ¼ Liter Milch, 3 Dotter, Vanillezucker, 5 dag Zucker, 3 dag Stärke, Schnee von 3 Eiklar

Aus oben genannten Zutaten bereitet man einen Brandteig. Man taucht 2 Esslöffel in Eiklar und formt damit kleine Krapfen, die man auf ein befettetes, bemehltes Blech legt. Die Masse kann auch mit einem Dressiersack aufgespritzt werden. Im heißen Rohr bäckt man die Krapfen so lange, bis sie innen ganz trocken sind, da sie sonst zusammenfallen und nicht mehr gefüllt werden können. Sind sie erkaltet, schneidet man sie seitlich auf, füllt sie mit folgender Creme und überzuckert sie.
Vanillecreme: Milch, Dotter, Vanillezucker, Zucker und Stärke werden über Dampf dick geschlagen. Ist die Masse ausgekühlt, mischt man den festen Schnee vom Eiklar darunter.

Spritzkrapfen Nr. 594

Zutaten: ¼ Liter Wasser, 5 dag Butter, 20 dag Mehl, 4–5 Eier, etwas Rum, Salz, Fett zum Backen, ¼ Liter Himbeersaft, Hexenschaum oder Kompott

Aus obigen Zutaten bereitet man einen Brandteig, den man in die Spritzkrapfenform (Dressiersack mit gezackter Tülle) füllt und 10 cm lange Stücke in heißes Fett drückt. Man bäckt lichtgelb, nimmt sie heraus, überzuckert sie noch warm und gibt Himbeersaft, Hexenschaum (Rezept **Nr. 852**), Kompott oder Creme dazu.

Windbeutel Nr. 595

Zutaten: ¼ Liter Wasser, 2 dag Butter, 15 dag Mehl, Salz, 2 dag Zucker, 5–6 Eier, etwas Alkohol, Fett zum Backen, Hexenschaum

Aus obigen Zutaten wird ein Brandteig bereitet, von dem man nach dem Rasten mit einem Löffel Nocken ins Fett einlegt und sie beiderseits bäckt. Nach dem Erkalten werden die Windbeutel seitlich aufgeschnitten und mit Hexenschaum (Rezept **Nr. 852**) oder Käsecreme (Rezept **Nr. 498**) gefüllt.

Brandteigpudding Nr. 596

Zutaten: ¼ Liter Milch, 7 dag Butter, 9 dag Mehl, 5–6 Dotter, 4 dag Zucker, Vanillezucker, Schnee von 5–6 Eiklar

Aus obigen Zutaten macht man einen Brandteig, gibt jedoch nur die Dotter in den Teig. Ist dieser vollständig glatt, so mengt man den fest geschlagenen Schnee darunter. In einer befetteten, bemehlten Form kocht man die Masse 1 Stunde in Dunst. Knapp vor dem Auftragen stürzt man den Pudding und gibt Kompott, Creme oder Fruchtsaft dazu.

Verschiedene andere Hauptspeisen

Knödel, Nockerl, Fettgebackenes

Semmelknödel, I. Art — Nr. 597

Zutaten: 15 alte Semmeln oder ¾ kg Weißbrot, 2–3 Eier, 6–8 dag Fett, Zwiebel, Petersiliengrün, Salz, 20–25 dag Mehl, ½–¾ Liter Milch

Die Semmeln schneidet man kleinwürfelig. In heißem Fett werden Zwiebeln und Petersiliengrün angeröstet und über die Semmeln gegossen. Inzwischen versprudelt man Milch, Ei und Salz, weicht die Semmeln damit an und lässt sie einige Zeit stehen, damit sie sich mit Flüssigkeit vollsaugen und aufquellen. Dann wird das Mehl leicht eingemengt, so dass ein nicht zu fester Teig entsteht. Aus der Masse werden mit nassen Händen Knödel geformt, die in Salzwasser 15–20 Minuten langsam kochen müssen.

Semmelknödel, II. Art — Nr. 598

Zutaten: Wie bei Semmeknödel I. Art (Rezept **Nr. 597**).

Hier werden die geschnittenen Semmeln, nachdem sie mit Fett übergossen wurden, mit dem Mehl vermengt. Dann erst kommen Milch, Ei und Salz dazu. Weitere Behandlung wie Semmelknödel I. Art.

Fleischknödel, I. Art — Nr. 599

Zutaten und Zubereitung wie bei Semmeknödel I. Art (Rezept **Nr. 597**).

Man mengt unter den Teig in Zwiebel und Fett angeröstetes, fein gewiegtes Geselchtes oder Wurst.

Fleischknödel, II. Art — Nr. 600

Selchfleisch oder Speck schneidet man in 1 cm große Würfel und füllt damit die Semmelknödel (Rezept **Nr. 597**).

Grammelknödel **Nr. 601**

Die Grammeln werden faschiert und die Semmelknödel (Rezept **Nr. 597**) damit gefüllt.

Leberknödel **Nr. 602**

Zutaten: 15 alte Semmeln oder ¾ kg Weißbrot, 50 dag Leber, 2–3 Eier, 6–8 dag Fett, Salz, Pfeffer, Majoran, Zwiebel, Petersiliengrün, 20–25 dag Mehl

Zwiebel und Petersiliengrün werden in Fett angeröstet und über die kleinwürfelig geschnittenen Semmeln gegossen. Eier, Milch und Salz versprudelt man und feuchtet damit die Semmeln an. Dann kommen faschierte Leber sowie die Gewürze und das Mehl dazu, so dass ein mittelfester Teig entsteht. Aus dem Teig formt man mit nassen Händen Knödel und kocht diese 15–20 Minuten in Salzwasser oder bäckt sie in heißem Fett.

Böhmische Knödel **Nr. 603**

Zutaten: 10 alte Semmeln oder ½ kg Weißbrot, 3 Eier, 40–50 dag Mehl, ungefähr ½–¾ Liter Milch, Salz

Die Semmeln schneidet man würfelig, Mehl, Milch, Eier und Salz werden zu einem dickflüssigen Tropfteig versprudelt, unter den man die Semmeln mengt. Die Masse lässt man einige Zeit zugedeckt stehen, formt zwei große, längliche Knödel, kocht diese in Salzwasser und schneidet sie in Scheiben.

Serviettenknödel **Nr. 604**

Schmecken sehr gut als Beilage zu Wild oder Rindsbraten.
Zutaten: 10 alte Semmeln, ca. ½ Liter Milch, 4–5 Eier, Salz, 10 dag Fett

Semmeln kleinwürfelig schneiden, Eier, Milch, Salz, zerlassenes Fett versprudeln, über die Semmeln gießen und stehen lassen. Aus dem Teig zwei Rollen formen, in feuchte, mit Fett bestrichene Servietten einwickeln und eine gute Stunde in Salzwasser kochen. Vor dem Anrichten in Stücke teilen.

Geröstete Knödel **Nr. 605**

Zutaten: Semmelknödel, etwas Fett, 1–2 Eier, Zwiebel, Schnittlauch zum Bestreuen

Übrig gebliebene Semmelknödel werden blättrig geschnitten. In einer Rein lässt man etwas Fett heiß werden, röstet darin die Knödelstücke und schlägt 1–2 Eier, die man verrührt und auch rösten lässt, hinein. Man kann auch etwas fein geschnittene Zwiebel dazu anrösten und die Knödel mit Schnittlauch bestreut servieren.

Knödelsalat **Nr. 606**

Übrig gebliebene Semmelknödel werden blättrig geschnitten und mit Essig, Öl und ringelig geschnittener Zwiebel angemacht.

Knödelscheiben **Nr. 607**

Übrig gebliebene Semmelknödel werden in fingerdicke Scheiben geschnitten, in versprudeltes Ei getaucht und in einer Pfanne beiderseits rasch abgebraten.

Grießspeckknödel **Nr. 608**

Zutaten: 15 dag Speck, 1 ¼ Liter Milch, ½ kg Grieß, 2–3 Eier, 4 Semmeln, Salz

Kleinwürfelig geschnittener Speck wird ausgelassen, mit Milch aufgegossen und gesalzen. In die kochende Milch wird der Grieß eingerührt, so dass ein dicker Knödel entsteht, der sich vom Kochlöffel löst. Die Masse lässt man auskühlen, mengt dann nach und nach die Eier und kleinwürfelig geschnittene, in Fett geröstete Semmelwürfel darunter. Es werden mit nassen Händen kleine Knödel geformt, die man eine Viertelstunde in Salzwasser kocht.

Kartoffelgrießknödel **Nr. 609**

Zutaten: 1 kg Kartoffeln, 30 dag Grieß, 2–3 Eier, Salz, 4 Semmeln, etwas Fett

Der Grieß wird auf ein Brett gegeben. Die gedämpften, geschälten, noch heißen Kartoffeln werden mit dem Nudelwalker in den Grieß gedrückt. Das Ganze lässt man überkühlen, mengt dann Eier, in Fett geröstete Semmelwürfel und Salz darunter, formt Knödel und kocht diese 15–20 Minuten in Salzwasser.

Topfenknödel **Nr. 610**

Zutaten: 8–10 dag Fett, 3–4 Eier, ¾ kg trockener Topfen, Salz, 30 dag Grieß, allenfalls Butter und Brösel

Zu flaumig gerührter Butter gibt man Dotter, passierten Topfen, Salz, Grieß und lässt den Teig einige Zeit stehen, damit der Grieß aufquillt. Zuletzt kommt der Schnee vom Eiklar dazu. Dann formt man Knödel und lässt sie langsam in Salzwasser 12–15 Minuten kochen. Man kann die Knödel mit in Butter gerösteten Bröseln bestreuen und dazu Kompott oder Marmeladesoße servieren.

Topfennudeln **Nr. 611**

Zutaten: ½ kg Topfen, 2 Eier, Salz, Mehl, Fett

Fein zerdrückter Topfen wird gesalzen und mit so viel Mehl vermischt, dass ein nicht zu weicher Teig entsteht. Man formt daraus fingerdicke Stücke, die man in Salzwasser kocht, abseiht und in wenig Fett unter öfterem Wenden braun rösten lässt.

Topfenlaibchen Nr. 612

Kartoffeln werden gekocht, passiert und mit dem fein zerdrückten Topfen (ebenso viel wie Kartoffeln), Salz, allenfalls einem Ei und so viel Mehl, dass sich der Teig bindet, gut vermischt, Laibchen geformt und in Fett rasch beiderseits gebacken. Bei raschem Backen saugen Kartoffelteige weniger Fett.

Topfenschmarren Nr. 613

Zutaten: ¾ kg Topfen, 30 dag Mehl, 2 Eier, Salz, Fett zum Backen

Topfen wird mit den übrigen Zutaten vermengt und der Teig einige Zeit stehen gelassen. In einer Pfanne lässt man Fett heiß werden, gibt die Masse hinein und lässt sie ausdünsten.

Grießschmarren, I. Art Nr. 614

Zutaten: 1 ¼ Liter Milch, 50 dag Grieß, Salz, Fett zum Backen

Milch wird mit Salz und etwas Fett zum Kochen gebracht und der Grieß dick eingekocht. In einer Pfanne lässt man Fett heiß werden, gibt die Grießmasse hinein und lässt sie ungefähr eine Stunde lang erst auf der Herdplatte, dann im Rohr ausdünsten.

Grießschmarren, II. Art Nr. 615

Zutaten: ¾ Liter Grieß, 15 dag Fett, 1 ½ Liter Milch, Salz

Der Grieß wird in Fett etwas geröstet, darf aber nicht gelb werden. Dann verrührt man ihn mit1 ½ Liter gesalzener, kalter Milch, stellt ihn ins heiße Rohr und bröselt ihn nach einer halben Stunde fein.

Grießschnitten Nr. 616

Zutaten: 1 ½ Liter Milch, 50 dag Grieß, Salz, Fett zum Backen, (2–3 Eier)

In die kochende, gesalzene Milch wird der Grieß dick eingekocht, die Masse 2 cm dick auf ein nasses Brett gestrichen und überkühlt. Dann schneidet man Stücke, taucht diese in verquirltes Ei und bäckt sie in der Pfanne in heißem Fett auf beiden Seiten goldgelb.

Grießauflauf Nr. 617

Zutaten: 3 Dotter, 6 dag Zucker, 3 Eiklar, 12 dag Grieß, Zitronenschalen, ½ Liter Milch, allenfalls Himbeersaft oder anderer Fruchtsaft

Dotter und Zucker werden schaumig gerührt, der feste Schnee und Grieß werden locker daruntergemischt. Bei mittlerer Hitze bäckt man die Masse ¼ – ½ Stunde in einer befetteten Form, übergießt sie mit siedender Milch und lässt sie 10 Minuten stehen. Man schneidet Schnitten, zu denen man Himbeersaft gibt.

Semmelschmarren Nr. 618

Zutaten: 10 alte Semmeln, 4 Eier, Salz, ungefähr ½ Liter Milch, 5 dag Zucker, 5 dag Weinbeerln, 15 dag Butter, etwas Staubzucker zum Bestreuen

Die Milch wird mit Salz, Eiern und Zucker versprudelt und über die blättrig geschnittenen Semmeln gegossen. Sind diese aufgeweicht, mischt man die Rosinen dazu, gibt die Masse in eine Pfanne mit heißer Butter und lässt sie im Rohr dünsten. Angerichtet wird der Schmarren überzuckert.

Scheiterhaufen Nr. 619

Zutaten: 15 alte Semmeln oder ¾ kg Weißbrot, 2 kg Äpfel, ½–¾ Liter Milch, 2–3 Eier, geriebene Zitronenschalen, 10–15 dag Zucker, Fett und Brösel für die Form, allenfalls Rosinen, Butter

Semmeln werden blättrig geschnitten, Milch, Ei, Salz und Zucker versprudelt, über die Semmeln gegossen und eine halbe Stunde stehen gelassen. Dann gibt man abwechselnd Semmelmasse und Fülle (blättrig geschnittene Äpfel, Rosinen, Zucker und Zitronenschalen) in eine Rein, schließt mit Semmeln ab, legt obenauf kleine Butterstückchen und bäckt das Ganze im Rohr.

Abbrennschmarren (Mus) Nr. 620

Zutaten: ¾ kg Mehl, Milch, Salz, Fett zum Backen

Das Mehl wird in eine Schüssel gegeben, gesalzen und mit so viel kochender Milch übergossen, dass eine krümelige Masse entsteht. In einer Pfanne lässt man Fett heiß werden, gibt die Menge hinein und lässt sie unter häufigem Wenden dünsten, bis das Ganze locker auseinanderfällt und eine schöne goldbraune Farbe bekommt.

Pressknödel mit Käse Nr. 621

Zutaten: 12 alte Semmeln, 6 dag Fett, Zwiebel, Salz, Petersiliengrün, ½–¾ Liter Milch, 20 dag geriebener Käse, 3 Eier, 2–3 große, gekochte Erdäpfel, etwas Mehl, Fett zum Backen

Zur Knödelmasse werden geriebene Erdäpfel und geriebener Käse gemengt. Aus dem Teig Knödel formen, flachdrücken und in heißem Fett auf beiden Seiten goldbraun backen, mit Suppe aufgießen und ein paar Minuten kochen lassen.

Hasenöhrln Nr. 622

Zutaten: ¾ kg Mehl, Salz, 2 Dotter, Sauermilch, etwas Obers, Fett zum Backen

Aus den Zutaten einen mittelfesten Teig herstellen, eine halbe Stunde kühl rasten lassen, messerrückendick auswalken, Quadrate oder Dreiecke ausradeln und in Fett backen.

Schneeballen, I. Art **Nr. 623**

Zutaten: 40 dag Mehl, ⅛ Liter Sauerrahm oder Sauermilch, 4–6 Dotter, Salz, 6–8 dag Fett, etwas Rum, Fett zum Backen

Mehl, Dotter, Fett, Rahm, Rum und Salz werden auf dem Brett zu einem feinen, glatten Teig verarbeitet, den man eine halbe Stunde kühl rasten lässt. Dann walkt man ihn dünn aus, radelt 5–6 cm große Vierecke daraus, in die man fingerbreite Streifen einradelt. Der Rand muss jedoch ganz bleiben. Dann wird ein Kochlöffelstiel zwischen die Teigstreifen geschoben, der erste Teigstreifen wird über die anderen gezogen. So geformt, werden die Schneeballen in heißes Fett gelegt und goldgelb gebacken.

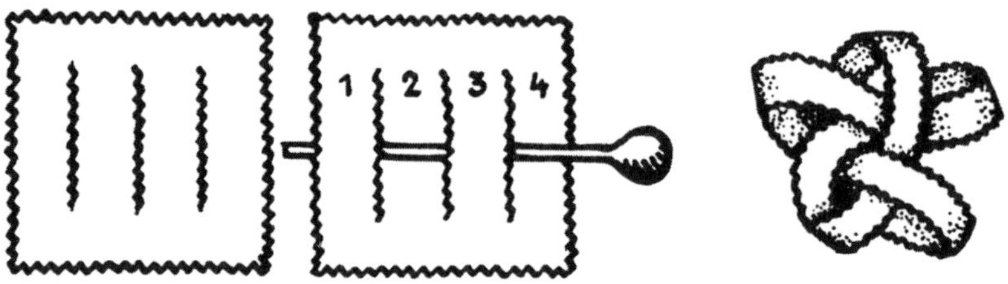

Teigstreifen 1 unter Teigstreifen 3 unten durchziehen, so dass ein unregelmäßiger Ballen entsteht.

Schneeballen, II. Art **Nr. 624**

Zutaten: 60 dag Mehl, 9 dag Zucker, 8 dag Fett, 1 ½ Päckchen Backpulver, 3 Eier, 10 Esslöffel Milch, 2 Teelöffel Schnaps oder Rum, etwas Salz

Fett wird flaumig abgetrieben, Zucker und Eier dazugerührt. Hierauf mischt man zum Teig die anderen Zutaten, lässt ihn rasten und walkt ihn auf dem Brett halbfingerdick aus, radelt 5–6 cm große Vierecke daraus, in die man fingerbreite Streifen einradelt. Der Rand muss jedoch ganz bleiben. Dann wird ein Kochlöffelstiel zwischen die Teigstreifen geschoben, der erste Teigstreifen wird über die anderen gezogen. So geformt, werden die Schneeballen in heißes Fett gelegt und goldgelb gebacken.

Schneeballen, III. Art **Nr. 625**

Zutaten: 30 dag Mehl, 4 Dotter, 3 dag Zucker, 5–6 Esslöffel Obers, Salz, 2 Messerspitzen Backpulver

Die genannten Zutaten werden zu einem Teig verarbeitet, den man rasten lässt. Dann wird der Teig ausgewalkt, zusammengeschlagen und wieder zum Rasten gestellt. Dies wiederholt man zwei Mal. Hierauf rollt man den Teig messerrückendick aus, radelt 5–6 cm große Vierecke daraus, in die man fingerbreite Streifen einradelt. Der Rand muss jedoch ganz bleiben. Dann wird ein Kochlöffelstiel zwischen die Teigstreifen geschoben, der erste Teigstreifen wird über die anderen gezogen. So geformt, werden die Schneeballen in heißes Fett gelegt und goldgelb gebacken.

Gebackene Rosen **Nr. 626**

Zutaten: Alle drei vorher genannten Teige für Schneeballen lassen sich für gebackene Rosen verwenden, die man wie folgt herstellt:

Der messerrückendick ausgewalkte Teig wird mit 3 Krapfenausstechern von verschiedener Größe ausgestochen. In jedes Teigblatt macht man vom Rand gegen die Mitte zu 5 kurze Einschnitte. Nun legt man 3 Blätter aufeinander, und zwar das größte zuunterst und das kleinste oben, und klebt sie in der Mitte mit Eiklar zusammen. Man drückt die Rosen in der Mitte zusammen, gibt sie dann mit dem kleinsten Blättchen nach unten in heißes Fett, bäckt beiderseits hellgelb, überzuckert noch warm und gibt, wenn die Rosen erkaltet sind, in das obere Blättchen etwas Marmelade.

Heidelbeernocken **Nr. 627**

Zutaten: 2 ½ Liter Heidelbeeren, Mehl, Salz, Fett zum Backen

Die Heidelbeeren werden mit so viel Mehl vermengt, dass sie gebunden sind. Man sticht mit dem Löffel Nocken aus, gibt sie in einer Pfanne in heißes Fett, drückt sie flach und bäckt sie auf beiden Seiten schön knusprig.

Apfelnocken **Nr. 628**

Zutaten und Zubereitung wie Heidelbeernocken (Rezept **Nr. 627**).

Zwetschkennocken **Nr. 629**

Zutaten und Zubereitung Heidelbeernocken (Rezept **Nr. 627**).
Die Zwetschken werden entkernt und in Streifen geschnitten.

Pofesen mit Fleischfülle **Nr. 630**

Zutaten: 10 alte Semmeln, circa ½ Liter Milch, 3 Eier,
20 dag Semmelbrösel, Fett zum Backen
Fülle: 30 dag Fleischreste, Zwiebel, Petersiliengrün, 3 dag Fett zum Backen

Man schneidet die Semmeln in Scheiben, und zwar derart, dass je zwei Stück zusammenhängen, streicht die Fleischfülle dazwischen, taucht den Semmelrand in Milch, paniert in Ei und Bröseln und bäckt in heißem Fett. Allenfalls kann man die Brösel weglassen. Statt des Panierens kann man die Pofesen auch in einen Tropfteig aus Mehl, Ei und Milch tauchen und dann backen.
Fülle: Die Fleischreste werden faschiert und mit Zwiebel und Petersiliengrün abgeröstet.

Hirnpofesen **Nr. 631**

Zutaten: 10 alte Semmeln, circa ½ Liter Milch, 3 Eier,
20 dag Semmelbrösel, Fett zum Backen
Fülle: 50 dag Hirn, 6 dag Fett, Zwiebel und Petersiliengrün

Das Hirn wird einige Minuten in heißes Wasser gelegt, enthäutet und fein gehackt. In Fett lässt man Zwiebel und Petersiliengrün anlaufen und röstet das Hirn darin.
Weitere Zubereitung wie Pofesen mit Fleischfülle (Rezept **Nr. 630**).

Leber- oder Milzpofesen **Nr. 632**

Zutaten: 10 alte Semmeln, circa ½ Liter Milch, 3 Eier, 20 dag Semmelbrösel, Fett zum Backen
Fülle: 50 dag Leber, Salz, Pfeffer, Majoran, 3 dag Fett zum Rösten, Zwiebel

Leber oder Milz wird gehackt und in Fett geröstete Zwiebel und die anderen Zutaten dazugegeben. Weitere Zubereitung wie Pofesen mit Fleischfülle (Rezept **Nr. 630**).

Zwetschkenpofesen **Nr. 633**

Zutaten: 10 alte Semmeln, circa ½ Liter Milch, 3 Eier,
20 dag Semmelbrösel, Fett zum Backen
Fülle: 1 kg gedörrte Zwetschken, Zimt, Nelken, Zitronenschalen,
2 Esslöffel Rum oder Powidlmarmelade

Gedörrte Zwetschken weicht man über Nacht ein, löst die Kerne aus, faschiert oder wiegt sie fein und gibt die genannten Gewürze hinein. Es kann auch Powidlmarmelade dafür verwendet werden. Weitere Zubereitung wie Pofesen mit Fleischfülle (Rezept **Nr. 630**).

Kartoffeln, Nudeln und Gemüse

Eingebrannte Kartoffeln, I. Art **Nr. 634**

Zutaten: 1 ½–2 kg Kartoffeln, 6–8 dag Fett, 8–10 dag Mehl, Pfeffer,
Zwiebel, Petersiliengrün, Essig, Knoblauch

Gekochte Kartoffeln werden blättrig geschnitten. Aus Fett, Mehl, Zwiebel und Petersiliengrün wird eine dunkle Einbrenn gemacht, mit Wasser oder Suppe aufgegossen, gewürzt und verkocht. Zuletzt kommen die blättrig geschnittenen Kartoffeln dazu, dann lässt man nochmals aufkochen.

Eingebrannte Kartoffeln, II. Art **Nr. 635**

Zutaten: siehe eingebrannte Kartoffeln I. Art, Rezept **Nr. 634**

In eine aufgegossene, verkochte und gut gewürzte Einbrenn gibt man roh geschälte, würfelig geschnittene Kartoffeln und lässt sie darin weich kochen. Zuletzt wird, wenn nötig, noch nachgewürzt.

Majorankartoffeln **Nr. 636**

Zutaten und Zubereitung wie eingebrannte Kartoffeln (Rezept **Nr. 634**), nur gibt man statt Essig Majoran dazu.

Dillkartoffeln **Nr. 637**

Zutaten und Zubereitung wie eingebrannte Kartoffeln (Rezept **Nr. 634**). Statt Majoran gibt man fein gewiegten Dill dazu.

Rahmkartoffeln **Nr. 638**

Zutaten und Zubereitung wie eingebrannte Kartoffeln (Rezept **Nr. 634**). Statt Essig und Pfeffer gibt man Sauerrahm und etwas Paprika dazu.

Kartoffelomeletts **Nr. 639**

Zutaten: 2 kg Kartoffeln, Salz, 2–4 Eier, 3 Esslöffel Mehl, Fett zum Backen

Geschälte, rohe Kartoffeln reibt man am Reibeisen; bildet sich dabei viel Saft, so schüttet man diesen weg, drückt jedoch die Kartoffeln nicht aus. Man salzt, gibt Eier und Mehl dazu und bäckt von der Masse Omeletts, die man mit Marmelade oder Äpfeln füllt, oder man gibt Salat oder Gemüse dazu.

Kartoffelschnitz **Nr. 640**

Zutaten: 2 kg Kartoffeln, Salz, 1–1 ½ Liter Milch oder Selchsuppe, geröstete Zwiebeln

Rohe, geschälte, blättrig geschnittene Kartoffeln werden in eine Rein gegeben und mit gerösteten Zwiebeln bestreut, mit Milch oder Selchsuppe übergossen und im Rohr gebacken.

Kartoffelribler **Nr. 641**

Zutaten: 1–1 ½ kg Kartoffeln, ¾–1 kg Mehl, Salz, etwas Fett

Gekochte, ausgekühlte Kartoffeln werden am Reibeisen gerieben und locker mit dem Mehl verbröselt. In einer Pfanne lässt man Fett heiß werden, gibt die Masse hinein und lässt sie auf dem Herd oder im Rohr ausbraten.

Kartoffelschmarren mit Mehl Nr. 642

Dieser Kartoffelschmarren ist eine Beilage, kann aber auch als Hauptspeise mit Gemüse, Kompott oder Milch gegessen werden.

Zutaten: 2 kg Kartoffeln, 38 dag Mehl, Salz, 30–40 dag Fett

Die gekochten Kartoffeln werden geschält, gepresst (oder kalte Kartoffeln gerieben) und auf einem Nudelbrett ausgebreitet. Sind sie ausgekühlt vermischt man sie mit Mehl und Salz (nicht alle auf einmal, die Masse wird sonst zu weich, sie muss trocken und krümelig sein), gibt sie portionsweise in eine Stielpfanne und lässt sie auf dem Herd oder im Rohr ausdünsten.

Kartoffelschmarren Nr. 643

Zutaten: 40 dag Weißbrot, 1 ½ kg Kartoffeln, ½–¾ Liter Milch, Zwiebel, 5–15 dag Fett zum Backen

Das Weißbrot schneidet man nudelig, feuchtet es mit Milch an und gibt klein geschnittene Zwiebel dazu. Gekochte, geschälte Kartoffeln werden gestampft und mit dem Brot vermischt. In einer Pfanne lässt man Zwiebel in Fett anrösten, gibt die Masse hinein und rührt sie während des Backens im Rohr öfters um.

Kartoffelauflauf Nr. 644

Zutaten: 1 kg gekochte Kartoffeln, Salz, Muskat, 2 große Zwiebeln, 6 dag Fett, 4 hart gekochte Eier, 2 Bratwürste oder Krainer, ¼ Liter Sauerrahm, (Käse)

Kartoffeln, Eier und Würste in Scheiben schneiden und abwechselnd mit der in Fett gerösteten Zwiebel in eine Auflaufform schlichten, mit Sauerrahm übergießen, evtl. mit Käse bestreuen und etwa 30–45 Minuten im Rohr backen lassen.

Gebackenes Kartoffelpüree Nr. 645

Fertiges Kartoffelpüree (Rezept **Nr. 345**) wird in eine gut gefettete Rein gedrückt, Fleischfülle (Rezept **Nr. 62**) daraufgegeben, oben wieder mit Püree belegt, allenfalls mit Ei bestrichen und ½ Stunde schön gelb gebacken. Vor dem Backen kann man in die Oberfläche mit einer Gabel ein Muster ritzen.

Kartoffellaibchen mit Semmeln Nr. 646

Zutaten: 20 dag Weißbrot, circa ½ Liter Milch, 2 kg Kartoffeln, 2–3 Eier, Salz, Zwiebel, 5–15 dag Fett zum Backen

Weißbrot schneidet man nudelig und feuchtet es mit Milch an. Die gekochten, geschälten, zerstampften Kartoffeln mischt man mit dem Brot gut ab, gibt geröstete Zwiebel, Eier und

Salz dazu und formt aus der Masse Laibchen, die man auf fettem Blech im Rohr oder auf der Herdplatte beiderseits knusprig braten lässt. Man gibt Sauerkraut, Salat oder Gemüse zu diesen Kartoffellaibchen.

Schlegelschnitzel Nr. 647

Zutaten: 10 Semmeln, 2–5 Eier, Milch, Fett zum Backen

Man schneidet die Semmeln in Scheiben, taucht sie in Milch und in Ei und bäckt sie in heißem Fett. Man kann die Semmelschnitten auch in einen Tropfteig (Rezept Nr. **559**) tauchen und in heißem Fett backen.

Kartoffelhasenöhrln Nr. 648

Zutaten: 10 große Kartoffeln, Mehl, Salz, allenfalls 1 Ei, Fett zum Backen

Die Kartoffeln werden gekocht, passiert, mit Salz, allenfalls 1 Ei und so viel Mehl vermengt, dass ein mittelfester Teig entsteht. Man rollt ihn aus und radelt Dreiecke, die man im heißen Fett bäckt. Kartoffelhasenöhrln fallen einige Zeit nach dem Backen zusammen, weshalb man sie erst knapp vor dem Auftragen backen soll.

Kartoffelgulasch Nr. 649

Zutaten: 2–2 ½ kg Kartoffeln, 6–8 dag Fett, Zwiebel, Salz, Paprika, Essig
etwas Mehl zum Stauben, Wasser oder Suppe, (Sauerrahm)

In heißem Fett lässt man fein geschnittene Zwiebel goldgelb anrösten, gibt die rohen, geschälten, großwürfelig geschnittenen Kartoffeln dazu sowie Salz, Paprika und einen Spritzer Essig, gießt mit Wasser oder Suppe auf und lässt die Kartoffeln weich dünsten. Zuletzt wird gestaubt, das Mehl angeröstet, aufgegossen und verkocht. Ins Kartoffelgulasch kann man zur Verbesserung würfelig geschnittene Wurst, Essiggurkerl, Tomaten und Sauerrahm geben.

Makkaroni Nr. 650

Zutaten: 1 kg Makkaroni oder Spaghetti, 8 dag Fett, Salz

Die Makkaroni werden unzerbrochen in siedendes Salzwasser gegeben, darin weich gekocht, abgeseiht und mit kaltem Wasser abgeschreckt. Dann lässt man sie gut abtropfen und gibt sie in heißes Fett.

Spaghetti mit italienischer Fleischsoße (Pasta asciutta) Nr. 651

Zutaten: 6 dag Fett oder Öl, 2 große Zwiebeln, 2 Karotten, Salz, Knoblauch,
Paprika, Tomatenmark, 50 dag Faschiertes, ¾ kg Spaghetti, Parmesan gerieben

In Fett oder Öl klein geschnittene Zwiebeln anrösten, geriebene Karotten und Faschiertes sowie die übrigen Zutaten dazugeben, durchrösten, mit etwas Wasser oder Suppe aufgießen und weich dünsten lassen. Die fertige Soße über die gekochten, abgeseihten Spaghetti gießen und mit geriebenem Käse bestreuen.

Falsches Beuschel Nr. 652

Zutaten: 8–10 dag Fett, 20–25 dag Mehl, Salz, Zwiebel, Pfeffer, Essig, Lorbeerblatt, Thymian, Wasser oder Suppe
Frittaten: 25 dag Mehl, 2 Eier, ½–¾ Liter Milch, Fett zum Backen

Aus Fett, Mehl und Zwiebel wird eine dunkle Einbrenn hergestellt, mit Wasser oder Suppe aufgegossen, die Gewürze dazugegeben und gut verkocht. Zuletzt werden nudelig geschnittene Frittaten (Rezept **Nr. 66**) hineingegeben.

Ritscher Nr. 653

Zutaten: 15 dag Rollgerste, 15 dag Bohnen, Selchfleisch, Wurzelwerk, Salz, Zwiebel, grüne Kräuter, (5 dag Fett)

Rollgerste wird mit am Tag vorher eingeweichten Bohnen, Selchfleisch und klein geschnittenem Wurzelwerk in kaltes Wasser gegeben und weich gekocht. Zuletzt streut man fein gehackte grüne Kräuter über das Gericht. Wurzelwerk und Zwiebel kann man im Fett anrösten und mischen.

Gemüsereis Nr. 654

Zutaten: 10 dag Fett oder Speck, ½ kg Reis, 1 ½ kg verschiedene Gemüse (Karotten, Kohlrabi, grüne Erbsen, grüne Bohnen, grüne Paprika, Tomaten, Pilze), 10 dag Reibkäse, Salz, Kräuter, Wasser oder Suppe

In kleinwürfelig geschnittenem Speck oder Fett Gemüse andünsten, Reis dazugeben, mit ¾ Liter kochendem Wasser oder Suppe aufgießen, salzen und zugedeckt langsam weich dünsten lassen. Den fertigen Reis mit der Gabel auflockern und mit geriebenem Käse und fein gehackten Kräutern bestreuen.

Gemüseeintopf Nr. 655

Zutaten: 1 Kohl- oder Krautkopf, 4–5 Karotten, 2 Stangen Lauch, 4–5 Stück Kohlrabi, 1 Sellerieknolle, 4–5 große Kartoffeln. Je nach Jahreszeit: grüne Bohnen, grüne Erbsen, Tomaten, grüne Kräuter (Petersilie, Bohnenkraut, Dill), Zwiebel, Fett, etwas Mehl zum Stauben

Das Gemüse wird gewaschen, geputzt, dann werden Kartoffeln, Kohlrabi, Sellerie und Karotten würfelig, Kraut, Kohl, Lauch, grüne Bohnen nudelig geschnitten. Zwiebel wird in heißem Fett angeröstet, darin lässt man erst das Wurzelgemüse unter öfterem Aufgießen gut halbweich dünsten und gibt später Kraut, Kohl, Lauch etc. dazu. Zuletzt wird das Ganze gestaubt, aufgegossen und nochmals verkocht. In den fertigen Gemüseeintopf kommen fein gehackte, grüne Kräuter.

Gemüsegulasch **Nr. 656**

Zutaten: Wie Gemüseeintopf, Rezept **Nr. 655**

In heißem Fett lässt man Zwiebel und Paprika anlaufen und arbeitet dann weiter wie bei Gemüseeintopf.

Gestürztes Sauerkraut **Nr. 657**

Zutaten: 6–8 dag Fett, 10–12 dag Mehl, Zwiebel, ½–¾ kg Sauerkraut, 2–2 ½ kg Kartoffeln, Selchfleisch oder Wurst, etwas Sauerrahm, Brösel

Kartoffeln werden gedämpft, geschält und blättrig geschnitten. Das Sauerkraut wird gekocht, eingebrannt und ausgekühlt. Eine Rein wird befettet und bebröselt, nun kommen schichtenweise Kartoffeln, würfelig geschnittenes, gekochtes Selchfleisch oder Wurst, Sauerkraut, wieder Kartoffeln etc. hinein; abgeschlossen wird mit Sauerkraut. Zuletzt wird etwas Sauerrahm darübergegossen, das Ganze im Rohr gebacken, gestürzt und in Stücke geteilt.

Paprikakraut **Nr. 658**

Zutaten: 2–2 ½ kg Kartoffeln, 1 kg Sauerkraut, 6–8 dag Fett, Zwiebel, Salz, Paprika, Essig, (Sauerrahm)

Die Kartoffeln werden roh geschält und großwürfelig geschnitten. In heißem Fett röstet man die Zwiebel goldgelb an, gibt die Kartoffeln, Paprika und einen Spritzer Essig dazu und lässt sie unter öfterem Aufgießen dünsten. Nach halber Kochzeit wird das Kraut dazugegeben, nochmals aufgegossen und alles zusammen weich gedünstet. Man kann das Gericht mit etwas Sauerrahm verbessern.

Gefüllte Kohlrabi **Nr. 659**

Zutaten: 10 Stück Kohlrabi, 30–40 dag Fleischreste, (1 Ei), Salz, Pfeffer, Majoran, Zwiebel, Petersiliengrün, 5 dag Fett zum Braten. (Als Streckmittel für die Fleischfülle können geriebene Kartoffeln, gedünsteter Reis oder Rollgerste, aufgeweichte Semmeln, Semmelbrösel oder Haferflocken verwendet werden.)
Einmachsoße: 12 dag Butter, 8 dag Mehl, Petersiliengrün, Muskatnuss, Pfeffer, Salz

Die Kohlrabi werden geschält, ein Kapperl abgeschnitten, ausgehöhlt, kurz überkocht, mit folgender Fleischfülle gefüllt und mit den vorher abgeschnittenen Käppchen bedeckt. In einer Bratrein lässt man Fett heiß werden, gibt die gefüllten Kohlrabi hinein und brät sie unter öfterem Aufgießen. Zuletzt kann man eine gut gewürzte Einmachsoße darübergießen und das Ganze nochmals aufkochen lassen.

Fleischfülle: Das Fleisch wird faschiert und mit den Gewürzen, in Fett gerösteter Zwiebel, Petersiliengrün und dem Streckmittel vermengt.
Einmachsoße: Man bereitet eine helle Einmach, die man mit Wasser oder Suppe aufgießt und mit Salz, Pfeffer und fein gehacktem Petersiliengrün würzt.

Gefüllte Paprika — Nr. 660

Zutaten: 10 Stück Paprika, 30–40 dag Fleischreste, (1 Ei), Salz, Pfeffer, Majoran, Zwiebel, Petersiliengrün, 5 dag Fett zum Braten. (Als Streckmittel für die Fleischfülle können geriebene Kartoffeln, gedünsteter Reis oder Rollgerste, aufgeweichte Semmeln, Semmelbrösel oder Haferflocken verwendet werden.)

Von den Paprikaschoten wird das Kapperl mit dem Stiel abgeschnitten; die Schoten werden ausgehöhlt, mit kochendem Wasser übergossen und einige Zeit stehen gelassen. Dann füllt man sie mit der Fleischfülle, schließt mit den Kapperln ab und lässt sie im Rohr braten oder in Paradeissoße dünsten. Milder, süßer Paprika muss nicht überbrüht werden.
Fleischfülle: Das Fleisch wird faschiert und mit den Gewürzen, in Fett gerösteter Zwiebel, Petersiliengrün und dem Streckmittel vermengt.

Gefüllte Tomaten — Nr. 661

Zutaten und Zubereitung wie gefüllte Kohlrabi (Rezept **Nr. 659**).

Beim Aushöhlen der Tomaten wird nur das Weiche herausgenommen. Gefüllte Tomaten darf man nur kurz braten und vorher nicht überkochen.

Gefüllte Gurken — Nr. 662

Zutaten und Zubereitung wie gefüllte Kohlrabi (Rezept **Nr. 659**).

Die Gurken schälen, der Länge nach halbieren und das Innere herausnehmen. Die Gurken werden vorher nicht überkocht. Die Soße wird etwas gestaubt, aufgegossen und mit Rahm verbessert.

Kraut- oder Kohlröllchen — Nr. 663

Zutaten: 2–3 Kraut- oder Kohlköpfe, 5–10 dag Fett oder Speck
Fülle: Rezept **Nr. 659**.
Einmachsoße: Rezept **Nr. 659**.

Die Kraut- oder Kohlblätter werden vom Strunk befreit, einige Minuten gekocht, damit sie geschmeidig werden, auf einem Sieb gut abgetropft, mit Fleischfülle bestrichen, eingerollt und in heißem Fett im Rohr gebraten. Man übergießt die Röllchen mit Einmachsoße.

Aufläufe

Reisauflauf Nr. 664

Zutaten: 1 ½–2 Liter Milch, 40 dag Reis, 10–15 dag Butter, 4–6 Eier, 15–20 dag Zucker, Zitronenschale, 1 kg Äpfel, Rosinen, Brösel

Der Reis wird mit Salz in Milch gegeben, langsam weich gekocht und ausgekühlt.
Butter wird inzwischen flaumig gerührt, dazu kommen Dotter, Zucker, fein gewiegte Zitronenschale, der ausgekühlte Reis und der steife Schnee vom Eiklar. Die halbe Masse wird in eine gut befettete, bebröselte Auflaufform oder Bratrein gegeben, mit feinblättrig geschnittenen Äpfeln und Rosinen belegt, die restliche Masse daraufgegeben und das Ganze etwa ¾ Stunden im Rohr gebacken. Die Äpfel können auch weggelassen werden. Der Reisauflauf wird mit Fruchtsaft zu Tisch gebracht.

Grießauflauf Nr. 665

Zutaten: 1 ½ Liter Milch, 40 dag Grieß, 10–15 dag Butter, 4–6 Eier, 15–20 dag Zucker, Zitronenschale, Vanillezucker.

Zubereitung: Wie Reisauflauf (Rezept **Nr. 664**).

Haferflockenauflauf Nr. 666

Zutaten und Zubereitung wie Reisauflauf (Rezept **Nr. 664**).

Topfenauflauf Nr. 667

Zutaten: ¾ kg Topfen, 25 dag Grieß, 10–15 dag Butter, 4–6 Eier, 20 dag Zucker, Zitronenschale, Rosinen, geriebene Haselnüsse

Butter, Zucker und Dotter flaumig rühren, Topfen, Grieß und die übrigen Zutaten einmengen, Schnee leicht unterheben, in befettete und bemehlte Auflaufform geben; bei mittlerer Hitze ¾ Stunden backen.

Topfennudelauflauf Nr. 668

Zutaten: ¾ kg Mehl, 2 Eier, Salz, kaltes Wasser, 15–20 dag Butter, 4–6 Eier, ¾–1 kg Topfen, ¼ Liter Obers, Zitronensaft, Vanillezucker, 15–20 dag Zucker

Aus Mehl, Eiern, Salz und kaltem Wasser wird ein Nudelteig hergestellt, den man zu Nudeln schneidet, die in Salzwasser gekocht werden.
Butter wird flaumig gerührt, dann kommen Dotter, Zucker, Topfen, Obers, Zitronenschale und -saft dazu sowie die abgeseihten, ausgekühlten Nudeln und der steife Schnee. Das Ganze wird in eine Auflaufform oder Bratrein gegeben und im Rohr gebacken.

Hirseauflauf Nr. 669

Zutaten: 2 Liter Milch, 40 dag Hirse, ½ kg Topfen, 4 Eier, 15–20 dag Zucker, 1½ kg Äpfel, eventuell Rosinen

Die Hirse in leicht gesalzener Milch langsam weich kochen, auskühlen lassen und wie Reisauflauf verarbeiten, (Rezept Nr. **664**), nur statt Butter Topfen in den Abtrieb mengen.

Käseauflauf Nr. 670

Zutaten: 10 Scheiben Weißbrot, 5 Eier, ¾–1 Liter Milch, 25 dag geriebener Käse, Salz, Paprika

Die Brotscheiben rösten, in eine Auflaufform schlichten, Dotter mit Milch, Salz und Paprika versprudeln, Käse daruntermischen, Eischnee unterheben und die Masse über die Brotschnitten gießen. Bei mittlerer Hitze goldgelb überbacken und sofort auftragen.

Gratinierter Karfiol Nr. 671

Zutaten: 2 Rosen Karfiol, 6–8 dag Butter, 6–8 dag Mehl, 2 Dotter, Milch und Suppe, Salz, Muskat, 25 dag Selchfleisch, 12 dag geriebener Käse

Karfiol ganz oder zerteilt in Salzwasser weich kochen, abtropfen lassen, in befettete Auflaufform geben (Rose nach oben), mit gehacktem Selchfleisch bestreuen, mit Bechamelsoße übergießen, mit Käse bestreuen und bei mittlerer Hitze goldgelb überbacken.
Bechamelsoße: Butter und Mehl goldgelb anrösten, mit Milch und Suppe aufgießen, gut verkochen lassen, mit Salz und Muskat würzen und die Dotter darin verrühren.

Milchspeisen

Milchgrieß (Grießbrei) Nr. 672

Zutaten: 2 ½ Liter Milch, 15–20 dag Grieß, Salz, Zucker nach Geschmack, Zimt, etwas Butter

Die Milch wird mit Salz aufgekocht, dann lässt man langsam unter stetem Umrühren Grieß einlaufen, so dass ein dicker Brei entsteht, den man einige Minuten kochen lässt. Beim Anrichten kann man nach Belieben Zucker, Zimt und Butter daraufgeben.

Milchhaferflocken (Haferbrei) Nr. 673

Zutaten: wie Milchgrieß (Rezept **Nr. 672**).

Haferflocken werden in kalter Milch eingeweicht (mindestens 10 Minuten), dann langsam unter Umrühren zum Sieden gebracht und 3 Minuten gekocht.

Milchpolenta **Nr. 674**

Zutaten und Zubereitung wie Milchgrieß (Rezept **Nr. 672**), nur statt Weizengrieß Maisgrieß verwenden.

Man muss Maisgrieß zugedeckt einige Zeit kochen, da Mais etwas länger zum Quellen braucht als Grieß.

Milchfarferl **Nr. 675**

Zutaten: 2 ½ Liter Milch, 15–20 dag Mehl, Salz, etwas Wasser

Das Mehl wird in eine Schüssel gegeben und mit kaltem Wasser mit einer Gabel zu Farferln gerührt, die in siedende, gesalzene Milch eingekocht werden.

Mehlkoch **Nr. 676**

Zutaten: 2–2 ½ Liter Milch, 15–20 dag Mehl, Salz, Butter

Das Mehl wird mit etwas kalter Milch glatt verrührt, in kochende Milch eingesprudelt und einige Zeit kochen gelassen. Man kann etwas Butter mitkochen oder man gibt die gebräunte Butter auf die fertige Speise.

Milchnudeln **Nr. 677**

Zutaten: 2–2 ½ Liter Milch, 20–25 dag Nudeln

In kochender, gesalzener Milch werden Suppen-(Spagat-) oder Bandnudeln weich gekocht.

Milchreis **Nr. 678**

Zutaten: 2 ½ Liter Milch, 25–30 dag Reis, Salz, Zucker, Zimt, Butter

Der Reis wird kalt in Milch zugestellt und langsam weich gekocht. Man gibt ihn mit Zimt, Zucker und Butter zu Tisch,

Milchhirse **Nr. 679**

Zutaten: 2 ½ Liter Milch, 25–30 dag Hirse, Salz, Zucker, Zimt, Butter

Die Hirse wird kalt in Milch zugestellt und langsam weich gekocht. Man gibt sie mit Zimt, Zucker und Butter zu Tisch.

Schnellgerichte, Wurst- und Eierspeisen

Wurstschüsserl Nr. 680

Zutaten: 1 cm dicke Scheiben von Pariser-, Extra- oder Schinkenwurst, etwas Fett, verschiedene Gemüse

Die ungeschälten Wurstscheiben in einer Pfanne mit wenig Fett braten oder grillen. Die Haut zieht sich zusammen und die Wurst bildet Schüsserl. Diese füllt man mit Spinat, grünen Erbsen, gebratenen Tomaten oder sonstigem Gemüse.

Berner Würstchen Nr. 681

Zutaten: Frankfurter, schmale Käsestreifen, durchzogene dünne Speckscheiben

Die Würstchen halbieren, die Käsescheiben dazwischenlegen, das Ganze mit Speckscheiben umwickeln, mit Zahnstochern befestigen, 8–10 Minuten ins heiße Rohr stellen oder grillen, bis der Käse schmilzt.

Würstchen im Schlafrock Nr. 682

Zutaten: Frankfurter, ein Paket Tiefkühlblätterteig oder Topfenblätterteig aus 25 dag Topfen, 25 dag Mehl, 25 dag Butter

Den Teig dünn ausrollen, Rechtecke oder lange Streifen radeln, die Würstchen darin einwickeln, mit Dotter bestreichen und bei mittlerer Hitze backen.

Würstel in Essigsud Nr. 683

Zutaten: Weißwürstel, Augsburger oder Bratwürste, Zwiebeln, Karotten, Weinessig, Salz, Pfefferkörner, Lorbeerblatt, Kren

Zwiebeln und Karotten nudelig schneiden, in kochenden Essigsud geben, 10 Minuten kochen lassen, Würste einlegen und 15 Minuten ziehen lassen. Würste auf einer Platte mit dem Gemüse anrichten und mit geriebenem Kren bestreuen.

Schinken-Käse-Toast Nr. 684

Zutaten: Weißbrotscheiben, etwas Butter, Schinken oder Wurst, Käse (Emmentaler, Stangenkäse, Edamer), Champignons, Zwiebelringe

Weißbrot mit wenig Butter bestreichen, mit Schinken oder Wurstscheiben, gedünsteten Champignons oder gedünsteten Zwiebelscheiben belegen, mit Käse bedecken, eventuell mit Pfeffer oder Paprika würzen, ins heiße Rohr stellen oder grillen, bis der Käse schmilzt, mit Schnittlauch oder Petersilie bestreuen.

Ananastoast Nr. 685

Zutaten: Weißbrotscheiben, etwas Butter, Schinken, Ananas- oder Apfelscheiben, Käse

Weißbrot mit wenig Butter bestreichen, mit Ananas- oder Apfelscheiben, Schinken und Käse belegen und ins heiße Rohr stellen oder grillen, bis der Käse schmilzt.

Rühreier Nr. 686

Zutaten: Eier, Salz, Milch, zum Strecken Haferflocken oder Semmelwürfel, zum Verbessern klein geschnittene Zwiebeln, Schinken- oder Wurstreste, Käse, Schnittlauch, Petersiliengrün

Eier mit Milch und Salz und den sonstigen Zutaten versprudeln, ins heiße Fett geben und unter Rühren bei schwacher Hitze stocken lassen. Mit viel grüner Petersilie und Schnittlauch bestreuen. Die fertige Speise muss locker sein.

Tomateneier Nr. 687

Zutaten: Eier, Salz, Milch, Tomaten, Zwiebeln, etwas Fett

Klein geschnittene Zwiebeln und Tomaten in wenig Fett dünsten, Ei, Milch und Salz versprudeln, unterrühren und bei schwacher Hitze stocken 1assen. Mit viel Schnittlauch oder Petersiliengrün bestreuen.

Kleine kalte Gerichte

Gefüllte Wecken (Jägerwecken) Nr. 688

Zutaten: 40 dag Bratenreste, 15 dag Selchfleisch, 2 Essiggurkerl, 12 dag Butter, Salz, Pfeffer, Senf, 1 glatter Wecken

Man treibt Butter ab, gibt klein geschnittene Essiggurkerl, gekochtes, geschnittenes Selchfleisch und Bratenreste sowie Salz, Pfeffer und Senf dazu. Glatte Weißbrotwecken höhlt man aus, füllt die obige Masse fest ein und lässt sie vor dem Aufschneiden einen Tag liegen.

Gefüllte Eier Nr. 689

Zutaten: 5 Eier, 5 dag Butter, 1 Teelöffel Senf, 1 Sardelle, allenfalls Salz, Petersiliengrün oder Schnittlauch

Frische Eier werden 10 Minuten hart gekocht, in kaltes Wasser gelegt, geschält, entspitzt, mit einem gerippten Messer halbiert und die Dotter herausgenommen. In die abgetriebene

Butter gibt man die passierten Dotter, Senf, die Sardelle sowie Salz und spritzt diese Masse mit einem Spritzsack oder gibt sie mit einem Kaffeelöffel in die Eier. Man verziert mit Petersiliengrün oder Schnittlauch.

Französischer Salat (Gemüsesalat mit Mayonnaise) **Nr. 690**

Zutaten: Kartoffeln, Sellerie, Karotten, grüne Erbsen, grüne Bohnen, Essiggurkerl, Äpfel, Mayonnaise (Rezept **Nr. 156**)

Kartoffeln und Gemüse kochen, schälen, kleinwürfelig schneiden, Äpfel und Essiggurkerl ebenfalls würfeln und mit einer gut gewürzten Mayonnaise vermischen. Keines der Gemüse soll bei der Mischung vorherrschen.

Italienischer Salat (Fleischsalat mit Mayonnaise) **Nr. 691**

Zutaten: Gebratene oder gekochte Fleischreste, Selchfleisch, Essiggurkerl, Äpfel, Mayonnaise (Rezept **Nr. 156**)

In die gut gewürzte Mayonnaise kommen fein geschnittenes Fleisch, Äpfel und Essiggurkerl.

Gefüllte Tomaten (kalt) **Nr. 692**

Tomaten aushöhlen, mit gut gewürzter Topfencreme oder Mayonnaisesalat (Rezept **Nr. 690 oder 691**) füllen. Eignen sich sehr gut zum Garnieren kalter Platten.

Schinken- oder Wurstrollen **Nr. 693**

Scheiben von Schinken, Wurst oder kaltem Braten zu Stanitzeln oder Rollen drehen und mit beliebiger Topfencreme oder Mayonnaisesalat (Rezept **Nr. 690**) füllen.

Eiersalat **Nr. 694**

Zutaten: Eier, Salz, Öl, Essig, Zwiebel, Senf, Pfeffer, etwas Knoblauch, grüne Kräuter

Eier hart kochen, schälen, blättrig schneiden, in eine flache Schüssel legen. Aus den übrigen Zutaten eine Marinade bereiten, über die Eier gießen.

Eiersalat mit Mayonnaise **Nr. 695**

Eischeiben und blättrig geschnittene Essiggurkerl werden vorsichtig mit einer gut gewürzten Mayonnaise (Rezept **Nr. 156**) vermischt.

Feiner Wurstsalat **Nr. 696**

Zutaten: Wurst (Knackwurst, Extrawurst, Schinkenwurst oder dergleichen), Zwiebel, grüne Paprika oder Essiggurkerl, Schnittlauch, Öl, Essig, Salz, Senf

Alle Zutaten feinblättrig oder feinnudelig schneiden, mit der Marinade vermengen und mit Schnittlauch bestreuen.

Reissalat **Nr. 697**

Zutaten: Gekochter Reis, Schinken, Käse, grüne Paprika, säuerliche Äpfel, Zwiebel, Kräuter, Salz, Pfeffer, Essig, Öl

Schinken, Käse, Paprika in feine Streifen schneiden, Äpfel und Zwiebeln würfeln. Alle Zutaten mit dem Reis vermischen und gut durchziehen lassen.

Vorschläge für kalte Platten

- Schinken, magerer Speck
- Kalte Braten
- Verschiedene Wurstsorten
- Kräuterbutter, Tomatenbutter, Senfbutter, Heringsbutter
- Kräutertopfen, Krentopfen
- Gurken, Tomaten, Paprika, Radieschen, grüne Salatblätter, Essiggurkerl
- Gefüllte Eier, gefüllte Tomaten

Vorschläge für Käseplatten

- Verschiedene Käsesorten
- Butterröllchen
- Kräutertopfen, Paprikatopfen, Kümmeltopfen

Die Zutaten auf Holzbrettchen gefällig anrichten, mit Salzstangerln, Salzbrezeln, grüner Petersilie und Obst (Äpfel, Birnen, Trauben) garnieren.

Brotaufstriche

Käsekugeln Nr. 698

Butter mit Reibkäse, Paprika und Salz vermischen, kleine Kugeln formen, in Paprika wälzen.

Kochkäse Nr. 699

Zutaten: 1 kg Topfen, 5–15 dag Fett oder Butter, Salz, Kümmel, allenfalls Milch

Topfen, der sich nicht mehr hält, wird am besten zu Kochkäse verarbeitet. An einem warmen, feuchten Ort lässt man ihn in dünnen Schichten liegen. Täglich wendet man ihn um, bis er vollständig glasig ist, was je nach Temperatur in 4–8 Tagen erfolgt. Vom Topfen darf man nichts mehr erkennen. Hierauf gibt man in eine Rein Fett, lässt es heiß werden, gibt den vergorenen Topfen, Salz und Kümmel dazu und lässt den Käse unter ständigem Rühren stark kochen. Ist die Masse fest, so fügt man etwas Milch bei. Heiß füllt man den Käse in eine Porzellanschüssel und verwendet ihn als Brotaufstrich.

Käseaufstrich Nr. 700

Zutaten: ⅓ Butter, ⅓ Hartkäse, ⅓ gekochte, geriebene Kartoffeln, Sauerrahm, Salz, Kräuter (Petersiliengrün, Zitronenmelisse, Dill, Bohnenkraut, Schnittlauch)

Die Butter wird flaumig gerührt und mit geriebenem Käse, gekochten, geriebenen Kartoffeln, Sauerrahm, Salz und fein gehackten Kräutern gut vermengt.

Eiaufstrich Nr. 701

Zutaten: 6–10 dag Butter, 3–4 Eier, Salz, Senf, Schnittlauch, etwas Milch oder Sauerrahm

Die Eier werden hart gekocht, die Dotter passiert, das Eiweiß fein gewiegt, mit den Gewürzen zu flaumig gerührter Butter gegeben und gut vermengt.

Sardellenbutter Nr. 702

Zutaten: 20 dag Butter, 5 Sardellen oder entsprechende Menge Sardellenpaste

Sardellen werden passiert und mit der abgetriebenen Butter vermengt.

Heringsbutter Nr. 703

Zutaten: 20 dag Butter, 2 Salzheringe, allenfalls Pfeffer

Die enthäuteten, entgräteten Heringe werden einige Stunden ausgewässert, passiert und in abgetriebene Butter gemengt.

Kräuterbutter Nr. 704

Zutaten: 20 dag Butter, 2 Esslöffel fein gehackte Kräuter (Schnittlauch, Petersilie, Dill), Salz

In die abgetriebene Butter gibt man die Kräuter und fügt je nach Bedarf Salz hinzu.

Knoblauchbutter Nr. 705

Zutaten: 20 dag Butter, 4–5 Knoblauchzehen, Salz

Butter flaumig rühren, mit zerdrücktem Knoblauch und Salz gut vermengen.

Kartoffelsardellen Nr. 706

Zutaten: 10 dag Butter, ¼ kg gekochte Kartoffeln, 5 Sardellen

In die flaumig gerührte Butter gekochte, passierte Kartoffeln und passierte Sardellen mengen.

Topfenaufstrich, I. Art Nr. 707

Zutaten: 5–10 dag Butter, 25 dag Topfen, ca. ⅛–¼ Liter Milch oder Sauerrahm, Salz, Kümmel, Schnittlauch

Man treibt Butter ab, gibt den passierten Topfen, Milch oder Sauerrahm, Salz, Kümmel und Schnittlauch dazu.

Topfenaufstrich, II. Art Nr. 708

Zutaten: 5–10 dag Butter, 25 dag Topfen, ca. ⅛–¼ Liter Milch oder Sauerrahm, Salz, Paprika, geriebene Zwiebel, zerdrückter Knoblauch

Man treibt Butter ab, gibt den passierten Topfen, Milch oder Sauerrahm, Salz und die restlichen Zutaten dazu.

Topfenaufstrich, III. Art Nr. 709

Zutaten: 25 dag Topfen, ca. ⅛–¼ Liter Milch oder Sauerrahm, Salz, 1–2 Esslöffel geriebener Kren

Alle Zutaten zu einer glatten Masse verrühren und abschmecken.

Schotten Nr. 710

Buttermilch wird unter Umrühren aufgekocht und durch ein Tuch geseiht. Schotten ist nahrhafter als Topfen. Er kann zu Brotaufstrich wie Topfenaufstrich I., II. und III. Art (Rezept **Nr. 707, 708, 709**) verarbeitet werden.

Rindfleischaufstrich Nr. 711

Zutaten: ¼ kg Butter, 30 dag gekochtes Rindfleisch, 2 harte Eier, ½ Zwiebel, 1 Essiggurkerl, Salz, Senf, Kräuter, Sardellen, Kapern

Rindfleisch, Eier, Zwiebel und Gurkerl faschieren, unter flaumig gerührte Butter mischen und mit den weiteren Zutaten pikant abschmecken.

Grammelaufstrich Nr. 712

Zutaten: 10 dag Butter, 25 dag Grammeln, Salz, Paprika

Butter flaumig rühren und mit den fein faschierten Grammeln und den Gewürzen gut vermischen.

Gemüsejoghurt Nr. 713

Joghurt mit feinwürfelig geschnittenem Gemüse (Karotten, Radieschen, junge Kohlrabi, Gurken, Tomaten) vermengen, je nach Geschmack mit Salz, Pfeffer, Zitronensaft und frischen Kräutern abschmecken.

Torten

Torten werden zumeist aus Biskuit-, biskuitähnlichem Teig, Backpulver- und Mürbteig hergestellt. Durch langes, gleichmäßiges Rühren der Teigmasse wird sie flaumig und schwillt an. (Luft wird eingerührt.) Der Schnee wird erst kurz vor dem Backen geschlagen. Man mischt ihn mit den festen Zutaten wie Mehl, Bröseln, Haselnüssen unter den Abtrieb locker ein.
Vor dem Backen ist das Befetten der Form sorgfältig durchzuführen, damit sich die Torte löst und nirgends an der Form haften bleibt. Man lässt dazu Butter zergehen und schmiert mit einem Pinsel davon auf die kalte Form. Dies ist wichtig, damit das Fett von den heißen Wänden nicht abrinnen kann. Das Backen von Biskuittorten erfolgt in mäßig warmem, das von Mürbteigtorten in heißem Rohr.

I. Torten aus Biskuit- oder biskuitähnlichem Teig

Biskuittorte, I. Art — Nr. 714

Zutaten: 6 Eier, 6 Eischwer Zucker, 4 Eischwer Mehl,
Saft und Schale von ½ Zitrone, Butter und Mehl für die Form

Zucker und ganze Eier werden dickschaumig geschlagen, Zitronensaft und -schale dazugegeben und das Mehl leicht eingemengt. In befetteter, bemehlter Tortenform wird die Masse gebacken. Erkaltet wird sie durchgeschnitten, mit Marmelade oder Creme gefüllt und mit einer beliebigen Glasur überzogen.

Biskuittorte, II. Art — Nr. 715

Zutaten: 5 Dotter, 17 dag Zucker, 15 dag Mehl, 5 Eiklar, Zitronenschale

Dotter und Zucker werden abgetrieben, Zitronenschale, der feste Schnee von Eiklar und Mehl leicht eingemischt. In befetteter, bemehlter Tortenform wird die Masse gebacken. Erkaltet wird sie durchgeschnitten, mit Marmelade oder Creme gefüllt und mit einer beliebigen Glasur überzogen.

Marmortorte Nr. 716

Zutaten: 5 Dotter, 17 dag Zucker, 15 dag Mehl, 5 Eiklar, Zitronenschale, 3 dag Kakao

Dotter und Zucker werden abgetrieben, Zitronenschale, der feste Schnee von Eiklar und Mehl leicht eingemischt. Die fertige Masse wird halbiert und eine Hälfte mit in etwas Wasser vermengtem Kakao vermischt. In eine befettete, bemehlte Tortenform gibt man abwechselnd von der schwarzen und weißen Masse und bäckt die Torte bei mittlerer Hitze. Zum Verzieren eignet sich am besten eine Schokoladeglasur, weiß marmoriert (**Seite 205**).

Obsttorte Nr. 717

Zutaten: 2 Dotter, 3 Esslöffel heißes Wasser, 10 dag Zucker, 2 Eiklar, 8 dag Mehl, 5 dag Kartoffelmehl, ¼ Päckchen Backpulver, Zitronenschale
Belag: verschiedenes Obst, 1 Packerl Tortenguss

Dotter und Zucker werden abgetrieben, Zitronenschale, der feste Schnee von Eiklar und Mehl leicht eingemischt. In befetteter, bemehlter Tortenform wird die Masse gebacken. Die ausgekühlte Torte wird mit verschiedenem Obst belegt (Erdbeeren, Ananas, Bananen, Trauben) und mit einem Tortenguss überzogen.

Biskuittorte mit Backpulver Nr. 718

Zutaten: 8 Eiklar, 25 dag Zucker, 8 Dotter, 22 dag Mehl, ½ Päckchen Backpulver, Butter und Mehl für die Form, Marmelade oder Creme

In den festen Schnee von Eiklar mischt man Zucker, Dotter und das mit Backpulver vermengte Mehl. Da die Torte stark aufgeht, bäckt man sie in einer großen, befetteten, bemehlten Form. Erkaltet durchschneidet man sie ein bis zwei Mal, füllt sie mit Marmelade, Kaffee-, Schokoladecreme oder gezuckertem Schlagobers. Entweder bestreicht man sie mit Schlagobers und bestreut sie mit Erdbeeren oder glasiert sie mit Zitronen-, Kaffee- oder Schokoladeglasur (Rezept **Nr. 831**).

Doboschtorte Nr. 719

Dazu eignet sich jede Biskuitmasse wie zu Biskuit oder Biskuittorte mit Backpulver (Rezept **Nr. 510**).

Zutaten: 8 Dotter, 10 dag Zucker, 6 Eiklar, 16 dag Mehl, Butter und Mehl für das Blech, 5 dag Haselnüsse zum Bestreuen
Creme: 20 dag Butter, 10 dag Schokolade, allenfalls 5 dag Zucker, 1–2 Dotter
Glasur: 20 dag Würfelzucker für Karamelglasur

Dotter und Zucker werden abgetrieben, der feste Schnee von Eiklar und Mehl leicht eingemischt. Entweder bäckt man die Masse in einer befetteten, bemehlten Tortenform und schneidet sie erkaltet in feine Blätter oder man zeichnet sich auf ein befettetes, bemehltes

Backblech 4–6 runde Scheiben und streicht die Masse darauf. Die einzelnen Blätter werden mit folgender Creme zusammengesetzt:
Creme: Man treibt Butter ab und gibt erweichte Schokolade dazu. Zur Verbesserung kann man allenfalls Zucker und Dotter untermengen.
Glasur: Man erhitzt Würfelzucker in einer Rein bis zum Gelbwerden und leert die Glasur über die Torte. Mit einem mit Butter befetteten Messer zeichnet man sofort die Tortenstücke ein, da sich Karamelglasur erkaltet nicht schneiden lässt, sondern bricht. Der Rand der Torte wird mit Creme bestrichen und mit geschälten, gehackten Haselnüssen bestreut.

Kaffeecremetorte Nr. 720

Zutaten: 8 Dotter, 10 dag Zucker, 6 Eiklar, 16 dag Mehl
Kaffeecreme: 12 dag Butter, 2–3 Dotter, Vanillezucker,
5 dag Zucker, 4–5 Kaffeelöffel schwarzer Kaffee

Dotter und Zucker werden abgetrieben, der feste Schnee von Eiklar und Mehl leicht eingemischt. Entweder bäckt man die Masse in einer befetteten, bemehlten Tortenform und schneidet sie erkaltet in feine Blätter oder man zeichnet sich auf ein befettetes, bemehltes Backblech 4–6 runde Scheiben und streicht die Masse darauf. Die einzelnen Blätter werden mit folgender Creme zusammengesetzt:
Kaffeecreme: Man treibt Butter ab, gibt Dotter und Zucker dazu und löffelweise den schwarzen Kaffee.

Punschtorte Nr. 721

Zutaten: 6 Dotter, 15 dag Zucker, 6 Eiklar, 14 dag Mehl,
Butter und Mehl für die Form
Punsch: 10 dag gesponnener Zucker (**Seite 204**), Tee, Saft von 1 Zitrone und
1 Orange, 5 Esslöffel Rum, Marmelade (am besten Preiselbeeren oder Ribiseln)
Rosa Punschglasur: Rezept **Nr. 826**

Dotter und Zucker werden abgetrieben, Schnee und Mehl leicht gemischt und in einer befetteten, bemehlten Tortenform gebacken. Ist sie erkaltet, schneidet man die Torte in drei Teile, teilt das mittlere Blatt in Würfel, tränkt diese in Punsch, legt sie auf das untere Blatt, gibt das obere Blatt darauf, beschwert die Torte und überzieht sie mit rosa Punschglasur.
Punsch: In gekochten Tee mischt man alle angegebenen Zutaten.

Haselnusstorte Nr. 722

Zutaten: 4 Eier, 10 dag Zucker, 4 Dotter, 14 dag Haselnüsse, 4 Eiklar,
7 dag Brösel, Butter und Mehl für die Form, Zucker- oder Schokoladeglasur

Eier, Dotter, Zucker und Haselnüsse werden dickschaumig geschlagen, der feste Schnee und die Brösel leicht eingemischt und die Masse in einer befetteten, bemehlten Tortenform gebacken. Je nach Geschmack füllt man die Torte mit Marmelade oder einer beliebigen Creme und glasiert sie mit Zucker- oder Schokoladeglasur (Rezepte **Nr. 820 und 831**).

Nusstorte Nr. 723

Zutaten: 8 Dotter, 15 dag Zucker, 22 dag Nüsse, 2 Esslöffel Rum, 8 Eiklar, 10 dag Brösel, Butter und Mehl für die Form

Dotter und Zucker werden schaumig gerührt, der feste Schnee, die geriebenen Nüsse und die mit Rum angefeuchteten Brösel locker daruntergemischt. In einer befetteten, bemehlten Tortenform wird die Masse gebacken. Man füllt die Torte mit Marmelade oder Schlagobers und überzieht sie mit Zitronen- oder Kaffeeglasur (Rezepte **Nr. 824 und 828**).

Schokoladetorte Nr. 724

Zutaten: 25 dag Butter, 20 dag Zucker, 15 dag Schokolade, 6 Dotter, 10 Eiklar, 25 dag Mehl, Butter und Mehl für die Form, Zucker- oder Schokoladeglasur (Rezept **Nr. 820** oder **831**).

Man treibt Butter ab, gibt die erweichte Schokolade, Dotter und Zucker dazu und rührt weiter. Der fest geschlagene Schnee und das Mehl werden leicht eingemischt und die Masse in einer befetteten, bemehlten Tortenform bei mäßiger Hitze gebacken. Man kann die Torte mit Marmelade oder Schlagobers füllen und mit Zucker- oder Schokoladeglasur überziehen.

Tag- und Nachttorte Nr. 725

Zutaten:
Biskuitmasse: 4 Dotter, 12 dag Zucker, 4 Eiklar, 10 dag Mehl, Zitronenschale, Butter und Mehl für die Form
Dunkle Masse: 18 dag Zucker, 5 Dotter, 22 dag Nüsse oder Haselnüsse, 2 Rippen Schokolade, Zitronenschale, Zimt, Nelken, 5 Eiklar, 6 dag Brotbrösel, Butter und Mehl für die Form

Biskuitmasse: Dotter und Zucker werden schaumig gerührt, Zitronenschale dazugegeben und der feste Schnee von Eiklar und Mehl leicht eingemischt. Die Masse wird in einer sehr großen, befetteten, bemehlten Tortenform gebacken.
Dunkle Masse: Zucker, Dotter, Eier, Gewürze werden schaumig geschlagen, geriebene Nüsse und Brösel werden mit dem Eischnee untergehoben. In derselben großen Tortenform wie die Biskuitmenge wird die dunkle Masse gebacken.
Erkaltet schneidet man die dunkle Masse auseinander und setzt die lichte mit Marmelade hinein. Die Tag- und Nachttorte wird am besten mit Marmorglasur überzogen.

Besoffener Kapuziner Nr. 726

Zutaten: 4 Dotter, 7 dag Zucker, 3 Rippen Schokolade, Zimt, Nelken, Zitronenschale, 4 Eiklar, 10 dag Semmelbrösel, Butter und Mehl für die Form
Überguss: ¼ Liter Most oder Weißwein, Zucker, Zimt, Zitronenschale

Dotter, Zucker und die Gewürze werden abgetrieben, Schnee und Semmelbrösel leicht unter die Masse gemischt. In einer befetteten, bemehlten Rein bäckt man die Menge im

Rohr, leert heißen Most oder Weißwein, den man mit Zucker, Zimt und Zitronenschalen aufgekocht hat, darüber und stellt das Ganze vor dem Auftragen noch 5 Minuten in das Rohr.

Rehrücken Nr. 727

Zutaten: 14 dag Butter, 14 dag Zucker, 12 dag Schokolade, 8 Dotter, 9 dag Brösel, 14 dag Haselnüsse, Butter und Mehl für die Form, Schokoladeglasur, 5 dag Mandeln zum Verzieren, 8 Eiklar

Man treibt Butter ab, gibt erweichte Schokolade, Zucker und nach und nach die Dotter dazu und schlägt die Masse schaumig auf. Hierauf werden der feste Schnee vom Eiklar, geriebene Haselnüsse und Brösel leicht hineingemischt. Man bäckt die Masse in einer befetteten und bemehlten Rehrückenform; erkaltet wird sie mit Schokoladeglasur (Rezept **Nr. 831**) überzogen und mit geschälten, stiftelig geschnittenen Mandeln, die das Gespickte darstellen sollen, verziert.

Torten aus Backpulverteig

Haselnusstorte mit Backpulver Nr. 728

Zutaten: 18 dag Zucker, 4 Dotter, 14 dag Haselnüsse oder Nüsse, ½ Päckchen Backpulver, 3 dag Semmelbrösel, 4 Eiklar
Fülle: 7 dag Butter, 1 Rippe Schokolade, 5 dag Zucker, 5 dag Haselnüsse, Vanillezucker oder -mark

Man treibt Zucker und Dotter ab, gibt die geriebenen Haselnüsse, Backpulver, den festen Schnee von Eiklar und Semmelbrösel darunter. Gebacken und erkaltet, wird die Torte mit folgender Creme gefüllt und bestrichen:
Fülle: Man treibt Butter ab, gibt die erweichte Schokolade, Zucker, Vanillezucker oder -mark und die geriebenen Haselnüsse darunter.

Schokoladetorte Nr. 729

Zutaten: 10 dag Butter, 20 dag Zucker, 4 Dotter, knapp ¼ Liter Milch, 30 dag Mehl, 10 dag Nüsse, 2 Rippen Schokolade, ½ Päckchen Backpulver, 1 Päckchen Vanillezucker, 4 Eiklar, Butter und Mehl für die Form

Man treibt Butter, Dotter und Zucker ab und gibt abwechselnd Milch und die Hälfte Mehl sowie geriebene Nüsse und geriebene Schokolade darunter. Die zweite Hälfte Mehl mischt man mit Backpulver und rührt sie mit dem Schnee leicht hinein. Man kann die Torte beliebig füllen oder glasieren.

Streuseltorte Nr. 730

Zutaten: ¼ kg Mehl, ½ Päckchen Backpulver, 8 dag Butter, 8 dag Zucker, 1 Ei, ¼ kg Marmelade, Butter und Mehl für die Form

Das mit Backpulver gesiebte Mehl wird mit Butter, Zucker und Ei mit den Händen zu feinen Bröseln verrieben. Man füllt die Hälfte davon in eine gut ausgefettete Tortenform, bedeckt sie mit der Marmelade und gibt die andere Hälfte des Streuselteiges darüber. Die Torte bäckt man bei guter Hitze etwa 45 Minuten.

Kakaotorte Nr. 731

Zutaten: 8 dag Butter, 2 Eier, 18 dag Zucker, 20 dag Mehl, ⅛ Liter Milch, Zitronenschalen, 1 Teelöffel Natron, 2 Esslöffel Kakao, Butter und Mehl für die Form

Man treibt Butter ab, gibt Dotter und Zucker dazu und treibt wieder ab. Hierauf rührt man abwechselnd Milch, Mehl und Kakao ein. Zuletzt mischt man den festen Schnee und das mit Natron vermengte Mehl leicht darunter. Man bäckt bei mäßiger Hitze, füllt die erkaltete Torte mit Marmelade und überzieht sie mit Zucker- oder Schokoladeglasur.

Kirschtorte Nr. 732

Zutaten: 15 dag Butter, 20 dag Zucker, 3 Eier, 1 Esslöffel Kakao, 5 Esslöffel Rum, 15 dag Mehl, 15 dag Brösel, ½ Pkg. Backpulver, 1/16–⅛ Liter Milch, ¼ kg Kirschen

Butter, Zucker und Dotter schaumig rühren, Geschmackszutaten beifügen, zuletzt Mehl mit Backpulver und Schnee unterheben und Kirschen darauflegen. Bei mäßiger Hitze backen.

Torten aus Mürbteig

Linzer Torte, I. Art Nr. 733

Zutaten: 25 dag Mehl, 10 dag Butter, 10 dag Zucker, 1 Ei, 2 Messerspitzen Zimt, Zitronenschalen, Vanillezucker, ½ Pkg. Backpulver, 10 dag Ribiselmarmelade, 1 Ei

Aus obigen Zutaten bereitet man einen mürben Teig. Mit ⅔ der Teigmasse belegt man eine Tortenform, streicht Marmelade darauf, von dem letzten Drittel Teig macht man ein Gitter, das man darüberlegt, bestreicht mit Ei und bäckt bei stärkerer Hitze.

Linzer Torte, II. Art (gerührt) Nr. 734

Zutaten: 24 dag Mehl, ½ Päckchen Backpulver, 10 dag Butter, 12 dag Zucker, 1 Ei, 5 Esslöffel Milch, 8 dag Nüsse oder Haselnüsse, Zimt, Neugewürz, 10 dag Ribiselmarmelade, Butter und Mehl für die Form

Butter wird mit Ei und Zucker flaumig gerührt, die geriebenen Nüsse, Zimt und Neugewürz werden dazugemischt. Backpulver mischt man mit Mehl und mengt dieses bis auf einen kleinen Teil zum Abtrieb. Ungefähr ⅘ der Teigmasse gibt man in eine Tortenform glatt hinein und streicht Marmelade darauf. Zum restlichen Teil mengt man das anfangs beiseite gegebene Mehl, macht davon ein Gitter über die Torte und bäckt diese ¾ Stunden bei mäßiger Hitze.

Linzer Torte, III. Art — Nr. 735

Zutaten: 18 dag Mehl, 10 dag Butter, 8 dag Zucker, 1 Ei, 6 dag Haferflocken, ½ Päckchen Backpulver, Zimt, Zitronenschale und -saft, 10 dag Ribiselmarmelade, Butter und Mehl für die Form, 1 Ei zum Bestreichen

Mehl, gewiegte, geröstete Haferflocken und Butter werden auf dem Brett abgebröselt, dann mit den übrigen Zutaten und Gewürzen zu einem weichen Mürbteig verarbeitet. Mit ⅔ der Teigmasse belegt man eine Tortenform, streicht Marmelade darauf, von dem letzten Drittel Teig macht man ein Gitter darüber, bestreicht mit Ei und bäckt bei stärkerer Hitze.

Linzer Torte, IV. Art (sehr fein) — Nr. 736

Zutaten: 14 dag Butter, 1 Ei, 1 Dotter, 2 Messerspitzen Zimt, 6 gestoßene Nelken, 14 dag Zucker, 14 dag geriebene Haselnüsse, Zitronenschalen, 14 dag Mehl, 15 dag Ribiselmarmelade, 1 Ei zum Bestreichen

Aus obigen Zutaten bereitet man einen Mürbteig, den man an einem kühlen Ort eine halbe Stunde lang rasten lässt. Man teilt den Teig in drei ungleiche Teile. Mit dem größten wird der Boden der Tortenform ausgelegt und mit Ribiselmarmelade bestrichen. Von dem zweiten Teil macht man ein schiefes Gitter darüber und aus dem dritten Teil einen bleistiftdicken Rand. Dann bestreicht man die Torte mit versprudeltem Ei, bestreut sie mit einigen zerschnittenen Haselnüssen und bäckt sie goldbraun. Es empfiehlt sich, die Torte einen Tag vor Verwendung zuzubereiten.

Wirtschaftstorte — Nr. 737

Zutaten: 30 dag Mehl, ½ Päckchen Backpulver, 15 dag Butter, 10 dag geriebene Nüsse, 1 Ei, 14 dag Zucker, Zitronenschalen, Butter und Mehl für die Form, 10 dag Marmelade, 1 Ei zum Bestreichen

Man bröselt Mehl mit Butter ab und verarbeitet es mit den übrigen Zutaten zu einem Teig. Ist dieser zu hart, so gibt man einige Löffel kalte Milch dazu. Man lässt den Teig zugedeckt rasten. Mit zwei Dritteln Teigmasse belegt man eine Tortenform, streicht Marmelade darauf, von dem letzten Drittel Teig macht man ein Gitter darüber, bestreicht mit Ei und bäckt bei stärkerer Hitze.

Grammeltorte, I. Art Nr. 738

Zutaten: 25 dag Grammeln, 30 dag Mehl, 1 Ei, gut ½ Päckchen Backpulver, Zimt, Nelken, Neugewürz, Zitronengeschmack, 12 dag Zucker, 10 dag Marmelade, 1 Ei

Die faschierten Grammeln werden mit dem mit Backpulver vermengten Mehl abgebröselt und mit den übrigen oben angeführten Zutaten zu einem Teig geknetet. Man lässt ihn rasten. Mit ⅔ der Teigmasse belegt man eine Tortenform, streicht Marmelade darauf, von dem letzten Drittel Teig macht man ein Gitter darüber, bestreicht mit Ei und bäckt bei stärkerer Hitze.

Grammeltorte, II. Art Nr. 739

Zutaten: 40 dag Mehl, 20 dag Zucker, 20 dag Grammeln, 3 Eier, 1 Päckchen Backpulver, Zimt, Nelken, Zitronenschale, etwas Milch, 10–15 dag Marmelade, Butter und Mehl für die Form

Zubereitung wie Grammeltorte I. Art (Rezept **Nr. 738**)

Blättertorte, I. Art Nr. 740

Zutaten: 25 dag Mehl, 8 dag Butter, 4 dag Zucker, 4 Dotter, 1 Esslöffel Rum, Sauerrahm so viel wie nötig, Marmelade oder Hexenschaum (Rezept **Nr. 852**)

Aus den oben genannten Zutaten bereitet man mit so viel Sauerrahm, als unbedingt nötig ist, einen mittelfesten Mürbteig, den man eine halbe Stunde lang rasten lässt. Man rollt den Teig zu einem ½ cm dicken Rechteck, legt dieses zusammen, rollt wieder aus und legt es nochmals zusammen. Nach kurzem Rasten werden vom Teig 5–6 dünne Blätter ausgerollt, rund zugeschnitten (als Maß Deckel oder Teller nehmen, falls Tortenform fehlt), auf das leicht befettete Blech gegeben, mit einer Gabel mehrmals angestochen, damit sie sich nicht werfen, und bei guter Hitze goldgelb gebacken. Noch warm entfernt man sie vom Blech und setzt die Blätter erkaltet mit Marmelade, Hexenschaum oder Creme zusammen.

Blättertorte, II. Art Nr. 741

Zutaten: 10 dag Butter, 5 dag Zucker, 1 Dotter, 14 dag Mehl, Marmelade oder Hexenschaum (Rezept **Nr. 852**)

Obige Zutaten verarbeitet man zu einem mürben Teig, den man eine halbe Stunde lang rasten lässt. Weitere Zubereitung wie Blättertorte I. Art (Rezept **Nr. 740**).

Topfentorte, I. Art (sehr saftig) Nr. 742

Zutaten: 15 dag Mehl, 1 Teelöffel Backpulver, 5 dag Zucker, 5 dag Butter, 1 Ei
Fülle: 10 dag Zucker, ½ kg Topfen, ½ Liter Milch, 1 Päckchen Vanillepudding, 2 Dotter, 2 Eischnee

Mürbteig herstellen, eine Tortenform damit auslegen und vorbacken. Milch, Topfen, Zucker, Puddingpulver, Dotter und Eischnee verrühren und diese flüssige Masse auf den vorgebackenen Boden gießen. Bei guter Hitze noch circa eine Stunde backen.

Topfentorte, II. Art Nr. 743

Zutaten: 20 dag Mehl, 14 dag Butter, 8 dag Zucker, 1 Esslöffel Rahm, ¼ Päckchen Backpulver
Fülle: 15 dag Zucker, 10 dag Butter, 3 Dotter, 50 dag Topfen, 10 dag Rosinen, 5 dag geriebene Haselnüsse, 1 Esslöffel Mehl, Schnee von 2 Eiklar, 2 Teelöffel Backpulver

Von obigen Zutaten bereitet man einen Mürbteig, mit dem man eine Tortenform auslegt. Zur Fülle treibt man Butter ab, gibt Zucker, passierten Topfen und die Dotter hinein und zum Schluss den fest geschlagenen Schnee vom Eiklar. Man gibt die Fülle auf den Mürbteig, deckt mit einem Teigblatt ab und bäckt bei guter Hitze.

Verschiedene andere Torten

Kneipptorte Nr. 744

Zutaten: 18 dag Zucker, 6 Eier, geriebene Zitronenschalen, 25 dag Schrotmehl, allenfalls 1 Rippe Schokolade, Butter und Mehl für die Form, Marmelade zum Füllen

Man treibt Dotter und Zucker ab, gibt Zitronenschalen, den festen Schnee und Schrotmehl darunter. In einer befetteten, bemehlten Tortenform bäckt man die Masse ungefähr ¾ Stunden. In den Abtrieb kann man eine Rippe geriebene Schokolade mengen. Man füllt die Torte mit Marmelade und überzieht sie mit jeder beliebigen Glasur (Seite **204ff**).

Pischingertorte Nr. 745

Zutaten: Oblaten in Tortengröße (mit Zucker gefüllt)
Fülle: 10 dag Butter, 8 dag Zucker, 7 dag Kakaopulver oder erweichte Schokolade, 7 dag Haselnüsse

Die gekauften Oblaten werden mit folgender Fülle bestrichen und übereinandergelegt. Mit einem Teil der Fülle kann man die Oberfläche und Seitenwände der Torte bestreichen oder man überzieht sie mit Schokoladeglasur (Rezept **Nr. 831**).
Fülle: In die abgetriebene Butter gibt man Zucker, Kakaopulver und geröstete, geriebene Haselnüsse.

Kaffeecremetorte aus Oblaten Nr. 746

Zutaten: Oblaten (mit Zucker gefüllt)
Fülle: 12 dag Butter, 12 dag Zucker, 1–2 Dotter, 1 Esslöffel fein geriebener Bohnenkaffee

Die gekauften Oblaten werden mit folgender Fülle bestrichen und übereinandergesetzt: Man treibt Butter ab, gibt Zucker, Dotter und fein geriebenen Bohnenkaffee dazu. Die Torte wird mit der Creme bestrichen oder mit Kaffeeglasur (Rezept **Nr. 828**) überzogen.

Biskottentorte, I. Art Nr. 747

Zutaten: 40–50 Biskotten
Creme: 10 dag Butter, 10 dag Zucker, 2 Dotter, 10 dag Haselnüsse, Mandeln oder Nüsse (oder als Ersatz geröstete, gewiegte Haferflocken), 4 dag Zucker, ⅛ Liter Schlagobers, 1 Stamperl Rum oder Likör

Eine Tortenform wird mit Biskotten ausgelegt und mit Creme bestrichen. Man gibt wieder eine Lage Biskotten, wieder Creme darauf und schließt mit Biskotten ab. Die Torte wird einige Zeit vor Gebrauch in den Kühlschrank gestellt.
Creme: Man treibt Butter, Dotter und Zucker ab und mischt die geschälten, gehackten, mit Zucker gerösteten und gestoßenen Mandeln, Haselnüsse oder Haferflocken, Rum und das fest geschlagene Schlagobers darunter.

Biskottentorte, II. Art Nr. 748

Zutaten: 40–50 Biskotten
Kaffeecreme: ¼ Liter starker Bohnenkaffee, 15–20 dag Zucker, 5 Dotter, 1 Esslöffel Reismehl (oder Weizenmehl), 20 dag Butter

Creme: Kaffee, Zucker, Dotter und Mehl werden über Dunst dick geschlagen. Man treibt die Butter ab und gibt die erkaltete Creme löffelweise hinein.
Zubereitung wie Biskottentorte I. Art (Rezept **Nr. 747**).

Biskottentorte, III. Art Nr. 749

Zutaten: 40–50 Biskotten
Schokoladecreme: ¼ Liter Milch, 2–3 Dotter, 10 dag Schokolade, 5 dag Zucker, 2 dag Mehl (Weizen-, Reis- oder Kartoffelmehl), 5 dag Butter, ¼ Liter Schlagobers

Milch, Dotter, Zucker, Schokolade und Mehl werden über Dunst dick geschlagen und erkaltet löffelweise in die abgetriebene Butter gemengt. Hierauf mischt man das fest geschlagenen Schlagobers darunter. Dann wird eine Tortenform mit Biskotten ausgelegt und mit der Creme bestrichen. Man gibt eine Lage Biskotten, eina Lage Creme darauf und schließt mit Biskotten ab. Die Torte wird einige Zeit vor Gebrauch in den Kühlschrank gestellt.

Topfen-Ananas-Torte Nr. 750

Zutaten: 12 dag Mehl, 1 Messerspitze Backpulver, 5 dag Zucker, 8 dag Butter oder Margarine, 1 Dotter, 1 Prise Salz
Fülle: 1 kg Topfen, 1 Dose Ananasscheiben, 30 dag Zucker, 2 Packerl Vanillezucker, 12 Blätter Gelatine, ½ Liter Schlagobers, Orangen- und Zitronenschalen, Zitronensaft

Aus obigen Zutaten Mürbteig bereiten und kalt stellen, den Boden einer Tortenform damit auslegen, Teig mehrmals anstechen, hell backen.
Topfen mit ⅛ Liter Ananassaft, Zucker und Vanillezucker, Orangen- und Zitronenschalen gut verrühren. Gelatine 5 Minuten in kaltes Wasser legen, dann in heißem Zitronensaft auflösen und unter die Masse schlagen, steifes Schlagobers darunterheben.
Den Rand der Springform mit Ananasscheiben belegen. Die Ananasreste werden unter die Topfencreme gerührt. Die ganze Masse wird in die Form gefüllt, anschließend wird alles zum Festwerden 1–2 Stunden in den Kühlschrank gestellt, dann kann der Springformrand weggenommen werden.

Süssspeisen

Eiweißverwertung

Für allerlei Mehlspeisen braucht man nur Dotter. Die übrig gebliebenen Eiklar lassen sich auf die mannigfaltigste Weise zu guten Speisen brauchen.

Schneebiskuit Nr. 751

Zutaten: 7 Eiklar, 15–25 dag Zucker, Vanillezucker, 13 dag Mehl, 10 dag Butter, Butter und Mehl für die Form

Man schlägt vom Eiklar festen Schnee und mengt Zucker, Vanillezucker, Mehl und zerlassene Butter leicht ein. Die Masse gibt man in eine befettete, bemehlte Tortenform und bäckt sie bei mäßiger Hitze.

Engelkuchen Nr. 752

Zutaten: 8 Eiklar, 10 dag Zucker, 10 dag Mehl, ½ Päckchen Backpulver, Vanillezucker, Zuckerguss, Butter und Mehl für die Form

Man schlägt das Eiklar zu steifem Schnee, dem man den Zucker beifügt. Das Mehl wird mit dem Backpulver gesiebt und mit dem Vanillezucker dem gezuckerten Eischnee beigefügt. Man bäckt den Kuchen in befetteter, bemehlter Tortenform ungefähr 1 Stunde bei mäßiger Hitze. Nach dem Erkalten überzieht man ihn mit Zuckerguss (Rezept **Nr. 820**).

Schaumkoch- oder Hexenschaumauflauf Nr. 753

Zutaten: 2 Eiklar, 10–15 dag Marmelade, 8–10 dag Staubzucker, 6 Eiklar, allenfalls 3 dag Haselnüsse

Zucker, 2 Eiklar und Marmelade werden so lange gerührt oder geschlagen, bis eine steife Masse daraus wird, die man mit dem festen Schnee von 6 Eiklar vermengt. In einer befetteten Auflaufform bäckt man die Masse 10 bis 15 Minuten in mäßig heißem Rohr und kann zur Verzierung blättrig geschnittene Haselnüsse vor dem Backen daraufstreuen.

Schneetorte Nr. 754

Zutaten: 5 Eiklar, 8–12 dag Zucker, 15 dag Haselnüsse, 5 dag Dörrobst (am besten Marillen)

Das Dörrobst wird einige Stunden eingeweicht, gekocht und kleinwürfelig geschnitten. Zu dem festen Schnee vom Eiklar mengt man Zucker, geriebene Haselnüsse und das Dörrobst. In einer befetteten, bemehlten Tortenform bäckt man die Masse 1 Stunde lang.

Schokoladetorte Nr. 755

Zutaten: 7 Eiklar, 15 dag Zucker, 15 dag Mehl, 10 dag Schokolade, 15 dag Butter, Butter und Mehl für die Form
Creme: 5 dag Butter, 1 Esslöffel Zucker, 1 Rippe Kochschokolade

In den fest geschlagenen Schnee vom Eiklar mischt man Zucker, geriebene Schokolade, Mehl und zerlassene, überkühlte Butter. Man gibt die Masse in eine befettete, bemehlte Tortenform und bäckt bei mittlerer Hitze. Erkaltet wird die Torte mit Creme gefüllt und mit Schokoladeglasur (Rezept **Nr. 831**) überzogen.
Creme: In die abgetriebene Butter mengt man Zucker und erweichte Schokolade.

Zwieback Nr. 756

Zutaten: 5 Eiklar, 17 dag Mehl, 14 dag Zucker, 8 dag zerlassene Butter, 4 dag geriebene Haselnüsse, Zucker zum Bestreuen

Zu dem festen Schnee vom Eiklar mengt man alle Zutaten. Man bäckt die Masse, lässt sie altbacken werden (2–3 Tage alt), schneidet sie in Scheiben, die man bäht und bezuckert.

Spanische Windbäckerei, I. Art Nr. 757

Zutaten: 2 Eiklar, 14 dag Zucker

Zu dem sehr festen Schnee vom Eiklar mischt man unter Schlagen ein Drittel des Zuckers. Zwei Drittel des Zuckers werden dann leicht eingerührt. Mit einem Spritzsack spritzt man auf ein befettetes Blech verschiedene Formen, die man im lauwarmen Rohr längere Zeit mehr trocknen lässt als bäckt. Das Eiklar muss zu Spanischem Wind ganz frisch sein und der Schnee sehr fest geschlagen werden, sonst lässt sich die Masse nicht gut spritzen.

Spanische Windbäckerei, II. Art Nr. 758

Zutaten: 2 Eiklar, 14 dag Zucker

Ein Drittel des Zuckers wird in den festen Schnee über Dunst eingeschlagen, und zwar so lange, bis die Masse Form behält. Zwei Drittel des Zuckers werden dann eingerührt, und zwar nicht mehr über Dunst. Danach bäckt man wie in Rezept **Nr. 757**.

Kaffeewindbäckerei Nr. 759

Zutaten: 6 Eiklar, ⅛ Liter starker, schwarzer Kaffee von 2 dag Bohnenkaffee, 28 dag Staubzucker

Die oben angeführten Zutaten werden kalt gemischt und über Dampf dick geschlagen, vom Feuer genommen und bis zum Erkalten weitergeschlagen. Man spritzt auf ein mit Papier belegtes Blech Formen und trocknet sie im Rohr. Sollte die Bäckerei die Form nicht behalten, so ist die Masse nochmals über Dunst zu schlagen.

Haselnussbusserl Nr. 760

Zutaten: 4 Eiklar, 12 dag Zucker, 15 dag Haselnüsse, einige Tropfen Zitronensaft, Zitronenschalen, Fett für das Blech, ganze Haselnüsse zum Verzieren

In den festen Schnee vom Eiklar mengt man Zucker, die geriebenen Haselnüsse (allenfalls vorher schälen: kurze Zeit in das heiße Rohr legen, dann zwischen den Händen zerreiben, wobei sich die Schalen leicht ablösen) und einige Tropfen Zitronensaft und gewiegte Zitronenschale. Mithilfe zweier Löffel macht man auf ein befettetes Blech nussgroße Kugeln, die man im kühlen Rohr mehr trocknen lässt als bäckt. Jedes Krapferl kann man durch Auflegen einer geschälten Haselnuss vor dem Backen verzieren.

Haselnussbögen Nr. 761

Zutaten: 3 Eiklar, 10–15 dag Zucker, 15 dag Haselnüsse, 2 Oblaten, allenfalls 3 dag Haselnüsse zum Bestreuen

Man verrührt Eiklar, Zucker und geriebene Haselnüsse und streicht die Masse ½ cm dick auf Oblaten. Zur Verschönerung kann man blättrig geschnittene Haselnüsse daraufstreuen. Mit einem scharfen Messer schneidet man längliche Streifen, die man auf der verkehrten Rehrückenform bei sehr mäßiger Hitze bäckt.

Schneenockerl Nr. 762

Zutaten: 2 Eiklar, 3 dag Zucker, ¼ Liter Milch
Vanillecreme: ¼ Liter Milch, 3 dag Zucker, 2 Dotter, 1 Stück Vanille oder Vanillezucker, 1 Esslöffel Mehl

In den festen Schnee von Eiklar mengt man Zucker und kocht davon in die heiße Milch Nockerl ein, die man einige Minuten ziehen lässt. Dann wendet man sie und nimmt sie nach einigen Minuten heraus.

Kokosbusserl, I. Art Nr. 763

Zutaten: 14 dag Zucker, 21 dag Kokosflocken, 6–8 Eiklar, 6 dag Mehl

Zucker, Kokosflocken und Eiklar werden am Herd 5 Minuten gerührt. Hierauf mischt man Mehl hinein, formt mit Hilfe zweier Löffel kleine Krapferl, die man auf ein befettetes, bemehltes Blech legt und bei mäßiger Hitze bäckt.

Kokosbusserl, II. Art Nr. 764

Zutaten: 4 Eiklar, 20 dag Kokosflocken, 20 dag Zucker, 4 dag Mehl

In den steifen Schnee mischt man Zucker, Kokosflocken und Mehl ein; mithilfe zweier Löffel formt man kleine Krapferl, die man auf ein befettetes, bemehltes Blech legt und bei mäßiger Hitze bäckt.

Schokoladekäfer **Nr. 765**

Zutaten: 4 dag Schokolade, 14 dag Staubzucker
und ein Eiweiß von einem kleinen Ei

Geriebene Schokolade wird mit gesiebtem Staubzucker und dem Eiklar zu einem weichen Teig verarbeitet, den man mit Staubzucker ausrollt, kleine Formen aussticht und auf einem mit Backpapier ausgelegten Blech in kühlem Rohr trocknet. Die Schokoladekäfer müssen hoch aufgehen und innen hohl werden.

Dattelbusserl **Nr. 766**

Zutaten: 3 Eiklar, 20 dag Zucker, 10 dag geriebene Nüsse oder Mandeln, 5 dag gehackte Nüsse, 15 dag klein geschnittene Datteln, 3 dag Kartoffelmehl

In den steifen Schnee löffelweise den Zucker einrühren, Nüsse, Datteln und Mehl vorsichtig unterheben. Kleine Häufchen auf Oblaten geben und bei schwacher Hitze backen.

Witwenküsse **Nr. 767**

Zutaten: 4 Eiklar, 28 dag feiner Kristallzucker, 14 dag grob gehackte Nüsse,
7 dag Zitronat, 5 dag Aranzini

In den steifen Schnee löffelweise den Zucker einrühren, Nüsse, Zitronat und Aranzini vorsichtig unterheben. Kleine Häufchen auf Oblaten geben und bei schwacher Hitze backen.

Haferflockenbusserl **Nr. 768**

Zutaten: 14 dag Haferflocken, 5 dag grob gehackte Nüsse,
2 dag Butter, 2 Eiklar, 14 dag Zucker

Nüsse und Haferflocken in Butter goldgelb rösten. In den festen Eischnee Zucker löffelweise einschlagen. Nüsse und Haferflocken leicht unterheben. Kleine Häufchen auf Oblaten geben und bei schwacher Hitze backen.

Roggenmehlrezepte

Diese waren namentlich in Gebirgsgegenden, in denen kein Weizen mehr gedeihen konnte, von großer Wichtigkeit. Da Roggenmehl sehr nahrhaft und sättigend ist, handelt es sich dabei um ausgiebige Speisen.

Lebkuchen soll immer aus Roggenmehl hergestellt werden. Statt Zucker oder Honig kann man Sirup oder Rohzucker verwenden. Als Lebkuchengewürze gelten: Zimt, Nelken, Neugewürz, Zitronen- und Orangenschalen. Lebkuchenteig kann man entweder auswalken und Formen daraus stechen oder man drückt den Teig 1–2 Finger dick auf ein befettetes, bemehltes Blech, bäckt ihn langsam und schneidet noch warm Vierecke daraus. Der Lebkuchenteig muss stets weich sein. Man kann ihn mit weißer oder rosa Eiweiß- oder Milchglasur überziehen.

Lebkuchen, I. Art Nr. 769

Zutaten: 20 dag Rohzucker oder Sirup, 25 dag Roggenmehl, 2 Eier, 5 dag Honig, ½ Kaffeelöffel Natron, Lebkuchengewürze nach Geschmack

Aus allen oben angeführten Zutaten wird ein Teig hergestellt, den man eine halbe Stunde rasten lässt. Wie oben angegeben, kann man den Teig in Formen oder im Ganzen backen und dann zerschneiden.

Lebkuchen, II. Art Nr. 770

Zutaten: ½ kg Roggenmehl, 4 Eier, 20–25 dag Zucker, ¼ kg Honig oder Sirup, 2 Esslöffel Zimt, je 1 Teelöffel Nelken und Neugewürz, 1 Messerspitze Ingwer, Zitronenschale, 5 dag Aranzini, 1 Päckchen Backpulver, 1 Messerspitze Natron

Eier und Zucker treibt man schaumig ab, mengt alle anderen Zutaten außer Backpulver darunter und lässt den Teig zugedeckt über Nacht stehen. Am nächsten Tag fügt man das Backpulver bei, rollt den Teig aus und sticht Formen aus, die man bei mittlerer Hitze bäckt.

Lebkuchen, III. Art Nr. 771

Zutaten: 14 dag Butter, 5 Eier, ½ kg Honig, Vanillezucker, Anis, 40 dag Zucker, 1 kg Roggenmehl, 2 Päckchen Backpulver, Butter und Mehl für das Blech

Man treibt Butter ab, gibt Eier, den zerlassenen Honig, Zucker, die Geschmacksstoffe und das mit Backpulver vermengte Mehl dazu. Man streicht die Masse auf ein befettetes, bemehltes Blech, bäckt sie und schneidet sie noch warm in Stücke.

Lebkuchen, IV. Art Nr. 772

Eignet sich gut als Christbaumbehang.
Zutaten: 40 dag Mehl, 25 dag Rohzucker, 2 Eier, 3 Esslöffel Honig, 1 Teelöffel Zimt, 1 Teelöffel Natron, 1 Messerspitze Nelkenpulver, Ei zum Bestreichen, geschälte Mandeln zum Belegen

Alle Zutaten mischen, Teig ausrollen, Formen ausstechen, mit Ei bestreichen, mit Mandeln belegen und bei starker Hitze backen.

Lebkuchen, V. Art — Nr. 773

Zutaten: 50 dag Mehl, 20 dag Rohzucker, 20 dag Honig, 2 ½ dag geriebene Nüsse, 5 dag Butter, 2 ½ dag Germ, etwas Milch, 0,4 g Hirschhornsalz, Lebkuchengewürz, Zitronenschale, 5 dag klein geschnittene Aranzini

Germ in Milch auflösen, dann mit den übrigen Zutaten zu einem Teig vermischen, evtl. noch etwas Milch dazugeben. Den Teig auf ein befettetes Blech streichen, langsam backen, mit Zitronenglasur (Rezept **Nr. 824**) überziehen und in kleine Stücke schneiden.

Lebkuchen, VI. Art — Nr. 774

Zutaten: 36 dag Mehl, 22 dag Zucker, 11 dag Honig, 3 ganze Eier, Zimt, ½ Päckchen Backpulver

Zubereitung wie Lebkuchen IV. Art (Rezept **Nr. 772**).

Baseler Leckerli — Nr. 775

Zutaten: 62 dag Mehl, 25 dag Zucker, 37 dag Honig, 6 dag Orangeade, 9 dag Mandeln, 1 ½ dag Zimt, 4 g Nelken, 12 g Pottasche

Alle trockenen Zutaten werden vermengt, der heiß gemachte Honig dazugegeben und alles verknetet. Wenn der Teig etwas abgekühlt ist, gibt man die in wenig Wasser aufgelöste Pottasche dazu und knetet alles nochmals gut durch. Man lässt den Teig über Nacht stehen, rollt ihn dünn aus und sticht Formen aus, die man bei mittlerer Hitze bäckt. Die Lebkuchen können glasiert werden.

Honigkuchen — Nr. 776

Zutaten: 50 dag Mehl, 50 dag Honig oder Sirup, 5 dag Fett, 1 Ei, 1 Teelöffel Zimt, Nelken, 1 Päckchen Backpulver, (Zitronat, Mandeln, Nüsse)

Zucker, Honig und Fett werden aufgekocht, etwas abgekühlt und zu dem mit Ei, Backpulver und Gewürzen vermengten Mehl gegeben. Man kann der Masse Zitronat, Mandeln oder Nüsse beifügen. Man füllt sie in eine befettete, bemehlte Form und bäckt sie 1 Stunde.

Roggenmehlkuchen — Nr. 777

Zutaten: 5 dag Fett, 10–15 dag Zucker, 2 Eier, ⅛ Liter Milch, Zimt, Nelken, Neugewürz, 20 dag Roggenmehl, ½ Päckchen Backpulver, (allenfalls 5 dag gehackte Nüsse)

Man treibt das Fett ab, gibt Zucker, Eier und Gewürze dazu und rührt weiter. Hierauf mengt man die Milch und das mit dem Backpulver vermischte Mehl darunter. In einer ausgefetteten Form bäckt man die Masse ¾ Stunden. Zur Verbesserung kann man in den Teig gehackte Nüsse geben.

Roggenmehlknödel Nr. 778

Zutaten: 2 ½ kg Kartoffeln, 12 dag Roggenmehl, Salz, Mohn oder Marmelade

Rohe Kartoffeln werden gerieben, ausgedrückt, gesalzen und mit Mehl zu einem mittelfesten Teig geknetet. Man formt Knödel, die man mit geriebenem, in Fett geröstetem Mohn oder Marmelade füllt, ¼ Stunde in Salzwasser kocht und vor dem Aufträgen abschmalzt.

Roggenmehlsterz Nr. 779

Zutaten: 1 kg Roggenmehl, 1 Liter Wasser, etwas Salz, 3 bis 8 dag Fett

Das Mehl wird unter öfterem Umrühren ohne Fett auf dem Herd gebräunt. Hierauf gießt man das siedende, gesalzene Wasser darüber, zergabelt den Sterz, gießt das heiße Fett darüber und lässt ihn dann zugedeckt auf kleiner Flamme fertig dünsten. Man gibt ihn gesüßt mit Milch oder Fruchtsaft, als Beilage zu Fleisch oder mit Gemüse oder Salat zu Tisch.

Roggenmehlstrudel Nr. 780

Zutaten: 7 dag Butter, 7 dag Zucker, 2 Eier, 4–5 Esslöffel Milch,
30 dag Roggenmehl, Zimt, Nelken, 1 Päckchen Backpulver, Marmelade,
1 Ei zum Bestreichen, Fett für das Blech

Butter, Eier und Zucker werden abgetrieben, Gewürze, Milch und das mit Backpulver vermengte Mehl daruntergemischt. Man knetet den Teig ab, walkt ihn aus, füllt ihn mit Marmelade, schlägt ihn zusammen, bestreicht ihn mit Ei und bäckt ihn bei mittlerer Hitze.

Pinzgauer Blattln (aus Roggenmehl) Nr. 781

Zutaten: ¾ kg Roggenmehl, ¼ kg Weizenmehl, 8 dag Fett, Salz,
schwach ½ Liter Wasser

Aus obgenannten Zutaten macht man mit siedendem Salzwasser einen mittelweichen Teig an, den man sehr lange knetet. Man formt eine Rolle, schneidet Radeln davon herunter, rollt diese sehr dünn oval aus und bäckt sie in sehr heißem Fett beiderseits recht rasch.

Fleischkrapfen Nr. 782

Zutaten: ¾ kg Roggenmehl, ¼ kg Weizenmehl, 8 dag Fett, Salz,
schwach ½ Liter Wasser
Fülle: 10 dag Speck, gekochtes Rindfleisch, gekochtes Selchfleisch,
Wurst, Zwiebel, Salz, Pfeffer, Kräuter nach Geschmack

Die Blattln (Rezept **Nr. 781**) werden rund ausgerollt, mit der Fülle belegt, zusammengeschlagen, der Rand niedergedrückt und die Blattln in Fett gebacken.
Fülle: In heißem Speck werden Zwiebel und das klein geschnittene Fleisch angeröstet und mit den übrigen Gewürzen gut abgeschmeckt.

Wetzsteine (aus Roggenmehl) Nr. 783

Zutaten: 1¼ kg Roggenmehl, ¼ kg Weizenmehl, 5 dag Germ, Salz, Kümmel, 5 dag Fett, 1 Ei, lauwarmes Wasser, Fett zum Backen

Von obgenannten Zutaten macht man rasch einen mittelweichen Germteig, ohne ihn abzuklopfen. Man lässt ihn aufgehen, rührt etwas Mehl ein und formt fingerdicke Nudeln, die man in Fett bäckt.

Roggene Schnittenkrapfen Nr. 784

Roggenbrot wird ganz dünn geschnitten, in Tropfteig (Rezept **Nr. 559**) getaucht und in Fett gebacken.

Roggene Strauben Nr. 785

Zutaten: ½ kg Roggenmehl, ¼ kg Sauerteig, Salz, 1 Liter Milch, ½ kg Weizenmehl, 2–3 Eier, Fett zum Backen, Zucker zum Bestreuen

Aus Roggenmehl, Sauerteig, Salz und lauwarmem Wasser macht man einen mittelfesten Teig an, den man 2 Stunden aufgehen lässt. Hierauf rührt man 1 Liter Milch, ½ kg Weizenmehl und 2–3 Eier so lange ein, bis der Teig die Festigkeit hat, dass der Sprudler im Teig stecken bleibt.

Man lässt den Teig mit einem Schnabelhäferl oder Trichter in Spiralenform in das heiße Fett laufen. Sind die Strauben braun, so dreht man sie um, bäckt sie auf der anderen Seite und gibt sie gezuckert im Ganzen zu Tisch.

Sticknudeln Nr. 786

Zutaten: 1 ¼ kg Roggenmehl, Sauerteig, Salz, lauwarmes Wasser, viel Buttersaures und Schaum vom Butterauslassen oder Butterschmalz

Man bereitet aus obigen Zutaten einen mittelfesten Teig und lässt ihn aufgehen. In eine Bratrein gibt man Buttersaures, formt vom Teig Nudeln, legt diese in die Rein, lässt sie ½ Stunde aufgehen und bäckt sie bei schwacher Hitze beiderseits zugedeckt auf dem Herd dunkelbraun. Sticknudeln sollen knapp vor dem Auftragen fertig werden.

Roggene Nudeln Nr. 787

Zutaten und Zubereitung wie bei Sticknudeln (Rezept **Nr. 786**), nur macht man den Teig etwas fester. Nach dem Aufgehen formt man aus dem Teig Nudeln, die man wie die Buchteln aus Weizenmehl mit Marmelade, Topfen, Apfelstücken, Kirschen, Zwetschken oder Beeren füllen kann. Roggene Nudeln werden bei mäßiger Hitze gebacken.

Roggenmehlbäckerei Nr. 788

Zutaten: ¼ kg Mehl, 6 dag Butter, 10 dag Zucker, Salz, 1 Messerspitze Backpulver, ⅛ Liter Milch, 1 Dotter zum Bestreichen

Aus obigen Zutaten macht man einen Teig, walkt ihn aus, sticht Formen aus, bestreicht diese mit Dotter und bäckt sie im Rohr. Man kann auch den Zucker weglassen, Butter daraufstreichen und die Bäckerei mit Käse bestreuen.

Kriegskuchen Nr. 789

Zutaten: 15–20 dag Zucker, 1 Ei, 1 Schale schwarzen Kaffee oder Milchkaffee, 30 dag schwarzes Mehl, 1 Kaffeelöffel Backpulver, 1 Kaffeelöffel Zimt, 1 Messerspitze Nelken, 15 dag Marmelade

Zucker und Ei rührt man schaumig und mengt die übrigen Zutaten dazu. Ist der Teig zu fest, so gibt man etwas Milch dazu. In einer befetteten Tortenform bäckt man ihn ¾ Stunden; ist er erkaltet, durchschneidet man ihn und füllt ihn mit Marmelade.

Linzer Torte (aus Roggenmehl) Nr. 790

Zutaten: 5 dag Butter, 18 dag Roggenmehl, Zucker nach Geschmack, 1 Ei, 1 Kaffeelöffel Zimt, Nelken, Zitronenschalen, ½ Päckchen Backpulver oder 2 Messerspitzen Natron, 3 Tropfen Essig, 10 dag Ribiselmarmelade

Von Butter, Ei und Zucker wird ein Abtrieb gemacht und alle anderen Zutaten daruntergemischt. ⅔ des Teiges werden in die Form gegeben, Marmelade daraufgestrichen, aus dem restlichen Teig ein Gitter darübergelegt und bei mäßiger Hitze gebacken.

Roggenmehltorte Nr. 791

Zutaten: 30 dag Roggenmehl, 10 dag Zucker, 10 dag Butter, 1 Ei, 3 Esslöffel Obers, Zitronenschalen, 1 Päckchen Backpulver, Butter und Mehl für die Form

Man bröselt die Butter mit dem Mehl fein ab und arbeitet die übrigen Zutaten rasch darunter. Nach dem Rastenlassen drückt man zwei Drittel des Teiges in eine befettete, bemehlte Tortenform, bestreicht mit Marmelade und formt von dem übrigen Teig ein Gitter, das man darüberlegt.

Roggenmehlbackwerk Nr. 792

Zutaten: 15 dag Roggenmehl, 5 dag Weizenmehl, 8 dag Zucker, 3 dag Fett, 5 dag geriebene Nüsse, 1 Ei, ½ Päckchen Backpulver, Zimt, Nüsse zum Belegen

Alle obgenannten Zutaten knetet man zu einem Teig, den man nach kurzem Rastenlassen 3 mm dick auswalkt und Formen aussticht; diese werden mit Wasser bestrichen, mit halben Nüssen belegt und goldbraun gebacken.

Germgebäck (aus Roggenmehl) Nr. 793

Zutaten: ½ kg Roggenmehl, Salz, 4 dag Germ, ¼ Liter Milch, 5 dag Zucker, 1 Ei, 6 dag eingeweichte Haferflocken

Man bereitet aus obigen Zutaten einen Germteig, den man aufgehen lässt. Dann formt man Kleingebäck wie Kipferl, Schnecken, Striezerl und bäckt diese bei mittlerer Hitze.

Verschiedene Bäckereien und Konfekt

Haferflockenkekse Nr. 794

Zutaten: 10 dag Butter oder Butterschmalz, 20 dag Zucker, 8–10 Esslöffel Milch, 1 Ei, 25 dag Haferflocken, 25 dag Mehl, 1 Päckchen Backpulver, Zimt, Nelken, Zitronenschalen, Butter für das Blech

Das Mehl sowie die gerösteten, gewiegten, gut ausgekühlten Haferflocken werden auf ein Brett gegeben, mit Fett, Zucker, Ei und Milch und den Gewürzen zu einem Teig verknetet, den man dünn auswalkt, Formen aussticht und bei mäßiger Hitze bäckt.

Falsche Butterbrote Nr. 795

Zutaten: 8 dag Butter, 2 Eier, 14 dag Zucker, 12 dag geriebene Schokolade, 12 dag geriebene Nüsse, 12 dag Mehl oder 8 dag Mehl und 4 dag Maisstärke
Falsche Butter: 1 Eigelb, Staubzucker, Wasser

Zucker, 1 Eigelb, 1 ganzes Ei, ½ Esslöffel Wasser, Butter, schaumig rühren, die übrigen Zutaten hinzufügen und rasch zu einem Teig verkneten. Den Teig zu zwei Rollen formen und kalt stellen. Dann in ½ cm dicke Scheiben schneiden, diese auf ein ungefettetes Blech legen und bei mittlerer Hitze backen. Nach dem Backen die Unterseite mit falscher Butter bestreichen und trocknen lassen.
Falsche Butter: Eigelb, Staubzucker und Wasser 10 Minuten schaumig rühren und sofort aufstreichen.

Nussbäckerei Nr. 796

Zutaten: 30 dag Mehl, 15 dag Butter, 10 dag geriebene Nüsse, 20 dag geriebene Schokolade, 25 dag Zucker, 1 Ei

Die Zutaten auf einem Brett zu einem Teig verarbeiten, eine Stunde kühl rasten lassen, Teig ausrollen, runde Formen ausstechen und bei schwacher Hitze backen. Man kann die Bäckerei mit Zitronenglasur (Rezept **Nr. 824**) bestreichen.

Kakaobrezeln

Nr. 797

Zutaten: 10 dag Butter, 2 Eier, 20 dag Zucker, 5 dag Kakao, ½ kg Mehl, ½ Päckchen Backpulver, 1/10 Liter Milch

Man treibt Butter ab, gibt Eier, Zucker und Kakao dazu und mengt Mehl, Backpulver und Milch unter den Abtrieb. Man formt Brezeln, die man auf befettetem, bemehltem Blech bäckt.

Marmeladeschnitten

Nr. 798

Zutaten: 1 Ei, 1 Esslöffel Honig, 8 dag Zucker, 2 dag Butter, 25 dag Mehl, ½ Päckchen Backpulver, 3 Tropfen Essig, Marmelade

Honig, Ei, Zucker und Butter werden über Dunst schaumig geschlagen, man rührt die Masse bis zum Erkalten und gibt Essig und das mit Backpulver vermengte Mehl darunter. Dann knetet man den Teig gut ab, radelt Schnitten heraus, bäckt sie und setzt je zwei mit Marmelade zusammen.

Zimtsterne

Nr. 799

Zutaten: 20 dag Mehl, 12 dag Butter, 12 dag Zucker, 10 dag geriebene Mandeln, 1 Teelöffel Zimt

Alle Zutaten auf dem Brett zu einem Teig verarbeiten, Sterne ausstechen, bei mittlerer Hitze backen und mit Zuckerglasur (Rezept **Nr. 820**) bestreichen.

Schokolade, I. Art

Nr. 800

Zutaten: ½ kg Kokosfett, 7 dag Mehl oder Puddingpulver, 16 dag Kakao, 1 Päckchen Vanillezucker, 40–50 dag Staubzucker

Alle Zutaten werden auf dem Herd glatt verrührt. Man füllt die Masse hierauf in flache, befettete Formen, die man auf Eis oder Schnee stellt, bis die Schokolade fest ist. Durch leichtes Anwärmen lässt sie sich gut stürzen. Oder man gibt von der weichen Masse mit 2 Teelöffeln kleine Häuferl auf ein mit Pflanzenfett beschmiertes Blech.

Schokolade, II. Art

Nr. 801

Zutaten: 10 dag Kokosfett, 5 dag Kakao, Vanillezucker, 10 dag Zucker

Zubereitung wie Schokolade I. Art (Rezept **Nr. 800**).

Haferflockenmakronen Nr. 802

Zutaten: 15 dag Haferflocken, 18 dag Zucker, 10 dag Schokolade, 1 dag Kakao, 5 dag Butter, 3 Esslöffel Obers, 3 Esslöffel Rum

Die Haferflocken mit etwas Butter und Zucker knusprig rösten, auskühlen lassen. Butter und Schokolade zerlaufen lassen, die gerösteten Haferflocken und die anderen Zutaten dazumischen. Kleine Busserl formen und über Nacht trocknen lassen.

Rumkugeln Nr. 803

Zutaten: 15 dag Zucker, 12 dag geriebene Haselnüsse, 1 Rippe erweichte Schokolade, 2 Esslöffel Rum, Schokoladestreusel

Alle Zutaten gut vermengen, daraus kleine Kugerl formen, in Schokoladenstreusel wälzen und trocknen lassen.

Kokoskugeln Nr. 804

Zutaten: 20 dag Staubzucker, 12 dag Butter, 7 dag Kokosflocken, 3 dag Mehl, ½ Esslöffel Kakao, 1–2 Esslöffel Rum, Kokosflocken zum Wälzen

Butter langsam zerlaufen lassen, die übrigen Zutaten beimengen, die Masse 5 Minuten stehen lassen, dann Kugeln formen, diese in Kokosflocken wälzen und kalt stellen.

Fruchtwürfel Nr. 805

Zutaten: 15 dag geriebene Nüsse, 6 dag Zucker, 2 Esslöffel gehackte Rosinen und Aranzini, 1 Esslöffel gehackte Mandeln, 1 Eiklar, Rum
Glasur: 25 dag Staubzucker, Saft von einer Zitrone

Alle Zutaten mischen, die Masse in kleine Formen geben, trocknen lassen, mit Glasur überziehen.

Honig aus Buttermilch und Zucker Nr. 806

Zutaten: ½ Liter Buttermilch, ¼ kg Zucker, Zitronenschale oder Vanillezucker

Die Zutaten werden unter Rühren ungefähr ¾ Stunden gekocht, bis sich kein Schaum mehr bildet. Der Honig kann für Lebkuchen verwendet werden. Dickt man ihn noch mehr ein, so kann man Zuckerl machen.

Kompotte

Obst ist, ebenso wie Gemüse, reich an Vitaminen und Mineralstoffen; es sollte daher so viel wie möglich roh gegessen werden, weil beim Kochen ein großer Teil wertvoller Stoffe verloren geht. Wird Obst dennoch gekocht, muss dies, um Vitaminverluste zu vermeiden, möglichst rasch geschehen.

Apfelkompott **Nr. 807**

Zutaten: 2 kg Äpfel, 10–15 dag Zucker, Zimtrinde, Zitronenschale, Gewürznelken

Wenig Wasser wird mit Zucker und den Gewürzen aufgekocht. Die Äpfel werden dünn geschält, halbiert, vom Kerngehäuse befreit, ins kochende Wasser gegeben und weich gedünstet. Dann nimmt man die Äpfel heraus, legt sie in eine Schüssel, lässt den Saft noch etwas einkochen, gießt ihn über die Äpfel und stellt das Kompott kalt.

Birnenkompott **Nr. 808**

Zutaten und Zubereitung: siehe Apfelkompott (Rezept **Nr. 807**).

Rhabarberkompott **Nr. 809**

Zutaten: 1 ½–2 kg Rhabarber, 25–40 dag Zucker, (Speisesodawasser)

Vom Rhabarber zieht man die Haut ab und schneidet ihn in 4–6 cm lange Stücke. Wasser und Zucker werden aufgekocht, der Rhabarber hineingegeben, weich gekocht und kalt gestellt. Will man Zucker sparen, so überbrüht man die Rhabarberstücke vorher mit heißem Speisesodawasser, das man nach einigen Minuten abgießt. Speisesoda stumpft die in Rhabarber reichlich enthaltene Oxalsäure ab.

Kürbiskompott **Nr. 810**

Zutaten: 1 ½ kg Kürbis, 15–25 dag Zucker, etwas Essig, Zitronenschale, Zimtrinde, Gewürznelken

Den geschälten Kürbis schneidet man würfelig und legt ihn über Nacht in leichtes Essigwasser. Nächsten Tag kocht man Wasser mit Zucker, Essig und den Gewürzen auf, gibt den Kürbis hinein und kocht ihn so lange, bis er glasig ist.

Kirschenkompott **Nr. 811**

Zutaten: 1–1 ½ kg Kirschen, 15–20 dag Zucker

Wenig Wasser wird mit Zucker aufgekocht und die Kirschen darin weich gedünstet.

Marillenkompott Nr. 812

Zutaten und Zubereitung wie Kirschenkompott (Rezept **Nr. 811**), nur werden die Marillen entkernt, halbiert oder geviertelt.

Stachelbeerkompott Nr. 813

Zutaten und Zubereitung wie Kirschenkompott (Rezept **Nr. 811**)

Ribiselkompott Nr. 814

Zutaten und Zubereitung wie Kirschenkompott (Rezept **Nr. 811**)

Zwetschkenröster Nr. 815

Zutaten: 1–1 ½ kg Zwetschken, 10–15 dag Zucker, Zimtrinde

Etwas Wasser wird mit Zucker und den Gewürzen aufgekocht, dazu kommen die gewaschenen, entkernten Zwetschken. Nach dem Weichkochen werden sie kalt gestellt.

Hollerröster Nr. 816

Zutaten: 1 ½ kg Holler, einige Äpfel oder Zwetschken, 15–20 dag Zucker, etwas Stärke zum Binden, etwas Milch oder Wasser

Den Holler kocht man mit Zucker, klein geschnittenen Äpfeln oder Zwetschken weich. Zuletzt rührt man etwas Stärke mit etwas Milch oder Wasser glatt, gibt sie ins Kompott und lässt gut verkochen.

Heidelbeerkompott Nr. 817

Zutaten: 1 ½ Liter Heidelbeeren, 10 dag Zucker, 2–3 dag Mehl, etwas Stärke, etwas Milch oder Wasser

Die Heidelbeeren kocht man mit Zucker weich. Zuletzt rührt man etwas Stärke mit etwas Milch oder Wasser glatt, gibt es ins Kompott und lässt gut verkochen.

Dörrobstkompott Nr. 818

Zutaten: ½–¾ kg Dörrobst (Zwetschken, Äpfel, Birnen), Zimtrinde, Zitronenschale, 10–15 dag Zucker

Das Dörrobst wird gewaschen, über Nacht eingeweicht, in dem Einweichwasser zugestellt und weich gekocht.

Das Kochen (Spinnen) des Zuckers

Richtlinien zum Kochen von Zucker: Bis zum Aufkochen ständig rühren. Alle Kristalle müssen zu Kochbeginn gelöst sein. Zuckerkristalle, die sich an der Topfwand bilden, mit einem in Wasser getauchten Pinsel lösen und Schaumreste entfernen.

Auf 1 kg Zucker gibt man ¼ Liter Wasser und lässt ihn in einem tadellos reinen Gefäß aufkochen. Dieser geläuterte, klare Zucker, weitergesponnen, ergibt folgende Grade:

1. **Breitlauf:** Von einem reinen, in den Zucker getauchten Silberlöffel fließt der Zucker in breitem Laufe ab.
2. **Die kleine Perle:** Nach einigen Minuten Kochen zieht sich vom eingetauchten, herausgenommenen Löffel vom letzten Tropfen ein kurzer Faden.
3. **Die große Perle:** Nach weiterem kurzem Kochen taucht man den Löffel wieder ein und berührt den daran haftenden Zucker mit Daumen und Zeigefinger. Entfernt man die beiden Finger voneinander, so zieht sich ein längerer Faden, der nicht zerreißt. Dieser Grad wird zum Herstellen von Glasuren verwendet.
4. **Der kleine Flug:** Man lässt den Zucker wieder weiterkochen und taucht eine Drahtschlinge ein. Fliegt der an der Schlinge haftende Zucker in Form von kleinen Bläschen weg, so ist der richtige Grad für die Herstellung von Fondant erreicht.
5. **Der große Flug:** Kocht man den Zucker noch einige Minuten weiter, so wird der in der eingetauchten Drahtschlinge haftende Zucker, sobald man darauf bläst, in Form einer Kette von Blasen wegfliegen. Aus diesem Grad wird Fondant für Zuckerln gewonnen oder der Zucker wird zur Marmeladeherstellung verwendet.
6. **Der Bruch:** Aus der kochenden Lösung scheidet sich schon wieder Zucker in Form von Blättchen aus. Bei diesem Grad wird er zum Kandieren von Früchten, wie Herstellung von Aranzini (Rezept **Nr. 981**), verwendet.
7. **Karamel:** Der Zucker erhält eine hellbraune Farbe. Bei diesem Grad wird er zur Herstellung von Karamelcreme etc. verwendet.
8. **Zuckerfarbe (Zuckercouleur):** Kocht man den Zucker noch einige Minuten weiter, so nimmt er eine dunkelbraune Farbe an. Diese findet, mit Wasser versetzt, zum Färben von Speisen wie Kaffee, Glasuren etc. Verwendung. Dies ist der letzte Grad. Lässt man den Zucker noch weiter am Feuer, so verbrennt er und wird unbrauchbar.

Glasuren

Torten und Bäckereien werden, um besser zu schmecken und schöner auszusehen, glasiert. Mannigfaltig kann die Art der dabei angewendeten Verzierungen sein. So verwendet man dazu geschälte Mandeln (zum Schälen in heißes Wasser legen), Pignoli, geschälte Haselnüsse (zum Schälen trocken in heißes Rohr geben), verschieden gefärbten Zucker und dergleichen. Torten werden gestürzt, stets auf der glatten Unterseite glasiert und vorher mit einer glatten Marmelade (Marillen- oder Apfelmarmelade) bestrichen, damit die

Glasur besser abrinnt. Die Torte wird auf ein Brett gelegt, die Glasur rasch auf eine Stelle in die Mitte gegossen und durch vorsichtiges Schwenken des Brettes verteilt. Mit einem in heißes Wasser getauchten Messer verstreicht man die Glasur, falls sie nicht gleichmäßig heruntergeronnen ist.
Bäckereien glasiert man, indem man sie auf eine Gabel gibt, über das Gefäß hält und die Glasur löffelweise darübergießt. Warme Glasuren stellt man in das Wasserbad. Die Glasur hat dann die richtige Dickflüssigkeit, wenn ein hineingetauchter Kochlöffel auf der Rückseite gleichmäßig davon überzogen wird.
Eine billige und sehr schöne Art der Tortenverzierung ist das sogenannte „Marmorieren". Bevor die Glasur noch trocken ist, gibt man eine andersfärbige Glasur in ein selbst gedrehtes Stanitzel mit kleinem Loch und spritzt in die Torte Kreise, gerade Streifen, Punkte oder dergleichen Muster hinein. Mit einer Spicknadel wird die noch warme Glasur nun nach Geschmack auf die verschiedensten Muster verzogen.
Zum Trocknen wird die Torte einige Stunden kühl und eben gestellt. Will man sie verpacken, so legt man vor dem Glasieren ein Papierkreuz darunter, mittels welchem man sie dann leicht in eine Schachtel heben kann.
Eine einfache und rasche Art des Verzierens ist das „Brennen". Man bestreut die Torte mit Staubzucker und brennt mit einer erhitzten Stricknadel, die man zum besseren Halten in einem Holz befestigt, verschiedene Verzierungen. Will man die gebrannten Striche dicker haben, so kann man dazu auch den gereinigten Schürhaken verwenden.
Will man eine Torte mit einer Schrift versehen oder mit Creme verzieren, so wartet man, bis die Glasur trocken ist, und verwendet dann Eiweißglasur oder Creme zum Spritzen für den Aufputz. Die angegebenen Mengen reichen zum Glasieren für je eine mittelgroße Torte.

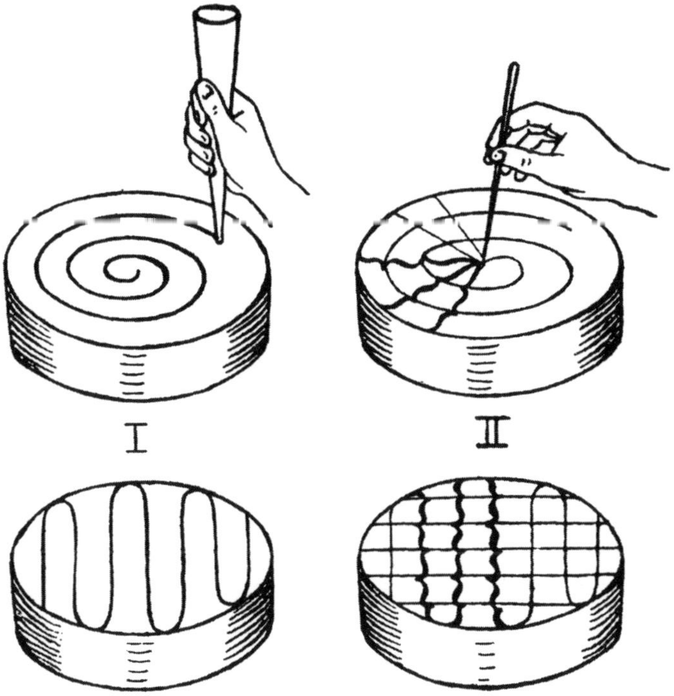

Wasserglasur

Nr. 819

Zutaten: 30 dag Staubzucker, kochendes Wasser, Geschmacksstoff wie Zitronen- oder Orangensaft, Kaffee, Rum, Punsch und dergleichen

In den gesiebten Staubzucker gibt man den gewünschten Geschmack und so viel siedendheißes Wasser, dass man einen dickflüssigen Brei bekommt. Man rührt 10 Minuten und prüft die Dicke der Glasur über einem umgedrehten Kochlöffel.

Zuckerglasur weiß

Nr. 820

Zutaten: 10 dag Würfel- oder Kristallzucker, 20 dag Staubzucker, ⅛ Liter Wasser

Würfel- oder Kristallzucker wird mit dem Wasser gesponnen (**Seite 204**) und heiß löffelweise in den gesiebten Staubzucker gegeben.

Zuckerglasur rosa

Nr. 821

Zutaten: Wie Zuckerglasur weiß, Rezept Nr. **820.**

Die rosa Zuckerglasur wird wie weiße Glasur hergestellt. Zur Rotfärbung gibt man einige Tropfen Breton oder Rote-Rüben-Saft dazu.

Fondantglasur, I. Art

Nr. 822

Zutaten: 30 dag Zucker, ⅛ Liter Wasser

Zucker wird mit Wasser so lange gesponnen (**Seite 204**), bis der Zucker einen Faden zieht. Hierauf nimmt man ihm vom Herd und rührt so lange, bis die Glasur weiß und glänzend wird. Man fügt einen beliebigen Geschmack und allenfalls Farbe bei und gießt die Masse über die Torte.

Fondantglasur, II. Art

Nr. 823

Zutaten: 40 dag Zucker, ⅛ Liter Wasser

Zucker wird mit Wasser bis zum kleinen Flug (**Seite 204**) gekocht (wenn sich über eine in die kochende Zuckerlösung gehaltene Drahtschlinge eine Haut bildet), dann auf eine Marmorplatte oder in eine unbeschädigte Porzellanschüssel gefüllt. Wenn der Zucker so weit ausgekühlt ist, dass sich ein Häutchen bildet, wird er mit einer Holzspachtel gerührt, bis die Masse weiß und gleichmäßig weich ist. So zubereitetes Fondant kann, mit einem feuchten Tuch zugedeckt, noch nach Monaten aufgekocht werden. Sobald man Fondant zum Glasieren benötigt, gibt man ihn in das Wasserbad, lässt ihn zergehen und fügt einen Aromaträger hinzu.

Zitronenglasur Nr. 824

Wird wie Wasser-, Zucker oder Fondantglasur hergestellt (Rezepte **Nr. 819–823**). Als Geschmack wird der Saft von 2 Zitronen vor der Beimengung des Wassers dazugegeben.

Orangenglasur Nr. 825

Wird wie Zitronenglasur (Rezept **Nr. 824**), hergestellt.

Punschglasur Nr. 826

Wird wie Zitronenglasur (Rezept **Nr. 824**), hergestellt, mit Beigabe von Punsch.

Rumglasur Nr. 827

Wird wie Zitronenglasur (Rezept **Nr. 824**), hergestellt, mit Beigabe von Rum.

Kaffeeglasur Nr. 828

bereitet man wie Wasserglasur (Rezept Nr. **819**), nur verwendet man statt des heißen Wassers heißen, starken Bohnenkaffee.

Eiweißglasur Nr. 829

Wird zum Verzieren oder Spritzen von Torten oder zum Glasieren von Bäckereien verwendet.

Gesiebter Staubzucker wird mit Eiklar mit einem Holzlöffel ungefähr 10 Minuten gerührt, bis die Masse schaumig und steif wird. Nach Belieben kann Geschmack oder Farbe beigefügt werden.

Milchglasur Nr. 830

Wird zum Glasieren von Bäckereien, namentlich von Lebkuchen, verwendet.
Zutaten: 20 dag Staubzucker, 4 Esslöffel Milch, allenfalls etwas Zitronensaft

Staubzucker wird mit Milch glatt gerührt, allenfalls kann man einige Tropfen Zitronensaft dazugeben.

Schokoladeglasur Nr. 831

Zutaten: 10 dag Schokolade, 12 dag Zucker, schwach ⅛ Liter Wasser, 1 dag Butter

Zucker wird mit Wasser bis zum Fadenziehen gekocht, (**Seite 204** „Das Kochen des Zuckers: **3. Die große Perle**“). Die im Rohr erweichte Schokolade wird zuerst allein glatt verrührt. Hierauf gießt man unter fortwährendem Rühren löffelweise den gesponnenen, heißen Zucker bei, bis die Glasur die richtige Dicke hat und schön glatt ist. Die Glasur wird in heißem Zustand verwendet. Zum schöneren Glanz wird ein Stück Butter dazugegeben.

Kakaoglasur — Nr. 832

Zutaten: 15 dag Staubzucker, 4 dag Kakao, 2 dag Kokosfett,
2–3 Esslöffel heißes Wasser

Staubzucker und Kakao mit Wasser mischen und mit flüssigem Fett glatt verrühren.

Cremes, Gefrorenes und ähnliche Nachspeisen

Vanillecreme, I. Art — Nr. 833

Zutaten: 5 Esslöffel Mehl, 3 Esslöffel Zucker, 2 Dotter,
¾ Liter Milch, Vanillezucker oder Vanillestange, 2 Eiklar

Mehl, Zucker und Dotter werden mit etwas Milch verrührt und in siedende Milch, in der man eine Vanillestange oder Vanillezucker mitkochte, eingerührt. Nach 10 Minuten Kochen mischt man den fest geschlagenen Schnee in die etwas ausgekühlte Creme.

Vanillecreme, II. Art — Nr. 834

Zutaten: ½ Liter Milch, 3 Dotter, 4 Teelöffel Mehl, 10 dag Zucker,
Vanillezucker oder Vanillestange, Schnee von 3 Eiklar

Man mischt alle genannten Zutaten kalt zusammen und schlägt sie über Dunst so lange, bis die Creme dicklich wird. Ist sie erkaltet, mischt man den fest geschlagenen Schnee darunter. Man kann auch 1 Dotter sparen und stattdessen 1 Teelöffel Mehl mehr dazugeben.

Vanillecreme, III. Art (als Fülle für Mehlspeisen) — Nr. 835

Zutaten: ¼ Liter Milch, 5–8 dag Zucker, 3 Dotter, 2 ½ dag Stärkemehl oder
Vanillepuddingpulver, 10–20 dag Butter

Ein Gemenge aus Milch, Zucker, Dotter, Vanillepuddingpulver und Stärke wird über Dampf dick geschlagen. Man treibt Butter flaumig ab und gibt in diese die erkaltete Creme löffelweise hinein.

Schokoladecreme, I. Art (als Fülle für Mehlspeisen) — Nr. 836

Zutaten: 20 dag Butter, 8 dag Schokolade, (allenfalls 1 Dotter, 4 dag Zucker)

Man treibt Butter flaumig ab und gibt die erweichte Schokolade darunter. Zur Verbesserung können 1 Eidotter und Zucker zur Creme gegeben werden.

Schokoladecreme, II. Art **Nr. 837**

Zutaten: 1/8 Liter Milch, 1–2 Dotter, 10 dag Schokolade, 5 dag Zucker, 2 dag Weizenmehl, Stärke oder Schokoladepuddingpulver, 2 Blätter Gelatine, 1/4 Liter Schlagobers

Milch, Dotter, Zucker, Schokolade und Stärke werden über Dampf dickschaumig geschlagen. Nach dem Erkalten mischt man die in kaltem Wasser eingeweichte und in warmem Wasser aufgelöste Gelatine und das fest geschlagene Schlagobers darunter.

Kakaocreme **Nr. 838**

Zutaten: 1/4 Liter Milch oder Schlagobers, 12–15 dag Zucker, 4 Dotter, 3 dag Kakao, 3 gestrichene Esslöffel Mehl

Alle Zutaten werden kalt verrührt, über Dunst dick geschlagen, dann weggenommen und weitergeschlagen, bis die Creme kalt ist. Will man die Creme zum Füllen von Mehlspeisen verbessern, treibt man 15–20 dag Butter schaumig ab und rührt löffelweise die Creme dazu.

Kaffeecreme **Nr. 839**

Zutaten: 1/8 Liter sehr starker, schwarzer Kaffee, 1/16 Liter Milch, 2 ganze Eier, 6 dag Zucker, 3 dag Mehl, 15 dag Butter, 6 dag Staubzucker, 10 Kaffeebohnen, Rum oder Kognak

Kaffee, Milch, Eier, Zucker und Mehl verrührt man kalt und bringt die Masse unter stetem Rühren auf kleiner Flamme zum Sieden, lässt sie einmal tüchtig aufkochen und stellt sie kalt. Dann rührt man die Butter mit Zucker und den geriebenen Kaffeebohnen recht schaumig und gibt die kalte Creme löffelweise unter Rühren dazu. Zuletzt verbessert man mit einem Spritzer Rum oder Kognak.

Karamelsoße, I. Art **Nr. 840**

Zutaten: 15 dag Zucker, 1 Liter Milch, 4 dag Puddingpulver oder Kartoffelmehl

Man karamelisiert den Zucker (**Seite 204**, Grad 7), gießt mit Milch auf und lässt aufkochen. Puddingpulver wird mit Milch oder Wasser kalt abgerührt, eingegossen und alles nochmals aufgekocht.

Karamelsoße, II. Art **Nr. 841**

Zutaten: 15 dag Zucker, 5/16 Liter Wasser für das Karamel; 1 1/4 Liter Milch, 5 dag Zucker, 2–4 Eier, 3 dag Mehl

Man röstet Zucker in einer Eisenpfanne goldbraun, gießt mit Wasser auf und lässt gut zu Karamel verkochen (**Seite 204**, Grad 7). Milch, Karamel, Zucker, Dotter und Stärkemehl werden kalt gemischt und unter Rühren zum Kochen gebracht. Den fest geschlagenen Schnee mischt man noch heiß in die Soße. Karamelsoße kann warm oder kalt serviert werden.

Erdbeercreme Nr. 842

Zutaten: ⅜ Liter Milch, 4 Dotter, 8–12 dag Zucker, 6 dag Mehl, 12 dag Butter, Schnee von 4 Eiklar, Erdbeermark (1 Liter passierte Erdbeeren)

Milch, Dotter, Zucker und Mehl werden verrührt und über Dampf dick geschlagen. Dann treibt man Butter sehr flaumig ab, gibt Erdbeermark dazu und rührt die erkaltete Creme löffelweise ein. Zuletzt kommt der Schnee von 4 Eiklar dazu. Die Creme wird bis zum Gebrauch so kalt als möglich gestellt.

Marmeladecreme Nr. 843

Zutaten: 6 Eiklar, 15–20 dag Zucker, 20 dag Marmelade

Eiklar wird zu Schnee geschlagen, gesiebter Staubzucker eingerührt, dann die Marmelade leicht hineinverrührt.

Pariser Creme Nr. 844

Zutaten: ¼ Liter Schlagobers, 3 Rippen Schokolade

Schlagobers und klein geschnittene Schokolade vermischen, 3–4 Mal aufkochen lassen und gut verschlagen.

Mokkacreme Nr. 845

Zutaten: ¼ Liter schwarzer Kaffee, 4 Dotter, 10 dag Zucker, 1 dag Kartoffel- oder Weizenmehl, 15 dag Butter

Kaffee, Dotter, Zucker und Mehl werden über Dampf dickschaumig geschlagen und nach dem Erkalten in die abgetriebene Butter gemengt.

Buttercreme ohne Ei Nr. 846

Zutaten: ¼ Liter Milch, 5 dag Mehl, 10 dag Zucker, 10 dag Butter

Von Milch und Mehl kocht man ein Kindskoch (Mehl mit einigen Löffeln kalter Milch abrühren und in siedende Milch einrühren), das man überkühlt löffelweise in die abgetriebene Butter mengt. Je nach Geschmack kann man der Creme geriebenen Kaffee, Kakao, geschälte geriebene Haselnüsse oder geröstete Haferflocken, Karamel, Likör oder Fruchtsäfte beimengen.

Zitronencreme Nr. 847

Zutaten: 3 Eier, 3 Esslöffel Staubzucker, 1 Zitrone, 1 Orange, 3 Blatt Gelatine, ⅛–¼ Liter Schlagobers

Dotter und Zucker schaumig rühren, Zitronen- und Orangensaft, aufgelöste Gelatine und Eischnee dazugeben, kurz kühl stellen, dann steifes Schlagobers unterziehen.

Einfache Creme Nr. 848

Man rührt ein Stück Butter flaumig, gibt Zucker, 1–2 Dotter dazu, rührt weiter, fügt als Geschmack Vanille, Schokolade oder fein geriebenen Bohnenkaffee bei. Strecken kann man die Creme mit einigen Löffeln kaltem Pudding.

Ambrosia-Creme Nr. 849

Zutaten: ½ Liter Sauerrahm, 10–15 dag Zucker, 1/16 Liter Rum, 2 dag Gelatine

Sauerrahm wird glatt geschlagen. Man rührt dann Zucker, Rum und die in heißem Wasser aufgelöste Gelatine gut darunter. In einer mit kaltem Wasser ausgespülten Form lässt man die Creme sulzen und recht kalt werden. Zum leichteren Stürzen taucht man das Gefäß einige Minuten in heißes Wasser.

Wein-Chaudeau Nr. 850

Zutaten: ⅓ Liter Weißwein oder Apfelmost, 6–8 dag Zucker, 4 Dotter, 1 Ei

Weißwein, Zucker, Dotter und Ei werden gemischt und über Dunst bis zum Schaumigwerden geschlagen. Sobald der gestiegene Weinschaum zu sinken beginnt, ist er vom Dampf zu entfernen. Er wird entweder warm serviert oder ohne zu rühren kalt gestellt.

Milch-Chaudeau Nr. 851

Wird wie Wein-Chaudeau (Rezept **Nr. 850**), hergestellt, nur verwendet man statt Wein Milch. Milch-Chaudeau ist besonders für Kinder und Kranke geeignet.

Hexenschaum Nr. 852

Zutaten: 2 Eiklar, 5–8 dag Zucker, 30 dag Äpfel, 10–15 dag Marmelade

In den festen Schnee von Eiklar mengt man Staubzucker, gebratene, passierte, ausgekühlte Äpfel und Marmelade und rührt das Gemenge bis zum Steifwerden. Man stellt den Hexenschaum kalt. Statt der Marmelade können mehr Äpfel verwendet werden. Hexenschaum ist besonders geeignet als Beigabe zu trockenen Mehlspeisen oder als Fülle in Torten oder Bäckereien.

Hexencreme Nr. 853

Zutaten: 3 Eier, Staubzucker nach Geschmack, (Rum, Likör)

3 Eiklar werden zu steifem Schnee geschlagen. Dazu mengt man vorsichtig die 3 rohen Dotter und Staubzucker nach Geschmack. Man kann auch einige Esslöffel Rum oder Likör beimengen.

Kanarienmilch Nr. 854

Zutaten: 2–3 Dotter, ½ Liter Milch, 1 Vanilleschote oder 1 Päckchen Vanillezucker, 5–8 dag Zucker

Dotter, Milch und Vanille werden über Dunst schaumig geschlagen und zu trockenen Mehlspeisen statt Marmelade gegeben. Oder man stellt die Masse in den Tiefkühler und bereitet daraus Eis. Vor dem Verbrauch gibt man das Eis mindestens eine halbe Stunde in den Kühlschrank, damit es weicher wird.

Ananascreme Nr. 855

Zutaten: 1 Dose Ananas, 4 dag Zucker, 1 Päckchen Vanillezucker, 4 dag Maisstärke oder Puddingpulver, Zitronensaft, ¼ Liter Schlagobers

Ananas aus der Dose abtropfen lassen, den Saft mit Wasser zu ⅜ Liter auffüllen. Maisstärke, Zucker, Vanillezucker darin versprudeln und aufkochen lassen. Die ausgekühlte Masse mit der Schneerute gut durchschlagen, Ananasstückerl hineingeben und mit Zitronensaft abschmecken. Steifes Schlagobers leicht durchziehen und die Creme kühl stellen.

Topfencreme Nr. 856

Zutaten: ½ kg Topfen, 10 dag Zucker, ¼ l Schlagobers, Vanillezucker, Zitronensaft, Rum, Rosinen, klein geschnittene Bananen, Äpfel, Orangen, Beeren, geriebene Nüsse

Topfen wird mit Zucker, Vanillezucker, Zitronensaft und Rum glatt verrührt. Das Obers wird aufgeschlagen und unter die Topfenmasse gezogen. Die übrigen Zutaten werden nach Bedarf zerkleinert und in die Masse eingerührt.

Topfenpuddingcreme Nr. 857

Zutaten: ¼ kg Topfen, 10 dag Zucker, 2 Dotter, Vanillezucker, ¼ Liter Milch, ½ Packerl Puddingpulver

In die fertige Topfencreme (Rezept **Nr. 856**) wird löffelweise ausgekühlter Vanillepudding eingerührt. Will man Gefrorenes herstellen, so gibt man die zu gefrierende Mischung in den Tiefkühler. Vor dem Verbrauch stellt man das Eis mindestens eine halbe Stunde in den Kühlschrank, damit es weicher wird.

Vanille-Eis **Nr. 858**

Zutaten: ¾ Liter Milch, 1–2 Dotter, Vanillemark oder Vanillezucker, 5–10 dag Zucker, 1 Esslöffel Puddingpulver

Ein Gemenge aus Milch, Dotter, Vanillemark oder Vanillezucker, Zucker und Puddingpulver wird über Dampf dickschaumig geschlagen, ausgekühlt und im Tiefkühler oder in der Eismaschine zum Gefrieren gebracht.

Milch-Eis **Nr. 859**

Zutaten: 1 Liter Milch, 10–15 dag Zucker, 1 Esslöffel Puddingpulver, (allenfalls Vanillezucker)

Milch wird mit Zucker, Vanillezucker und Puddingpulver aufgekocht, ausgekühlt und im Tiefkühler oder in der Eismaschine zum Gefrieren gebracht.

Zitronen-Eis **Nr. 860**

Zutaten: Saft und geriebene Schalen von 5 Zitronen, 10–15 dag Zucker, ⅜ Liter Wasser

Zitronensaft und -schalen, Wasser und Zucker vermischt man und lässt es einige Stunden stehen. Dann seiht man den Saft ab, füllt ihn in ein gefriergeeignetes Gefäß und stellt es für etwa 5 Stunden in den Tiefkühler.

Erdbeer-Eis **Nr. 861**

Zutaten: ½ kg Erdbeermark, 20 dag gesponnener Zucker (Seite **204**), Saft von 2 Zitronen, ½ Liter Wasser

Alle Zutaten mischt man zusammen und die Masse wird im Tiefkühler oder in einer Eismaschine zum Gefrieren gebracht.

Marillen-Eis **Nr. 862**

Zutaten: 40 dag Marillenmark, 20 dag gesponnener Zucker (Seite **204**), Saft von 2 Zitronen, ⁴⁄₁₀ Liter Wasser

Alle Zutaten werden gemischt und im Tiefkühler oder in der Eismaschine zum Gefrieren gebracht.

Himbeer-Eis **Nr. 863**

Wird wie Marillen-Eis (Rezept **Nr. 862**) zubereitet.

Ribisel-Eis **Nr. 864**

Wird wie Marillen-Eis (Rezept **Nr. 862**) zubereitet.

Pfirsich-Eis **Nr. 865**

Wird wie Marillen-Eis (Rezept **Nr. 862**) zubereitet.

Fruchteisbecher **Nr. 866**

Das Eis abwechselnd mit klein geschnittenen weichen oder kandierten Früchten in hohe Gläser geben und mit Schlagobers verzieren.

Obstsalat **Nr. 867**

Zutaten: Je nach Jahreszeit Äpfel, Birnen, Zwetschken, Pfirsiche, Trauben, Orangen, Bananen, Ananas, Beeren, Rosinen, gehackte Nüsse

Die Früchte werden blättrig geschnitten und je nach Geschmack mit Staubzucker, Zitronensaft, Rum oder Kognak oder auch mit etwas Weißwein vermengt, gut durchziehen gelassen und mit Schlagobers serviert.

Haferflockenmüsli **Nr. 868**

Haferflocken oder sonstige frisch gemahlene Vollkornflocken in etwas Wasser einweichen. Knusperflocken werden ohne Einweichen verwendet. Vor der Mahlzeit werden die Getreideflocken mit frischer Milch oder Joghurt, Honig, Nüssen, eingeweichten, zerkleinerten Trockenfrüchten oder zerkleinertem, frischem Obst je nach Geschmack und Jahreszeit vermischt. Ist eine Haushaltsgetreidemühle vorhanden, soll das Getreide für die Zubereitung von Müsli immer erst kurz vor Gebrauch gemahlen werden.

Vanilleäpfel **Nr. 869**

Zutaten: 10 Äpfel, Preiselbeer- oder Ribiselmarmelade, 10 dag Zucker, Zitronenschalen und -saft, ½ Liter Milch, ½ Päckchen Puddingpulver, Vanillezucker, Rum

Äpfel schälen, entkernen, Wasser mit Zucker, Zitronenschale und -saft aufkochen, Äpfel darin weich dünsten. Die Äpfel in eine Glasschüssel geben, mit Marmelade füllen und mit Vanillecreme übergießen. Dazu Puddingpulver glatt verrühren, in Milch und Zucker aufkochen, mit Rum, Zitronensaft und Vanillezucker abschmecken.

Pfirsich Melba **Nr. 870**

Zutaten: Vanilleeis (Rezept Nr. **858**), gedünstete Pfirsiche, Himbeermarmelade, etwas Schlagobers

Das Vanilleeis in Glasschüsserl verteilen, je eine Pfirsichhälfte darauflegen, mit Himbeermarmelade überziehen und mit Schlagobers verzieren.

Bratäpfel **Nr. 871**

Zutaten: 10 Äpfel, 5 dag Butter, Nüsse, Rosinen, Marmelade, Rum

Äpfel waschen, Kerngehäuse ausstechen, nach Belieben mit einer Mischung aus Marmelade, gehackten Nüssen, Rosinen und etwas Rum füllen. In eine mit Butter befettete, feuerfeste Form geben, mit Butterflöckchen belegen, im Rohr braten.

Kastanienreis **Nr. 872**

Zutaten: 1 kg Esskastanien, 10–15 dag Staubzucker, ¼ Liter Schlagobers

Kastanien sehr weich kochen, schälen, passieren, mit Staubzucker gut vermischen. Die Masse durch ein grobes Sieb oder verkehrtes Reibeisen drücken und mit steifem Schlagobers vermengt anrichten.

Liköre und Getränke

Allgemeines über Liköre siehe **Seite 253**. Obstliköre siehe **Seite 255**.

Herstellen von Likören und Getränken

Am besten werden Liköre mit 95-prozentigem Weingeist zubereitet. Bei Verwendung von Schnaps, der meist 60- bis 70-prozentig ist, ändert man das Rezept dahingehend, dass man weniger Wasser, dafür mehr Schnaps nimmt.

Kaffeelikör — Nr. 873

Zutaten: 40 dag Zucker, ¼ Liter Wasser, 5 dag Kaffee, ⅜ Liter Wasser zum Kaffeekochen, Vanillestange oder Vanillezucker, ¼ Liter Weingeist

Zucker wird mit Wasser dicklich gekocht. Geriebenen Bohnenkaffee lässt man in ⅜ Liter Wasser mit einem Stückchen Vanille aufwallen, einige Minuten zugedeckt ziehen. Ausgekühlt seiht man den Kaffee ab, gibt das Zuckerwasser und den Weingeist dazu. Man füllt den Likör in Flaschen, verkorkt diese und lässt sie mindestens drei Monate lagern.

Kümmellikör — Nr. 874

Zutaten: ¼ Liter Wasser, 40 dag Zucker, ¼ Liter 95-prozentiger Weingeist, 10 dag Kümmelessenz oder 3 dag gestoßener Kümmel

Zucker wird mit Wasser aufgekocht. In die ausgekühlte Flüssigkeit mischt man Weingeist, Kümmelessenz oder gestoßenen Kümmel. (Bei Verwendung von Letzterem, abseihen!) Der Likör wird in Flaschen abgefüllt und soll erst nach einigen Wochen verwendet werden.

Eierkognak, I. Art — Nr. 875

Zutaten: 5 Dotter, 1 Päckchen Vanillezucker, ¼ Liter Milch, 20 dag Zucker, ¼ Liter 95-prozentiger Weingeist

Die Dotter werden mit Vanillezucker tüchtig gerührt, Milch und der in Weingeist aufgelöste Zucker werden langsam daruntergemischt.

Eierkognak, II. Art

Nr. 876

Zutaten: 5 Dotter, 1 Päckchen Vanillezucker, ca. ¼ Liter Schlagobers, ⅛ Liter Milch, 10–20 dag Zucker, ⅛ Liter 95-prozentiger Weingeist

Dotter werden mit Vanillezucker tüchtig gerührt, Obers, Milch und der in Weingeist aufgelöste Zucker werden langsam daruntergemischt.

Rum

Nr. 877

Zutaten: ¾ Liter Weingeist, ½ Liter Wasser, 10–20 dag Zucker, 4 dag Rumessenz, Saft und Schale von 3 Zitronen, Zimt, Vanilleschote, 5 Stück Nelken

Man kocht Wasser und Zucker auf, lässt auskühlen, mischt mit den anderen Zutaten und lässt den Rum 2–3 Monate lagern. Vor Gebrauch wird er geseiht.

Kaffee

Nr. 878

Zutaten: 4 dag Kaffeezusatz zum Färben, 1 ½ Liter Wasser, 12 dag Malzkaffee oder 5 dag Bohnenkaffee

Kaffeezusatz und fein gemahlener Malzkaffee werden in kaltem Wasser zugestellt und zugedeckt zum Kochen gebracht. Fein gemahlener Bohnenkaffee wird in den kochenden Kaffee gegeben und 10 Minuten ziehen gelassen. Will man ihn zu sofortigem Gebrauch rasch klar haben, so gießt man einige Löffel kaltes Wasser zu, wodurch sich der Satz senkt. Nach wenigen Minuten lässt er sich klar abseihen. Verwendet man zum Kaffeekochen einen Filter, so gibt man den gemahlenen Bohnenkaffee hinein und gießt mit siedendem Wasser auf, in dem sich der Zusatzkaffee befindet. Das Wasser darf nur langsam aufgegossen und nicht allzu lange gekocht werden, sonst verliert der Kaffee an feinem Geschmack.

Kaffee-Essenz

Nr. 879

Zutaten: 30 dag Rohzucker, 2 Liter Wasser, 15 dag geriebener Bohnenkaffee

Zucker, am besten Rohzucker, lässt man unter ständigem Rühren am Herd (am besten im Schneekessel, kein emailliertes Geschirr!) dunkelbraun werden, gießt mit Wasser auf und lässt aufkochen. Der fein geriebene Bohnenkaffee wird fest in die Maschine gedrückt und mit dem heißen, braunen Wasser langsam aufgegossen. Die Essenz wird in Flaschen gefüllt, verschlossen, kühl aufbewahrt und ist gebrauchsfertig.

Kakao

Nr. 880

Zutaten: 2 Liter Milch, 5 dag Kakao, 8 dag Zucker

Kakao wird mit kalter Milch glatt gerührt und in siedende Milch eingekocht. Nach einmaligem Aufkochen gibt man den Zucker dazu.

Schokoladegetränk Nr. 881

Zutaten: 8 dag Bruchschokolade, 1 Liter Milch, Zucker nach Geschmack

Die Schokolade wird mit etwas kalter Milch aufgesetzt, langsam erwärmt und zu einem glatten Brei verrührt. Dann wird die restliche Milch zugegeben und unter Rühren einmal aufgekocht.

Schwarzer Tee Nr. 882

Zutaten: 1 ½ dag schwarzer Tee, 12 dag Zucker, allenfalls Rum, Schnaps oder Zitronensaft

2 ½ Liter kochendes Wasser gießt man über den Tee (allenfalls Tee-Ei verwenden!) und lässt ihn zugedeckt einige Minuten ziehen. Hat er eine goldgelbe Farbe, so entfernt man das Tee-Ei oder seiht ihn ab und gibt Zucker, Rum, Schnaps oder Zitronensaft dazu.

Apfelschalentee Nr. 883

Frische oder getrocknete Apfelschalen zerschneidet man, stellt sie in kaltem Wasser zu und kocht sie ungefähr 10 Minuten.

Punsch Nr. 884

Zutaten: 20–30 dag Würfelzucker, ¼ Liter Wasser, 4 Orangen, 2 Zitronen, ½ Liter Tee, ⅛ Liter Rum

Würfelzucker wird an den Schalen von zwei Orangen gerieben und dann unter Zugabe der dünn geschnittenen Schalen einer Orange im Wasser bis zum Spinnen (**Seite 204**) gekocht. Hierauf mischt man den Saft der Orangen und Zitronen sowie russischen Tee und Rum darunter. Der abgeseihte Punsch wird heiß getrunken.

Glühwein oder Glühmost Nr. 885

Zutaten: ½ Liter Rotwein oder Most, evtl. etwas Wasser, 3 Gewürznelken, Zimt, Zitronenschalen, Zucker nach Geschmack

Der Wein mit allen Zutaten wird zugedeckt, aufgekocht, abgeseiht und heiß getrunken.

Grog Nr. 886

Zutaten: ¼ Liter Rum, ¼ Liter gesponnener Zucker, ¼ Liter heißes Wasser

Rum, gesponnener Zucker (Seite **204**) und heißes Wasser werden aufgekocht und heiß aufgetragen.

Erdbeerbowle **Nr. 887**

Zutaten: ½ kg Erdbeeren, 10–25 dag Zucker, 1 Liter Weißwein,
¼ Liter Mineralwasser, 1–2 Zitronen, Eiswürfel

Man gibt Walderdbeeren mit Zucker lagenweise in einen Suppentopf und lässt sie eine halbe Stunde lang kühl stehen; hierauf gibt man Weißwein, Mineralwasser, Zitronensaft und Eiswürfel hinein und stellt die Schüssel mindestens eine Stunde lang auf Eis oder 2–3 Stunden in den Keller.

Himbeerbowle **Nr. 888**

Wird wie Erdbeerbowle (Rezept **Nr. 887**), hergestellt.

Heidelbeerbowle **Nr. 889**

Wird wie Erdbeerbowle (Rezept **Nr. 887**), hergestellt.

Holunderbeerbowle **Nr. 890**

Wird wie Erdbeerbowle (Rezept **Nr. 887**), hergestellt.

Zitronenlimonade (kalt) **Nr. 891**

Zutaten: Saft von 4 Zitronen, 6–12 dag Zucker, Eiswürfel

Der ausgepresste Zitronensaft wird mit 1 ½ Liter recht kaltem Wasser und Zucker vermengt. Kann noch mit Eiswürfeln kurz vor dem Servieren heruntergekühlt werden.

Zitronenlimonade (heiß) **Nr. 892**

Wird wie Zitronenlimonade kalt (Rezept **Nr. 891**) hergestellt, nur gibt man statt kaltem siedendes Wasser dazu.

Orangensirup **Nr. 893**

Zutaten: 2 Liter Wasser, 2 kg Zucker, 4 dag Zitronensäure,
Saft und Schale von 8 Orangen

Wasser und Zucker lässt man eine halbe Stunde kochen, gibt den Saft der Orangen dazu und überbrüht mit dieser Mischung die mit Zitronensäure vermengten, dünn abgeschälten, grob gewiegten Orangenschalen. Dann rührt man die ganze Masse einige Male um und lässt sie zugedeckt über Nacht ziehen. Man filtriert sie durch ein Tuch, füllt sie in saubere Flaschen, verkorkt diese und bewahrt sie im Keller auf. Bei Gebrauch nimmt man auf ¼ Liter Wasser 1 Esslöffel Sirup.

Zitronensirup Nr. 894

Bereitet man ebenso zu wie Orangensirup (Rezept **Nr. 893**).

Hollergetränk Nr. 895

Zutaten: 5 Liter Wasser, 10 Hollerblütendolden, ½ kg Zucker, ⅛ Liter Weingeist, 1 Zitrone samt Schale in Scheiben geschnitten

Alle Zutaten in einem Einsiedeglas 5 Tage lang stehen lassen, dann abseihen und in Flaschen abfüllen. Den Kork mit Spagat festbinden oder Bügelflaschen verwenden und kühl lagern. Das Getränk ist in etwa 2 Wochen trinkfertig.

Fruchtmilch Nr. 896

Zutaten: Beliebige Mengen Erdbeeren, Himbeeren, Heidelbeeren, Ribiseln, Bananen, Orangen, Marillen, Zucker, frische Milch, Eiswürfel

Die verwendeten Beeren gut zuckern, mit Milch übergießen und mit dem Mixer verrühren. Anstatt frischer Früchten kann man auch Marmelade, Fruchtsirup oder eingelegte Früchte verwenden.

Milchfrappé Nr. 897

Der Fruchtmilch (Rezept **Nr. 896**) werden pro Portion 1–2 Esslöffel Speiseeis hinzugefügt (Vanilleeis passt zu allen Fruchtarten).

Eiskaffee Nr. 898

Zutaten: Vanilleeis (Rezept **Nr. 858**), Kaffee (Rezept **Nr. 878**), Schlagobers

Man stellt einen Kaffee her, den man ein wenig süßen kann und sehr kalt stellen muss. In hohe Gläser gibt man ⅓ Vanilleeis und darüber den kalten Kaffee, den man mit geschlagenem Obers verziert.

Mandelmilch Nr. 899

Zutaten: 1 Liter Milch, 70 dag Mandeln, 60 dag Zucker

Die Mandeln werden heiß überbrüht, die Haut abgezogen, getrocknet, fein gerieben und mit kalter oder kochender Milch übergossen. Die Mischung einige Stunden kalt stellen und vor dem Gebrauch durch ein Tuch filtrieren und süßen.

Das Haltbarmachen von Lebensmitteln

Das Lagern

Mit persönlicher Hygiene, Küchenhygiene und dem richtigen Verhalten beim Einkaufen, Zubereiten und Lagern von Lebensmitteln schaffen Sie wichtige Voraussetzungen, um lebensmittelbedingte Erkrankungen und den vorzeitigen Lebensmittelverderb, aber auch zu viel Lebensmittelabfall zu vermeiden. Damit die Qualität der einzelnen Lebensmittel möglichst lange erhalten bleibt, sollten Sie die besonderen Hygieneanforderungen der einzelnen Lebensmittel kennen und beachten.

Der richtige Lagerort

In der Küche halten sich Lebensmittel normalerweise nicht sehr lange – die Temperaturen sind zu hoch, die Luft ist zu feucht. Hier sollten nur die Vorräte ihren Platz finden, die schnell verbraucht werden. Die meisten längerfristig haltbaren Lebensmittel wie Mehl, Salz, Zucker, Vollkonserven und Trockenprodukte wie Reis und Nudeln können bei Raumtemperaturen von durchschnittlich 15 bis 20 Grad in der Küche, in trockenen Vorratsräumen und im Keller gut gelagert werden. Vorratsraum oder Speisekammer sollten sich möglichst in unmittelbarer Nähe der Küche befinden und wegen der Schattenseite nach Norden oder Osten ausgerichtet sein. Zweckmäßig ist ein kleines Fenster zum Lüften, das abgedunkelt werden sollte. Im Sommer ist ein Fliegengitter vor dem Fenster empfehlenswert. Der Boden sollte eine glatte und feucht zu reinigende Oberfläche aufweisen.

Das Einlagern von Obst und Gemüse

Durch richtige Lagerung, wenn möglich auf luftigen Obsthorden, in nicht zu trockenen Räumen kann man die Haltbarkeit von Obst wesentlich verlängern. Schon beim Pflücken hat man Druckstellen möglichst zu vermeiden. Wurmiges und schorfiges Obst eignet sich nicht zur längeren Aufbewahrung. Tafelobst wickelt man einzeln in Seiden- oder Zeitungspapier und kann so ein Einschrumpfen durch Wasserverdunstung bedeutend verringern. Auch das Einlegen von Obst in Torfmull ist äußerst effektiv.
Will man im Winter zur gemüsearmen Zeit den Speisezettel mit gesunder, vitaminhaltiger Kost bereichern, so soll man im Herbst das Wintergemüse in guten Kellerräumen lagern.

Vor dem Frost soll sowohl Blatt- als auch Wurzelgemüse in trockenem Zustand geerntet werden. Wurzelgemüse wie Rote und Gelbe Rüben, Petersilie, Rettich, Pastinaken und Sellerie lagert man in einem frostsicheren Keller, und zwar entweder in Kisten oder Sand. Bei der ersten Art können wir das Faulen einzelner Wurzeln leichter bemerken und diese sofort entfernen.

Um im Winter grüne Petersilie zu haben, legen wir sie in Sand ein. Halten wir den Sand feucht, so wird die Petersilie austreiben. Oder wir verfertigen uns ein Kistchen mit Löchern, aus welchen die in Sand eingelegte Petersilie herauswächst. Größere Mengen von Wurzelgemüse lagert man im Herbst in Mieten ein, die dann im Frühjahr zur gemüsearmen Zeit geöffnet werden. Um bei Mieten eine Lüftung zu haben, bringt man in der oberen Mitte eine Drainageröhre oder zusammengedrehtes Stroh an. Je nach der Kälte gibt man eine dickere oder dünnere Erdschicht darüber.

Um Blattgemüse wie Endiviensalat, Kohl und Kraut recht lange haltbar zu haben, ernten wir es auch an einem trockenen Tag, und zwar mit den Wurzeln. Ein Lattengestell, an der Kellerwand angebracht, ermöglicht das Hineinstecken der Wurzeln. Kohl und Kraut können auch mit dem Strunk aufgehängt werden. Karfiol, der im Herbst nicht mehr ausreift, wird mit den Wurzeln in feuchte Erde geschlagen und wächst noch weiter. Zwiebel wird trocken geerntet und am besten in einem luftigen Sack oder zu Zöpfen geflochten aufgehängt.

Lagern bei Zimmertemperatur und im Kühlschrank

Viele Lebensmittel vertragen Zimmertemperaturen, andere müssen unbedingt in den Kühlschrank. Einige sollten besser nicht gekühlt werden, denn zu kühle Temperaturen können bei kälteempfindlichen Obst- und Gemüsearten zu Kälteschäden führen. So werden Bananen im Kühlschrank grau und entwickeln keine Süße. Tomaten werden im Kühlschrank nicht rot und reife Tomaten verlieren ihr Aroma. Birnen werden bei Zimmertemperatur weicher und süßer. Im reifen Zustand können sie für wenige Tage im Kühlschrank gelagert werden. Die meisten heimischen Obst- und Gemüsearten (Äpfel, Birnen, Blatt- und Kohlgemüse) sollten nur ausgereift im Obst- und Gemüsefach aufbewahrt werden.

Der Kühlschrank ist der Hauptlagerort zur kurzfristigen Aufbewahrung für leicht verderbliche Lebensmittel im Haushalt. Die kälteste Stelle ist auf der untersten Ablagefläche an der Rückwand des Innenraumes. Hier ist der optimale Platz für leicht verderbliche Lebensmittel, wie Fleisch und Wurstwaren, Fisch und Fischerzeugnisse sowie zubereitete Speisen. Auf den Ablageflächen darüber sind Milch und Milchprodukte, Käse, geräucherte Fleischwaren sowie der Inhalt geöffneter Konserven gut aufgehoben.

In den Türfächern sind die Temperaturen am höchsten. Hier sollten Sie Lebensmittel wie Getränke, Butter, Eier, Marmeladen, Dressings, Soßen und Tuben verstauen, die nur leicht gekühlt werden müssen. Das Obst- und Gemüsefach ist durch die darüberliegende Glasplatte vom übrigen Innenraum abgetrennt, so dass die Temperatur hier um zwei bis drei Grad Celsius höher ist als die durchschnittliche Innentemperatur.

Gemüse: Lagern im Gemüsefach des Kühlschranks
Artischocke, Blattgemüse, Karfiol, Brokkoli, Chicorée, Endiviensalat, Erbsen, Gewürzkräuter (kein Basilikum), grüne Bohnen, Frühlingszwiebeln, Kohl, Lauch, Karotten, Pilze, Radieschen, Rettich, Rote Rüben, Salat, Salatmischungen, Sellerie, Spargel, Spinat, Süßmais

Obst: Lagern im Gemüsefach des Kühlschranks
Äpfel (länger als 7 Tage), Aprikosen, Brombeeren, Feigen, Heidelbeeren, Himbeeren, Kirschen, Trauben

Reifen im Zimmer und Lagern im Kühlschrank
Avocados, Birnen, Kiwis, Nektarinen, Pfirsiche, Pflaumen, Zwetschken

Lagern vorzugsweise bei Raumtemperaturen
Auberginen, Basilikum (Bundware in Wasser gestellt), Gurken, Ingwer, Paprika, Tomaten, Zucchini, Ananas, Äpfel (weniger als 7 Tage), Bananen, Grapefruits, Mandarinen, Mangos, Orangen, Papayas, Melonen, Wassermelonen, Zitrusfrüchte

Lagern vorzugsweise im Keller (dunkel und gut gelüftet)
Kartoffeln, Knoblauch, Lagerzwiebeln

Lagerbedingungen und Lagerdauer

Bei Lebensmitteln in Fertigpackungen gibt der Hersteller ein Mindesthaltbarkeitsdatum oder ein Verbrauchsdatum an. Mit dem Mindesthaltbarkeitsdatum garantiert er, dass mindestens bis zu diesem Stichtag die Eigenschaften des Lebensmittels, zum Beispiel Farbe, Geruch, Geschmack, bei angemessener Lagerung erhalten bleiben. **Das Mindesthaltbarkeitsdatum ist kein Verfallsdatum!** Wenn das Datum nur kurzfristig überschritten ist, können Sie in der Regel davon ausgehen, dass das Produkt durchaus noch genießbar ist. Es ist aber ratsam, das Lebensmittel genau zu prüfen. Beachten Sie: Das Mindesthaltbarkeitsdatum gilt nur für original verschlossene Verpackungen. Im Unterschied zum Mindesthaltbarkeitsdatum gibt das Verbrauchsdatum, z.B. auf Hackfleisch oder Geflügel, den Zeitpunkt an, bis zu dem das Lebensmittel tatsächlich verbraucht sein sollte. Entsorgen Sie Lebensmittel, deren Verbrauchsdatum abgelaufen ist! Bei einigen Fertigprodukten werden auf der Verpackung, in Verbindung mit dem Mindesthaltbarkeitsdatum, Hinweise zu den Lagerbedingungen gegeben:

- tiefgekühlt lagern – Lagerung bei mindestens –18 Grad im Tiefkühlgerät
- gekühlt lagern – Lagerung bei 2 bis 8 Grad im Kühlschrank
- kühl lagern – Lagerung bei bis 15 Grad an einem kühlen Ort, aber nicht im Kühlschrank
- bei Zimmertemperatur lagern – Lagerung bei 18 bis 22 Grad, ohne Beachtung besonderer zusätzlicher Bedingungen
- vor Wärme schützen – die Ware verträgt eine höhere Temperatur als Raumtemperatur, darf aber nicht in der Nähe einer Wärmequelle (Ofen, direkte Sonneneinstrahlung) aufbewahrt werden
- trocken lagern – Lagerung bei maximal 70 % relativer Luftfeuchte

- lichtgeschützt lagern – Lagerung mit Schutz vor direktem Lichteinfall
- feucht und kühl lagern – Lagerung bei 6 bis 15 Grad und 70- bis 90-prozentiger relativer Luftfeuchte

Die richtige Verpackung

Zum Schutz vor dem Austrocknen, vor Geruchsübertragungen, Farb-, Aroma- und Geschmacksveränderungen sowie der gegenseitigen Übertragung von Keimen, sollten Sie Lebensmittel grundsätzlich verpackt oder abgedeckt in den Kühlschrank stellen.
Verwenden Sie:

- Glas- und Porzellangefäße
- Kunststoffbeutel, -boxen oder -hauben (speziell für Nahrungsmittel)
- Frischhaltefolie oder Aluminiumfolie
- Papiertüten, gelochte Folienbeutel für Obst und Gemüse; die Verpackung darf nicht völlig luftdicht sein, da das Produkt sonst schneller verdirbt

Das Tiefkühlen von Lebensmitteln

Die Lagerung von Fleisch, Gemüse und Obst in einer Tiefkühltruhe oder in einem Kühlfach bei einer Temperatur von mindestens –18 Celsius ermöglicht eine sichere Haltbarkeit für Monate. Gefrierfleisch ist von Frischfleisch kaum zu unterscheiden, die Nährstoffe bleiben erhalten und vor allem erleiden die Vitamine und Geschmackstoffe im Gemüse und Obst kaum eine Veränderung und einen Abbau, wie dieser Nachteil bei gewöhnlicher Lagerung eintritt.

Allgemeine Regeln für das Tiefkühlen

1. Zum Einfrieren eignen sich nur Lebensmittel von guter Qualität.
2. Die Nahrungsmittel sollen in kleineren Mengen hergerichtet, gut eingeteilt, rasch und so kalt als möglich in den Gefrierschrank kommen.
3. Als Verpackungsmaterial eignen sich die dafür bestimmten Folien, vielfach auch in Form von Sackerln und Schläuchen. Die Verschlüsse müssen ein Eindringen von Luft verhindern. Für Sackerl und Schläuche leistet ein Folienschweißgerät gute Dienste, es sind aber auch Gummiringe, Kunststoffclips oder feuchtigkeitsbeständige Klebebänder geeignet.
4. Beim Verpacken soll so gut wie möglich die Luft entfernt werden. Ungenügende Verpackung hat Feuchtigkeitsverlust und Qualitätsminderung zur Folge – Geschmack und Aussehen leiden.
5. Fleisch und Verpacktes, bei dem der Inhalt nicht sicher zu erkennen ist, sollen mit Etiketten versehen werden, worauf Inhalt und Datum verzeichnet sind. Zweckmäßig ist

die Führung eines Lagerverzeichnisses zur besseren Übersicht, besonders bei einer größeren Truhe.

6. Gefrorene Nahrungsmittel müssen bei mindestens –18 Grad Celsius gelagert werden und sind zumeist über ein Jahr haltbar. Fetteres Fleisch, also Schweinefleisch, Butter etc. sollen innerhalb eines halben Jahres verbraucht werden, da Fett auch bei tiefer Temperatur ranzig wird.
7. Sollte einmal der Gefrierschrank ziemlich leer sein, kann eine gründliche Reinigung vorgenommen werden. Die Lebensmittel werden in einen Kühlschrank gegeben oder gut zugehüllt. Wenn sich das Eis in der vom Strom abgeschalteten Truhe gelöst hat und die Wände entsprechend gereinigt und getrocknet sind, wird wieder eingeschaltet und in den gut kalten Gefrierschrank kommen die Lebensmittel.
8. Das Auftauen von Fleisch erfolgt im Allgemeinen tags zuvor, und zwar wird es in einen kühleren Raum oder auch in einen Kühlschrank gelegt. Sollte einmal dasselbe nicht rechtzeitig aus dem Tiefkühler genommen worden sein, wird das Paket in heißes Wasser gelegt, bis die Oberfläche etwas weich geworden ist. Zum Kochen kann es auch noch in gefrorenem Zustand kalt gestellt werden, ein größeres Stück muss natürlich rechtzeitig durchgeschnitten werden. Auch Schnitzel lassen sich halb gefroren zubereiten. Bratenstücke sollen aufgetaut sein, andernfalls muss das Fleisch bei schwacher Hitze langsam gebraten werden, damit die äußere Schicht nicht trocken wird. Aufgetaute Lebensmittel sollen rasch verwendet werden, da sie bald verderben und sich reichlich Saft absondert. Ein nochmaliges Einfrieren ist zu vermeiden.
9. Besonderer Wert soll auf die Wiederverwendung von Verpackungsmaterial gelegt werden. Es wird gut gewaschen, reichlich abgeschwemmt und mit reinen Tüchern gut getrocknet und locker aufbewahrt. Pappbecher dürfen wegen Schimmelgefahr nicht ineinandergestellt werden.

Das Einfrieren von Fleisch

Fleisch steht zum Einfrieren im Vordergrund, da es mit Frischfleisch zu vergleichen ist und es derzeit keine bessere Möglichkeit der Haltbarmachung gibt. Es soll natürlich nur Fleisch von gesunden Tieren verwendet werden. Zumeist wird es roh eingefroren, in der Größe, wie es für eine Verwendung infrage kommt. Die Stücke sollen aber höchstens 2–2 ½ kg schwer sein, um das rasche Durchfrieren zu erreichen. Sie werden wegen Platzeinsparung am besten von den Knochen befreit. Die Stücke werden zurechtgeschnitten, damit keine Luftlöcher verbleiben können, sie werden auf reinen Tüchern gut abgetrocknet und so fest eingepackt, dass die Folie gut anliegt, also möglichst alle Luft entfernt wurde.

Von den Abfällen können Schnitzel oder Stücke für Gulasch geschnitten werden, die kleinen Teile werden am besten faschiert. Gulaschfleisch und Faschiertes drückt man fest in Sackerl oder Becher, Schnitzel erhalten eine Zwischenlage von Folie, damit sich diese beim Auftauen besser voneinander lösen. Die zerhackten Knochen können außer in Schachteln und Dosen für eine kürzere Aufbewahrung in dickere Papiersäcke kommen. Lunge und Herz werden gewaschen, gut getrocknet und roh verpackt oder auch gekocht und geschnitten mit der Suppe eventuell in Becher eingefroren. Leber kann ganz oder nach Wunsch faschiert verpackt werden.

In manchen Fällen ist zu empfehlen, gekochtes und gebratenes Fleisch einzufrieren, um zur Zeit der Arbeitsspitze rasch eine Mahlzeit bereiten zu können. Zubereitetes Fleisch muss rasch abkühlen und sogleich in den Tiefkühler kommen, sonst leiden Geschmack und Farbe. Dafür kann in Betracht kommen: Braten (für eine warme Verwendung wird der gestockte Bratensaft beigegeben), Schnitzel, faschierter Braten und Laibchen, fertig bereitetes Gulasch, Selchfleisch sowie gekochter Schinken trocknen in der Tiefkühltruhe nicht aus. Schweinssulz bekommt durch das Einfrieren eine wässrige Beschaffenheit und soll darum ziemlich fest zubereitet werden. Blut- und Leberwürste eignen sich zum Einfrieren weniger gut, da sie leicht ranzig werden. Am besten ist es, diese ungebrüht in den Tiefkühler zu geben, nicht lange darin zu belassen und bei Gebrauch erst zu kochen.

Das Einfrieren von Geflügel

Das ausgenommene, gewaschene, mit einem Tuch abgetrocknete Geflügel wird möglichst in Gefriersackerl eingeschlossen. Das Hühnerklein kann getrennt verpackt werden oder es wird in die Bauchhöhle des Tieres gelegt. Es ist praktisch, Suppenhühner zerteilt einzupacken, da dabei weniger Platz gebraucht wird.

Das Einfrieren von Fischen

Das Einfrieren von Fischen erfolgt derart, dass man dieselben entschuppt, ausnimmt, auswäscht, abtrocknet und ganz oder in Stücke geteilt in Folie einpackt. Fisch ist ein empfindliches Lebensmittel und sollte nur ganz frisch, am besten am Fangtag, eingefroren werden.

Das Einfrieren von Eiern

Eier können nur ohne Schale eingefroren werden. Dotter und Eiweiß werden verrührt und in Becher gefüllt. Sie können auch getrennt haltbar gemacht werden. (Es ist ratsam, die Dotter mit einer Prise Salz zu vermischen, damit sie nicht eindicken.)

Das Einfrieren von Obst

Obst wird meistens roh in Säcke oder Becher gegeben. Steinobst eignet sich gut zum Einfrieren und kann vor allem auch als Kuchenbelag und für Mehlspeisen verwendet werden. Zwetschken dürfen für Knödel nicht ganz aufgetaut werden. Beerenobst kann ungezuckert oder leicht gezuckert ebenso in Sackerln eingefroren werden. Äpfel und Birnen werden zerteilt, entkernt, rasch überkocht und mit etwas Zucker in das Verpackungsmaterial gegeben. Marillen und Pfirsiche behalten die Farbe besser, wenn sie entkernt und überzuckert werden. Man kann sie auch überkochen.

Das Einfrieren von Gemüse

Gemüse wird je nach Bedarf zerkleinert. Um Farbe und Geschmack zu erhalten, ist es notwendig, Gemüse kurz zu überkochen (sogenanntes Blanchieren). Es ist dabei das Gemüse in kochendes, leicht gesalzenes Wasser zu geben, öfters umzurühren und vom abermaligen Kochen gerechnet ein bis drei Minuten, je nach Härte, wallen zu lassen. Das Gemüse wird rasch abgeseiht, auf ein Tuch dünn zum Auskühlen aufgebreitet, Spinat in eine Pfanne gelegt, dieselbe zum Absetzen des Wassers schief gestellt und vollständig ausgekühlt in Säcke oder Becher gegeben. Gemüse muss frisch und darf nicht überständig sein. Zum Einfrieren eignen sich sehr gut Spinat, Bohnen, Erbsen, Frühkohlrabi, Paprika, Karfiol, Pilze, Kraut, Kohl, Gurken, Zucchini, Tomatenmark. Ungeeignet zum Einfrieren sind alle Blattsalate. Im Spätherbst können Petersiliengrün, Schnittlauch und frische Küchenkräuter in Päckchen in Zwischenräume gelegt werden. Verpackungsgröße bei Gemüse und Obst: nicht mehr als 1 kg.

Das Einfrieren von Teigen

Sehr gut dafür eignen sich Germteig, Mürbteig, Blätterteig und Topfenblätterteig.

Das Einfrieren von fertigen Backwaren

Brot und Germspeisen können ausnahmsweise noch warm verpackt werden. Sie können bei milder Hitze im Backrohr auftauen. Mehlspeisen mit Creme oder Topfenfüllung werden bei Zimmertemperatur langsam aufgetaut. Füllungen, bei denen Gelatine oder Stärkemehl verwendet wurden, eignen sich nicht gut zum Einfrieren. Glasuren sollten erst nach dem Auftauen gemacht werden.

Das Einfrieren von sonstigen Fertigspeisen

Gut geeignet sind alle Arten von Knödeln, Suppeneinlagen (Frittaten, Fleischstrudel, Schöberl, Nockerl), gefüllte Paprika, Krautrouladen, Gulasch, Ragout und dergleichen. Speisen, die eingefroren werden, wenig würzen. Reste, die in einem größeren Haushalt mit ungleichem Verpflegungsstand anfallen können, werden zweckmäßig durch Einfrieren vor dem Verderben geschützt.

Das Einfrieren von Milchprodukten

Auch Milch, Rahm, Butter, Topfen und Käse können eingefroren werden. Ihre Lagerdauer sollte jedoch, mit Ausnahme von Butter, höchstens 3 Monate sein.

Einmachen und Einkochen – Lebensmittel langfristig konservieren

Frisches Obst und Gemüse lässt sich hervorragend einkochen. Dank dieser Konservierungsvariante sind naturbelassene Nahrungsmittel lange haltbar und können so in der kalten Jahreszeit den Geschmack des Sommers erneut aufleben lassen.
Beim sogenannten Einkochen oder Einwecken wird das Einkochgut in ein sauberes Glas gefüllt und unter Ausschluss von Luft in einem geschlossenen Topf erhitzt. Durch das Erhitzen dehnen sich Luft sowie Wasserdampf im Glas aus und es entsteht ein Überdruck. Während des Auskühlens ziehen sich Luft und Wasserdampf wieder zusammen und bilden ein konservierendes Vakuum. Dieses Vakuum sorgt dafür, dass der Deckel des Glases luftdicht verschlossen bleibt. Keime können aus diesem Grund nicht ins Glas gelangen und den Inhalt verderben.

Einkochen können Sie Gemüse und Obst, Pilze und Fleisch

Beim Einkochen sind zwei Verfahren von Bedeutung. Das **Pasteurisieren** und das **Sterilisieren**. Beim Pasteurisieren werden Lebensmittel relativ kurz bei Temperaturen zwischen 60 und 90 Grad Celsius erhitzt. Dadurch werden unter anderem Bakterien oder Salmonellen im Einkochgut abgetötet. Nährstoffgehalt sowie Geschmack bleiben weitestgehend erhalten. Das Eingekochte ist durch dieses Verfahren nur begrenzt haltbar. Keime oder Pilzsporen lassen sich auf diese Weise nicht abtöten.
Hierfür bietet sich das **Sterilisieren** an. Dieses macht dank Temperaturen über 100 Grad Celsius und einer langen Kochdauer sämtlichen unerwünschten Mikroorganismen den Garaus. Beim Sterilisieren ist das genaue Einhalten der Angaben über die jeweilige Temperatur sowie Kochdauer des Einkochgutes immens wichtig. Nur so lassen sich die frischen Lebensmittel sicher und langfristig konservieren. Ein Nachteil bei diesem Verfahren: Da das Gemüse oder das Obst über einen längeren Zeitraum hoher Hitze ausgesetzt ist, verliert es einen Teil seines Vitamin-C- sowie des Beta-Carotin-Gehalts.

Einkochvarianten –
auf dem Herd, im Backofen oder in Twist-Off-Gläsern

1) Für das klassische Einkochen **auf dem Herd** werden nur wenige Hilfsmittel benötigt. Intakte Einmachgläser, ein großer Topf oder Einkochtopf und ein Kochthermometer sind völlig ausreichend. Oberstes Gebot beim Einkochen ist die Sauberkeit. **Alle Gebrauchsgegenstände müssen zuerst heiß ausgespült werden.**
   Einkochgläser und die Deckel danach in einen Topf stellen, Wasser einfüllen und das Ganze einmal sprudelnd aufkochen lassen. Gummiringe mit einem Schuss Essig – nie Spülmittel verwenden – ebenfalls im Wasser wenige Minuten aufkochen. Sind Gummiringe porös oder rissig, sofort wegwerfen und durch neue ersetzen. Gläser mit der Öffnung nach unten, Deckel und Ringe auf einem sauberen Geschirrtuch von der Luft trocknen lassen.

   Nun das Einkochgut gründlich säubern. Die Nahrungsmittel sollten einwandfrei und frisch sein. Gemüse oder Obst erst wiegen, nachdem es gereinigt beziehungsweise zur Weiterverarbeitung vorbereitet wurde. Nur so können die Mengenangaben auch stimmen. Nun alle erforderlichen Zutaten laut Rezept in die sauberen Einkochgläser füllen. Rand der Gläser mit einem sauberen Tuch abwischen und die Gläser dann verschließen. Dafür erst den Gummiring auf den sauberen Glasrand legen, den Deckel draufsetzen und das Ganze mit den Haltebügeln verschließen. Anschließend die Gläser in den großen Topf stellen – dabei sollten diese fest stehen können und sich untereinander nicht verkeilen. Beim Wassereinfüllen darauf achten, dass die Wassertemperatur der Temperatur des Einkochgutes in den Gläsern entspricht. Also, kalte Gläser, kaltes Wasser und warme Gläser, warmes Wasser. Zudem müssen die Gläser ungefähr zu drei Viertel im Wasser stehen.

   Einkochtemperatur und Einkochdauer richten sich immer nach dem jeweiligen Einkochgut beziehungsweise sind laut Rezept genauestens einzuhalten. Zum Überprüfen der Temperatur das Kochthermometer ins kochende Wasser halten. Ist die benötigte Einkochtemperatur laut Thermometer erreicht, beginnt die eigentliche Einkochzeit. **Nach dem Kochvorgang die Gläser noch wenige Minuten im heißen Wasser verbleiben lassen.** Zum langsamen Auskühlen aus dem Topf nehmen und mit einem Geschirrtuch bedecken. Auf diese Weise kann sich das konservierende Vakuum bilden, welches die Gläser luftdicht verschließt. Sind die Gläser kühl, dürfen die Haltebügel ab. Gläser einzeln daraufhin prüfen, ob die Deckel zu 100 Prozent fest sitzen. Einkochgut dann an einem kühlen und dunklen Ort lagern, direkte Sonneneinstrahlung oder frostige Räume meiden.

2) Beim **Einkochen im Backofen** die Gläser wie oben beschrieben säubern. Das Einkochgut waschen und vorbereiten. Obst oder Gemüse laut Rezept mit allen Zutaten anmachen und in die Gläser füllen. Backblech mit höherem Rand mit Wasser befüllen und auf die unterste Schiene in den Ofen schieben. Die geschlossenen Gläser mit etwas Abstand auf das Backblech stellen. In der Regel wird Obst bei Temperaturen zwischen 150 und 160 Grad, Gemüse bei Temperaturen zwischen 190 und 200 Grad im Backofen

eingekocht. Ist der Kochvorgang abgeschlossen, die Gläser noch mindestens 30 Minuten im Ofen belassen. Diese dann herausnehmen und mit einem Geschirrtuch bedecken. Abkühlen lassen und dann kühl und dunkel lagern.

3) Mit **Twist-Off-Gläsern** entfällt zwar das Kochen der Nahrungsmittel in den Gläsern. Aber auch hier ist Sauberkeit das A und O. Gläser und Deckel gründlich reinigen, Einzumachendes vorbereiten und anschließend nach Rezept zubereiten und kochen.
Das Einmachgut dann heiß in die sauberen Twist-Off-Gläser füllen und mit den Deckeln verschließen. Gläser für einige Minuten auf den Kopf stellen. Wieder umdrehen und mit einem Geschirrtuch abgedeckt auskühlen lassen. Ob alles gut gelaufen ist, zeigt der Deckel der Gläser an. Ist dieser in der Mitte leicht nach innen eingezogen, dann ist der Inhalt des Glases korrekt konserviert. Nahrungsmittel, die auf diese Weise eingemacht werden, halten bis zu 1 Jahr.

Das Aufbewahren der Gläser soll am besten in einem trockenen, luftigen Raum erfolgen. Oftmaliges Nachsehen ist wichtig, denn Gläser, deren Deckel nicht hält, sind sofort zu verwenden. Um den Gummiring zu schonen, ist es gut, einen Öffner, bestehend aus einem Draht, der zwischen Deckel und Gummi eingeführt wird, zu verwenden. Das Anziehen des sogenannten „Ohres“ beim Gummiring weitet den Gummi aus und macht ihn oft unbrauchbar. Gläser, die sich schwer öffnen lassen, sind in kaltes Wasser zu stellen (Tuch oder Brett als Unterlage) und zu erhitzen.

Sterilisationstabelle für Fleisch				
Fleischart	**Sterilisiergrade**	**Sterilisationsdauer in Minuten**		**Anmerkungen**
		1–1½-Liter-Glas enge Gläser	**2-Liter-Glas weite Gläser**	Ein Nachsterilisieren (½ Sterilisierzeit) nach drei Tagen ist ratsam
Gekochtes Fleisch, Braten	98	60	80	
Hühner, Wild, Wildgeflügel	98	60	80	
Fleischsuppe, Sulze	100	90	100	
Würste	100	120	135	

Sterilisationstabelle für Obst				
Obstart	**Sterilisiergrade**	**Sterilisationsdauer in Minuten**		**Anmerkungen**
		enge Gläser	**weite Gläser**	
Äpfel	80	10–20	25–30	
Apfelmus	90	20	30	
Birnen	90	20–30	30–45	
Marillen	75	5–10	10–15	besonders langsam erhitzen
Heidelbeeren	80	15	20	
Brombeeren	75	10	15	
Himbeeren	75	10	15	besonders langsam erhitzen
Holler	80	15	20	
Ribiseln	75	10	15	
Kirschen	80	25	30	
Pfirsiche	75	15	25	langsam erhitzen
Mirabellen	75	20	30	
Pflaumen, ganz	75	20	30	
Pflaumen, geviertelt	80	20	30	
Quitten	90	30	45	
Rhabarber	75	15	20	langsam erhitzen
Stachelbeeren	75	20	25	langsam erhitzen

Sterilisationstabelle für Gemüse				
Gemüseart	**Sterilisiergrade**	**Sterilisationsdauer in Minuten**		**Anmerkungen**
		enge Gläser	**weite Gläser**	
Karfiol	98	90	120	nach 2 Tagen 45 Minuten nachsterilisieren
Bohnen	98	60	90	nach 3 Tagen 45 Minuten nachsterilisieren
Erbsen	98	90	120	
Karotten	98	60	90	
Rohnen (Rote Rüben), Sellerie	98	90	120	
Spargel	98	90	110	
Tomaten	80	15	20	langsam erhitzen
Tomatenmark	80	15	30	
Pilze	85	30	45	nach 2 Tagen 30 Minuten nachsterilisieren

Das Haltbarmachen von Fleisch

Bei der Fleischkonservierung unterscheiden wir zwei Methoden:

Das Haltbarmachen für kürzere Zeit

Das **Beizen** von Fleisch, namentlich von Wild, kann auf zweierlei Arten erfolgen:

a) Die **trockene Beize:** Man putzt Wurzelwerk (Petersilie, Karotten, Zwiebel, Lauch, allenfalls Pastinaken) und schneidet es blättrig. Salz, Essig, Pfefferkörner, Wacholderbeeren, Lorbeerblatt und Beizkräutl werden dazugemischt und das zu beizende Fleischstück damit eingerieben. Täglich wendet man das Fleisch. Mit trockener Beize konserviertes Fleisch ist weniger haltbar als in nasse Beize gelegtes. Hat man geringe Fleischmengen zu konservieren, so eignet sich die trockene Beize besonders für Wild und Rindfleisch.

Pökelzunge wird auf ganz ähnliche Art hergestellt:
Rindszunge wird mit gestoßenen Gewürzen (Pfefferkörner, Kümmel, Koriander, Wacholder, Fenchel, Muskatnuss), klein gehacktem Wurzelwerk (Sellerie, Petersilie, Lauch, gelbe Rüben, Zwiebel), Majoran, Beizkräutl, Petersilien- und Selleriegrün, Zitronenschale, 1 Messerspitze Salpeter und Salz fest eingerieben. Man schlägt die Zunge dann in ein trockenes Tuch ein, legt sie in ein rostfreies Gefäß und beschwert sie. Man muss sie täglich umwenden, nach 14 Tagen ist sie gebrauchsfertig, wird samt den Gewürzen ohne vorheriges Waschen gekocht und ergibt ein sehr schmackhaftes Fleisch und eine gute Suppe.

b) Zur **nassen Beize** kocht man Essigwasser mit Wurzelwerk (Petersilie, Zwiebel, Lauch, allenfalls Pastinaken), Pfefferkörnern, Salz, Lorbeerblatt, Beizkräutl, Majoran, Wacholder und Zitronenschale zugedeckt auf und lässt die Flüssigkeit ebenfalls zugedeckt auskühlen. Ist sie erkaltet, schüttet man sie über das Fleisch, das man in ein irdenes Gefäß gegeben hat. Die Flüssigkeit muss über dem Fleisch stehen. Die Aufbewahrung erfolgt kühl. Nach 4–5 Tagen leert man die Flüssigkeit samt Zutaten ab, kocht sie wieder auf und schüttet sie erkaltet über das Fleisch. Dies kann man einige Male wiederholen. Mit nasser Beize konserviertes Fleisch hält einige Wochen.

Das Haltbarmachen für längere Zeit

Einsuren

Beim **Einsuren** des Fleisches unterscheidet man das nasse, trockene und heiße Verfahren.

a) Beim **nassen Einsuren** rechnet man für 50 kg Fleisch circa 2–3 Liter Wasser, 1½–2 kg Salz, 1–1½ dag Pökelsalz) und Gewürze nach Geschmack. Diese können sein: gehackter Kümmel, gestoßener Pfeffer oder Pefferkörner, Paprika, Wacholderbeeren, ringelig geschnittene Zwiebeln, Knoblauch. Wasser, ein Drittel des Salzes und die Gewürze werden aufgekocht. Mit dem übrigen Salz werden die Fleischstücke, namentlich beim Knochen, fest eingerieben und in ein Fleischfass geschlichtet. Das ausgekühlte Salzwasser schüttet man mit den Gewürzen erkaltet über das Fleisch und beschwert es. Das Salzwasser muss mindestens eine Handbreit über dem Fleisch stehen, damit keine Luft dazukann.

Als Fleischfass eignet sich am besten Hartholz mit einer Spindelschraube. Durch Letztere ist es möglich, das Pressen des Fleisches zu regulieren. Vor Gebrauch wird das Fleischfass stets mit siedendem Wasser ausgewaschen. Das Fleischfass ist stets luftig aufzubewahren. Sollte es einen Geruch haben, so ist das Reinigungsverfahren einige Male zu wiederholen. In Gegenden, in denen das nasse Fleischsuren gebräuchlicher ist, haben sich Fässer, die einige Zentimeter ober dem Boden einen Zapfen haben, besonders gut bewährt. Es wird dabei die Fleischbrühe täglich einmal abgelassen und wieder über das Fleisch geschüttet.
Nass eingesurtes Fleisch pökelt meist gleichmäßiger, die Nährstoffverluste sind jedoch größer als beim trockenen Suren. Um Nährstoffverluste zu vermeiden, soll das Fleisch nicht zu lange in der Sure bleiben (10–14 Tage). Pökelsalz begünstigt das rasche Pökeln.

b) Beim **trockenen Einsuren** verwendet man ebenfalls auf 50 kg Fleisch 1 ½–2 kg Salz, 1–1 ½ dag Pökelsalz und mischt die Gewürze (je nach Geschmack gehackter Kümmel, mit Salz zerriebener Knoblauch, gestoßener Pfeffer oder Pfefferkörner, Paprika, Wacholderbeeren), ringelig geschnittene Zwiebeln oder Schalotten unter das Salz. Zwei Drittel des Salzes verwendet man wieder zum Einreiben der einzelnen Fleischstücke (besonders beim Knochen), schichtet sie möglichst eng aneinander und streut das übrige Salz auf die einzelnen Lagen. Das Fleisch wird beschwert. Zur Milderung können dem Salz ungefähr 15 dag Zucker beigemengt werden.
Je nach Größe der Fleischstücke ist das Suren in 2 bis 3 Wochen beendet, jedenfalls dann, wenn die Farbe der einzelnen Fleischstücke ganz gleichmäßig ist.
Das Pökeln mit Pökelsalz hat sich sehr bewährt. Das Pökelsalz wird einfach dem notwendigen Blanksalz beigemischt und die Würzung bleibt dieselbe, wie man sie bisher gewöhnt war. Derart behandeltes Fleisch ist in 8–14 Tagen selchfähig, daher sind bei diesen Verfahren die Nährstoffverluste sehr gering. Der Geschmack des Fleisches ist ein äußerst guter.

Selchen

Durch **Selchen** erhalten wir lange haltbares Fleisch und Speck. Wir unterscheiden frei stehende Selchen und solche, die an den Kamin angebaut sind. Stets sollen die Rauchzufuhr und die Luftabfuhr reguliert werden können. Am besten eignet sich zum Selchen Hartholz, und zwar Buchenholz. Zu viel Fichtennadeln sollen nicht verwendet werden, da das Fleisch sonst einen harzigen Geschmack bekommt. Aus der Sure genommen, lässt man das Fleisch 1–2 Tage trocknen und beginnt dann das Selchen mit geringer Rauchzufuhr (am besten jeden 2. Tag). Das Fleisch soll von nicht zu heißem Rauch umgeben werden, da fette Stücke sonst zu tropfen beginnen und das Fleisch trocken und hart wird. Fertig geselchtes Fleisch soll eine schöne dunkle braune Farbe haben und sich trocken anfühlen. Die Haltbarkeit von Geselchtem ist auf das Vorhandensein von Kreosot im Rauch zurückzuführen. Kreosot hat konservierende Wirkung.

Die Aufbewahrung der Räucherwaren
soll möglichst kühl, luftig und vor allem fliegensicher erfolgen. Sehr gut eignen sich dazu Vorratsschränke, die zu beiden Seiten Luftlöcher haben. Ein solcher kann in der Speisekammer, im Gang oder in einer Stube aufgestellt werden. Hebt man das Geselchte in der Speisekammer auf, so ist auf ein gut schließendes Fliegengitter beim Fenster zu achten. Hat man eine transportable, eiserne Selche, die versperrbar ist, so wird sich dieselbe als Aufbewahrungsort sehr gut eignen. Hebt man Selchwaren in einer gemauerten Selchkammer auf, so muss man die Rauchzufuhr gut abschließen können. Eine Lüftungsklappe ist dabei unentbehrlich.

Westfälische Art

Haltbarmachen von Fleisch und Knochen auf **westfälische Art**. Auf 10 kg Fleisch rechnet man 18 Liter Wasser, 2 kg Salz, ⅜ kg Zucker.
Wasser, Salz und Zucker werden 6 Stunden lang gekocht. Von der ausgekühlten (ganz kalten) Flüssigkeit gibt man einen großen Teil in ein gut gereinigtes Gefäß (am besten in einen Fleischkübel oder dergleichen), legt dann die Fleischstücke in die Flüssigkeit hinein und gießt den Rest der Beize darüber, so dass das Fleisch ordentlich bedeckt ist. Mit einem Brett und kleinem Stein wird beschwert. (Das Beschweren hat den Zweck, dass die Flüssigkeit immer über dem Fleisch steht.) Das Ganze stellt man in einen möglichst kühlen, aber frostfreien Raum. Je nach Temperatur kann das so konservierte Fleisch 2 ½ bis 5 Monate halten und zu beliebigen Gerichten (Rostbraten, Gulasch, Braten, Sudfleisch oder Schnitzel) verwendet werden. Vor der Zubereitung ist es ganz kurz abzuwaschen, besonders dann, wenn es längere Zeit in der Beize gelegen ist.
Knochen jedweder Art können ebenso haltbar gemacht werden. Sie werden zerkleinert, in diese Beize zuerst eingetaucht und dann erst in das Gefäß gegeben, in welchem sie aufbewahrt werden. Dies muss man deshalb tun, damit wirklich jeder Knochen von der Flüssigkeit durchtränkt ist. Die weitere Behandlung ist gleich wie bei Fleisch.

Die Konservierung von Fleisch in Gläsern (Einwecken oder Einrexen)

Einwecken von Fleisch – Grundregeln
Als Hauptregel gilt, dass das Fleisch und die Wurst vor dem Einlegen oder Einfüllen in die Gläser durch und durch gekocht oder geschmort oder gebraten sein müssen, weil etwa roh gebliebene Teile den Verderb im Einkochglas bewirken würden. Das Fleisch soll also gar sein, aber nicht total weich gekocht, gebraten oder geschmort werden, weil es sonst durch die anschließende Erhitzung beim Haltbarmachen im Einkochglas leicht zu weich oder zu faserig und trocken wird.

Es empfiehlt sich deshalb, mit einer Stricknadel zu prüfen, ob an der Einstichstelle noch blutiger Fleischsaft austritt, was ein Zeichen dafür wäre, dass das Fleisch noch nicht ausreichend durchgegart ist.
Am besten ist es, vor dem Einlegen in die Gläser alle Knochen aus dem gegarten Fleisch auszulösen. Dazu lässt man das Fleisch nach dem Garen etwa 5-10 Minuten stehen, damit der Saft in das Fleisch einzieht und nicht beim Schneiden oder Auslösen der Knochen austritt. Das Knochenauslösen hat auch den Vorteil, dass man die Stücke leichter in die Gläser einlegen und deren Raum besser ausnutzen kann. So beugt man übrigens auch der Gefahr vor, dass Knochen oder Knochenmark, die vielleicht trotz größter Sorgfalt nicht genügend durcherhitzt worden sind, später den Verderb des eingekochten Fleisches herbeiführen. Diese Gefahr ist besonders groß bei Mark- und Gratknochen.
Wenn möglich sollte man die Fleischstücke schon vor dem Garen für die Gläser passend zurechtschneiden, damit sie danach nicht noch unnötig zerteilt oder durchschnitten werden müssen.

Das Einfüllen: Alle gegarten Fleischspeisen sollen so heiß wie möglich in die Gläser gefüllt werden. Ausgenommen von dieser Regel sind Wurst und ähnliche Massen, deren Verarbeitung das Heißeinfüllen nicht erlaubt.
Man legt die Fleischstücke so fest wie möglich ein, natürlich ohne sie zu pressen. Wenn das Fleisch noch heiß ist, lässt es sich auch besser der Form des Glases angepasst einlegen, als wenn es schon erkaltet und steif geworden ist.
Je nach Art des Gerichtes und seiner späteren Verwendung werden die Fleischspeisen trocken eingelegt oder je nach Rezept mit Flüssigkeit (z.B. Suppe, Soße, Gallerte) übergossen. Wurst und Pastetenmassen dürfen, wenn es im Rezept nicht anders angegeben ist, keinesfalls höher als 4 cm unter den Glasrand eingefüllt werden. Gerade dieses Einkochgut dehnt sich nämlich beim Erhitzen im Einkochglas stark aus und benötigt hierfür ausreichend Platz (sogenannten Quellraum). Wenn die Gläser zu hoch eingefüllt wurden, dann können sich beim Einkochen Fett oder kleine Fleischteilchen zwischen Ring und Einkochglas festsetzen. Derartige Gläser sind anfangs oft verschlossen. Es liegt dann aber nur ein sogenannter Scheinverschluss vor, weil der Ring auf dem Glasrand nur klebt. Sobald sich nämlich die zwischen Ring und Glasrand befindlichen Fetteile auflösen oder von der Außenluft her zersetzen, löst sich der Verschluss, der Glasdeckel liegt dann lose auf, es dringt Luft in das Glas, die den Inhalt zum Verderb bringt.

Noch ein Hinweis: Der Quellraum der gefüllten Wurstgläser macht diese leicht, so dass sie im Wasser steigen, beim Einkochen »tanzen« und dabei aneinanderschlagen und Sprünge bekommen können. Deshalb (unbedingt) zwischen die Glaslagen z.B. ein grobmaschiges Haushaltstuch legen. Das Steigen der Gläser lässt sich durch Auflegen eines Gewichtes auf ihre oberste Lage (z.B. Kuchenplatte, Kochtopfdeckel, beschwert mit Stein, Ziegel, Keramikfliese) verhindern.
Demgegenüber können Fleischstücke, die nicht die ganze Breite des Glases beanspruchen und die auch nicht vollständig mit Suppe übergossen werden, höher, das heißt bis etwa 3 cm unter den Rand, eingefüllt werden. Somit bleibt noch genügend Raum zum Ausdehnen und während des Einkochens kann die Luft entweichen.
Dringend muss davor gewarnt werden, Wurst oder Fleischspeisen mit Mehlzusatz einzukochen. Das Mehl bindet sich nicht mit der Masse im Glas. Es säuert, wenn die Wurstmasse

länger steht, und macht bald ungenießbar. Ein Mehlzusatz ist bei Wurst und Fleischspeisen auch gar nicht erforderlich, da diese kein Bindemittel benötigen. Zwiebeln und Schalotten dürfen nie roh, sondern immer nur gut durchgedämpft zugegeben werden, da sonst der Erfolg des Einkochens gefährdet ist.

Das Einkochen: Die bei den einzelnen Rezepten angegebenen Einkochzeiten und -temperaturen müssen unbedingt eingehalten werden. Bei Fleischspeisen ist besonders darauf zu achten, dass sie weder zu schnell noch zu stark erhitzt werden, weil sonst die fettigen Brühen zwischen Ring und Glasrand auskochen können und dann unter Umständen nur zu einem Scheinverschluss führen (wie bereits vorstehend beschrieben).

Das Anrichten: Eingekochte Wurstmasse wird zum Verbrauch nach dem Öffnen des Glases ganz einfach gestürzt und in Scheiben aufgeschnitten.
Eingekochtes Fleisch muss demgegenüber zum Verbrauch zunächst heiß gemacht und dann sorgfältig angerichtet werden, wenn es seinen feinen Geschmack entfalten soll. Wichtig ist dabei, dass es nicht im Einkochglas heiß gemacht wird, weil es viel zu lange Zeit brauchen würde, bis es durch und durch heiß ist. Das Fleisch soll vielmehr dem Glas entnommen und in einem Kochtopf oder in einer Pfanne heiß gemacht und je nach Fleischart sorgfältig angerichtet werden.

Grundrezepte zum Anrichten von eingekochtem Fleisch: Suppenfleisch bzw. gekochtes Fleisch wird kalt aus dem Glas genommen und in Scheiben geschnitten. Das Fett, das sich abgesetzt hat, wird anderweitig verwendet. Die Suppe wird in einen Topf gegossen, das aufgeschnittene Fleisch eingelegt und mit der Suppe gut heiß gemacht bzw. kurz aufgekocht. Wenn eine gebundene Soße gewünscht wird, dann hierzu eine helle Einbrenn bereiten, mit der kalten Brühe aus dem Glas und mit Milch aufgießen, gut rühren, aufkochen, mit Kren und Obers abschmecken.

Ragout (Würfelfleisch in brauner Soße, Gulasch):
Nach dem Öffnen des Glases wird am Fleisch anhaftendes Fett entfernt und mit etwas frischer Butter in einem Topf heiß gemacht. Man bereitet eine braune Einbrenn zu, löscht mit der Suppe aus dem Glas ab und lässt die Soße gut durchkochen. Dann wird das Fleisch hineingegeben, geschwenkt, zugedeckt und ganz kurz aufgekocht. Vor dem Auftragen das Gericht abschmecken und nach Belieben etwas Sauerrahm hinzugeben.

Frikassee (kleines Würfelfleisch in weißer Soße): Die weiße Soße wird mit einer Einbrenn zubereitet, mit Eigelb, Sauerrahm, Weißwein sowie mit Flüssigwürze und Zitronensaft abgeschmeckt. In die heiße Soße legt man das Fleisch hinein und lässt es ganz kurz aufkochen. Anschließend wird das Gericht noch einmal abgeschmeckt.

Schmorbraten (Dampf-, Sauer- und ähnliche Braten) werden kalt aus dem Glas genommen. Soßen und Gallerte werden kalt vom Fleisch entfernt. Das Fett wird vom Fleisch und von der Suppe abgenommen. Das Bratenstück in Scheiben schneiden. Mit der Suppe aus dem Glas eine Soße zubereiten. In diese heiße Soße werden die Fleischstücke oder Fleischscheiben eingelegt, zugedeckt, ganz kurz aufgekocht und möglichst gleich aufgetragen.

Braten (Kalbs-, Schweins- und Wildbraten) werden kalt aus dem Glas genommen, Soßen und Gallerte werden kalt vom Fleisch entfernt. Das Fett wird vom Fleisch und von der Suppe abgenommen. Das abgenommene Fett wird mit frischer Butter heiß gemacht. Der Braten wird hineingelegt und in Backröhre oder Bräter unter ständigem Begießen durch und durch heiß gemacht.
Die Suppe aus dem Glas wird für alle Braten mit einem Soßen-Bindemittel angedickt und nach Belieben mit Sauerrahm (für Wildbraten) oder Schlagobers vermischt und ganz kurz aufgekocht.

Das Haltbarmachen von Obst, Garten- und Waldbeeren

Das Dörren

1. Das **Dörren** ist bei Zuckerknappheit die einfachste und beste Art des Haltbarmachens. Durch den vollständigen Wasserentzug ist den Bakterien die Tätigkeit genommen und richtig gedörrtes Obst, luftig aufbewahrt, ist einige Jahre haltbar. Das Dörren kann in größeren Mengen im Dörrofen, wo keiner vorhanden ist, im Backofen, an der Sonne oder an einem zugigen freien Platz erfolgen. Kleine Mengen kann man auch durch Auflegen von Papier auf die Herdplatte nach dem Heizen oder auf Blechen im Rohr trocknen.

Folgendes Obst kann gedörrt werden:

a) **Apfelspalten:** Die gewaschenen Äpfel werden samt der Schale in Spalten geschnitten und, schütter aufgelegt, gedörrt.
b) **Kletzen oder gedörrte Birnen**: Mostbirnen lässt man einige Tage liegen, bis sie sich bräunen und weich anfühlen, dann werden sie auf die oben angeführte Art getrocknet. Man kann die Birnen vor Gebrauch 10 Minuten dämpfen und dann trocknen. Nach Beendigung der Trocknung müssen sie sich trocken, aber nicht hart anfühlen.
c) **Birnenspalten:** Größere Birnen schneidet man in dünne Spalten und trocknet sie ebenfalls.
d) **Zwetschken:** Sehr reife Zwetschken lässt man so lange ausgebreitet liegen, bis sie beim Stiel einzuschrumpfen beginnen. Dann werden sie samt dem Kern getrocknet. Will man sie ohne Kern trocknen, so löse man diesen im halbfertigen Zustand heraus.
e) **Marillenspalten:** Halbierte Marillen werden mit der Schnittfläche nach oben getrocknet, um ein Ausrinnen des Saftes zu verhindern.
f) **Kirschen** werden samt dem Kern getrocknet.
g) **Heidelbeeren:** Diese geben getrocknet einen guten Rosinenersatz. Als Heilmittel bei Durchfall haben sie sich ebenfalls gut bewährt.

Jedes getrocknete Obst kann am Vorabend vor Gebrauch eingeweicht und am nächsten Tag kurz aufgekocht werden.

Das Herstellen von Marmelade

Allgemein ist zur Herstellung von Marmelade zu sagen, dass die angegebene Zuckermenge nur bis zu einem gewissen Grad gekürzt werden kann, will man wirklich haltbare Marmelade bekommen. So rechnet man bei süßen mindestens 40 dag und bei sauren Früchten 50–80 dag Zucker pro Kilogramm Fruchtmark. Die Beifügung einer Einsiedehilfe in die fertige Marmelade hat sich als sehr gut erwiesen. Genau nach Gebrauchsanweisung arbeiten. Marmelade mit wenig Zucker soll dicker eingekocht werden als süße Marmelade. Bei Zuckermangel ist es praktisch, die ungesüßte oder nur wenig gesüßte Marmelade in Weck- oder Rexgläser zu füllen und zu sterilisieren. Das Eindicken braucht in diesem Falle nicht bis zur Gelierprobe zu erfolgen. Ein Saccharinzusatz erfolgt erst beim Öffnen des Glases. Man verwende zur Marmeladenherstellung stets reife Früchte; diese enthalten mehr Zucker und haben ein besseres Aroma. Statt Zucker kann Sirup zugesetzt werden.

Man soll zum Einkochen eigenes Geschirr benützen, das zu keinem anderen Kochen gebraucht wird. Eine Kupfer- oder Messingpfanne eignet sich gut, jedoch dürfen sowohl Früchte als auch Marmelade wegen des Säuregehaltes nur drinnen kochen und nicht längere Zeit stehen bleiben. Auch ein Emailletopf ist gut verwendbar, soll jedoch nicht zu anderem Kochen gebraucht werden. Ist dies nicht möglich, so ist das Geschirr vor Verwendung in Sodawasser auszukochen. Aluminiumgeschirr eignet sich wegen des Säuregehaltes des Obstes nicht zum Einkochen.

Als Vorbereitungsarbeiten müssen die Marmeladegläser in heißer Sodalösung gewaschen und in reinem heißem Wasser nachgespült werden. Stets koche man Marmelade möglichst rasch, zuerst ohne und dann mit Zucker. Am günstigsten ist es, nicht mehr als 3 kg Obst auf einmal zu verarbeiten, weil es rascher geht. Durch langsames Kochen gehen Vitamine, Farbe und Geschmack verloren. Bei jeder Marmelade mache man vor dem Abfüllen die Gelierprobe, indem man einen heißen Tropfen auf einen kalten Teller gibt. Wird dieser erkaltet steif, so fülle man die Marmelade noch heiß in die gereinigten, vorgewärmten Gläser (ein Trockenwischen ist nicht nötig, da geringe Feuchtigkeit im Glas nicht schadet). Um ein Zerspringen des Glases zu verhindern, wärme man es vor, stelle es auf ein nasses Tuch oder gebe in das Glas einen Silberlöffel, der die Hitze abzieht.

Das Passieren der Marmelade erfolgt am besten im rohen Fruchtzustand durch eine an der Fleischmaschine anzubringende Verrichtung (sogenannter Fruchtansatz), oder man überkocht die Früchte und passiert sie durch ein Haar- oder Drahtsieb (darf nicht rosten!). Mit der heißen Marmelade wird das Glas ganz angefüllt und noch warm verschlossen. Dadurch verhindert man, dass Luft zur Marmelade kommt, und erhöht die Haltbarkeit, die besonders bei wenig Zuckerzugabe sehr gefährdet ist.

Als Verschlusspapier verwendet man am besten das käufliche, durchsichtige Cellophan- oder Pergamentpapier. Beides wird vor Gebrauch einseitig angefeuchtet, mit der trockenen Seite auf die Marmelade gelegt und gleich mit einem Gummiring oder Spagat verbunden. Man kann auch gängige Schraubgläser verwenden. Die Aufbewahrung erfolgt am besten an einem kühlen, frostsicheren und trockenen Ort.

Marmelade kann durch zweierlei Ursachen schlecht werden:

a) Das sogenannte **Anlaufen**, wobei sich Schimmelpilze an der Oberfläche ansetzen. Die Marmelade ist dann zu öffnen und der Schimmel abzuheben und die Marmelade zu überkochen und rasch zu verbrauchen. Es ist gut, auf die Marmelade etwas Alkohol oder ein in Alkohol getränktes Pergamentpapier zu geben; dies verhindert Schimmelansatz.

b) Die Marmelade **gärt**, und zwar so stark, dass sie aus dem Glas steigt. Hefepilze zersetzen den Zucker in Alkohol und Kohlensäure, der Geschmack ist prickelnd. Derartige Marmelade ist sofort zu entsorgen und eignet sich nicht für weiteres Aufheben.

Wie werden Säfte, Gelees und Marmeladen haltbar gemacht?

Große Mengen Zucker bewirken die Hemmung der Lebenstätigkeit der Mikroorganismen durch die Verringerung des frei verfügbaren Wassers und die Herabsetzung der Löslichkeit des Sauerstoffs in Wasser. Ein langfristiges Haltbarmachen mit Zucker muss dennoch mit anderen Konservierungsverfahren kombiniert werden, da die Mikroorganismen durch Zucker nicht beseitigt werden, sondern nur gehemmt. Als Methoden bieten sich an: Hitzekonservierung, zusätzliches Eindicken mit Gelierstoffen und chemische Konservierung, z. B. mit Sorbinsäure: Anlaufen oder Gären des Fruchtgutes ist bei dieser Methode kaum möglich.

Beim Zubinden mit Einmachcellophan wird ein genau zugeschnittenes Blättchen auf den Inhalt gelegt und ein paar Tropfen hochprozentiger Alkohol (Haltbarkeit) darübergegeben. Anschließend wird ein angefeuchtetes, großzügig zugeschnittenes Rechteck über den warmen Glasrand gespannt, glatt gezogen und mit einem Gummiring festgehalten. Während des Abkühlens zieht sich die Oberfläche stark ein. Ein Platzen dieser angespannten Haut ist leicht möglich. Das Glas muss dann entweder verbraucht oder neu aufgekocht werden.

Kleine Portionen bringen Vorteile:

- Wird mit zuckersparenden Mischungen gearbeitet, sind die angebrochenen Gläser nur kurz haltbar.
- Der Inhalt geliert schneller und besser.

Die Auswahl des Kochtopfes ist für das spätere Gelieren entscheidend. Richtig ist ein hoher und weiter Topf, in dem die Masse ohne Überlaufen sprudelnd kochen und Wasser ausreichend verdampfen kann. Eine Küchenwaage soll bereitgestellt sein: Denn das Gelingen hängt vom genauen Abmessen der Frucht- und Zuckermengen ab. Kochlöffel, Schöpfkelle und Einfülltrichter sowie Topf und Gläser müssen gut gereinigt werden. Es dürfen keine Fettreste an den Geräten und Gläsern sein, die Haltbarkeit wäre infrage gestellt.

Gelierhilfen

Gelierhilfen werden im Handel in verschiedenen Formen angeboten: Flüssigpektin, Gelierzucker, Gelierpulver etc. Ihre Anwendung ist aroma-, farb- und vitaminschonend und führt außerdem schon nach kurzer Zeit zum fertigen gelierfähigen Produkt. Falls Sie Gelierhilfen verwenden, halten Sie sich am besten an die auf der Verpackung angegebene Gebrauchsanweisung.

Tipps zum guten Gelingen

1. Das Obst muss einwandfrei und voll ausgereift sein.
2. Zum Kochen der Früchte Edelstahl- oder Emailletöpfe verwenden, die innen nicht beschädigt sein dürfen. Schnelles Anbrennen des Kochguts, Beeinträchtigung des Geschmacks und leichteres Verderben sind ansonsten die Folgen.
3. Den Kochtopf nur bis zur Hälfte mit der Frucht-Zucker-Mischung füllen. Bei der Verwendung von 2 kg Obst und 2 kg Zucker sollte man einen 10-Liter-Topf benutzen, da beim Aufkochen Schaum entsteht.
4. Umrühren ist während des Kochens erforderlich. Zur Kontrolle des Gelierens gibt es die Gelierprobe: Am einfachsten ist es, einen Teelöffel der heißen Fruchtmasse auf einen Teller zu geben und sie erkalten zu lassen. Beim Anstoßen mit dem Finger sollte sie fest sein und sich falten.
5. Zur Aufbewahrung von Konfitüre, Gelee und Marmelade eignen sich kleine Gläser besonders gut.
6. Das Fruchtgut heiß in die Gläser einfüllen. Zum Schutz vor Bakterien die Gläser vor dem Einfüllen zum Abtropfen umgestülpt auf saubere Küchenhandtücher stellen oder mit heißem Wasser gefüllt stehen lassen. Auf keinen Fall die Gläser abtrocknen.
7. Beim Einfüllen die Gläser auf ein feuchtes Tuch stellen. Die Gefahr, dass sie platzen könnten, ist somit behoben.
8. Marmeladen, Konfitüren und Gelees können auch sterilisiert werden. Dieser Mehraufwand an Arbeit lohnt sich nur, wenn keine guten Lagerbedingungen gegeben sind. Das zusätzliche Sterilisieren verhindert Schimmelbildung und das vorzeitige Eintrocknen des Füllguts. Auch ist es für alle angebracht, die mit weniger Zucker kochen wollen (Sterilisierzeit: 30 Minuten bei 90 °C).
9. Eine endgültige Gelierung muss noch nicht am 4. Tag erfolgt sein. Deshalb sollte man nicht ungeduldig die Gläser schütteln oder gar darin rühren.
10. Die Gläser beschriften und kühl lagern.

Apfelmarmelade **Nr. 900**

Reife und unreife Äpfel werden gewaschen, geviertelt, von Faulstellen befreit, in wenig Wasser gekocht, abgeseiht und passiert. Man dickt die Marmelade ein, bis sie in Klumpen vom Löffel fällt, und gibt pro Kilo Mark 25–50 dag Zucker dazu. Nach 10–20 Minuten Kochzeit füllt man sie heiß in Gläser oder irdene Gefäße. Eine Beigabe von Einsiedehilfe erhöht die Haltbarkeit wesentlich. Wenn die gewaschenen Äpfel von Kerngehäuse und Faulstellen befreit und mit der Schale durch die Fleischmaschine getrieben werden, so erspart man sich die Passierarbeit und erhält eine ausgiebige Marmelade. Je nach Geschmack können Zimt, Nelken oder Zitronenschale beigefügt werden.

Birnenmarmelade **Nr. 901**

Wird wie Apfelmarmelade (Rezept **Nr. 900**) hergestellt.

Marillenmarmelade, I. Art

Nr. 902

Zutaten: 1 kg Frucht, 40–60 dag Zucker

Die Marillen werden entkernt, zerkleinert (allenfalls passieren), anfangs ohne und später mit Zuckerbeigabe unter fortwährendem Rühren so lange eingedickt, bis die Marmelade in Klumpen vom Löffel fällt. Heiß wird sie in Gläser eingefüllt.

Marillenmarmelade, II. Art

Nr. 903

Zutaten: 1 kg Frucht, 40–60 dag Zucker

Die gereinigten, entkernten, zerkleinerten Früchte werden mit Zucker vermengt und einen Tag in den Keller gestellt. Dann kocht man das Ganze, passiert es allenfalls, dickt es ein und füllt es heiß ein. Diese Marmelade wird dunkler als Marillenmarmelade I.

Pfirsichmarmelade

Nr. 904

Wird wie Marillenmarmelade I oder II (Rezept Nr. **902, 903**) hergestellt.

Zwetschkenmarmelade oder Powidl

Nr. 905

Sehr reife Zwetschken werden entkernt und ohne Wasser- und Zuckerzusatz sehr dick eingekocht. Da Zwetschken namentlich in reifem Zustand süß sind, ist eine Zuckerbeigabe nicht nötig, das Einkochen hat jedoch sehr dick zu erfolgen. Je nach Geschmack kann man Zimt, Nelken, Neugewürz und fein gehackte Zitronenschale beifügen. In Steinguttöpfe gefüllt, stellt man das Powidl noch zur weiteren Übertrocknung ins Rohr, verbindet es mit Pergamentpapier und bewahrt es an einem kühlen Ort auf. Man kann es auch heiß in Schraubgläser füllen.

Zwetschkenröster

Nr. 906

Zutaten: 1 kg Frucht, 25–50 dag Zucker

Die entkernten, halbierten Zwetschken werden mit Zucker weich gekocht. Dann füllt man sie in Schraubgläser, verbindet diese mit Pergamentpapier und kocht sie eine Viertelstunde im Dunst.

Ribiselmarmelade

Nr. 907

Zutaten: 1 kg Frucht, 35–60 dag Zucker

Die abgerebelten Ribiseln werden gewaschen und bei starker Hitze 10 Minuten gekocht. Man gibt die Hälfte des Zuckers dazu, kocht wieder 10 Minuten, fügt die zweite Hälfte Zucker bei und kocht wieder 10 Minuten. Hierauf beginnt man die Gelierprobe zu machen (**Seite 238**). Diese darf nicht übersehen werden, da bei weiterem Kochen die Marmelade ihre schöne rote Farbe und den guten Geschmack einbüßt, saftlos wird und auch an Quantum verliert. Wer keine Fruchtstücke in der Marmelade möchte, kann die Ribisel auch vor dem Kochen passieren.

Stachelbeermarmelade Nr. 908

Wird wie Ribiselmarmelade (Rezept **Nr. 907**) hergestellt.

Holundermarmelade Nr. 909

Zutaten: 1 kg Holler, 30–50 dag Zucker

Die abgerebelten Beeren werden rasch gewaschen, zuerst ohne und dann mit Zuckerzusatz bis zum Dickwerden gekocht, in Gläser gefüllt und verbunden. Die Marmelade kann auch passiert werden.

Heidelbeermarmelade Nr. 910

Zutaten: 1 kg Frucht oder Fruchtmark, 20–50 dag Zucker

Da Heidelbeeren sehr saftig sind, ist es am praktischsten, sie eine Stunde über Dampf zu entsaften (Seite **250**) und den Rückstand an Marmelade zu verkochen. Kocht man Heidelbeeren gleich zu Marmelade, so muss man sie sehr lange eindicken. Die Marmeladeherstellung erfolgt wie bei Ribiselmarmelade und man kann sie selbstverständlich auch passieren.

Himbeermarmelade Nr. 911

Zutaten: 1 kg Frucht oder Fruchtmark, 50–60 dag Zucker

Wird wie Ribiselmarmelade (Rezept **Nr. 907**) hergestellt.

Brombeermarmelade Nr. 912

Zutaten: Wie Ribiselmarmelade (Rezept **Nr. 907**).

Die Herstellung erfolgt wie bei Heidelbeermarmelade (Rezept **Nr. 910**).

Erdbeermarmelade Nr. 913

Zutaten: 1 kg Frucht, 50–60 dag Zucker

Herstellung wie bei Ribiselmarmelade (Rezept **Nr. 907**).

Preiselbeermarmelade **Nr. 914**

Zutaten: 1 kg Preiselbeeren, 30–50 dag Zucker

Die Früchte werden ausgeklaubt, gewaschen, zum Abtropfen in ein Sieb gegeben, mit dem Zucker lagenweise in das Einkochgeschirr geschichtet und über Nacht stehen gelassen. Nach 10 Minuten langem Kochen füllt man die Marmelade noch heiß in Gläser. Preiselbeeren halten, da sie sehr viel Gerbsäure haben, auch ohne jeglichen Zuckerzusatz. In diesem Fall kocht man die geputzten, gewaschenen Beeren nur 10 Minuten und füllt die Marmelade gleich ein. Zur Geschmacksverbesserung von anderen Marmeladen wie Apfel-, Birnen- oder Zwetschkenmarmelade ist die Beifügung geringer Mengen von Preiselbeeren recht gut.

Erdbeer-, Ribisel-, Himbeer-, Preiselbeer- und Marillenmark (roh) **Nr. 915**

Zutaten: 1 kg Fruchtmark, 1 kg Zucker

Die reifen Beeren oder Früchte werden roh passiert und mit der gleichen Menge Zucker gerührt, bis sich die Zuckerkristalle aufgelöst haben. Das Mark wird in Flaschen gefüllt und mit Staubzucker bedeckt. Die Flaschen werden verkorkt und versiegelt oder mit einer Gummikappe luftdicht verschlossen und kühl aufbewahrt.

Rhabarbermarmelade **Nr. 916**

Zutaten: 1 kg Rhabarber, ¾ kg Zucker

Der geputzte, geschnittene Rhabarber wird 10 Minuten unter Rühren bei starker Hitze gekocht, man gibt den Zucker dazu und kocht bis zum Eindicken. Rhabarbermarmelade wird durch Zugabe von einigen Tropfen Zitronensaft oder etwas Preiselbeeren sehr verbessert. Um Rhabarber zu entsäuern, übergießt man die geputzten, rohen Stücke mit heißem Speise-Sodawasser und lässt sie zugedeckt einige Minuten stehen. Das Wasser ist wegzuschütten.

Quittenkäse **Nr. 917**

Zutaten: 1 kg Quittenmark, 50–60 dag Zucker

Die gereinigten Quitten werden geteilt, mit wenig Wasser gekocht und passiert. Die abgeseihte Flüssigkeit kann zur Geleebereitung (**Seite 257**) verwendet werden.
Mark und Zucker werden unter Rühren eingedickt. Hierauf füllt man sie heiß in mit Wasser ausgespülte Formen und lässt sie übertrocknen. Nach einigen Tagen stürzt man den Quittenkäse auf ein Pergamentpapier und lässt ihn nochmals übertrocknen. Die Aufbewahrung erfolgt, um ein Verstauben zu verhindern, in Papier eingewickelt.

Marmelade aus grünen Tomaten Nr. 918

Zutaten: 1 kg Frucht, 30–50 dag Zucker, Essig, Zimt, Nelken, Ingwer, Zitronenschale

Grüne Tomaten werden zwei bis drei Mal durchgeschnitten und bis zum Weichwerden in etwas Wasser gekocht. Das Wasser wird weggeschüttet und die Tomaten werden über Nacht mit etwas Essig stehen gelassen. Man gibt zu den Tomaten den Zucker und die Gewürze und dickt die Marmelade ein.

Hagebutten- oder Hetscherlmarmelade Nr. 919

Zutaten: 1 kg Hagebuttenmark, 50–60 dag Zucker

Vom Reif gebrannte Hagebutten werden aufgeschnitten, Kamm und Haare entfernt, gewaschen und in wenig Wasser weich gekocht, passiert und mit dem Zucker bis zum Dickwerden eingekocht.

Dirndlmarmelade Nr. 920

Zutaten: 1 kg Dirndlmark, 40–60 dag Zucker

Die ganz reifen Dirndln werden überkocht und passiert oder roh passiert und mit Zucker eingedickt.

Vogelbeermarmelade Nr. 921

Zutaten: 1 kg Vogelbeeren, ½ kg Zucker

Die abgestielten Beeren werden gewaschen, mit wenig Wasser weich gekocht, passiert und mit Zucker eingedickt.

Kürbismarmelade Nr. 922

Zutaten: 2 ½ kg Kürbis, ¾–1 kg Zucker, 10–15 Esslöffel Essig

Der geschälte Kürbis wird von Kernen und Mark befreit, in Stückchen geschnitten, gekocht und passiert oder noch besser roh durch die Fleischmaschine getrieben. Man dickt mit Zucker ein und gibt zum Schluss etwas Essig dazu.

Berberitzenmarmelade Nr. 923

Zutaten: 1 kg Berberitzenmark, 50–70 dag Zucker

Reife Berberitzen (am besten nach dem ersten Frost gepflückt) werden mit ganz wenig Wasser weich gekocht, passiert und mit Zucker eingedickt.

Marmelade aus grünen Nüssen Nr. 924

Zutaten: 1 kg grüne Walnüsse, ¾ kg Zucker, Gewürznelken, Zimtrinde

Grüne Nüsse werden mit einer Nadel mehrmals angestochen, 8–10 Tage lang in täglich zu erneuerndes, kaltes Wasser gelegt und schließlich in Salzwasser weich gekocht. ½ kg Zucker wird mit ¼ Liter Wasser dick übersponnen (**Seite 204**), die abgeseihten Nüsse werden heiß damit übergossen und 12 Stunden stehen gelassen. Dies wird drei Mal wiederholt. Schließlich wird der Zucker nach Zugabe von Nelken und Zimt dick eingekocht und über die in Gläser gefüllten Nüsse gegossen, worauf man die Gläser gleich zuschraubt. Die Einkochzeit ist Ende Juni.

Mischmarmeladen

Die Vermengung mehrerer Früchte oder Beeren ergibt sehr schmackhafte Marmeladen. Folgende Mischungen sind besonders empfehlenswert:

Äpfel – Birnen – etwas Preiselbeeren
Himbeeren – Ribiseln
Erdbeeren – Ribiseln – Rhabarber
Brombeeren – Himbeeren
Äpfel – Zwetschken
Holler – Rhabarber

Bei Obstmangel ist die Beimengung von Tomaten, Karotten, Kürbissen oder auch Roten Rüben sehr zu empfehlen. Letztere geben der Marmelade eine schöne dunkle Farbe.

Apfelmarmelade mit Tomaten, I. Art Nr. 925

Zutaten: 1 kg unreife Äpfel, 1 kg reife Tomaten, 50 dag Zucker

Äpfel und Tomaten werden in Würfel geschnitten, aufgekocht und passiert. Man lässt das Mark ohne Zucker 10 Minuten bei starker Hitze kochen, gibt dann die Hälfte Zucker dazu, lässt wieder 10 Minuten kochen, gibt die zweite Hälfte Zucker dazu und füllt die Marmelade nach gelungener Gelierprobe in Gläser, die man gleich verschließt. Die Kochdauer beträgt 30–60 Minuten.

Apfelmarmelade mit Tomaten, II. Art Nr. 926

Zutaten: 2 kg unreife Äpfel, 1 kg Tomaten, 60 dag bis 1 kg Zucker

Äpfel und Tomaten werden getrennt weich gekocht, passiert und mit Zucker ungefähr 2 Stunden eingedickt. Man füllt die Marmelade heiß in Gläser und verschließt sie.

Apfel-Kürbismarmelade **Nr. 927**

Zutaten: 1 kg Apfelmark (z. B. Rückstand von der Geleebereitung), 1 kg Kürbismark, 60 dag bis 1 kg Zucker, Zitronenschale

Apfel- und Kürbismark (entweder gekocht und passiert oder roh durch die Fleischmaschine getrieben) wird mit Zucker bis zum Dickwerden verkocht.

Ferner sind folgende Mischungen besonders schmackhaft:
⅓ Äpfel – ⅓ Kürbis – ⅓ Holunderbeeren
2 ½ kg Kürbis – ½ kg Äpfel – 1 kg Preiselbeeren

Sommer-Dreifruchtmarmelade **Nr. 928**

Zutaten: 1 ½ kg Kirschen, ¾ kg Himbeeren oder Erdbeeren, ¾ kg Johannisbeeren, 1 ½–2 kg Zucker

Kirschen werden entkernt, Ribiseln entstielt und alle Früchte zuerst ohne und dann mit Zucker bis zur Gelierprobe eingedickt.

Herbst-Dreifruchtmarmelade, I. Art **Nr. 929**

Zutaten: 1 kg Holundermark, 1 kg Apfelmark, 1 kg Birnenmark, 1 ½–2 kg Zucker

Aus Holunderbeeren und Äpfeln gewinnt man zuerst Saft oder Gelee. Die Rückstände passiert man und kocht sie mit dem Birnenmark und Zucker dick ein.

Herbst-Dreifruchtmarmelade, II. Art **Nr. 930**

Zutaten: 1 kg Tomaten, 1 kg Äpfel, 1 kg Zwetschken, ¾–1 kg Zucker

Die Äpfel werden mit Schale und Kerngehäuse in wenig Wasser weich gekocht, geschnittene Tomaten und entsteinte Zwetschken gibt man dazu, lässt weich kochen, passiert sie, fügt Zucker bei und kocht bis zur Gelierprobe ein. Eine Beimengung von Preiselbeeren oder Schwarzen Ribiseln verbessert jede Marmelade.

Das Einwecken von Obst und Beeren

Allgemeines über Einwecken siehe Seite 228.

Beim Einwecken von Obst kann wenig oder gar kein Zucker verwendet werden. Obst eingeweckt als Kompott ist besser verwertet als anders haltbar gemacht. Als Aufgussflüssigkeit verwendet man gekochtes, ausgekühltes Wasser oder Zuckerwasser. Beerenobst wird einige Stunden mit Zucker stehen gelassen und mit dem entstandenen Saft in die Gläser gefüllt. Obst und Beeren sind nach den angegebenen Rezepten vorzubereiten, die Sterilisierzeit ist aus der auf **Seite 231** angegebenen Tabelle ersichtlich.
Aufgussflüssigkeit wird wegen des im Beerenobst vorhandenen Saftes keine gebraucht. Man mischt die gewaschenen Beeren mit Zucker, lässt sie einige Stunden stehen und füllt sie mit dem entstandenen Saft in die Gläser. Der Zuckerzusatz dient nur zur Geschmacksverbesserung, ist aber für die Haltbarkeit unnötig.

Heidelbeeren — Nr. 931

Die sauber gewaschenen Beeren werden pro Kilo Frucht mit 10–20 dag Zucker (Zuckerzusatz nicht unbedingt nötig) vermengt und nach einigen Stunden mit dem Saft in die Gläser gefüllt und sterilisiert.

Himbeeren und Brombeeren — Nr. 932

Die geputzten Beeren werden allenfalls mit 10–20 dag Zucker pro Kilo Frucht vermengt, in Gläser gefüllt, verschlossen und sterilisiert.

Holler — Nr. 933

Die Fruchtdolden werden gewaschen, die Beeren abgelöst und pro Kilo Frucht mit 10–20 dag Zucker (muss nicht sein!) rasch aufgekocht, ausgekühlt in Gläser gefüllt und sterilisiert. Um den Geschmack des Hollers zu verbessern, mischt man rohe, klein geschnittene Äpfel, Birnen oder Zwetschken hinein.

Ananaserdbeeren, I. Art — Nr. 934

Die Ananaserdbeeren werden in frischem Zustand vom Kelch befreit (Kelch abdrehen, um den Fruchtkern nicht auszureißen), rasch gewaschen, zerkleinert, allenfalls mit 10–20 dag Zucker pro Kilo Frucht vermengt, in Gläser gefüllt und gekocht.

Ananaserdbeeren, II. Art — Nr. 935

Kleine Erdbeeren werden gereinigt, in Gläser gegeben und mit einer gekochten, ausgekühlten Zuckerlösung (auf 1 Liter Wasser 5–20 dag Zucker) oder Wasser übergossen, anschließend sterilisiert.

Ribiseln Nr. 936

Ribiseln werden von den Stielen befreit, in einem Sieb gewaschen und pro Kilo Frucht mit 10–25 dag Zucker vermengt, in Gläser gefüllt und sterilisiert.

Stachelbeeren Nr. 937

Die Früchte werden vom Stiel befreit, gewaschen, mit einem Holzspan gestichelt, in die Gläser gegeben, mit gekochtem, ausgekühltem Wasser oder Zuckerwasser übergossen, verschlossen und gekocht.

Apfelkompott Nr. 938

Äpfel werden je nach Belieben, geschält oder ungeschält, geviertelt, entkernt (harte Sorten kurz vorkochen!), in gereinigte Weckgläser gegeben, mit aufgekochtem, abgekühltem Zuckerwasser (auf 1 Liter Wasser 5–15 dag Zucker) oder Wasser, in dem man Zimtrinde, Nelken und Zitronenschale mitkocht, bis zum Rand angefüllt, verschlossen und gekocht. Da die Obst-Vitamine knapp unter der Schale liegen, ist ungeschältes Einlegen des Obstes ratsam.

Birnenkompott Nr. 939

Wie Apfelkompott (Rezept **Nr. 938**).

Quittenkompott Nr. 940

Wie Apfelkompott (Rezept **Nr. 938**).

Kirschenkompott Nr. 941

Kirschen werden entstielt, gut gewaschen, in die Gläser gelegt, mit gekochtem, ausgekühltem Wasser oder Zuckerwasser (je nach der Süße der Früchte 5–20 dag Zucker auf 1 Liter Wasser) übergossen und gekocht. Die Kirschen können auch entkernt werden.

Weichselkompott Nr. 942

Wird wie Kirschenkompott eingerext (Rezept **Nr. 941**).

Zwetschkenkompott Nr. 943

Zwetschken werden entstielt, gewaschen, ganz (mit einem zugespitzten Hölzchen angestochen) oder geteilt, entkernt in die Gläser geschichtet und mit Zuckerwasser (auf 1 Liter Wasser 5–20 dag Zucker) oder gekochtem, ausgekühltem Wasser übergossen.

Marillenkompott **Nr. 944**

Große Früchte werden gewaschen, geteilt und entkernt, kleine Früchte ganz (mit einem Hölzchen angestochen) eingelegt. Als Aufgussflüssigkeit verwendet man Wasser oder Zuckerwasser (1 Liter Wasser 5–20 dag Zucker).

Ringlottenkompott **Nr. 945**

Wie Marillenkompott (Rezept **Nr. 944**).

Kürbiskompott, I. Art **Nr. 946**

Der geschälte, geputzte, würfelig geschnittene Kürbis wird in Zuckerwasser (auf 1 Liter Wasser 10–30 dag Zucker), etwas Essig und Gewürzen (Ingwer, Zimt, Nelken, Zitronenschale) aufgekocht. Nach dem Entfernen der Gewürze kommen Kompott und Saft in Gläser.

Kürbiskompott, II. Art **Nr. 947**

Der geschälte, geputzte, in Stücke geschnittene Kürbis wird mit Essig und Zucker (auf 1 kg Kürbis 5–20 dag Zucker) gemischt, über Nacht stehen gelassen und mit der sich bildenden Flüssigkeit in die Gläser gegeben.

Zwetschkenröster **Nr. 948**

Gut ausgereifte Früchte werden nach dem Waschen entkernt, klein geschnitten, pro Kilo Frucht mit 5–15 dag Zucker aufgekocht und in Gläser gefüllt. Aufgussflüssigkeit wird keine verwendet.

Rhabarberkompott **Nr. 949**

Der geschälte, geschnittene Rhabarber wird mit 10–40 dag Zucker pro Frucht überkocht, in Gläser gegeben, verschlossen und gekocht.

Apfelmus **Nr. 950**

Gekochte, passierte Äpfel werden allenfalls mit Zucker (auf 1 kg Mus 10–30 dag Zucker) versetzt, in Gläser gefüllt, verschlossen und gekocht.

Die Saftgewinnung aus Obst und Beeren

Alles Obst, besonders aber die saftigen Beeren, eignet sich zur Saftgewinnung. Diese Fruchtsäfte können als **Süßmost** aufbewahrt werden, wobei sie ein sehr vitaminhaltiges Getränk zur obstarmen Zeit liefern. Vergoren, ergeben die Fruchtsäfte alkoholhaltigen **Most** oder **Wein**.

Die Saftgewinnung kann auf mehrere Arten erfolgen:

1. Durch **Abpressen in kaltem Zustand**, wobei die zerkleinerten Früchte mit einer Handpresse, Korb- oder Packpresse ausgedrückt werden. Handpressen eignen sich für die Verarbeitung kleinerer Mengen Früchte. Mit elektrischen Entsaftern hat man eine große Saftausbeute und in sehr kurzer Zeit einige Liter Gemüse- oder Obstsaft.
2. Durch **Erwärmen der Früchte**, bis sie platzen, und sofortiges Durchseihen. Diese Art ist ergiebig, auch leichter durchführbar, kann jedoch nur bei kleineren Mengen gemacht werden.
   Die vorbereiteten Früchte zerkleinern und mit der angegebenen Wassermenge aufkochen. Hierzu kann der Schnellkochtopf verwendet werden. Man rechnet für 2 kg Obst 1–2 Liter Wasser. Den heißen Fruchtbrei schüttet man in ein Leintuch, das in einen ausreichend großen Topf gehängt wird. Der abgelaufene Saft wird dann mit der gewünschten Zuckermenge vermischt, kurz aufgekocht und in die Saftflaschen gefüllt.
3. **Durch Dampfentsaften.** Die käuflichen Dampfentsafter haben sich sehr bewährt. Dieses Verfahren ist vor allem bei geringen Obst- oder Beerenmengen praktisch. Die ältere Methode funktioniert wie folgt: In einen größeren Topf mit gut schließendem Deckel (am besten Wecktopf) gibt man einen Ziegel oder Drahteinsatz, füllt eine Handbreit Wasser hinein und stellt eine Schüssel darauf. Auf den Topf wird ein sauberes, am besten knapp vorher ausgekochtes, dickmaschiges Tuch gebunden, in das man die gewaschenen Beeren hineingibt. Eventueller Zuckerzusatz 30–40 dag pro Kilogramm Frucht (für die Haltbarkeit jedoch nicht unbedingt nötig) wird auf die Beeren gestreut. Der Topf wird geschlossen und das Tuch über den Deckel gebunden. Das Wasser beginnt zu sieden, der aufsteigende Dampf bewirkt ein Zerspringen der Früchte und der freiwerdende Saft wird durch das Tuch filtriert und rinnt in die Schüssel. Nach einstündigem Kochen wird der in die Schüssel abgetropfte Saft in gereinigte, vorgewärmte Flaschen gefüllt, sofort verschlossen und langsam ausgekühlt. Der Rückstand kann noch zur Marmeladebereitung verwendet werden. Nach zweistündigem Kochen erhalten wir zwar nicht mehr so klaren Saft, aber ein größeres Quantum. Der im Tuch verbleibende Rückstand ist zur Marmeladebereitung dann nicht mehr verwendbar, jedoch zur Essigbereitung. Von kleineren Mengen Kernobst kann man durch Dampfentsaften auch Süßmost herstellen, und zwar treibt man das Obst vorher durch die Fleischmaschine. Rhabarber ohne Zucker dampfentsaftet gibt einen guten Essigersatz.
   Dampfentsaften ist nicht nur die wirtschaftlichste Art der Saftgewinnung im Haushalt, da der Saft ohne nochmaliges Erhitzen sofort in Flaschen abgefüllt werden kann, es bleiben auch die wichtigsten Nährstoffe im Saft enthalten. Zum Dampfentsaften eignen sich nicht nur die eigentlichen Dampfentsafter, sondern auch Einkochtöpfe mit Saftgewinner-Einsätzen.

Nach einer Entsaftungszeit von 30–60 Minuten (je nach Rezept) muss der Saft sofort in die vorbereiteten Flaschen abgefüllt werden, denn nur solange er eine Temperatur von 75 °C hat, ist er keimfrei. Sofort nach dem Abfüllen werden die Flaschen verschlossen an einen zugfreien Ort zum Abkühlen gestellt.

Süßmost/Säfte

Beim vergorenen Most zersetzen Hefepilze den im Fruchtsaft vorhandenen Zucker in Alkohol und Kohlensäure. Zucker ist ein wichtiger Nährstoff. Alkohol ist dagegen nur ein Genussmittel. Wenn wir durch Entkeimung (Erhitzung) die im Süßmost vorhandenen Hefepilze abtöten und unschädlich machen und durch sorgfältigen Luftabschluss auch weitere Hefepilze fernhalten, so bleibt der Saft unvergoren. Weil in diesem Süßmost alle ursprünglichen Nährstoffe vollwertig enthalten sind, ist er flüssiges Obst, sehr gesund und wohlschmeckend und kann die Winterkost, namentlich für Kinder und Kranke, mit Vitaminen sehr bereichern. Die besten Süßmostsorten liefern saure Obstsorten. Es ist gut, süße und saure Obstgattungen zu mischen. Die Verarbeitung hat möglichst bald nach der Ernte erfolgen. Lange Zeit übereinander gelagertes Obst liefert mindere Säfte.

Vorbehandlung: Das Obst wird gut gewaschen, faule Stellen werden ausgeschnitten. Bei der Arbeit ist auf größte Reinlichkeit zu achten. Das Mahlen und Pressen erfolgt wie bei der gewöhnlichen Mostbereitung. Nach dem Pressen wird der Saft durch ein feines Sieb oder Filtriertuch geseiht und soll möglichst rasch entkeimt werden. Man bewahre ihn daher kühl auf.
Die zu verwendenden Flaschen werden am besten mit Wasser gefüllt und einen Tag lang in einen Trog oder Bottich mit Wasser gestellt. Dann werden sie in heißem Soda- oder Spülmittel-Wasser mit einer Gläserputzbürste gereinigt und heiß nachgespült.

Das **Entkeimungsverfahren** kann auf folgende Art und Weise erfolgen:

Ohne Apparat – in geschlossenen Flaschen
Diese Art ist einfach und sicher. Die Flaschen werden mit dem Saft bis handbreit unter den Flaschenrand gefüllt; der leere Raum ist für die Ausdehnung des Saftes beim Erwärmen wichtig. Dann erfolgt die Verkorkung. Das Aufsetzen von Korkhaltern, das sind Blechhülsen, die auf die Flaschen geschoben werden, oder das Anbringen des sogenannten Apothekerknotens (siehe Bild) auf den Korken ist notwendig, um ein Entweichen der Stöpsel bei der Erwärmung des Flascheninhaltes zu verhindern.
Die Flaschen werden mit knappem Zwischenraum in einem Waschkessel auf eine Unterlage (Drahtgeflecht, Holzrost und dergleichen) oder in einen Topf gestellt; in der gleichen Höhe des Flascheninhalts gibt man in den

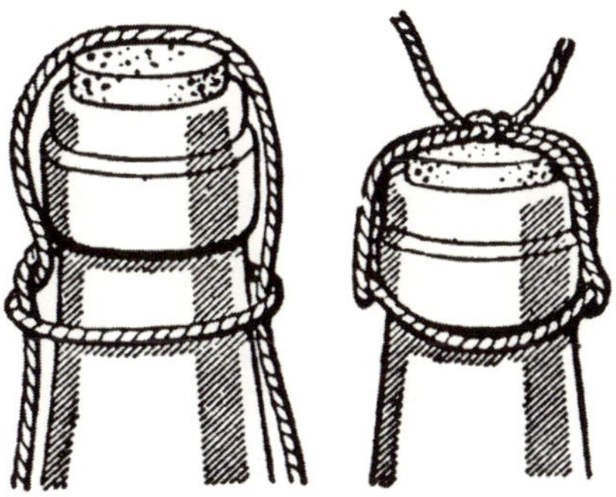

Apothekerknoten

Kessel oder Topf Wasser, deckt zu, so dass nur das Thermometer, in eine unverkorkte Flasche gesteckt, heraussteht. Bei Waschkesseln muss man in den Holzdeckel für das Thermometer ein kleines Loch einschneiden. Das Wasser im Kessel wird langsam auf 70 Grad Celsius erhitzt. Eine höhere Erhitzung soll nicht durchgeführt werden, denn der Most erhält sonst einen Kochgeschmack. Um ein Springen der heißen Flaschen zu verhindern, vermeide man jegliche Zugluft und schließe daher Fenster und Türen. Die Flaschen sollen langsam abkühlen, man umwickelt sie mit Papier oder Tüchern und stellt sie an einen zugsicheren Ort. Ausgekühlt nehmen wir die Korkhalter ab, schneiden überstehende Korken ab und tauchen die Flaschenköpfe in heißes Paraffin oder Wachs.

Ohne Apparat – in offenen Flaschen
Dazu ist etwas mehr Übung nötig. Die Flaschen werden ebenfalls wieder bis handbreit unter den Flaschenrand gefüllt und wie beim ersten Verfahren in einem Topf oder Waschkessel auf 75 Grad Celsius erhitzt. Im geschlossenen Raum werden die Flaschen einzeln herausgenommen und sofort luftdicht verschlossen. In Tücher eingewickelt, lässt man sie langsam auskühlen.

Ohne Apparat – heiß einfüllen auf offenem Kessel
Dies ist ein einfaches und rasches Verfahren, jedoch für die Nährstoffe nachteilig. In verzinntem Kupfer- oder Messinggefäß erhitzt man den Most auf 75 bis 80 Grad Celsius, und zwar etwas höher wegen der unvermeidlichen Abkühlung während des Einfüllens. Die vorbehandelten, vorgewärmten Flaschen werden mit 80 Grad heißem Saft gefüllt und verschlossen. Wichtig ist, dass der Saft vor dem Verschließen keinesfalls unter 75 Grad Celsius sinkt.

Himbeersaft (mit Weinsteinsäure) **Nr. 951**

Zutaten: 1 kg Himbeeren, 2 dag pulverisierte Weinsteinsäure, Zucker

Ausgesucht schöne Früchte werden in einem irdenen Gefäß zerquetscht, mit 1 Liter abgekochtem, ausgekühltem Wasser übergossen und mit 2 dag pulverisierter Weinsteinsäure verrührt. Man lässt das Ganze über Nacht stehen, filtriert den Saft hierauf, ohne zu drücken, durch ein aufgespanntes, feuchtes Tuch und schöpft nach dem Absetzen den klaren Saft ab. Pro 1 Liter Saft nimmt man 1 ¼ kg Kristallzucker und bringt alles auf mäßiger Hitze fast zum Kochen, schäumt ab und füllt den Saft in reine Flaschen, die gut verkorkt an kühlem, trockenem Ort aufbewahrt werden.

Erdbeersaft auf kaltem Weg **Nr. 952**

Zutaten und Zubereitung wie Himbeersaft (Rezept **Nr. 951**).

Ribiselsaft auf kaltem Weg **Nr. 953**

Zutaten und Zubereitung wie Himbeersaft (Rezept **Nr. 951**).

Je reifer das Obst ist, desto aromatischer und ergiebiger wird der Saft. Es empfiehlt sich, milde Früchte mit herben zu mischen. Die Zuckermengen für trinkfertige Säfte variieren von 50–100 g Zucker/kg Frucht. Fruchtsäfte, die bei Gebrauch verdünnt werden, erfordern eine größere Zuckerzugabe. Als Anhaltspunkt gilt nachfolgende Regel:

auf 1 kg süße Früchte 100–150 g Zucker
auf 1 kg saure Früchte 200–250 g

Roh gepresste oder kalt gewonnene Säfte werden in Flaschen gefüllt, im Wasserbad des Einkochtopfes auf 72–75 °C (nicht höher) 25 Minuten lang erhitzt und danach sofort mit Gummikappen nach Vorschrift verschlossen.

Folgende Mischungen ergeben einen sehr guten Fruchtsaft:

½ kg Rhabarber, 1 kg Ribiseln (15–35 dag Zucker)
1 kg Himbeeren, ½ kg Rhabarber (15–40 dag Zucker)
1 kg Erdbeeren, 1 kg Ribiseln (15–40 dag Zucker)

Die Obstwein- und Likörbereitung

Der im gepressten Most vorhandene Zucker wird durch Hefepilze in Alkohol und Kohlensäure zersetzt. Eine käufliche Hefe (Reinzuchthefe) kann dem Saft beigemengt werden. Die Gärung verläuft in diesem Fall sicherer, als wenn man nur die durch die Luft in den Saft kommenden Hefepilze arbeiten lässt. Die Zuckermenge, die dem Fruchtsaft beigegeben wird, richtet sich nach der Art des gewünschten Weines. Bei geringerem Zuckerzusatz erhält man leichteren, bei größeren Beimengungen schwereren Wein. Beim gewöhnlichen Most erfolgt kein Zuckerzusatz. Die Zuckermenge wird stets in einem Teil der angegebenen Wassermenge unter Erhitzung gelöst, ausgekühlt und unter den Saft gemengt. Reinhefe, käuflich, je nach Weingattung anzusetzen, wird entweder vor dem Abpressen in die Maische oder in den Saft gegeben. Bei Verwendung eines Gärspundes soll das Fass nur zu neun Zehntel gefüllt werden. Das Spundloch dichtet man rundherum mit flüssigem Wachs ab, den Gärspund füllt man mit Wasser. Die Temperatur im Gärraum soll 18 bis 25 Grad Celsius betragen. Die Gärung dauert ungefähr 2–3 Monate und ist am Aufsteigen der Bläschen im Gärspund ersichtlich. Nach beendeter Gärung wird der Wein abgezogen, was am besten mit einem Schlauch geschieht. Es ist darauf zu achten, dass das Schlauchende nicht in den Hefesatz taucht. Nach dem ersten Abfüllen wird das Fass ganz angefüllt und der gereinigte Gärspund wieder aufgesetzt, da nun die sogenannte Nachgärung erfolgt, die wieder 2–3 Monate dauert. Verwendet man keinen Gärspund, so ist das Fass ebenfalls ganz anzufüllen. Nach der Nachgärung zieht man den Wein in Flaschen ab, die liegend aufbewahrt werden.

Ribiselwein Nr. 954

Möglichst reife Ribiseln werden gewaschen, zerquetscht und in einen Bottich bei täglichem Umrühren 2 Tage lang zugedeckt und kühl stehen gelassen. Das Pressen soll in einer gut gereinigten Presse vorgenommen werden. Der Zucker- und Wasserzusatz richtet sich nach der Art des Weines, und zwar:
Zu gutem Tischwein nimmt man 1 Liter Saft, 2 Liter Wasser, 40 bis 60 dag Zucker.
Für Haustrunk nimmt man 1 Liter Saft, 2 Liter Wasser, 30 bis 40 dag Zucker.
Den Saft lässt man gären und filtert ihn zwei Mal ab. Ist er ganz rein und klar, wird er in Flaschen eingefüllt, luftdicht verschlossen und liegend aufbewahrt. Alle Beerenweine (Heidelbeeren, Himbeeren, Brombeeren, Stachelbeeren, Erdbeeren) werden wie Ribiselwein hergestellt.

Hagebuttenwein Nr. 955

Zutaten: 2 Liter Hagebutten, 1 ½–2 kg Zucker, 6 Liter Wasser

Sehr reife Hagebutten befreit man von Stiel und Blüte; wenn nötig, lässt man sie im Keller unter öfterem Umrühren nachreifen. Aus Wasser und Zucker kocht man eine Lösung, die man heiß über die Hagebutten gießt. Alles gibt man in einen große bauchige Flasche, lässt es, mit einem Leinenlappen (statt Kork) bedeckt, gären und schüttelt die Flasche täglich fest durch. Ist die stürmische Gärung vorüber, so füllt man nach, verschließt und setzt einen Gärspund auf. Die Hauptgärung beträgt 5 Monate, die Nachgärung 3 bis 4 Monate. Anschließend filtert man den Wein zwei Mal ab. Ist er ganz rein und klar, wird er in Flaschen eingefüllt und luftdicht verschlossen.

Apfelwein Nr. 956

Der Zuckerzusatz hängt von der Süße des Obstes ab; man rechnet ungefähr 12 Prozent im Most. Auf 100 Liter Saft gibt man circa 3 kg Zucker. Der Zucker wird unter Erwärmen im Saft aufgelöst; man gibt dann allenfalls die Reinhefe dazu und verfährt nach der auf **Seite 253** angegebenen Art und Weise.

Heidelbeerwein Nr. 957

Zutaten: 5–8 kg Heidelbeeren, 4 dag pulverisierte Weinsteinsäure, 2–3 kg Zucker

Zerdrückten Heidelbeeren werden mit Weinsteinsäure und 7–10 Litern Wasser 3–4 Tage unter öfterem Umrühren stehen gelassen. Man seiht ab, gibt den Zucker in die Flüssigkeit, lässt den Saft wieder unter öfterem Umrühren einen Tag stehen, füllt ihn in eine große Flasche und verbindet diese mit einem durchsichtigen Tuch. Nach 1–2 Monaten ist die Gärung beendet. Während dieser Zeit entfernt man öfters mit einer Nadel Verunreinigungen, die sich an der Oberfläche ansetzen. Hierauf wird der Wein in kleinere Flaschen abgezogen und luftdicht verschlossen. Bei geringerer Wasserzugabe wird der Wein stärker; je mehr Zucker beigegeben wird, desto alkoholhaltiger wird er.

Zur **Likörerzeugung** eignen sich außer allen Beerenfrüchten auch grüne Nüsse, Hagebutten, Wacholderbeeren, Sauerkirschen, Quitten und Kaiserbirnen. Allgemein ist zur Likörbereitung zu sagen, dass man 60- bis 90-prozentigen Weingeist, Kognak oder Branntwein verwenden kann.

Die je nach ihrer Art zerkleinerten Früchte (Wacholderbeeren im Mörser stoßen, Marillen, Pfirsiche ungeschält zerkleinern) werden mit Alkohol in eine gut gereinigte Flasche gefüllt. 3–5 Wochen lässt man sie an einem sonnigen Ort gut verkorkt stehen und schüttelt täglich fest durch. Dann kocht man Wasser mit Zucker, schäumt ab und lässt erkalten. Den Alkohol seiht man von den Früchten ab, mischt ihn mit dem Zuckerwasser und füllt den fertigen Likör in Flaschen, die gut verkorkt werden. Frisch bereitete Liköre sind noch wenig aromatisch und gewinnen erst durch mehrmonatiges Lagern. Die Aufbewahrung von Likören erfolgt kühl und dunkel.

Grundrezepte für Liköre — Nr. 958

Zutaten: 1 Liter Alkohol (Weingeist, Korn oder Kognak), 30–60 dag Zucker, ½–1 Liter Wasser, ½–1 kg Früchte

Kaiserbirnlikör — Nr. 959

Zutaten: 1 kg Kaiserbirnen, 1 Liter Weingeist, 60–70 dag Zucker

Die zerschnittenen Kaiserbirnen werden in Weingeist circa 3 Wochen in verschlossenen Flaschen stehen gelassen. Der Zucker wird mit 1–1 ½ Liter Wasser aufgekocht und ausgekühlt. Der abgeseihte Weingeist wird mit dem Zuckerwasser gemischt und in Flaschen abgefüllt.

Ribisellikör — Nr. 960

Zutaten: 1 Liter Ribiselsaft, ¾–1 Liter Weingeist oder Schnaps, 40–60 dag Zucker

Die gereinigten Ribiseln werden gewaschen, zerquetscht und gepresst. Saft, Weingeist und Zucker, den man in ¼ Liter Wasser aufgelöst hat, werden vermengt und in Flaschen gefüllt.

Erdbeerlikör — Nr. 961

Zutaten: ½ Liter Erdbeersaft, 1 Liter Weingeist oder Schnaps, 30–50 dag Zucker, ½ Liter Wasser

Der Erdbeersaft wird durch Pressen der rohen Früchte gewonnen. Der Saft, Weingeist und Zucker, den man in ¼ Liter Wasser aufgelöst hat, werden vermengt und in Flaschen abgefüllt.

Heidelbeerlikör Nr. 962

Zutaten: 1 kg Heidelbeeren, 1 Liter Weingeist oder Schnaps, 60–70 dag Zucker

Heidelbeeren lässt man mit Weingeist und ½ Liter Wasser 3 Wochen lang in einer Flasche stehen. Nach dieser Zeit kocht man den Zucker mit ½ Liter Wasser ab und mischt den abgeseihten Weingeist zum ausgekühlten Zuckerwasser.

Schwarzer Johannisbeerlikör Nr. 963

Zutaten:1 kg schwarze Johannisbeeren, ½ Liter Schnaps,
½ Liter Wasser, 50–75 dag Zucker

Wie Heidelbeerlikör (Rezept **Nr. 962**).

Pfirsich- und Marillenlikör Nr. 964

Zutaten: 1 kg reife Früchte, ½–¾ Liter Weingeist, 50–75 dag Zucker

Wie Heidelbeerlikör (Rezept **Nr. 962**). Zur Geschmacksverbesserung ist es gut, 10 zerquetschte Marillenkerne und etwas Orangenschale beim Ansetzen beizugeben.

Nusslikör Nr. 965

Zutaten: ¾ kg unreife, grüne Walnüsse (Ende Juni abgenommen),
1 Liter Weingeist oder Schnaps, Zimtrinde, Nelken, Muskatnuss,
Zitronenschale, 60–80 dag Zucker

Die unreifen Nüsse werden in kleine Stücke geschnitten und mit den oben genannten Gewürzen und Alkohol in ein Glas, das gut verschlossen wird, gegeben. Nachdem es 4–8 Wochen an der Sonne gestanden ist, seiht man den Alkohol ab und mischt ihn mit dem Zucker, den man in ¾ Liter Wasser aufkochen ließ.

Wacholderlikör Nr. 966

Zutaten: ½ Liter Wacholderbeeren, 1 Liter Weingeist, 60–80 dag Zucker

Der Zucker wird mit möglichst wenig Wasser (nur so viel Wasser nehmen, dass sich die Zuckermenge während des Erhitzens darin vollkommen löst) gekocht und ausgekühlt. Die gestoßenen Wacholderbeeren werden mit der Zuckerlösung und dem Alkohol 10–14 Tage warm stehen gelassen. Hierauf seiht man den Likör ab und gibt ihn in Flaschen, die kühl aufbewahrt werden.

Zitronenlikör

Nr. 967

Zutaten: 1 Liter Weingeist, Saft und Schale von 6 bis 8 Zitronen, 50–75 dag Zucker

Die Zitronen werden ausgepresst, ganz dünn geschält (weiße Haut entfernen!) und klein zerschnitten. Saft und Außenschale setzt man in Alkohol einige Wochen lang an. Dann wird der Saft abgeseiht und mit dem Zucker, den man in ½ Liter Wasser aufkochen ließ, ausgekühlt vermengt.

Orangenlikör

Nr. 968

Zubereitung wie Zitronenlikör (Rezept **Nr. 967**).

Das Herstellen von Gelee

Gelee ist ein aus unreifen Früchten gewonnener Saft, der dank seines Säure- und Pektingehalts die Eigenschaft hat, in warmem Zustand flüssig und in kaltem gallertartig fest zu sein. Reifes Obst eignet sich nicht zur Geleebereitung. Der Zucker darf beim Geleekochen nicht gekürzt werden. Auf einen Liter Saft rechnet man 50–80 dag Zucker. Bei geringerer Zuckerbeigabe dickt der Saft nicht ein. Das Kochen hat rasch zu erfolgen, damit die Farbe im Gelee erhalten bleibt. Nach ungefähr 20 Minuten Kochzeit macht man die Gelierprobe, indem man einen heißen Tropfen auf einen Teller gibt. Erstarrt derselbe erkaltet, dann füllt man ab und verschließt die Gläser noch heiß.

Apfelgelee

Nr. 969

Unreife Äpfel (insbesondere Fallobst!) werden geviertelt, Wurmiges und Faulstellen entfernt (Schale und Kerngehäuse enthalten die meisten Pektinstoffe, daher daranlassen) und, mit wenig Wasser bedeckt, bis zum Weichwerden gekocht. Zerkochen dürfen die Äpfel nicht, da sich sonst der Saft nicht klar abseihen lässt. Auf die vier Füße eines umgestürzten Stockerls spannt man ein Tuch, gießt die gekochten Äpfel samt Saft darauf und lässt den Saft langsam in ein daruntergestelltes Gefäß durchlaufen oder man gewinnt den Saft durch Dampfentsaften. Zu dem ausgekühlten Saft gibt man auf einen Liter 50–80 dag Zucker, kocht das Ganze unzugedeckt rasch ungefähr 10 Minuten, macht die Gelierprobe, füllt heiß in Gläser und verschließt.

Quittengelee

Nr. 970

Wird wie Apfelgelee (Rezept **Nr. 969**) bereitet.

Ribiselgelee Nr. 971

Ribiseln haben die Eigenschaft, sehr leicht zu gelieren. Die Beeren werden geputzt, zerstampft und durch ein Sieb gepresst. Oder man kocht die Beeren mit etwas Wasser auf und seiht den Saft durch ein Tuch bzw. man gewinnt den Saft durch Dampfentsaften (**Seite 250**). Auf einen Liter Saft rechnet man 50–80 dag Zucker; man kocht rasch bis zur Gelierprobe, füllt in Gläser und verschließt.

Stachelbeergelee Nr. 972

Stachelbeergelee wird hergestellt, wenn unreife Beeren durch Hagel heruntergeschlagen wurden oder die Sträucher wegen zu reichlichen Fruchtansatzes durchgepflückt werden müssen. Die Früchte werden mit Wasser überkocht und abgeseiht. Auf einen Liter Saft rechnet man 50–80 dag Zucker; man kocht rasch bis zur Gelierprobe, füllt in Gläser und verschließt.

Das Haltbarmachen von Früchten in Essig-Zucker-Lösung

Die Haltbarkeit der Früchte beruht auf der konservierenden Wirkung von Essig (nur Weinessig verwenden!) und Zucker (darf nicht gekürzt werden!).

Zwetschken in Essig-Zucker-Lösung Nr. 973

Harte Zwetschken werden durchstochen, in ein Glasgefäß gelegt und mit einer Essig-Zucker-Lösung (1 Liter Essig, 50–60 dag Zucker, Zimt, Nelken, Neugewürz, Zitronenschalen nach Geschmack), die man 5 Minuten kochen ließ, übergossen. Die Flüssigkeit muss die Zwetschken bedecken. Die Gläser noch heiß verschließen.

Birnen in Essig-Zucker-Lösung Nr. 974

Werden wie Zwetschken (Rezept **Nr. 973**) hergestellt. Bei harten Birnen ist das Vorkochen empfehlenswert.

Kürbis in Essig-Zucker-Lösung Nr. 975

Zutaten: 1 kg Kürbis, ¼ Liter Essig, 50–70 dag Zucker, Zimt, Nelken, Zitronenschale

Der geschälte, geputzte Kürbis wird in fingerdicke und -lange Stücke geschnitten und mit Essig 24 Stunden stehen gelassen. Man seiht dann den Essig ab, gibt den Zucker dazu, kocht die Kürbisstücke bis zum Glasigwerden, gibt sie in ein Glas, übergießt sie mit der eingedickten Lösung und verschließt die Gläser noch in heißem Zustand.

Grüne Tomaten in Essig-Zucker-Lösung, I. Art Nr. 976

Zutaten: 2 ½ kg Tomaten, 1 ½ Liter Essig, ¾–1 kg Zucker, 10 Nelken, Zimtrinde, Ingwer

Die gewaschenen, abgewischten Tomaten werden halbiert (kleine Tomaten ganz lassen und einige Male anstechen), mit unverdünntem Essig übergossen und 24 Stunden unter öfterem Durchschütteln stehen gelassen. Hierauf gießt man den Essig ab, kocht ihn mit Gewürzen und Zucker auf, schäumt ab und kocht die Tomaten einige Minuten nacheinander im Sud weich. Man gibt die Früchte in ein Glas, dickt den Sud noch eine Viertelstunde ein, leert ihn über die Tomaten und verschließt heiß die Gläser.

Grüne Tomaten in Essig-Zucker-Lösung, II. Art Nr. 977

Zutaten: 1 ½ kg Tomaten, ½ Liter Essig, 1 ¼ kg Zucker, Zimt, Nelken, Ingwer

Zubereitung wie Grüne Tomaten I. Art (Rezept **Nr. 976**).

Das Haltbarmachen von Obst in Alkohol

Alkohol in konzentrierter Form wirkt konservierend. Es kann dazu Rum oder Schnaps verwendet werden.

Rumzwetschken Nr. 978

Zwetschken werden rasch überkocht, in Gläser gegeben und mit folgender Lösung übergossen: 50 dag Zucker wird mit ¼ Liter Wasser aufgekocht, erkaltet wird ¼ Liter Rum oder Weingeist oder Rum beigefügt. Die Flüssigkeit muss die Zwetschken bedecken.

Rumtopf Nr. 979

Zutaten: 1 Liter Rum oder Schnaps, Obst je nachdem, was vorhanden ist, Kirschen, Garten-, Walderdbeeren, Himbeeren, Marillen, Pfirsiche, Zwetschken, Ringlotten, Weintrauben, 1 ½–2 kg Zucker

In einen großen Steintopf gießt man Rum oder Schnaps und gibt, je nach der Reife der Früchte, das gereinigte, entkernte Obst roh mit Zucker hinein. In der Zwischenzeit verschließt man den Topf mit Pergamentpapier und stellt ihn an einen kühlen Ort, bis man wieder Gelegenheit hat, anderes reifes Obst nachzufüllen. Sollte Rum oder Schnaps das Obst nicht mehr bedecken, ist nachzufüllen. Die Einlegezeit ist Juni bis Oktober.

Rumobst Nr. 980

Dazu sind alle Früchte verwendbar. Die gereinigten Früchte werden in heißem Wasser rasch überkocht, in Gläser gegeben und mit folgender Lösung übergossen: 1 kg Zucker wird mit ¼ Liter Wasser aufgekocht; ausgekühlt gibt man ¼ Liter Weingeist, Rum oder Schnaps dazu. Bei dieser Art der Zubereitung wird das Kochen in Dunst erspart.

Aranzini oder Orangenschalen in Zucker Nr. 981

Orangenschalen legt man 2–3 Tage ins Wasser; Letzteres muss täglich gewechselt werden. Am dritten Tag entfernt man die Flüssigkeit gründlich, schneidet die Schalen nudelig, gibt sie in siedende Zuckerlösung und kocht sie bis zum Eindicken. Noch warm wälzt man sie in Kristallzucker und legt sie zum Auskühlen nebeneinander. Aufbewahrt werden sie verschlossen in einem Glas. Auf ½ kg abgeseihte Fruchtschalen rechnet man 50 bis 60 dag Zucker und ¼ Liter Wasser. Aranzini verwendet man zu Kletzen- und Bischofsbrot und zu allen möglichen feineren Bäckereien und Mehlspeisen.

Das Dörren und Trocknen von Kräutern und Gemüse

Das Dörren oder Trocknen hat sich als Methode der Konservierung gut bewährt. Das frische Gemüse wird zu diesem Zweck roh zerkleinert (in Schnitzel oder Scheiben geschnitten) oder in einem Dämpfer vorgedämpft oder rasch überkocht. Das Dörren erfolgt wie bei Obst (**Seite 237**) im Dörr- oder Backofen, auf Blechen im Rohr oder an der Luft im Schatten.

Getrocknetes Mischwurzelwerk Nr. 982

Petersilienwurzeln, Sellerieknollen, gelbe Rüben, Lauch nudelig schneiden, etwa 5 Minuten vordämpfen oder vorkochen und bei mittlerer Hitze trocknen.

Getrocknete Bohnen Nr. 983

Grüne Bohnen werden ganz oder geschnitten 5 Minuten vorgedämpft und dann getrocknet.

Getrocknete Küchenkräuter Nr. 984

Zum Trocknen eignen sich besonders: Petersilie und Sellerieblätter, Liebstöckel, Basilikum, Thymian, Majoran, Bohnenkraut, Dill.

Die Küchenkräuter werden in möglichst jungem Zustand gewaschen und bei schwacher Hitze rasch getrocknet. Sind sie vollständig trocken, so reibt und bröselt man sie zu feinem Pulver, das man am besten in verschraubbaren Glasbehältern aufbewahrt, um ein Verstauben zu verhindern. Das Aufhängen von Büscheln auf dem Dachboden ist aus dem zuletzt genannten Grund nicht ratsam. Im Winter geben getrocknete Würzkräuter gute Geschmacksverbesserungen, namentlich bei Suppen, Soßen, Fleisch- und Kartoffelspeisen.

In viel Salz eingelegtes Gemüse hält sich ebenfalls sehr frisch, ist aber wegen des hohen Salzgehaltes nicht als reines Gemüse, sondern mehr als Würzgemüse zu verwenden. Man hat dazu stets ⅓–¼ an Salz (der Menge nach!) zu gebrauchen.

Mischgemüse in Salz, I. Art — Nr. 985

Zutaten: ½ kg gelbe Rüben, ½ kg Petersilie mit Grün, ½ kg Lauch, ½ kg Salz, außerdem einige Esslöffel Salz zum Bedecken

Das geputzte Wurzelwerk (bei Petersilie und Sellerie die Blätter fein wiegen) wird durch eine Gemüseschneidemaschine oder die große Scheibe der Fleischmaschine getrieben, mit Salz gut vermischt und in ein Glas gedrückt. Zum besseren Luftabschluss bedeckt man die Oberfläche mit Salz und verschließt. Kleines Wurzelwerk, das sich nicht lohnt, für den Winter aufzuheben, wird am besten in Salz eingelegt verwertet.

Mischgemüse in Salz, II. Art — Nr. 986

Zutaten: Je nach Vorhandensein Karotten, Petersilien- und Selleriewurzeln und -grün, Lauch, Zwiebeln, Tomaten, grüne Paprika, alle Gewürzkräuter nach Geschmack

Vom genannten Gemüse werden die Wurzeln durch die Fleischmaschine getrieben, Grünes und Gewürzkräuter werden fein gehackt, Paprika nudelig geschnitten. Man mischt alles mit ⅓–¼ Salz (der Menge nach) gut ab, drückt es in ein Glas, gibt eine Schicht Salz darauf und verschließt es.

Petersiliengrün in Salz — Nr. 987

Petersiliengrün wird gewaschen, fein gewiegt und mit ⅓ Salz (der Menge nach!) gut vermengt, in ein Glas gedrückt, mit einer Salzschicht bedeckt und verschlossen. Statt Salz verwendet man es zum Würzen von Suppen, Knödeln, Soßen und dergleichen.

Schnittlauch in Salz — Nr. 988

Schnittlauch wird sehr fein geschnitten und mit ⅓ Salz (der Menge nach) vermischt. Da Schnittlauch kleine Röhrchen besitzt, in denen sich Luft befindet, die die Haltbarkeit beeinträchtigt, muss er sehr fest in das Glas gedrückt werden.

Zwiebel in Salz **Nr. 989**

Zwiebel, die nicht haltbar ist (entweder frühe Sorte oder Fäulnis durch Regengüsse oder Frostschäden), wird von allem Faulen befreit, durch die Fleischmaschine getrieben oder ringelig geschnitten. Man vermengt sie mit ⅓ bis ¼ Salz, drückt sie in ein Glas, bedeckt sie mit Salz und verschließt. Zum Würzen wird sie zu Suppen, Soßen, Fleisch und Kartoffelspeisen verwendet. (Salzen muss bei Gebrauch entfallen!) Auswachsende Zwiebel kann man auch sehr gut haltbar machen durch ein- bis zweitägiges Selchen in sehr kühlem Rauch.

Selleriegrün in Salz **Nr. 990**

Selleriegrün wird wie Petersiliengrün (Rezept **Nr. 987**) verwendet.

Einlegen in Essig

Klassiker dieser Konservierungsmethode sind Saure Gurken. Aber natürlich kann man auch alles andere Gemüse sauer einlegen. Der Essig verhindert, dass sich die Mikroorganismen vermehren können.
Im Kühlschrank ist sauer eingelegtes Gemüse ungefähr zwei Wochen haltbar. Damit es sich länger hält, sollte man den Essigsud zusätzlich mit Zucker und Salz versetzen und das Ganze am besten einkochen.
Für ein Kilo festes Gemüse wie Bohnen, Gurken, Karotten oder Paprika braucht man einen halben Liter 5-prozentigen Essig sowie ¼ Liter Wasser mit Kräutern und Gewürzen. Für eine süßliche Note ca. 80 Gramm Zucker zugeben. Daraus wird ein Sud zubereitet und in diesem das Gemüse gar gekocht. Anschließend füllt man es in saubere Einweck- oder Twist-Off-Gläser, kocht den Sud noch einmal auf und füllt ihn dann in die Gläser, bis das Gemüse vollständig damit bedeckt ist. Die Gläser nun luftdicht verschließen oder einkochen und 4–6 Wochen durchziehen lassen.

Gut zu wissen: Verwenden Sie bei der Zubereitung nur Gefäße oder Geräte aus Edelstahl. Das ist das einzige Metall, das von der Essigsäure nicht angegriffen wird und keine Schadstoffe freisetzt. Die Aufbewahrung von Essiggemüse erfolgt stets kühl.

Essiggurkerl **Nr. 991**

Zutaten: 100 Stück kleine Gurken (circa 4 kg), 20 Pfefferkörner, Schalotten, Dillkraut, Kren, Salz, Weichsel- und Weinblätter, 1 ½ Liter Essig (allenfalls 2 Esslöffel Zucker)

Kleine Gurken werden gewaschen, gesalzen und einen Tag liegen gelassen. Mit den oben genannten Zutaten schichtet man sie in ein Glas und übergießt sie mit verdünntem (je nach Schärfe des Essigs, meist 4 Teile Essig, 1 Teil Wasser), aufgekochtem, ausgekühltem Weinessig. Zur Milderung kann man dem Essig vor dem Aufkochen etwas Zucker beimengen. Die beschwerten Gurken (mit Teller oder Holzbrett) werden verschlossen und kühl aufbewahrt. Nach 8 Tagen wird der Essig abermals aufgekocht und erkaltet über die Gurken gegossen.

Senfgurken Nr. 992

Zutaten: 10 Stück Freilandgurken (circa 3 kg), Salz, Senf- und Pfefferkörner, Dillkraut, Schalotten, Kren, 1 Liter Essig, ⅛–½ Liter Wasser (falls Essig zu scharf)

Gut gereifte Freilandgurken werden geschält, der Länge nach halbiert, Mark und Kerne entfernt, in längliche Spalten geschnitten, gut gesalzen und über Nacht stehen gelassen. Hierauf lässt man sie gut abtropfen, schichtet sie mit den genannten Gewürzen in ein Glas fest ein und gießt den verdünnten gesalzenen, aufgekochten Essig ausgekühlt darüber. Die Gurken werden beschwert, die Flüssigkeit muss sie überdecken, das Glas wird mit Pergamentpapier verbunden und kühl aufbewahrt. Nach 4 Tagen wird der Essig abgegossen, aufgekocht, ausgekühlt, wieder darübergegossen und gut verschlossen. Die Einlegezeit ist Juli bis September. Da frische Gurken nicht lange haltbar sind, empfiehlt es sich, den Überfluss als Senfgurken für den Winter einzulegen.

Kürbis in Essig Nr. 993

Wird wie Senfgurken eingelegt (Rezept **Nr. 992**).

Grüne Tomaten in Essig (Russenkraut) Nr. 994

Zutaten: 1 kg grüne Tomaten, 30 dag Zwiebeln, 10 dag Salz, ½ Liter Essig, Senf- und Pfefferkörner

Grüne Tomaten werden fein geschnitten, 1 Liter kaltes Wasser darübergeleert und über Nacht stehen gelassen. Das Wasser wird dann weggeschüttet, verdünnter Essig (je nach der Schärfe verdünnt, meist 4 Teile Essig, 1 Teil Wasser) wird 3 Minuten kochen gelassen, Tomaten, Zwiebel und Gewürze werden 1 Minute darin gekocht. Ausgekühlt wird der Tomatensalat in Gläser gefüllt und verschlossen. Die Flüssigkeit muss die Tomaten bedecken. Die Aufbewahrung erfolgt kühl. Nach 6–8 Tagen leert man den Essig ab, kocht ihn wieder auf und gießt ihn erkaltet über die Tomaten. Wegen früh eintretenden Frostes reifen Tomaten oft nicht mehr aus; Verwertung solcher zur Herstellung von Russenkraut ist besonders wirtschaftlich.

Mischgemüse in Essig Nr. 995

Karfiol, Karotten, Erbsen, Bohnen, Kohlrabi werden geputzt, zerkleinert und kurz überkocht. Gurken werden geschält, in Stücke geschnitten und einige Stunden in Salz gelegt. Rote Tomaten werden gewaschen und einige Male angestochen. Das Gemüse wird mit Pfefferkörnern, Bohnenkraut, Lorbeerblättern und Schalotten schichtweise in ein Glas gelegt, etwas verdünnter (starke Lösung!), aufgekochter, ausgekühlter Essig wird darübergeleert und das Gemüse beschwert. Nach 8 Tagen gießt man den Essig ab, lässt ihn nochmals aufkochen und gießt ihn erkaltet über das Gemüse. Das Glas wird verschlossen und kühl aufbewahrt. Auf diese Weise kann jedes Gemüse auch einzeln eingelegt werden. Da der Essig zur Haltbarmachung scharf sein muss, kann man ihn entweder durch Zuckerbeigabe mildern oder man mischt das Gemüse bei Verwendung mit ungesäuerten Kartoffeln.

Rote Tomaten in Essig **Nr. 996**

Kleine rote Tomaten werden mehrmals durchstochen, in ein Glas gegeben, mit scharfem Essig, den man knapp vorher aufgekocht hat und auskühlen lässt, übergossen, verbunden und kühlgestellt. Nach 4–6 Tagen leert man die Flüssigkeit ab, überkocht sie wieder zugedeckt und gießt sie erkaltet über die Tomaten.

Dill in Essig **Nr. 997**

Dill wird gewaschen, klein geschnitten, in saubere Einsiedegläser gegeben und mit gekochtem, ausgekühltem Essig übergossen. Die verbundenen Gläser werden kühl aufbewahrt. Derart eingelegter Dill kann als Würze für Soßen, Suppen und Kartoffelspeisen verwendet werden. Jedes Gewürzkraut kann auf diese Weise haltbar gemacht werden.

Rote Rüben in Essig **Nr. 998**

Frühsorten oder wenn Rote Rüben zu faulen beginnen, legt man sie folgenderweise in Essig ein: Die gekochten Roten Rüben werden blättrig geschnitten und mit Salz, Kümmel und Krenscheiben (für die Haltbarkeit unbedingt nötig!) in größere Gläser gegeben und beschwert. Scharfer Essig wird aufgekocht und ausgekühlt darübergegossen. Der Essig muss die Roten Rüben bedecken. Nach 8 Tagen wird er abgeschüttet, nochmals aufgekocht und erkaltet abermals daraufgegossen und das Glas luftdicht verschlossen. Die Haltbarkeit beträgt einige Monate.

Paprika in Essig **Nr. 999**

Zutaten: 3 kg bunte Gemüsepaprika, Salz, Senf- und Pfefferkörner, Schalotten, 1 Liter Essig, ⅛–½ Liter Wasser (falls Essig zu scharf)

Zubereitung wie Grüne Tomaten in Essig (Rezept **Nr. 994**).

Bereiten von Gärgemüse (Milchsäuregärung)

Legt man Gemüse wie Kraut, Kohl, Rüben, Gurken, Bohnen etc. zerkleinert und mit etwas Salz fest gestampft in ein Holz-, Porzellan-, Steingut- oder Glasgefäß, so entsteht nach einiger Zeit eine Milchsäuregärung, welche die Haltbarkeit der derart eingelegten Gemüsearten bewirkt. Will man dabei Erfolg haben und ein gutes Sauerkraut herstellen, so hat man vor allem auf größte Reinlichkeit beim Arbeiten und namentlich bei den Gefäßen zu achten. Die Behälter und Tücher sind mit siedender Lösung auszubrennen, dann nachzuspülen. Nach beendeter Gärung werden Tuch, Bretter, Steine und die Wände des Fasses gründlich gereinigt, die oberste trübe Schicht wird abgenommen und man beschwert wie zuvor. Dieses Abputzen des Gärgemüses hat öfters zu erfolgen.

Sauerkraut, I. Art — Nr. 1000

Zutaten: 50 kg Kraut, 25–30 dag Salz, nach Geschmack Kümmel, Wacholderbeeren, geschnittener, grüner Paprika

Das fein gehobelte Kraut wird mit Salz vermengt, 20–25 cm hoch in ein Gefäß gegeben und fest eingestampft, bis sich Feuchtigkeit zeigt. Die oben angeführten Gewürze werden je nach Geschmack dazwischengestreut. Man wiederholt den oben erklärten Vorgang so oft, bis das Fass voll ist, legt zuerst ein ausgekochtes Tuch, dann gereinigte Bretter darüber und beschwert mit Steinen. Das Kraut muss in ganz kurzer Zeit Saft ziehen. Sollte dies nicht der Fall sein, so gibt man abgekochtes, erkaltetes Wasser darüber. In nicht zu kaltem Raum lässt man das Kraut 3 bis 4 Wochen gären. Hierauf wird es abgeputzt, Steine, Bretter und Tücher werden gewaschen und wieder daraufgegeben. Das Sauerkraut ist gebrauchsfertig und wird in diesem Zustand an einem kühlen, aber frostsicheren Ort aufbewahrt.

Sauerkraut, II. Art (ohne Salz, mit Zucker) — Nr. 1001

Diese Art der Sauerkrautbereitung ist sehr wertvoll, weil es mürber, weicher, milder, feiner und aromatischer wird. Roh ist das mit Zucker bereitete Sauerkraut bekömmlicher, da darin alle Nährstoffe enthalten sind. Es schmeckt nicht süß, denn der Zucker dient nur zur kräftigeren Entwicklung der Milchsäurebakterien. Nach 4 Wochen ist es gebrauchsfertig.

Sauerkraut, III. Art — 1002

Zutaten: 50 kg Kraut, ¼–⅜ kg Zucker, 2–2 ½ Liter Wasser, Molke oder Sauermilch

Das fein gehobelte Kraut wird lagenweise eingestampft und der in Wasser, Molke oder saurer Milch gelöste Zucker darübergegossen. Saure Milch beschleunigt die Milchsäuregärung. Man kann auch lageweise auf das eingestampfte Kraut Zucker streuen und dann Wasser spritzen. Die erstgenannte Methode hat sich besser bewährt. Auf alle Fälle muss der Zucker gleichmäßig verteilt sein und der Saft das Kraut 8–10 cm bedecken. Falls etwas weniger Saft darübersteht, muss mit Wasser nachgeholfen werden.

Sauerkohl Nr. 1003

wird wie Sauerkraut (Rezept **Nr. 1000, 1001 oder 1002**) bereitet, nur verwendet man dazu meist kleine Steinguttöpfe, da es sich um geringe Mengen handelt.

Saure Rüben Nr. 1004

Zutaten: 10 kg weiße Rüben, (allenfalls 20 dag Salz)

Weiße Rüben werden geschält, nudelig geschnitten, allenfalls mit Salz gemischt (muss aber nicht sein), in ein Gefäß fest eingedrückt und beschwert. Nach drei Wochen ist die Gärung beendet und die sauren Rüben können nach Entfernung der Oberschicht entnommen werden. Nach der Reinigung von Tuch, Brettern und Steinen werden sie wieder beschwert.

Saure Bohnen Nr. 1005

Zutaten: 5 kg Bohnen, 40 dag Salz, (allenfalls 4 dag Zucker)

Die gewaschenen Bohnen werden geputzt, geschnitzelt, mit Salz und Zucker gemischt, in Steinguttöpfe fest eingedrückt, beschwert. In nicht zu kaltem Raum lässt man die Bohnen 3–4 Wochen gären. Hierauf werden sie abgeputzt, Steine, Bretter und Tücher werden gewaschen und wieder daraufgegeben. Die Bohnen sind gebrauchsfertig und werden in diesem Zustand an einem kühlen, aber frostsicheren Ort aufbewahrt.

Salzgurken, I. Art (Herstellung im Kleinen in einem Glas) Nr. 1006

Zutaten: 10 Stück mittelgroße grüne Gurken, Salz, Pfefferkörner,
Dill- und Bohnenkraut, Weichsel- und Weinblätter (oder Ribiselblätter),
allenfalls Schalotten, 3 dag Schwarzbrot oder 1 dag Germ

Mittelgroße grüne Gurken werden gewaschen, allenfalls entfernt man die Enden, schichtet sie möglichst dicht mit den oben genannten Gewürzen in ein Glas, bestreut mit Salz und übergießt mit Wasser, in das man Schwarzbrot oder Germ gemischt hat. Nach 8 Tage langem Aufbewahren an einem gleichmäßig warmen Ort wird das Glas zugebunden und kühl gestellt. Die Einlegezeit ist Juli bei Gurkenüberschuss.

Salzgurken, II. Art (Herstellung im Großen in einem Faß) Nr. 1007

Zutaten: 50 mittelgroße Gurken, Salzlösung (auf 1 Liter Wasser 2 dag Salz),
Pfefferkörner, Schalotten, Dillkräutl, Weichsel- und Weinblätter

Mittelgroße grüne Gurken ohne glasige Stellen werden gut gewaschen, 24 Stunden in Wasser gelegt und abgetrocknet; das gereinigte Fass wird mit Weichsel- und Weinblättern ausgelegt und die Gurken werden fest in das Fass gepackt, so dass möglichst wenig Lücken bleiben. Alle oben angeführten Zutaten werden daraufgestreut, das Salz wird in Wasser gelöst über die Gurken gegossen, so dass diese bedeckt sind. Das Fass wird zugeschlagen, jede Woche umgedreht; beim Spundloch sieht man öfters nach und, wenn nötig, gießt man Wasser nach, da die Gurken stets mit Flüssigkeit bedeckt sein müssen. Bei Gebrauch ist der Fassdeckel herauszunehmen, die Gurken sind zu beschweren. Man kann das Fass auch offen lassen und die Gurken beschweren. Die fertigen Gurken müssen fest und glasig sein.

Tomaten in Salzlösung Nr. 1008

Zutaten: Fehlerfreie, feste Tomaten, Salz (auf 1 Liter Wasser 5 dag Salz)

Reife, feste, nicht allzu große Tomaten werden gewaschen, abgewischt, in ein gut gereinigtes Gefäß (Glas, Steingut, Porzellan) geschichtet und mit gekochter, erkalteter Salzlösung übergossen. Man beschwert die Tomaten, verbindet das Gefäß und bewahrt sie kühl auf. Derart eingelegte Tomaten halten einige Monate.

Das Einwecken von Gemüse

Allgemeines über Einwecken siehe Seite 228.

Hülsenfrüchte (Bohnen und Erbsen) sollen 3 Tage nach dem üblichen Sterilisieren nochmals rasch aufgekocht werden. In Hülsenfrüchten befinden sich nämlich Bakterien, die sich beim ersten Abkochen in einer hitzebeständigen Dauerform befinden. Dies ist der Grund, dass Erbsen am schwersten zu konservieren sind. Beim zweiten Abkochen werden sie jedoch abgetötet.

Schnittbohnen Nr. 1009

Geschnittene, einige Minuten überkochte grüne Bohnen werden fest in ein Glas gedrückt, mit aufgekochtem, ausgekühltem Salzwasser (1 Liter Wasser, 1 Esslöffel Salz) übergossen, verschlossen und nach der angegebenen Zeit (Sterilisationstabelle **Seite 231**) gekocht. Die Sterilisation muss nach 3 Tagen durch rasches Aufkochen wiederholt werden.

Bohnen Nr. 1010

Fadenlose Bohnen werden geputzt, gewaschen, überkocht, in die Gläser gefüllt, mit aufgekochtem, ausgekühltem Salzwasser (1 Liter Wasser, 1 Esslöffel Salz) übergossen, verschlossen und nach der vorher angegebenen Zeit gekocht. Die Sterilisation hat nach 3 Tagen durch rasches Aufkochen wiederholt zu werden.

Erbsen Nr. 1011

Ausgelöste grüne Erbsen werden wie Bohnen behandelt.

Kohlrabi Nr. 1012

Geschälte, nudelig, würfelig oder blättrig geschnittene Kohlrabi werden rasch überkocht, in Gläser gedrückt, mit aufgekochtem, ausgekühltem Salzwasser (1 Liter Wasser, 1 Esslöffel Salz) übergossen, verschlossen und nach den angegebenen Zeiten (Sterilisationstabelle **Seite 231**) gekocht.

Gelbe Rüben Nr. 1013

Werden wie Kohlrabi (Rezept **Nr. 1012**) zubereitet. Statt des Kochens kann man Karotten auch andünsten.

Kohl Nr. 1014

Wird wie Kohlrabi (Rezept **Nr. 1012**) zubereitet.

Karfiol Nr. 1015

Wird wie Kohlrabi (Rezept **Nr. 1012**) zubereitet.

Mischgemüse Nr. 1016

Besonders geeignet für Gemüsesuppen oder Eintopfspeisen. Kohlrabi, gelbe Rüben, Petersilien- und Selleriewurzeln, Karfiol, Kohl, Bohnen, Erbsen, Kraut und Tomaten werden geschnitten, rasch überkocht oder überdünstet, in Dosen gedrückt, mit aufgekochtem, ausgekühltem Salzwasser übergossen, verschlossen und die angegebene Zeit gekocht.

Tomaten, I. Art Nr. 1017

Ganze kleine reife Tomaten werden mit einem spitzen Holzspan einige Male angestochen, in Rexgläser gegeben, mit Salzwasser übergossen, verschlossen und gekocht.

Tomaten, II. Art Nr. 1018

Reife, rote Tomaten waschen, samt Haut und Kernen roh durch die Fleischmaschine treiben und diesen Brei in Patentgläser füllen, verschließen und je nach Größe 20–30 Minuten im Dunst kochen. Bei Gebrauch salzen. Schmeckt vorzüglich wie frischer Tomatensalat.

Tomatenmark Nr. 1019

Die ohne Wasserzusatz weich gekochten Tomaten werden auf ein Sieb zum Abtropfen geschüttet. Der abgeronnene Saft wird frisch verwendet (Suppen,

Gemüse, Getränk), das Mark im Sieb wird passiert, 8–10 Minuten stark gekocht, dann kochend heiß in Gläser oder Flaschen eingefüllt, luftdicht verschlossen, 10 Minuten im Dunst gekocht und ausgekühlt herausgenommen.

Gurkensalat Nr. 1020

Gurken werden gehobelt, gesalzen und einige Zeit stehen gelassen. Mit dem sich bildenden Saft werden sie in Rexgläser gefüllt und kurz gekocht.

Das Haltbarmachen von Eiern

Die kalkige Schale der Eier hat Poren, durch welche Luft zum eiweißhaltigen Inhalt dringt. Luft enthält aber schädliche Bakterien, die das Eiweiß in eine stinkende Masse zersetzen. Unser Trachten bei der Haltbarmachung der Eier muss daher dahin gehen, dass wir sie in möglichst frischem Zustand (bevor Bakterien eindringen können) luftdicht abschließen.

Frische Eier erkennt man an Folgendem:

1. Alte Eier **wackeln** beim Schütteln, da durch den im Ei erfolgten Feuchtigkeitsverlust der Inhalt zusammengeschrumpft ist.

2. Bei der sogenannten **Schwimmprobe** geben wir die Eier in 10-prozentiges Salzwasser. Sinken sie zu Boden, so sind sie frisch, stellt sich die Spitze auf, so sind sie älter, aber noch gebrauchsfähig (nicht aufheben!) und wenn sie an der Wasseroberfläche schwimmen, dann sind sie verdorben.

3. Das **Durchleuchten** der Eier erfolgt am besten, indem man aus einem Pappendeckel in Eigröße ein Loch schneidet und eine Kerze oder Taschenlampe in einem finsteren Raum dahinterstellt. Ein vorgehaltenes Ei ist in frischem Zustand klar, in angebrütetem oder schlechtem Zustand trüb und dunkel.

4. Durch das **Abklopfen** der Eier kann man einen Sprung, der oft mit freiem Auge gar nicht sichtbar ist, abhören. Zu diesem Zweck werden zwei Eier vorsichtig gegeneinander geklopft. Sind die Eier ganz, so ist der Klang hell. Haben sie eine fehlerhafte Schale, so ist er dumpf. Eier mit Sprung oder dünnschalige Eier eignen sich nicht zur Aufbewahrung.

Will man Eier für **kürzere Zeit** haltbar machen, so legt man sie in Salz, Mehl, Getreide, Sägespäne, Asche, Sand oder Heu, Häcksel oder Stroh. Der Luftzutritt zum Ei ist etwas gehindert, aber bei Weitem nicht vollständig, daher ist die Haltbarkeit sehr begrenzt. Eier, die längere Zeit in Stroh, Heu oder Häcksel lagern, bekommen oft einen dumpfen Geruch und Geschmack. Es ist gut, wenn Eier öfters gewendet werden, damit der von den sogenannten „Hagelschnüren" (gedrehtes Eiweiß) gehaltene Dotter in der Schwebe bleibt.

Sichere Arten des Haltbarmachens für **lange Zeit** sind:

1. **Das Einlegen in Kalkmilch:** Durchleuchtete, abgeklopfte Eier oder solche, von denen man die Schwimmprobe macht, werden in ein Gefäß (Glas, Porzellan, Holz, Emaille) gegeben und mit Kalkmilch (9 Liter Wasser, 1 kg Kalk) überschüttet. Die Kalkmilch muss die Eier bedecken, öfteres Nachsehen und Nachfüllen ist nötig! Die Aufbewahrung erfolgt kühl. Vor Gebrauch sind die Eier abzuwaschen. Frische Eier, in Kalk eingelegt, können bis zu einem Jahr brauchbar erhalten werden.

2. **Das Einlegen in Wasserglas** erfolgt ebenso wie das in Kalkmilch. Die Eier sind zu durchleuchten, abzuklopfen oder die Schwimmprobe ist zu machen. Wasserglas, das man käuflich erhält, wird vor Gebrauch mit der neunfachen Menge Wasser gemischt.

3. In **Garantol** eingelegte Eier sind ebenso haltbar und ebenso vorzubereiten wie in Kalkmilch oder Wasserglas konservierte. Garantol ist käuflich und bei der Verdünnung halte man sich genau nach der angegebenen Vorschrift. Die Vorarbeiten sind dieselben wie beim Einlegen in Kalk oder Wasserglas.

Eingelegte Eier eignen sich zwar nicht mehr zum Frischessen, aber für Mehlspeisen. Beim Kochen platzen sie oft, weshalb man sie vorher mit einer Nadel anstechen soll. Gesprungene Eier wickelt man beim Weichkochen in Seidenpapier, um ein Ausfließen zu verhindern.

Das Haltbarmachen von Pilzen

In den herrlichen Wäldern und auf den Almen unseres schönen Gebirgslandes finden wir viele essbare Pilze. Leider bleiben durch Unkenntnis viele davon ungenützt. Für den Winter haltbar gemacht, bieten Pilze eine gute Abwechslung und sind auch als Würzstoff zu verwenden.

Allgemeines über Pilze siehe **Seite 93.**

Getrocknete Pilze **Nr. 1021**

Dazu eignen sich vor allem Herrenpilze, aber auch Eierschwammerl.

Junge, feste Pilze (alte sind ungenießbar!) werden durch Abschaben von Erde gereinigt (nicht waschen!) und der unter dem Hut befindliche Kamm wird nur bei alten Pilzen entfernt. Die Pilze werden feinblättrig geschnitten, dünn aufgelegt und an der Luft, im Dörr-, Backofen oder Herd nach dem Heizen getrocknet. (In der Sonne getrocknete Pilze, Gemüse und Beeren verlieren das feine Aroma!) Besonders schön werden Pilze, wenn man Blättchen auf einen Faden auffädelt und trocknet. Die Aufbewahrung sollte in luftdichten Gefäßen erfolgen.

Pilze in Essig

Nr. 1022

Dazu eignen sich vor allem Reizker und Eierschwammerl.
Zutaten: Pilze, Salz, Schalotten, Pfefferkörner, Beizkräutl, Majoran, Lorbeerblatt, Bohnenkraut, Weinessig

Die geputzten Pilze werden in siedendem Salzwasser kurz überkocht, abtropfen gelassen, mit den oben genannten Gewürzen in ein Glas gegeben und mit verdünntem (je nach Schärfe des Essigs meist 1 Liter Essig, ¼ Liter Wasser), aufgekochtem, ausgekühltem Essig übergossen. Nach 8 Tagen schüttet man den Essig ab, kocht ihn wieder auf, gießt ihn erkaltet über die Pilze und verschließt das Glas. In Essig eingelegte Pilze geben eine schöne Verzierung für Salate.

Pilze eingeweckt

Nr. 1023

Eingeweckte Pilze sind praktisch und eine gute Abwechslung am Speisezettel. Allgemeines über Einwecken siehe **Seite 228**. Die Sterilisationszeit ist der auf **Seite 231** angegebenen Tabelle zu entnehmen.

Pilze eingefroren

Nr. 1024

Nur feste, gesunde Pilze verwenden, sorgfältig putzen, blättrig schneiden, 3 Minuten blanchieren und ausgekühlt verpacken. Haltbarkeit bis zu 10 Monate.

Das Essigbereiten

Auch dies kann selbst durchgeführt werden, und zwar nach folgenden Methoden:

Essigmutter (aus Apfelessig selbst hergestellt) Nr. 1025

Zutaten: 150 ml naturtrüber Bio-Apfelessig, 150 ml Wasser und 2 Esslöffel Honig

In ein gut gespültes, hohes Glasgefäß werden Apfelessig und Wasser gegeben. Dann kommt der Honig dazu und alles wird gut vermischt. Damit genug Sauerstoff an die Mischung kommt, darf das Gefäß nicht luftdicht abgeschlossen werden. Gleichzeitig soll aber vermieden werden, dass sich Insekten oder Hefepilze ins Glas verirren. Daher das Gefäß mit einem Nylonstrumpf verschließen. Der Essigansatz wird an einen warmen Platz gestellt. Nach ca. 2–3 Wochen bilden sich trübe Schlieren (dicke Fäden) im Essigwasser. Die Essigmutter entsteht. Um die Essigmutter zur Essigherstellung zu verwenden, sollten Sie aber noch 1–2 Wochen warten. Erst wenn sie einer kleine Qualle gleicht und nicht nur aus ein paar dünnen Fäden besteht, ist sie reif. Dann wird die Essigmutter aus dem Ansatz geholt und die Herstellung des Essigs kann begonnen werden.

Wer seine Essigmutter nicht sofort für die Essigherstellung verwenden will, kann sie auch aufbewahren: Dazu die Essigmutter im Essig belassen, in dem sie gezüchtet wurde. Um sie während der Aufbewahrung zu pflegen, sollte sie ab und zu von der Oberfläche des Gefäßes nach unten ins Glas geschubst werden. Dadurch ist gewährleistet, dass neuer Sauerstoff eindringen kann und die Essigbakterien nicht absterben.
Will man die Essigmutter vergrößern, muss man sie füttern. Da Essigbakterien nur so lange arbeiten können, bis sie den gesamten Alkohol in Essig umgewandelt haben, muss der Ansatz, in dem die Essigmutter gezüchtet wurde, ab und zu mit frischem Alkohol angereichert werden.

Apfelessig aus Apfelsaft Nr. 1026

Zutaten: naturtrüber, frisch gepresster Apfelsaft (darf nicht erhitzt worden sein)

Apfelsaft in ein großes Glas füllen, die Öffnung mit einem Vlies oder einem Nylonstrumpf verschließen und an einem warmen Ort stehen lassen, bis die erste Gärung abgeschlossen ist. Tipp: Die Gläser nicht ganz voll füllen – der Saft schäumt sehr auf.
Den Apfelmost anschließen durch ein Küchentuch seihen und mit Essigmutter versehen. Die Gläser werden wieder mit einem Nylonstrumpf verschlossen und einige Wochen stehen gelassen. Wenn der Apfelmost sich in Essig umgewandelt hat, riecht er danach. Je nach gewünschter Intensität des Essigs – länger oder kürzer stehen lassen. Abseihen und in Flaschen füllen, luftdicht verschließen.

Nach dem gleichen Prinzip kann auch Birnenessig hergestellt werden.

Most- oder Weinessig **Nr. 1027**

Lässt man Most oder Wein in weiten Gefäßen bei viel Luftzutritt stehen, so bildet sich aus dem Alkohol durch Einwirkung der Essigsäurebakterien Essigsäure. Selbstverständlich verwendet man dazu nur schlechten Most. Je alkoholhaltiger der Most, desto schärfer wird der Essig. Ist die Essigbildung beendet, was einige Wochen dauert, dann füllt man den Essig in Flaschen.

Essig aus Obstabfällen **Nr. 1028**

Unreifes Obst und Obstabfälle (Schalen und Kerngehäuse, jedoch keine Faulstellen) werden in ein Glas gedrückt, mit lauem Wasser bedeckt und einige Wochen stehen gelassen. Man kann ständig Obst beigeben. Dann seiht man den Saft ab und lässt ihn einige Wochen in einem weiten Gefäß bei viel Luftzutritt so lange stehen, bis er genügend Säure erreicht hat. Die Gefäße sind mit einem dünnen Stoff oder mit einem Papier, in das man mit einer Nadel Löcher sticht, vor Fliegen zu schützen. Sollte sich Bodensatz bilden, so schüttet man die klare Flüssigkeit vorsichtig ab. Aus Obstabfällen hergestellter Essig ist äußerst milde. Er stellt eine gute Verwertung von unreifem Fallobst dar.

Essig aus Rhabarber **Nr. 1029**

Rhabarber wird sehr gut zur Essigbereitung verwendet. Entweder kocht man den geputzten, geschnittenen Rhabarber mit sehr wenig Wasser, seiht den Saft ab und füllt ihn in Flaschen, oder man gewinnt den Rhabarbersaft durch Dampfentsaften (**Seite 250**). Den geputzten Rhabarber kann man vor dem Dampfentsaften zur besseren Saftgewinnung durch die Fleischmaschine treiben.

Kräuteressig **Nr. 1030**

Zutaten: 2 Liter Essig, 2 dag Estragon, 2 dag Thymian, 2 dag Basilikum, 2 dag Bohnenkraut, ½ dag Zitronenmelisse, 2 dag Schalotten, 10 Stück Pfefferkörner

Die Kräuter werden gewaschen, die Blättchen abgezupft, gehackt und mit den übrigen Zutaten in eine weithalsige Flasche gegeben. Man verkorkt die Flasche gut und lässt sie unter öfterem Schütteln 4–6 Wochen an der Sonne stehen. Dann seiht man ab und füllt in Flaschen.

Estragonessig **Nr. 1031**

wird wie Kräuteressig (Rezept **Nr. 1030**), hergestellt, jedoch verwendet man beim Ansetzen nur Estragon.

Heimische Gewürzkräuter

Es ist äußerst wichtig, dass alle Speisen, die auf den Tisch kommen, nicht nur genügend Nährstoffe enthalten, sondern sie müssen auch schmackhaft und bekömmlich sein. Das Trocknen der Gewürzkräuter erfolgt am besten an einem warmen, staubfreien, luftigen Ort, jedoch nicht an der Sonne, da diese den Geschmack abschwächt. So vorgetrocknet

Einjährige Gewürzkräuter		
Name	**Höhe**	**Anbau**
Dillkraut	80 cm	Aussaat: Frühjahr bis Frühsommer
Majoran	20–25 cm	Mistbeet oder Mai ins Freiland (frostempfindlich)
Koriander	50 cm	März bis April ins Freiland
Bohnenkraut	20–30 cm	März bis Mai ins Freiland
Borretsch oder Gurkenkraut	bis 50 cm	März bis Mai Aussaat ins Freiland, später auf 25:25 verziehen
Basilikum oder Basilienkraut	40 cm	April ins Mistbeet, Ende Mai ins Freiland, frostempfindlich. Abstand 20:2
Fenchel	1–2 m	April bis Mai, Aussaat bei zweijährigen Pflanzen. Knollen frostfrei überwir
Kerbel (kann auch zweijährig sein)	40 cm	März bis April ins Freiland, dann Folgesaaten bis zum Frühsommer
Senf	1 m	März bis Mai. Wird auch als Futterpflanze und zu Gründüngungszwecken angebaut
Zweijährige Gewürzkräuter		
Petersilie (Schnitt- und Wurzelpetersilie)	etwa 10–15 cm	März bis Mai ins Freiland
Kümmel	80 cm	März bis April ins Freiland, auf Wiesen wild wachsend
Ausdauernde Gewürzkräuter		
Schnittlauch	20 cm	Frühjahr mit Samen oder Stockteilung
Estragon	75 cm	Stockteilung
Thymian oder Beizkräutl	20–25 cm	Ableger
Zitronenmelisse	50 cm	Frühjahr mit Samen oder Stockteilung
Liebstöckel	1 m	Aussaat im Frühjahr oder Wurzelstockteilung
Rosmarin	20–30 cm	Ableger

sollen die Kräuter noch ins warme Rohr kommen, bis sie sich mit der Hand leicht zerbröseln lassen. Aufgehoben werden sie am besten in geschlossenen Glasbehältem. Das Aufhängen der Gewürzkräuter in Büschelform auf dem Dachboden ist wegen des Verstaubens schlecht. Folgende Tabelle soll bei Anbau, Pflege, Haltbarmachung und Verwendung von selbst angebauten Gewürzkräutern helfen.

Ernte	Verwendung	Haltbarmachung
ter fortlaufend nach Bedarf	frische Blätter zu Salaten, Soßen, Kartoffel- und Fleischgerichten, halbreife Dolden zum Einlegen von Gurken und Sauerkraut	Geschnitten einlegen in scharfen Essig oder in Salz, trocken
t vor der Blüte	Soßen, Suppen, Fleischspeisen, Würste und Kartoffelspeisen	Vor der Blüte trocknen
en im August bis September	Zusatz zu Brot und Backwaren, Einlegen von Roten Rüben	Samen ernten
rend der Blüte schneiden	Pfefferersatz zu Fleisch- und Kartoffelgerichten	Vor und während der Blüte
ter fortlaufend nach Bedarf	Frische Blätter zu grünem Salat, Soßen und Gemüse	Vor der Blüte Blätter trocknen
Kraut zwei Mal jährlich zu Beginn der Blüte- schneiden. Ernte Anfang Juli und September	Suppen, Soßen, Würste, Fleischspeisen, Einlegen von Gurken	Trocknen
en im Herbst vor Eintritt des Frostes	Samen für Brot, junges Kraut für Suppen	Samen trocknen
t fortlaufend 6–8 Wochen nach der Aussaat	Blätter frisch und getrocknet als Suppengewürz	Trocknen junger Blätter
e, aber noch ungeöffnete Schoten uli bis August	Körner als Konservierungsmittel beim Einmachen und zu Soßen	Körner trocken aufbewahren, gemahlen zur Senfbereitung
ter während des ganzen Sommers und Wur im Herbst	Suppen, Soßen, Fleisch- und Kartoffelgerichte	Trocknen oder Einlegen in Salz
e Samen im Sommer	Brot, Backwaren, Rote Rüben, Fleisch- und Wurstspeisen	Samen trocken aufbewahren
rend des ganzen Jahres	Suppen, Salate, Soßen und Gemüse	Einlegen in Salz (1/3 Salz der Menge nach und mit Salzschichte luftdicht abschließen)
ter während des ganzen Jahres	Frische Blätter zu Essig	zum Einlegen von Gurken
t mit Stielen während der Blüte schneiden	Suppen, Soßen und Fleischspeisen	Trocknen
t vor der Blüte verwenden	Suppen, Soßen und Fleischspeisen	Trocknen
ter fortlaufend	Suppen, Soßen, Fleisch- und Wurstgerichte, Salate	Trocknen
ter fortlaufend	Soßen, Geflügel	Trocknen

Krankenkost

Allgemein ist zur Krankenkost Folgendes zu sagen:

1. Für einen Kranken soll stets gesondert gekocht werden.
2. Krankenkost soll abwechslungsreich sein, um den Appetit anzuregen.
3. Alle Zutaten müssen ganz frisch und von tadelloser Qualität sein.
4. Speisereste dürfen für Kranke nicht aufgewärmt werden.
5. Konserven verwende man für die Krankenküche nicht.
6. Die Portionen sollen klein und appetitlich angerichtet sein.
7. Die Verwendung von scharfen, künstlichen Gewürzen und auch Zwiebel, Knoblauch und Ähnlichem ist zu vermeiden.
8. Statt Essig verwende man zum Säuern der Speisen, wenn möglich, Zitronensaft.
9. Speisen für Kranke koche man stets mit Butter, die von allen Fetten am leichtesten verdaulich ist.
10. Bei blähenden Gemüsen wie Kohl, Kraut, Kohlrüben, Karfiol ist der Sud keinesfalls zu verwenden, oder man überbrüht sie vor dem Kochen.
11. Hülsenfrüchte, Käse, Wild-, Rind- und Schweinefleisch sind als schwer verdaulich zu vermeiden.
12. Fleisch gebe man möglichst wenig, und wenn, so nur Kalb- oder Hühnerfleisch und Fische.

Außer diesen allgemeinen Regeln hat man bei verschiedenen Krankheiten Folgendes zu beachten:

Fieberkranke bekommen leicht verdauliche Speisen, die nicht zu stark gewürzt sind. Fett und Eiweiß gebe man wenig, dagegen durststillende Getränke, jedoch keinen Alkohol.
Zuckerkranke (Diabetiker) dürfen keinen Zucker und auch keine Stärke bekommen, da Letztere im Körper die gleiche Wirkung hervorruft wie Zucker. Statt Zucker gebe man Saccharin, vermeide Mehlspeisen und gebe stattdessen Obst (kein süßes), Kompotte und Cremespeisen. Saure Milch und Gemüse sind erlaubt.
Nierenkranke bekommen salz- und fleischarme, gewürzlose Kost (z.B. Sauerkraut mit Zucker, Rezept **Nr. 1003**).
Magenkranke erhalten leicht verdauliche, schwach gewürzte Speisen.
Darmkranke brauchen bei Durchfall Tee-Arten und Schleimsuppen, im Allgemeinen gilt dasselbe wie bei Magenkranken.
Gallenleidenden gibt man kein Fett und keine gewürzten oder blähenden Speisen.
Rheumatismus- und Gichtkranke sollen kein Eiweiß zu sich nehmen, daher ist fleischlose Kost am Platz. Mehlspeisen und Rohkost sind das Beste für Rheumatiker.
Die Kost für **Genesende** soll abwechslungsreich, leicht verdaulich, nährstoffreich (Eiweiß, Fett, Stärke) und vitaminhaltig (Gemüse, Obst) sein.

Die folgenden Rezepte sind für eine Person berechnet.

Suppen

Klare Rindsuppe **Nr. 1032**

Zutaten: 10–20 dag mageres Rindfleisch, 1 Stück Petersilie, Sellerie, Karotten, Salz, ½ Liter Wasser (allenfalls 1 Knochen)

Das Rindfleisch wird kleinwürfelig geschnitten, kalt zugestellt und langsam zwei Stunden gesotten. Die Suppe wird abgeseiht und klar oder mit einem Ei oder einer leichten Suppeneinlage gereicht. Kalt gestellt und entfettet gibt die Suppe ein kräftigendes, durststillendes Getränk. Will man die Suppe besonders kräftig herstellen, so kann man das Fleisch, statt es klein zu schneiden, faschieren.

Hühnersuppe **Nr. 1033**

Zutaten: ¼ Suppenhuhn, Wurzelwerk wie Petersilie, Karotten, Sellerie, etwas Salz

Hühnerfleisch wird zerteilt, mit wenig kaltem Wasser und Wurzelwerk zugestellt und 3–4 Stunden gekocht. Die Suppe wird abgeseiht und leer oder mit einer leichten Suppeneinlage gegeben. Auch das Hühnerklein (Kopf, Hals, Füße, Innereien), kalt zugestellt, gibt eine gute Krankensuppe.

Reisschleimsuppe **Nr. 1034**

Zutaten: 1 Esslöffel Reis, ⅜ Liter Rindsuppe oder Wasser, Salz (2 dag Butter)

Reis wird mit Wasser oder Suppe kalt zugestellt und ½–¾ Stunde gekocht. Hierauf passiert man die Suppe und fügt noch allenfalls 2 dag Butter bei. Reisschleimsuppe ist bei Darmerkrankungen sehr gut. In diesem Fall wird die Butter weggelassen.

Gerstenschleimsuppe **Nr. 1035**

Zutaten: 1 Esslöffel Gerstenmehl, ⅜ Liter Rindsuppe oder Wasser (2 dag Butter)

Gerstenmehl wird mit Wasser glatt gerührt, gesalzen und in kochende Rindsuppe oder Wasser eingekocht. Man lässt die Suppe ¼ Stunde kochen und fügt dann allenfalls 2 dag Butter bei. Wenn Gerstenmehl nicht vorhanden ist, so werden Gerstenkörner 2 Stunden lang ganz langsam mit reichlich Wasser gekocht und dann passiert.

Sagoschleimsuppe **Nr. 1036**

Wird wie Gerstenschleimsuppe hergestellt (**Nr. 1035**).

Haferschleimsuppe Nr. 1037

Wird wie Gerstenschleimsuppe (**Nr. 1035**) hergestellt, nur verwendet man statt Gerstenmehl Hafermehl.

Maisschleimsuppe Nr. 1038

Wird wie Gerstenschleimsuppe hergestellt (**Nr. 1035**).

Haferflockensuppe Nr. 1039

Zutaten: 1 Esslöffel Haferflocken, Salz, (2 dag Butter, 1 Eidotter)

In ⅜ Liter kaltes Wasser wird ein Löffel Haferflocken 10 bis 15 Minuten eingeweicht, gesalzen und 5 Minuten langsam gekocht. Die Suppe kann passiert und mit Butter und Eidotter verbessert werden.

Einmachsuppe Nr. 1040

Zutaten: 2–3 dag Butter, 2 dag Mehl, Petersilie, Salz, (1 Dotter)

Aus Butter und Mehl macht man eine Einmach, gießt mit Wasser oder Suppe auf, lässt Kalbsknochen mitkochen und würzt mit Salz und Petersiliengrün. Als Einlage kann man gebähtes Brot verwenden und mit einem Eidotter die Suppe verbessern.

Hirnsuppe Nr. 1041

Zutaten: ½ Kalbshirn, 2–3 dag Butter, 2 dag Mehl, Salz, Petersiliengrün

Das Kalbshirn wird zur Entfernung der blutigen Häute in siedendes Wasser gelegt, fein gehackt und in eine aus Butter und Mehl hergestellte, aufgegossene Einbrenn gegeben.

Reissuppe Nr. 1042

Zutaten: 3 dag Reis, ½ Liter Suppe

Der Reis wird abgewischt (wegen Nährstoffverlusten nicht waschen) und in der Rindsuppe weich gekocht.

Panadelsuppe Nr. 1043

Zutaten: 2 dag Butter, 2 Semmeln, Salz, Suppe, (1 Eidotter, 1 Esslöffel Sauerrahm)

Die blättrig geschnittenen Semmeln werden in Butter abgeröstet, mit ⅜ Liter kalter Suppe oder kaltem Wasser aufgegossen, aufgekocht und zersprudelt. Wenn die Suppe ganz glatt ist, kann man sie durch Beigabe von einem Eidotter einem Löffel Sauerrahm verbessern.

Kümmelsuppe (bei Darmerkrankungen) Nr. 1044

Zutaten: 2 dag Butter, 3 Esslöffel Mehl, Kümmel, Salz

Eine sehr dunkel geröstete Einbrenn aus Butter und Mehl wird aufgegossen, Salz und gewiegter Kümmel (anfeuchten) beigegeben und verkocht. Bei schweren Erkrankungen lässt man die Butter weg, röstet das Mehl trocken sehr dunkel, rührt es mit kaltem Wasser glatt und gießt es in das siedende Kümmelwasser.

Kartoffelbreisuppe Nr. 1045

Zutaten: 2 Stück mittelgroße Kartoffeln, Salz, Majoran, 2 dag Butter, 2 dag Mehl, Petersiliengrün

Würfelig geschnittene Kartoffeln werden in eine aufgegossene Einbrenn gegeben und mit den Gewürzen so lange gekocht, bis sich Kartoffeln glatt verrühren lassen.

Passierte Karottensuppe Nr. 1046

Zutaten: 2 dag Butter, 2 dag Mehl, 2–3 mittelgroße Karotten, Salz

Die geputzten, geschnittenen Karotten werden in Salzwasser gekocht, fein passiert und samt dem Sud in eine leichte Einbrenn gegeben.

Passierte Gemüsesuppe Nr. 1047

Zutaten: 2 dag Butter, 2 dag Mehl, alle nicht blähenden Gemüse (Karotten, Petersilie, Sellerie, Tomaten, Spinat), Kartoffeln, Salz, Kümmel

Alle Gemüse und die Kartoffeln werden, klein geschnitten, in eine lichte Einbrenn gegeben, gut weich gekocht, gewürzt und vor dem Anrichten passiert.

Spinatsuppe Nr. 1048

Zutaten: ½ kg Spinat, 3 dag Butter, 3 dag Mehl, Salz, Pfeffer, 2 Esslöffel Sauerrahm

Den gekochten, gehackten oder passierten Spinat gibt man in die aufgegossene Einmach, würzt, lässt aufkochen und verbessert am Schluss durch eine Rahmbeigabe.

Weinsuppe Nr. 1049

Zutaten: ¼ Liter Weißwein, ⅛ Wasser, 5 Stück Zucker, Zimt und Gewürznelken, 1 Ei, ½ Teelöffel Mehl

Wein wird mit Wasser, Zucker, Zimt und Gewürznelken aufgekocht, 1 Ei wird mit Mehl abgesprudelt, in den kochenden Wein gegeben und aufgekocht.

Suppeneinlagen

Als Suppeneinlagen für Kranke eignen sich insbesondere Nudeln (Rezept **Nr. 59**), Eingetropftes (Rezept **Nr. 65**), Fritatten (Rezept **Nr. 66**), Grießnockerl (Rezept **Nr. 69**) und Biskuitschöberl (Rezept **Nr. 80**).

Eierstich, I. Art **Nr. 1050**

Zutaten: 1 Ei, 1 Dotter, 2 Esslöffel Milch, Salz, Petersilie

Ei, Dotter, kalte Milch, Salz und Petersiliengrün mischt man, gibt es in eine befettete Form und lässt es eine Stunde im heißen Wasserbad ziehen. Die Speise wird gestürzt, in Scheiben geschnitten und zur heißen Suppe gegeben.

Eierstich, II. Art **Nr. 1051**

Zutaten: 1 Teelöffel Mehl, 2 Eier, ⅓ Liter Milch, Salz, Schnittlauch

Mehl, Eier, Milch und Salz werden versprudelt, in eine befettete Form gefüllt und mit Schnittlauch bestreut. Man stellt die Form in ein heißes Wasserbad und lässt das Wasser so lange kochen, bis die Masse gestockt ist. Mit einem Kaffeelöffel sticht man kleine Nockerln aus, die man in siedende Rindsuppe gibt.

Fleischspeisen

Kalb-, Kitz-, Hühnerfleisch und Lämmernes (sogenanntes Weißfleisch) sind die am leichtesten verdaulichen Sorten. Als Zubereitungsart wählt man Kochen oder Dünsten mit wenig Gewürzen.

Eingemachtes Kalbfleisch **Nr. 1052**

Zutaten: 10 dag Kalbsschulter, 3 dag Butter, 2 dag Mehl, Salz, Zitronensaft, (Wurzelwerk, Sauerrahm)

Das kleinwürfelig geschnittene Kalbfleisch wird in Butter unter Aufgießen weich gedünstet. Man staubt, lässt anrösten, gießt auf, lässt verkochen und würzt. Zur Verbesserung der Soße kann man zum Dünsten Wurzelwerk beifügen und zum Schluss zum Saft Rahm geben.

Eingemachtes Huhn **Nr. 1053**

Zutaten: ½ Huhn, 3 dag Butter, Salz, Mehl, (Sauerrahm)

Das in 4 Teile zerschnittene Huhn wird gesalzen und in Butter bis zum Weichwerden gedünstet. Hierauf staubt man, lässt anrösten, gießt mit Suppe oder Wasser auf und lässt verkochen. Eine Rahmbeigabe verbessert die Soße sehr.

Faschiertes Huhn **Nr. 1054**

Zutaten: ½ Huhn, Salz, 3 dag Butter

Ein Huhn wird geteilt, gesalzen und in Butter unter Aufgießen gedünstet, bis es weich ist. Hierauf löst man es vom Knochen, wiegt oder faschiert es fein, gibt es wieder in den Saft und lässt es nochmals aufkochen.

Fleischlaibchen **Nr. 1055**

Zutaten: 10–15 dag rohes Kalbfleisch, 1 Dotter, Salz, 1 Teelöffel Brösel, Petersiliengrün, Butter

Kalbfleisch wird faschiert, mit Dotter, Salz, Petersiliengrün und Semmelbröseln vermischt, zu Laibchen geformt und kurz in Butter gebraten. Auf gleiche Art und Weise kann auch Hühnerfleisch zubereitet werden.

Kalbsschnitzel **Nr. 1056**

Zutaten: 5–10 dag Kalbfleisch vom Schlegel, 3 dag Butter, Mehl, Wasser, (Salz)

Das geklopfte, gesalzene Kalbsschnitzel wird in Mehl getaucht, in heißer Butter beiderseits rasch abgebraten und aus der Pfanne genommen. Der übrig gebliebene Saft wird mit etwas Wasser aufgegossen, nötigenfalls noch gesalzen und kurz gekocht.

Risotto **Nr. 1057**

Zutaten: 2 dag Butter, 5 dag Reis, 5 dag Kalb- oder Hühnerfleisch, Salz

Man röstet in Butter kleinwürfelig geschnittenes Fleisch, gibt den ausgesuchten, abgewischten Reis dazu, lässt ihn anlaufen und gießt mit der doppelten Menge heißen Wassers auf. Man salzt und lässt das Risotto auf kleiner Flamme zugedeckt weich dünsten.

Haupt-, Zu- und Mehlspeisen

Weiche Eier und Spiegeleier sind als kräftigende Speisen für Kranke zu empfehlen

Eierspeise Nr. 1058

Zutaten: 2 Eier, Salz, 4 dag Butter

Eier werden mit Salz versprudelt, in die heiße Butter gegeben und unter Rühren stocken gelassen.

Omelett Nr. 1059

Zutaten: 1 Ei, 1–2 Esslöffel Milch, 2–3 Esslöffel Mehl, Salz, etwas Zucker, 4 dag Butter, (Marmelade)

Dotter, Milch, Mehl, Salz und Zucker werden zu einem glatten Teig verrührt und der fest geschlagene Schnee locker in den Teig gemischt. In einer Pfanne lässt man Butter heiß werden, bäckt ein Omelett, füllt es mit Marmelade, rollt es zusammen und überzuckert es.

Schinkenomelett Nr. 1060

Man bereitet ein gewöhnlichs Omelett (Rezept **Nr. 1059**), das man mit gehacktem Schinken füllt. Den Schinken kann man auch mit der Eierspeise von einem Ei (Rezept Nr. **1058**) verrühren und damit das Omelett füllen oder man mischt den gehackten Schinken gleich unter den Teig.

Spinatomelett Nr. 1061

Man bereitet einen gewöhnlichen Omeletteig (Rezept **Nr. 1059**), mengt 1–2 Esslöffel gekochten, passierten Spinat darunter und bäckt davon ein Omelett; oder man füllt das Omelett mit fertigem Spinat.

Grießbrei Nr. 1062

Zutaten: ⅜ Liter Milch, 3 dag Butter, 2 dag Zucker, 1 Esslöffel Grieß, Salz

In die kochende Milch gibt man Salz, Butter und Zucker, rührt den Grieß langsam ein und lässt ihn einige Minuten kochen.

Milchreis Nr. 1063

Zutaten: ⅜ Liter Milch, 5 dag Reis, 2 dag Butter, Salz, 1 dag Zucker, (Butter, Zimt, Zucker)

Der Reis wird mit allen Zutaten in Milch weich gekocht. Zur Geschmacksverbesserung gibt man Zucker und Zimt gemischt oder gebräunte Butter darauf.

Mehlkoch Nr. 1064

Zutaten: 2 Esslöffel Mehl, 3 dag Zucker, ½ Liter Milch

Mehl wird mit wenig Wasser glatt verrührt und mit Zucker in die siedende Milch gegeben. Man lässt das Mehlkoch einige Minuten aufkochen.

Biskuit Nr. 1065

Zutaten: 3 Eier, 10 dag Zucker, 12 dag Mehl, Butter und Mehl für die Form

Dotter und Zucker werden schaumig gerührt, der feste Schnee und das Mehl leicht daruntergemischt und die Masse in einer befetteten und bemehlten Form gebacken. Das Biskuit kann dann noch in Scheiben, die man bäht, geschnitten werden.

Biskuit-Omelett Nr. 1066

Zutaten: 1 Ei, 1 Esslöffel Mehl, etwas Zucker, 4 dag Butter

Eiklar wird zu festem Schnee geschlagen, Dotter, Zucker und Mehl leicht daruntergemischt und mit der zergangenen Butter ein Omelett gebacken. Ein Biskuitomelett kann man auch im Rohr, ohne es zu wenden, backen.

Schneenockerl Nr. 1067

Zutaten: 2 Eiklar, 3 dag Zucker, ¼ Liter Milch
Vanillecreme: ¼ Liter Milch, 3 dag Zucker, 2 Dotter, 1 Stück Vanille oder Vanillezucker, 1 Esslöffel Mehl

In den festen Schnee mengt man Zucker und kocht davon in die heiße Milch Nockerl ein, die man einige Minuten ziehen lässt. Dann wendet man sie und nimmt sie nach einigen Minuten heraus.
Vanillecreme: Die vom Nockerlkochen übrig gebliebene Milch lässt man auskühlen, gibt frische Milch und die anderen Zutaten dazu und lässt die Creme unter Rühren im Wasserbad oder im Schneekessel über Dunst dick werden. Die Creme wird über die Nockerl gegossen und kalt gestellt.

Schneebiskuit Nr. 1068

Zutaten: 3 Eiklar, 5 dag Zucker, Vanillezucker, 3 dag Kartoffelstärke, 3 dag Weizenmehl, 3 dag Butter, Butter und Mehl für die Form

In den festen Schnee mengt man Zucker, Vanillezucker, Kartoffelstärke und Weizenmehl (beides mitsammen vor dem Einmengen mischen, da Kartoffelstärke sich leicht ballt) und die zerlassene, überkühlte Butter. In einer ausgefetteten, bemehlten Form wird die Masse gebacken.

Biskuit-Zwieback **Nr. 1069**

(Rezept **Nr. 517**) ist das Brot in der Krankenkost.

Gedünsteter Reis **Nr. 1070**

Zutaten: 8 dag Reis, 2 dag Butter, ½ Liter Suppe oder Wasser

Der ausgesuchte, abgewischte Reis wird in Butter bis zum Glasigwerden geröstet, mit Suppe aufgegossen, gesalzen und zugedeckt bei schwacher Hitze gedünstet. Reis wird Kranken als Haupt- oder Zuspeise gegeben.

Kartoffelbrei **Nr. 1071**

Zutaten: ½ kg Kartoffeln, 3 dag Butter, ⅛–¼ Liter Milch, Salz

Kartoffeln werden roh geschält, weich gekocht, abgeseiht (Kartoffelwasser anderwärts in der Küche verwenden!), zerstampft und mit Salz, heißer Milch und Butter vermengt. Namentlich bei Darmerkrankungen ist Kartoffelbrei sehr zu empfehlen. Da er leicht anbrennt, ist er im Wasserbad warmzuhalten.

Apfelkren **Nr. 1072**

Zutaten: ½ kg Äpfel, 1 dag Zucker, Salz, etwas Essig, Kren nach Geschmack

Die geschälten Äpfel werden gerieben und mit Zucker, Essig und geriebenem Kren vermengt.

Getränke und leichte Speisen

Geriebene Äpfel **Nr. 1072**

Äpfel werden samt Schale auf dem Reibeisen oder der Glasreibe gerieben, wenn nötig mit etwas Zucker gemischt und zur Erfrischung zwischen den Mahlzeiten gereicht.

Apfelkompott

Nr. 1074

Geschälte, geviertelte, entkernte Äpfel werden mit Zucker und Zitronenschale weich gekocht (Rezept **Nr. 807**)

Zitronenlimonade (kalt)

Nr. 1075

Dem ausgepressten Zitronensaft wird Zucker beigegeben; mit kaltem Wasser oder Sodawasser verdünnt man ihn. Kalte Limonade ist für Fieberkranke sehr durststillend.

Heiße Milch mit Honig

Nr. 1076

Ist bei Heiserkeit und Halsschmerzen ein gutes Hausmittel.

Honig mit Zitronensaft

Nr. 1077

Ist ebenfalls gut gegen Halsweh, Heiserkeit und Verkühlung.

Kalte Rindsuppe

Nr. 1078

Kräftige Rindsuppe (klein geschnittenes Fleisch mit wenig Wasser kalt zustellen) wird kalt gestellt, entfettet und ist als Getränk sehr kräftigend.

Apfelwasser

Nr. 1079

Geschälte Äpfel werden klein geschnitten. Man übergießt sie mit kochendem Wasser, lässt sie kurz aufkochen und zwei Stunden stehen. Abgeseiht ist der Saft ein durststillendes Getränk für Fieberkranke.

Apfelschalentee

Nr. 1080

Getrocknete Apfelschalen werden mit Zitronenschale in wenig Wasser gekocht, abgeseiht und kühl gestellt.

Heidelbeertee

Nr. 1081

Aus getrockneten Heidelbeeren wird ein Tee (kalt zustellen!) gekocht, der bei Durchfall stopfende Wirkung hat.

Lindenblütentee

Nr. 1082

Lindenblüten werden kalt zugestellt, gekocht, abgeseiht und allenfalls auch gezuckert. Warm ist Lindenblütentee schweißtreibend, wird daher bei Verkühlungen gegeben. Kalt ist er (ungezuckert) für Fieberkranke durststillend.

Raum für eigene Rezepte

Raum für eigene Rezepte

Raum für eigene Rezepte

Raum für eigene Rezepte

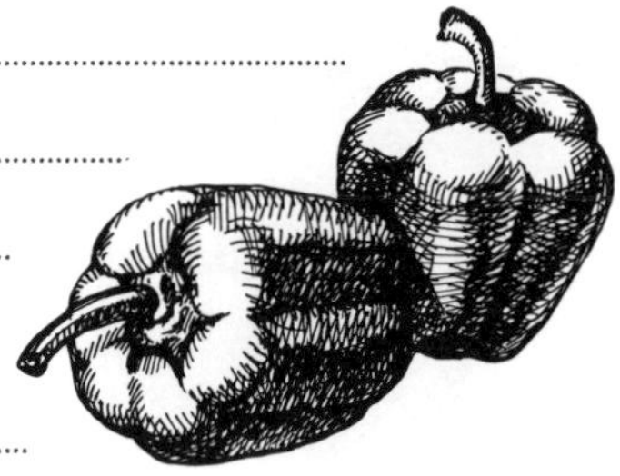

Raum für eigene Rezepte

Raum für eigene Rezepte

Glossar

Österreichisch – Deutsch

Österreichisch	Deutsch
Abendessen	Abendbrot
Abmachen	Den Salat marinieren
Abschmalzen	In heißem Fett schwenken
Abschrecken	Kochprozess mit Hilfe von Eis unterbrechen
Abtrieb	Gerührte Masse
Anlaufen lassen	In wenig Fett erhitzen
Apfelmus	Apfelbrei
Aranzini	Fruchtwürfel aus Zitrusfrüchten
Aspik	Gelee
Backerbsen	Mehlerbsen
Bäckerei	Backwerk
Backpulver	Backin
Beinfleisch	Spannrippe, Zwerchrippe, Querrippe
Beiried	Roastbeef
Beizkräutl	Thymian
Beugel	Hörnchen
Beuschel	Ragout von Kalbslunge und -herz – meist gesäuert
Biskotten	Löffelbiskuit
Blanchieren	In Wasser kurz aufkochen lassen und anschließend mit Eiswasser abschrecken
Blutwurst	Rotwurst
Brathenderl	Brathühnchen
Bries	Kalbsmilch, Kalbsschweser
Brotanschnitt	Kruste
Brustkern	Brustspitze, Brustbein
Buchtel	Rohrnudel
Butterschmalz	Geklärte Butter
Dalken, dünne	Plinsen
Dampfl	Hefeteigansatz, Vorteig
Dicke Schulter	Dickes Blatt, dickes Bugstück
Dirndl	Kornelkirsche
Dörrzwetschke	Backpflaume
Dotter	Eigelb
Eierschwammerl	Pfifferlinge
Eierspeise	Rührei
Eiklar	Eiweiß

Einbrenn .... Dunkle Mehlschwitze
Einmach .... Helle Mehlschwitze
Eischnee .... Geschlagenes Eiweiß
Estragon .... Bertram
Extrawurst .... Fleischwurst
Faschieren .... Durch den Fleischwolf drehen
Faschiertes .... Hackfleisch
Filz .... Bauchfett vom Schwein
Fisolen .... Grüne Bohnen
Fleckerl .... In kleine Quadrate geschnittener Nudelteig
Fleischlaibchen .... Frikadelle
Fleischwolf .... Faschiermaschine
Frittaten .... Pfannkuchen, pikant – geschnitten als Suppeneinlage
Germ .... Hefe
Geschnezteltes .... Fleischragout
Geselcht .... Geräuchert
Geselchtes .... Rauchfleisch
Grammeln .... Grieben
Gratinieren .... Überbacken
Grießkoch .... Grießbrei
Grillhendl .... Brathähnchen
Gugelhupf .... Napfkuchen
Hacheln .... Feinblättrig hobeln
Häferl .... Becher, Tasse
Hangerl .... Geschirrtuch
Häuptelsalat .... Kopfsalat
Heidelbeeren .... Blaubeeren, Schwarzbeeren
Heidenmehl .... Buchweizenmehl
Hendl .... Junges Huhn
Heurige .... Frühkartoffeln
Hobeln .... Über den Hobel ziehen (z.B. Weißkraut)
Holler .... Holunder
Holunderbeere .... Fliederbeere
Jause .... Brotzeit
Karamellisieren .... Zucker in einem Topf schmelzen und braun werden lassen
Karfiol .... Blumenkohl
Karkasse .... Knochengerüst bei Geflügel
Karotten .... Möhren
Kartoffel .... Erdapfel
Kartoffelpuffer .... Reibekuchen
Kartoffelpüree .... Kartoffelbrei
Kekse .... Plätzchen
Kernöl .... Dunkles Öl aus Kürbiskernen, steirische Spezialität

Kipferl .... Hörnchen
Kitz .... Junge Ziege, Zicklein
Klare Rindsuppe .... Bouillon, Fleischbrühe
Klare Suppe .... Brühe
Kletzn .... Gedörrte Birnen
Knödel .... Kloß
Knödelbrot .... Kleine Würfel von altbackenem Brot
Kohl .... Wirsing
Kohlrabi .... Kohlrübe
Kohlsprossen .... Rosenkohl
Kokosflocken .... Geraspelte Kokosnuss
Krapfen .... Berliner
Kraut .... Weißkohl
Kren .... Meerrettich
Kübel .... Eimer
Kukuruz .... Mais

Läuterzucker .... Zucker und Wasser im Verhältnis 1:1 gekocht
Leberkäse .... Fleischkäse
Legieren .... Mit Eidotter oder Obers Flüssigkeiten binden
Lungenbraten .... Filet von Schwein oder Rind

Marille .... Aprikose
Marmelade .... Konfitüre
Maroni .... Edelkastanie
Mehlieren .... In Mehl wenden
Melanzani .... Aubergine
Mineralwasser .... Selters
Model .... Backform
Most .... Frisch gepresster Obstsaft, evtl. schon leicht vergoren

Nockerl .... Etwas größere Spätzle
Nudelwalker .... Nudelholz

Obers .... Schlagrahm
Oblate .... Konfektunterlage
Obstler .... Branntwein aus Obst
Ochsenschlepp .... Ochsenschwanz
Orange .... Apfelsine

Palatschinken .... Pfannkuchen
Panier .... Knuspriger Belag aus Mehl, Ei, Paniermehl – in Fett herausgebacken

Pignoli	Pinienkern
Piment	Neugewürz
Plattieren	Breitklopfen
Pochieren	Garziehen lassen
Pofesen	Arme Ritter, Brötchenschnitte gefüllt
Polenta	Maismehl, Maisgrieß
Poularde	Masthuhn
Powidl	Dick eingekochtes Pflaumenmus
Praline	Konfekt
Radi	Weißer Rettich
Reibeisen	Raspel
Resch	Knusprig
Rohnen	Rote Bete
Ribiseln	Rote Johannisbeeren
Ringlotten	Mirabellen
Rollgerstl	Graupen
Rostbraten	Hohes Roastbeef
Rotkraut	Rotkohl
Roulade	Fleischvögerl
Royale	Eierstich
Russen	Bismarkhering
Sackerl	Beutel, Tüte
Saftfleisch	Fleisch in eigenem Saft gegart
Sauerkraut	Sauerkohl
Sauermilch, Buttermilch	Dickmilch
Sauerrahm	Saure Sahne, Schmand
Sautieren	Schwingend in einer Pfanne rösten
Scherzel	Brotanschnitt
Schifferlform	Backform in Form eines Schiffsrumpfes
Schlagobers	Sahne
Schmalz	Schweinefett
Schneebesen	Schneerute
Schöberl	Biskuit als Suppeneinlage
Schopf, Schopfbraten	Schweinenacken, Hals
Schöpfer	Kelle
Schöpsernes	Hammelfleisch
Schotten	Quark
Schröpfen	Haut einschneiden, damit beim Braten das Fett auslaufen kann und dadurch der Braten knusprig wird
Schwammerl	Pilze
Schwarzbrot	Graubrot
Semmel	Brötchen
Semmelbrösel	Paniermehl
Sieb	Durchschlag

Sieden .... Kochen
Spicken .... Fleisch mit Speckstreifen durchziehen – verhindert ein Austrocknen
Stamperl .... Schnapsglas – Maßeinheit 2 cl
Stauben .... Mit Mehl bestreuen bzw. mit Mehl eindicken
Staubzucker .... Puderzucker
Stelze.. Haxe
Stoppel .... Flaschenkorken
Strauben .... Schmalzgebäck
Striezel.. Hefezopf
Sturm.. Federweißer
Suppengrün .... Karotten, gelbe Rüben, Sellerie, Lauch, Petersilie und Petersilienwurzel
Suppenwürfel .... Gekörnte Brühe
Sur.. Beize zum Einpökeln von rohem Fleisch

Topfen .... Quark
Topfenkuchen .... Käsekuchen
Topfentorte .... Käse-Sahne-Torte
Tranchieren .... In Scheiben schneiden

Untergreifen .... Eine Tasche schneiden (z. B. in Fleisch) zum Füllen

Versprudeln .... Verquirlen
Vogerlsalat .... Feldsalat, Rapunzel

Waller .... Wels (Süßwasserfisch)
Wammerl .... Brust
Wecken... Laib Brot
Weichseln... Sauerkirschen
Weinbeerln .... Rosinen getrocknet
Weizendunst... Feinstes Weizenmehl
Windbäckerei .... Windbeutel
Wurzelwerk .... Möhren, Sellerie, Lauch, Zwiebel
Wuzeln .... Drehen

Zeste .... Hauchdünn geschnittene Schale von Zitrusfrüchten
Ziehen lassen.. Unter dem Siedepunkt garziehen lassen
Zuspeise .... Beilage
Zwetschkenröster .... Zwetschgen werden im eigenen Saft dick eingekocht
Zwetschke .... Pflaume

Deutsch – Österreichisch

Abendbrot	Abendessen
Apfelbrei	Apfelmus
Apfelsine	Orange
Aprikose	Marille
Arme Ritter	Pofesen
Aubergine	Melanzani
Backform	Model
Backform in Form eines Schiffsrumpfes	Schifferlform
Backin	Backpulver
Backpflaume	Dörrzwetschke
Backwerk	Bäckerei
Bauchfett vom Schwein	Filz
Becher, Tasse	Häferl
Beilage	Zuspeise
Beize zum Einpökeln von rohem Fleisch	Sur
Berliner	Krapfen
Bertram	Estragon
Beutel, Tüte	Sackerl
Biskmarkhering	Russen
Biskuit als Suppeneinlage	Schöberl
Blaubeeren, Schwarzbeeren	Heidelbeeren
Blumenkohl	Karfiol
Bouillon, Fleischbrühe	Klare Rindsuppe
Branntwein aus Obst	Obstler
Brathähnchen	Grillhendl
Breitklopfen	Plattieren
Brotanschnitt	Scherzel
Brötchen	Semmel
Brötchenschnitte gefüllt	Pofesen
Brotzeit	Jause
Brühe	Klare Suppe
Brust	Wammerl
Brustspitze, Brustbein	Brustkern
Buchweizenmehl	Heidenmehl
Den Salat marinieren	Abmachen
Dick eingekochtes Pflaumenmus	Powidl
Dickes Blatt, Dickes Bugstück	Dicke Schulter
Dickmilch	Sauermilch, Buttermilch
Drehen	Wuzeln
Dunkle Mehlschwitze	Einbrenn

Dunkles Öl aus Kürbiskernen, steirische Spezialität .... Kernöl
Durch den Fleischwolf drehen .... Faschieren
Durchschlag .... Sieb

Edelkastanie .... Maroni
Eierstich .... Royale
Eigelb .... Dotter
Eimer .... Kübel
Eine Tasche schneiden (z.B. in Fleisch) zum Füllen .... Untergreifen
Eiweiß .... Eiklar
Erdapfel .... Kartoffel
Etwas größere Spätzle .... Nockerl

Faschiermaschine .... Fleischwolf
Federweißer .... Sturm
Feinblättrig hobeln .... Hacheln
Feinstes Weizenmehl .... Weizendunst
Feldsalat, Rapunzel .... Vogerlsalat
Filet von Schwein oder Rind .... Lungenbraten
Flaschenkorken .... Stoppel
Fleisch in eigenem Saft gegart .... Saftfleisch
Fleisch mit Speckstreifen durchziehen –
verhindert ein Austrocknen .... Spicken
Fleischkäse .... Leberkäse
Fleischragout .... Geschnezteltes
Fleischvögerl .... Roulade
Fleischwurst .... Extrawurst
Fliederbeere .... Holunderbeere
Frikadelle .... Fleischlaibchen
Frisch gepresster Obstsaft, evtl. schon leicht vergoren .... Most
Fruchtwürfel aus Zitrusfrüchten .... Aranzini
Frühkartoffeln .... Heurige

Garziehen lassen .... Pochieren
Gedörrte Birnen .... Kletzen
Geklärte Butter .... Butterschmalz
Gekörnte Brühe .... Suppenwürfel
Gelee .... Aspik
Geraspelte Kokosnuss .... Kokosflocken
Geräuchert .... Geselcht
Gerührte Masse .... Abtrieb
Geschirrtuch .... Hangerl
Geschlagenes Eiweiß .... Eischnee
Graubrot .... Schwarzbrot
Graupen .... Rollgerstl
Grieben .... Grammeln

Grießbrei ... Grießkoch
Grüne Bohnen ... Fisolen

Hackfleisch ... Faschiertes
Hammelfleisch ... Schöpsernes
Hauchdünn geschnittene Schale von Zitrusfrüchten ... Zeste
Haut einschneiden, damit beim Braten das Fett auslaufen kann und dadurch knusprig wird ... Schröpfen
Haxe ... Stelze
Hefe ... Germ
Hefeteigansatz, Vorteig ... Dampfl
Hefezopf ... Striezel
Helle Mehlschwitze ... Einmach
Hohes Roastbeef ... Rostbraten
Holunder ... Holler
Hörnchen ... Kipferl
Hörnchen ... Beugel
Huhn ... Hendl

In heißem Fett schwenken ... Abschmalzen
In kleine Quadrate geschnittener Nudelteig ... Fleckerl
In Mehl wenden ... Mehlieren
In Scheiben schneiden ... Tranchieren
In Wasser kurz aufkochen lassen und anschließend mit Eiswasser abschrecken ... Blanchieren
In wenig Fett erhitzen ... Anlaufen lassen

Junge Ziege, Zicklein ... Kitz

Kalbsmilch, Kalbsschweser ... Bries
Karkasse ... Knochengerüst bei Geflügel
Karotten, gelbe Rüben, Sellerie, Lauch, Petersilie und Petersilienwurzel ... Suppengrün
Kartoffelbrei ... Kartoffelpüree
Käsekuchen ... Topfenkuchen
Käse-Sahne Torte ... Topfentorte
Kelle ... Schöpfer
Kleine Würfel von altbackenem Brot ... Knödelbrot
Kloß ... Knödel
Knusprig ... Resch
Knuspriger Belag aus Mehl, Ei, Paniermehl – in Fett herausgebacken ... Panier
Kochen ... Sieden
Kochprozess mit Hilfe v. Eis unterbrechen ... Abschrecken
Kohlrübe ... Kohlrabi
Konfekt ... Praline

Konfektunterlage	Oblate
Konfitüre	Marmelade
Kopfsalat	Häupelsalat
Kruste	Brotanschnitt
Laib Brot	Wecken
Löffelbiskuit	Biskotten
Mais	Kukuruz
Maismehl, Maisgrieß	Polenta
Masthuhn	Poularde
Meerrettich	Kren
Mehlerbsen	Backerbsen
Mirabellen	Ringlotten
Mit Eidotter oder Obers Flüssigkeiten binden	Legieren
Mit Mehl bestreuen bzw. mit Mehl eindicken	Stauben
Möhren	Karotten
Möhren, Sellerie, Lauch, Zwiebel	Wurzelwerk
Napfkuchen	Gugelhupf
Neugewürz	Piment
Nudelholz	Nudelwalker
Ochsenschwanz	Ochsenschlepp
Paniermehl	Semmelbrösel
Pfannkuchen	Palatschinken
Pfannkuchen, pikant – geschnitten als Suppeneinlage	Frittaten
Pfifferlinge	Eierschwammerl
Pflaume	Zwetschke
Pilze	Schwammerl
Pinienkerne	Pignoli
Plätzchen	Kekse
Plinsen	Dalken, dünne
Puderzucker	Staubzucker
Quark	Topfen
Ragout von Kalbslunge und Herz – meist gesäuert	Beuschel
Raspel	Reibeisen
Rauchfleisch	Geselchtes
Reibekuchen	Kartoffelpuffer
Roastbeef	Beiried
Rohrnudel	Buchtel
Rosenkohl	Kohlsprossen
Rosinen getrocknet	Weinbeerln
Rote Johannisbeeren	Ribisel

Rote Bete .... Rohnen
Rotkohl .... Rotkraut
Rotwurst .... Blutwurst
Rührei .... Eierspeise

Sahne .... Schlagobers
Sauerkirschen .... Weichseln
Sauerkohl .... Sauerkraut
Saure Sahne, Schmand .... Sauerrahm
Schlagrahm .... Schlagobers
Schmalzgebäck .... Strauben
Schnapsglas – Maßeinheit 2 cl .... Stamperl
Schneerute .... Schneebesen
Schweinefett .... Schmalz
Schweinenacken, Hals .... Schopf, Schopfbraten
Schwingend in einer Pfanne rösten .... Sautieren
Selters .... Mineralwasser
Spannrippe, Zwerchrippe, Querrippe .... Beinfleisch

Thymian .... Beizkräutl

Über den Hobel ziehen z.B. Weißkraut .... Hobeln
Überbacken .... Gratinieren
Unter dem Siedepunkt garziehen lassen .... Ziehen lassen
Verquirlen .... Versprudeln
Weißer Rettich .... Radi
Weißkohl .... Kraut
Wels (Süßwasserfisch) .... Waller
Windbeutel .... Windbäckerei
Wirsing .... Kohl

Zucker in einem Topf schmelzen
und braun werden lassen .... Karamellisieren
Zucker und Wasser im Verhältnis 1:1 gekocht .... Läuterzucker
Zwetschgen werden im eigenen Saft dick eingekocht .... Zwetschkenröster

Alphabetisches Rezeptverzeichnis

F

G

H

I

J

K

L

M

N

O

P

Q

R

S

Ernst Kaufmann, Günther Haderer
Sündig süß
Geheimes aus der Klosterküche

168 Seiten, 21 x 21 cm, Hardcover
durchgehend farbig bebildert
ISBN 978-3-7025-0720-6
EUR 25,–

Ernst und Karin Kaufmann, Günther Haderer
Himmlisch pikant
Geheimes aus der Klosterküche

180 Seiten, 21 x 21 cm, Hardcover
durchgehend farbig bebildert
ISBN 978-3-7025-0765-7
EUR 25,–

Geheimes aus der Klosterküche Kombipaket
ISBN 978-3-7025-0790-9
EUR 45,–

VERLAG ANTON PUSTET

Walter Mooslechner
G'sund und guat
Früchte und Kräuter aus Wald und Flur

160 Seiten, 17 x 24 cm, Hardcover
durchgehend farbig bebildert
ISBN 978-3-7025-0646-9
EUR 24,–

Rita Kichler, Helmut Reiner
Roggen und Schwarzbrot
anbauen · mahlen · backen · genießen

192 Seiten, 21 x 24 cm, Hardcover
durchgehend farbig bebildert
ISBN 978-3-7025-0743-5
EUR 25,–